合肥城市暗挖隧道工程

主　编　陈　华　杨新安
副主编　罗　斌　吴四二　夏卫平

同济大学出版社
TONGJI UNIVERSITY PRESS

图书在版编目(CIP)数据

合肥城市暗挖隧道工程 / 陈华，杨新安主编. —上海：同济大学出版社，2020.8

ISBN 978-7-5608-9205-4

Ⅰ. ①合… Ⅱ. ①陈…②杨… Ⅲ. ①城市隧道—隧道施工—浅埋暗挖 Ⅳ. ①U459.9

中国版本图书馆CIP数据核字(2020)第044341号

合肥城市暗挖隧道工程

主　编　陈　华　杨新安

副主编　罗　斌　吴四二　夏卫平

责任编辑：李　杰
责任校对：徐春莲
封面设计：钱如潺

出版发行	同济大学出版社 www.tongjipress.com.cn （地址：上海市四平路1239号　邮编：200092　电话：021-65985622）
经　　销	全国各地新华书店、建筑书店、网络书店
排　　版	南京文脉图文设计制作有限公司
印　　刷	浙江广育爱多印务有限公司
开　　本	787 mm×1092 mm　1/16
印　　张	13.5
字　　数	337 000
版　　次	2020年8月第1版　　2020年8月第1次印刷
书　　号	ISBN 978-7-5608-9205-4
定　　价	98.00元

内 容 提 要

浅埋暗挖技术是城市隧道的主要修建方法之一，合肥地区浅埋地层地质条件复杂多样，暗挖隧道工程技术是合肥城市轨道交通工程及其他类型隧道与地下工程中的重大课题。本书以“合肥地区复杂环境下浅埋暗挖隧道施工关键技术与风险控制”课题研究成果为基础，探讨并总结了合肥城市工程地质、合肥地区黏土层注浆机理、合肥城市暗挖隧道设计，结合工程实践给出了超前支护方案、施工工法及其参数优化。

本书内容来自作者团队的科研成果，密切结合工程实际，具有新颖性、实用性。本书适合从事地铁和隧道工程的设计、施工与建设管理人员使用，也可供高等院校师生参考。

编 委 会

主 编

陈 华 杨新安

副主编

罗 斌 吴四二 夏卫平

编 委

余 继	陶治来	黄 俊	李孔军	李 凯
马晶晶	周巨恒	马南鹤	阮 亮	舒 辞
刘启刚	朱传孔	周仕波	刘光荣	储士营
王 宁	夏 洋	夏成旭	张德武	漆文年
陈祖伟	丁春林	马明杰	王 康	田 静
	裴子钰	黄 彬	陈 翔	

序 言

PREFACE

城市隧道是城市地下空间的重要组成部分，是城市地下空间的“动脉”，在城市建设和城市地下空间利用的快速发展过程中，城市隧道自然也会得到快速发展。

暗挖法是城市隧道修建的主要方法之一。相对于明挖法，暗挖法能避免房屋和管线等的拆迁，从而极大地减少对地面交通和商业活动的影响，在北京、沈阳、青岛、西安、广州、深圳等城市的地铁联络通道、区间隧道甚至车站工程中都得到了较为广泛的应用，取得了良好的经济效益、社会效益和环境保护效益。但是，暗挖法施工工序转换多，易引起沉降变形过大，施工安全风险较高。因此，当暗挖法应用于某一座城市时，需要结合该地区的工程地质条件、水文地质条件和环境特点等，通过工程实践研究其适用性，解决相关的技术难题，逐步形成适用于该地区的施工技术和方法。

合肥作为安徽省省会，是华东地区的重要交通枢纽，已经开通运营了轨道交通 1 号线、2 号线、3 号线，4 号线、5 号线也即将开通运营。为适应城市快速发展的需要，合肥市轨道交通 2030 年规划线网总长将达 436.4 公里，建设任务巨大。轨道交通的快速发展有力助推了合肥城市经济更好更快地发展。合肥地区地层条件复杂，各分区的工程地质条件、水文地质条件各不相同，加之浅部的黏土层具有低渗透性和弱～中等膨胀性的特点，暗挖法在这里应用会遇到许多重大安全风险。作者针对复杂环境下合肥地区难点，开展了“合肥地区复杂环境下浅埋暗挖隧道关键技术与风险控制”的课题研究，以此为基础撰写了本书。

作者对合肥城市工程地质、黏土地层注浆机理、城市暗挖隧道的设计与施工等做了详尽的总结与阐述，重点是对地铁车站的暗挖技术可行性进行了探索和分析。本书内容新颖，密切结合实际工程，具有较强的实用性和指导性，能为全国其他城市暗挖隧道工程实践和发展提供可资借鉴的经验和技术。它山之石，可以攻玉，希望本书的出版，能够促进我国暗挖隧道工程方面的科研，进一步提升城市暗挖隧道设计与施工水平，确保工程建设安全。

是为序。

陈湘生博士，教授
中国工程院院士
深圳大学土木与交通工程学院院长
深圳大学未来地下城市研究院院长
深圳市地铁集团有限公司技术委员会主任
煤炭科学研究院建井研究院院长

前言

FOREWORD

合肥是长三角地区的重要城市，是国家规划建设的交通枢纽城市，轨道交通作为城市交通的重要组成部分，在合肥得到快速发展，目前已经建成运营了3条线路。2020年3月17日，国家发展和改革委员会批复了合肥市城市轨道交通第三期建设规划，按照该建设规划，到2025年，合肥市将形成11条线路，总里程279.91 km的轨道交通网络。轨道交通的快速发展有力助推了合肥城市经济更好更快地发展。

合肥市地处江淮丘陵中部，地貌景观为微波起伏，岗冲相间。地形总趋势由西北向东南倾斜，地区内地形标高一般为10～50 m。位于西部的大蜀山高程282 m，与其北面的董铺水库相对。南淝河自董铺水库向下逶迤东去，绕城而过转向东南，继而折向南注入巢湖。在新构造活动与河流地质作用下，形成的以南淝河河谷为中心的阶段地貌构成了合肥地区地貌格局的主体。

本地区地表大多为第四纪覆盖，其中以上更新统黏土分布最广。第四纪沉积物主要成因类型为洪积、冲积类型，西部大蜀山山麓为残坡积层。第四纪沉积物厚度、分布明显受地貌、基底构造控制。西北部、西部及西南部为抬升区，第四纪厚度一般为10～20 m，东部及东南部为下降区，厚度为25～40 m，最厚达60 m。南淝河河漫滩与一级阶地为全新统黏土、粉质黏土、粉土及粉细砂层，二级阶地上广泛出露上更新统黏土，中、下更新统粉土夹砂层位于全新统与上更新统之下。基底由第三纪～侏罗纪泥岩、砂岩组成。

合肥地区地层条件复杂，各分区的工程地质条件、水文地质条件各不相同，加之浅部的黏土层具有低渗透性和弱～中等膨胀性的特点，因此，开展了“合肥地区复杂环境下浅埋暗挖隧道关键技术与风险控制”的课题研究，总体思路是考虑合肥地区浅部地层特性、地质条件和工程环境条件，根据合肥轨道交通1号线、2号线暗挖工程实践和经验，通过理论分析、室内试验和现场试验等相结合的综合研究方法，开展合肥轨道交通3号线、4号线、5号线暗挖工程试验，研究合肥轨道交通暗挖隧道的合理工法与施工关键技术。总结提出合肥地区复杂环境下浅埋暗挖隧道施工关键技术与风险控制对策；总结适用于合肥地区浅埋暗挖法隧道设计要点；总结适用于合肥地区浅埋暗挖法隧道施工的支护技术、开挖方法、专用工法及变形控制措施。

本书内容来自于作者团队的科研成果，内容新颖，密切结合实际工程，具有较强的实用性和指导性，能为全国其他城市暗挖隧道工程实践和发展提供可资借鉴的经验和技术。

本书适合从事地铁和隧道工程的设计、施工与建设管理人员使用，也可供高等院校师生参考。

感谢在本书写作和课题研究中给予帮助的设计、施工和建设单位。

著　者

2020年8月

目 录

CONTENTS

1 绪 论

隧道是人类利用地下空间的一种形式。在土地资源减少和人口增长的双重压力下，大力开发和利用地下空间成为人类发展的必然选择和重要出路，尤其是在人口密度高、土地资源紧张的城市，这已成为许多国家的共识。

城市隧道是修建在城市地下，用于通行车辆、行人、缆线、空气、水等的通道，或者作为储存和商业目的的空间。城市隧道是城市地下空间的重要形式，是庞大的城市地下空间的主要组成部分，是城市地下空间的“动脉”。

本章主要阐述了合肥城市发展概况、城市隧道的相关概念，探讨了合肥城市隧道面临的问题及未来的发展前景。

1.1 合肥城市发展概况

1.1.1 合肥城市发展现状

合肥，简称庐或合，古称庐州、庐阳，是安徽省省会，长三角城市群副中心，综合性国家科学中心，“一带一路”和长江经济带双节点城市，国家重要的科研教育基地，现代制造业基地和综合交通枢纽，合肥都市圈中心城市。

合肥市地处华东地区、江淮之间，环抱巢湖，总面积 11 445.1 km^2（含巢湖水面 770 km^2），下辖 4 个市辖区、4 个县，代管 1 个县级市，设有 4 个开发区。土地面积达 1.14 万 km^2。截至 2018 年年末，合肥市户籍人口 757.96 万人，比上年增加 15.2 万人；全市常住人口 808.7 万人，比上年增加 12.2 万人；常住人口城镇化率 74.97%，比上年提高 1.22 个百分点。

经济发展方面，2018 年，合肥市全年生产总值(GDP)7 822.91 亿元，同比增长 8.5%。其中，第一产业增加值 277.59 亿元，增长 2.2%；第二产业增加值 3 612.25 亿元，增长 9.5%；第三产业增加值 3 933.07 亿元，增长 8.0%。全员劳动生产率 144 748 元/人，同比增加 13 654 元/人。按常住人口计算，人均 GDP 为 97 470 元，同比增加 9 014 元。

科技创新方面，合肥是国家科技创新型试点城市和国家创新型试点城市，也是世界科技城市联盟会员城市。2018 年，合肥市有院士工作站 47 个，省部级以上重点实验室和工程实验室 210 个，包括国家重点（工程）实验室 17 个，省级以上工程技术研究中心 139 个，其中国家级（含分中心）7 个。

随着合肥市人口、经济、科教文化的飞速发展，合肥出现了大中城市普遍存在的“城市病”，表现为中心地区人口密集、建筑物林立、空间拥挤、交通堵塞等现象。截至 2019 年

8 月，合肥全市机动车和驾驶人保有量分别为 231 万辆和 260 万人，具有私家车所占比例高、城区机动车总量大的特点。为缓解城区交通拥堵情况，保障市民高效出行，促进经济高效发展，合肥城市地下空间的开发利用发挥着至关重要的作用。

1.1.2 合肥城市地下空间开发规划

新中国成立以来，合肥城市地下空间开发利用经历了三个主要发展阶段。

第一阶段：1949—1979 年。新中国成立初期，国内经济水平较低，合肥的城市建设在当时进展比较缓慢，城市地下空间的发展几乎为零。到了 20 世纪 60 年代末期，由于当时特殊国际形势的影响，全国各大城市发起了兴修地下防空洞的热潮，合肥也是其中之一。那时地下空间的类型主要以人防工程为主，建设了一批防空洞、地下通道等。

第二阶段：1980—2000 年。随着改革开放的浪潮，在 20 世纪 80 年代后期，合肥地下空间的建设逐渐加快。基于当时的交通现状，对较多质量良好的人防工程进行了平战结合的改造和再利用，多被改造成地下停车场、地下商业娱乐等。此外，零星建造了点状独立地下空间，例如小区的地下停车场、长江路地下人行通道等。在这一阶段，合肥市地下空间在数量上得到了显著增长。

第三阶段：2001 年至今。特别是近十年来，合肥进入了城市发展的快车道。随着地下轨道交通的投资兴建，以及不少单独兴建的地下空间工程，如胜利广场欢乐城、淮河路步行街地下商业街、市府广场地下停车场等，合肥的地下空间开发逐渐形成网络化发展态势，逐步从追求建设数量向建设质量转变。

城市轨道交通规划对城市地下空间的开发利用有着至关重要的作用。合肥城市轨道交通规划起步较早，1994 年，合肥市政府开始实施地铁规划；2008 年 10 月，《合肥市城市快速地铁建设规划》及相关支撑性文件获得国家发展和改革委员会、住房和城乡建设部及生态环境部批准；2009 年 8 月，合肥市城市轨道交通 1 号线试验段开工建设；2013 年，《合肥市地下空间开发利用规划（2013—2020）》发布，未来合肥地下公共空间将以轨道交通 1 号线和 2 号线形成的“十字形”地下空间发展轴，轨道交通 3 号线和 4 号线形成的“环形”地下空间发展轴，总体呈现出“两轴一环”的格局，如图 1.1 所示。

在规划期内，合肥市地下空间适宜开发深度主要控制在浅层（0～－15 m）和中层（－15～－30 m），一般地区以浅层开发为主，城市重点地区的地下空间开发利用深度在规划期内应达到中层。

截至 2019 年 12 月，合肥轨道交通运营线路共有 3 条：1 号线、2 号线和 3 号线，线网覆盖合肥瑶海区、包河区、蜀山区、庐阳区、肥西县，运营线路总长 89.58 km，全线共设 77 个站点。

2020 年 3 月 17 日，国家发展和改革委员会批复了合肥市城市轨道交通第三期建设规划，按照该建设规划，2020—2025 年，将建设 2 号线东延线、3 号线南延线、4 号线南延线、6 号线一期、7 号线一期、8 号线一期等 6 个项目，总里程 109.96 km。项目建成后，合肥市将形成 11 条线路，总里程 279.91 km 的轨道交通网络。图 1.2 所示为合肥市城市轨道交通近期建设规划。

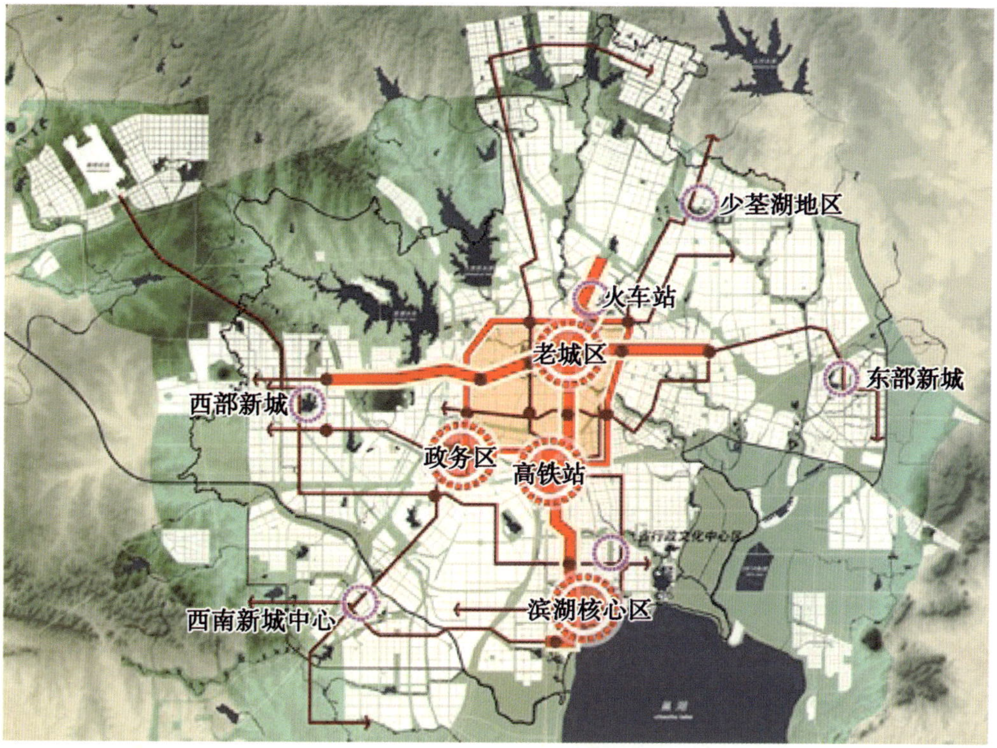

图 1.1　合肥主城区地下空间整体布局

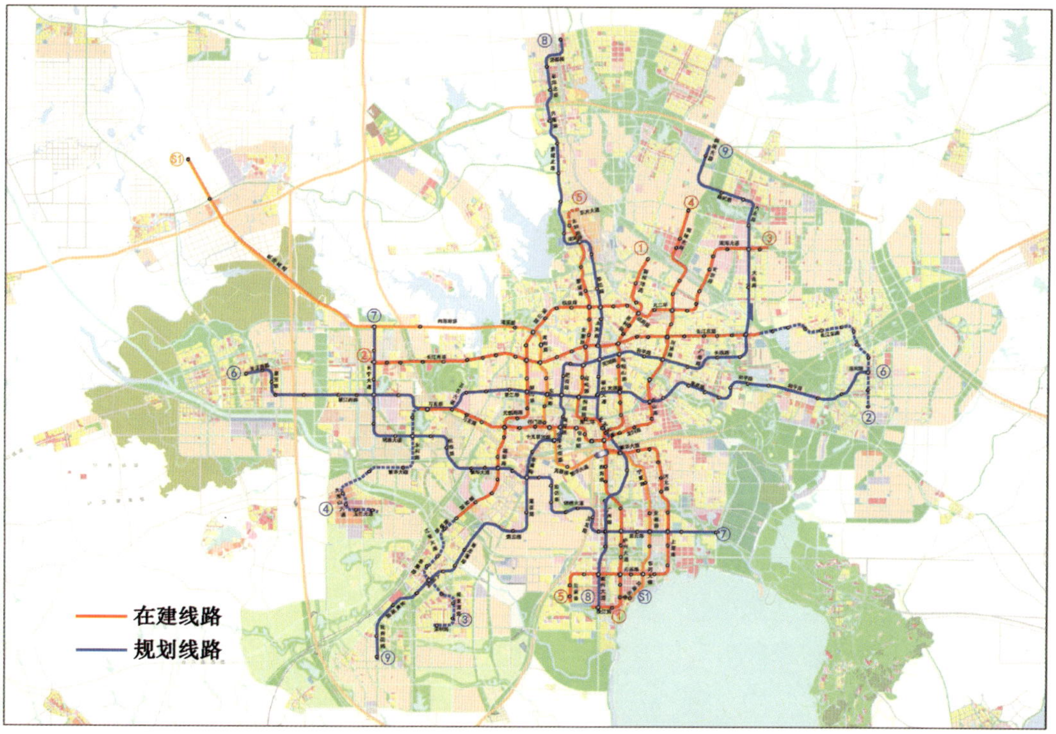

图 1.2　合肥城市轨道交通近期建设规划

1.2　城市暗挖隧道种类与特征

目前，城市隧道的修建以盾构法和浅埋暗挖法为主(以下简称“暗挖法”)，暗挖法是借助施工通道在地下以开挖、支护、衬砌的方式修建隧道、车站等地下工程的施工工法，其隧道结构与矿山法类似，一般包括超前支护、初期支护、防水层和二次衬砌四部分。暗挖法施工的隧道结构形式灵活多变，对地面建筑、道路和地下管线影响较小，可有效控制地表沉降，拆迁占地少，被广泛应用于含水量较小且有一定自稳能力的地层中。

1.2.1　城市暗挖隧道种类

隧道按所处位置分为山岭隧道和城市隧道。城市隧道按所处地层介质分为土质隧道和石质隧道。隧道按埋深分为浅埋隧道和深埋隧道，城市隧道多为浅埋隧道；按照开挖方式的不同可分为明挖隧道、暗挖隧道等。

城市隧道通常按用途可分为地铁隧道、城市公路隧道、城市铁路隧道、市政隧道和其他类型城市隧道。

1. **地铁隧道**

地下铁道，简称地铁。国际隧道协会定义地铁为轴重相对较大、单方向输送能力在3万人次/时以上的城市轨道交通系统。线路通常设在地下隧道内，在城市中心以外的地区，也可从地下转到地面或高架上。

1860年，在伦敦帕丁顿(Paddington)的法灵顿(Farringdon)街和毕晓普(Bishop)路之间建造的第一条长6 km的地铁开工，采用开挖回填的方法建造。1863年1月10日全线通车，这就是世界上首条地下铁路系统——伦敦大都会铁路(Metropolitan Railway)，运行第一年就运载了950万名旅客。

1965年7月1日，北京地铁一期工程正式开工，这是中国第一条地铁线路。1969年10月1日完工并运营。同时，北京也是我国最早大规模采用暗挖法施工地铁隧道的城市。

地铁隧道主要有区间隧道、联络通道、出入口暗挖通道、车站隧道等形式。

2. **城市公路隧道**

城市公路隧道是指城市交通道路在某区段采用地下隧道方式所建造的地下公路，包括下穿江河湖海、立交的城市公路隧道。

随着城市规模的扩大和城市形态的变化以及交通方式的立体发展，为了缓解地面空间的拥挤，也为了实现交叉路口的立体通行和快速通畅，或者城市处在山地丘陵地貌，尤其当城市环境质量(空气有毒有害气体、噪声等指标)要求限制发展地面、上部(高架)交通体系时，为保证城市交通的正常运行和对城市发展的促进，就需考虑建设城市公路隧道，甚至建造地下快速公路网。在城市交通量较大的地段，建设适当规模的地下快速道路是非常需要的，能够有效缓解交通矛盾。

以特大城市上海为例，截至2018年，上海从北向南，共有15条越江隧道，城市快速路

207 km。2019 年新完工的上海东西走向的第二条大动脉北横通道，规划范围西起中环北虹路，东至周家嘴路，采用地面、地下及少量高架的组合形式，全长约 19.4 km，其中地下隧道约 10.2 km。

3. **城市铁路隧道**

为避免占用宝贵的城市土地资源，也为了减轻铁路对城市环境的影响，修建在城市地下的铁路隧道称为城市铁路隧道。城市铁路隧道有两类：第一类是干线在城市地下穿越的隧道，如京广铁路石家庄城市铁路隧道、广深港铁路穿越深圳城区的铁路隧道、武广高铁浏阳河隧道；第二类是连接大城市中两个车站、机场之间的直径线、联络线，如北京站与北京西站直径线、天津站与天津西站直径线及 2019 年新开工的上海浦东国际机场与虹桥国际机场之间的机场联络线。

城市铁路隧道要结合城市总体规划和城市地下空间开发综合考虑进行设计。随着城市土地资源日趋紧张，城市内部与市郊之间交通运输需求的增加，建设城市内部城际铁路、城市铁路隧道，将铁路置于城市地下是一种必然趋势。

4. **市政隧道**

城市市政隧道包括排水、引水、电力等市政隧道。

市政类隧道包括市政给水、排水、引水、煤气管道以及铺设地下电缆等隧道，上海市“合流污水”工程建造了几十公里的大直径排水隧道，上海第三水源地工程——青草沙水源地原水工程修建了穿越长江口的大型水下引水隧道。

设置通信电缆、电气设备、天然气设备、上下水道等两种以上的地下埋设物的隧道称为市政地下管廊，这些埋设物一般都设在道路路面之下的隧道中。

5. **地下人行通道**

人行通道是修筑于城市地下用于人员或非机动车通行的隧道。这类隧道一般采用暗挖法施工，多见于人流量较大、地面通行不方便或不安全地段，如市中心交通干线交叉口处地下人行通道等。

1.2.2 城市暗挖隧道工程特征

城市隧道所处的特殊地理位置、地层介质和复杂环境，决定了城市隧道的设计、施工需要考虑比山岭隧道更多的因素和更高的要求，也存在许多需要解决的特殊工程问题，尤其是在软土、膨胀土等特殊地层，隧道开挖难度更大。总的来讲，城市隧道工程的特征有下列六个方面。

1. **隧道工程与城市地质关系密切，工程地质条件复杂**

城市隧道多位于地层浅部，穿越的岩土体大多是第四纪的沉积层或者堆积层，地层的工程地质和水文地质条件较差，性质软弱，自稳能力较差，遇水易失稳。因此，多数城市的工程地质条件较为复杂，例如，合肥市南淝河沿线和部分地区发育淤泥层、流砂层以及膨胀土，城市地下空间利用应考虑以下特殊岩土体工程地质问题：一是膨胀土的胀缩性；二是软弱土层问题。

城市隧道工程一般线路长，穿越不同的地质土层，可能遭遇流砂层、膨胀土、高压缩性软土和淤泥土、风化破碎岩石、浅层瓦斯、大涌水、硫化氢、地下空洞等，土质的离散性也较大。这些条件都不利于工程的施工，并容易诱发灾害，而且一旦线路确定，就无选择性。

2. **工程周边环境复杂**

城市隧道或地下工程大多位于城市市区，周围建筑物密集、地下管线布设复杂、人口众多、交通繁忙、施工场地有限，不可避免地要邻近或穿越既有建筑物、道路、立交桥桩基础、既有隧道、地下管线等施工。城市隧道的设计和施工受已有建筑与结构的影响大，不仅要确保隧道工程本身结构的稳定性和强度要求，还要确保周围的既有建筑物、地下管线或其他市政设施不会因为隧道修建而产生过大的变形甚至破坏。当城市隧道邻近或下穿居住区、医院、学校等时，还要求在修建及运行过程中实施减振、降噪措施。因此，城市隧道工程对安全的要求更高。总之，城市隧道工程环境复杂，不可预见因素较多。

3. **全长浅埋**

城市隧道大多为浅埋隧道，埋深一般在 20 m 以内，且属于全长浅埋隧道。浅埋隧道变形会波及地表与地面设施，这就需要对施工与运营期间隧道围岩及上覆地层的变形以及地下水的变化进行全面和全过程控制。

4. **城市隧道结构复杂，常与其他构筑物构成复杂的地下工程**

城市隧道结构比山岭隧道复杂，附属结构和设施多。例如，地铁区间隧道有联络通道和机电设备设施，并要考虑与车站结构的衔接。随着地铁线路的建设，土建工程不断向“深、大、险”方向发展，这导致需要衔接和联系的结构物增多，隧道整体结构趋于复杂。

5. **对变形等的控制标准严格**

为确保城市隧道施工过程中，建（构）筑物、道路、管线、邻近隧道、地表水体等周边工程不发生过量沉降或塌陷，确保其安全，要求严格控制沉降（包括沉降绝对值和沉降速率等）。例如，暗挖法施工的标准断面隧道地面累计沉降量一般要求控制在 30 mm 以内。

6. **安全风险大**

上述工程特点决定了城市隧道工程安全风险（包括工程本身风险和对工程周边环境的风险）大，风险关联性强。例如，如果工程水文地质条件不明，周边环境不清，安全措施准备不充分，很容易出现安全质量事故和险情，造成人员伤亡和经济损失。由于城市隧道施工的不确定性和周边环境的复杂性，事前进行周边环境安全性判定比较困难，在隧道施工期间进行风险跟踪和控制就显得尤为重要。

1.3 城市暗挖隧道工程发展与面临的问题

随着我国城市化进程的不断推进，众多城市修建了类型多样、施工难度大的复杂隧道工程，积累了大量的暗挖隧道施工经验。尽管城市暗挖隧道及其他地下工程施工技术已较为成熟，但由于工程水文地质条件的不确定性和施工环境的复杂性，使得在采用暗挖法施工地下工程时，仍存在许多施工风险，发生过不少风险事故。

1.3.1 城市暗挖隧道工程发展

随着我国城市化进程的加快，大城市的交通、环境以及文物保护等问题日益突出，为了满足城市功能的需要，我国的城市轨道交通工程建设已逐渐进入高潮，进入 21 世纪，我国修建了大量的城市隧道工程。截至 2019 年 4 月，中国内地已开通地铁的城市有 35 个，城市轨道总里程已达到 5 142 km，总地铁里程已位居世界第一，中国内地城市轨道交通运营里程排行榜如表 1.1 所示，上海、北京、广州三座一线城市分列前三位。

表 1.1　城市轨道运营里程排行

序号	城市	运营线路/条	车站数/个	总里程/km	备注
1	上海	17	415	705	2018 年开通线路 2 段，新增里程为 36 km
2	北京	21	389	626	2019 年开通新机场线等 3 段，新增里程为 62 km
3	广州	14	240	454	2019 年开通线路 2 段，新增里程为 53 km
4	南京	10	174	378	
5	重庆	10	181	316	2019 年开通线路 2 段，新增里程为 28.7 km
6	武汉	9	206	301	2019 年开通线路 3 段，新增里程为 35 km
7	深圳	8	199	286	2019 年开通线路 3 段，新增里程为 44.5 km
8	成都	6	156	226	2019 年开通线路 3 段，新增里程为 76 km
9	天津	6	153	220	2019 年开通 1 号线东延线，新增里程为 15 km
10	青岛	4	83	170	新增 2 号线西段 4.8 km
11	大连	4	68	158	
12	西安	4	95	126	2019 年新增线路 2 段，新增里程为 35.5 km
…	…	…	…	…	…
21	合肥	3	77	89.58	2019 年 12 月 26 日，合肥轨道交通 3 号线正式运营，新增里程为 37.2 km

2019 年上半年，中国内地共有 15 座城市发布新线开通公告，分别为石家庄、武汉、南宁、宁波、哈尔滨、郑州、长沙、杭州、南昌、福州、沈阳、济南、乌鲁木齐、兰州和温州，新增运营里程 339.5 km，新增车站 238 座。根据中国城市轨道交通协会统计，我国共有 70 个城市规划了超过 700 条城市轨道交通线路，总里程超过 2.8 万 km。

此外，为解决城市道路交通拥堵问题，特大城市地下快速道路的建设也正越来越受到重视。《上海市城市总体规划(2017—2035 年)》提出，主城区在中心城“三环十射一横十字”快速路网基础上，规划控制南北向通道，中心城快速路总规模将达到 370 km，主干路总规模达到 610 km 左右。至 2035 年，主城区全路网密度达到8 km/km^2，其中中央活动区路网密度达到 10 km/km^2。北京为加强城市副中心与中心城区、北京城市副中心与各新城之间的快速便捷联系，将建设七横三纵的轨道交通线网和五横两纵的高速公路、快速路网络。《合肥市域“1331”综合交通规划(2015—2030 年)》提出形成“目字形十二射”的城市快速路网，规划里程 505 km。

暗挖法诞生至今，已在众多隧道工程项目中得到了广泛应用。作为一种应用灵活、适合国情、能够有效解决就业、满足环境保护需要的先进施工技术，其在国内得到了长足发展，积累了大量成熟的工法、专利与核心技术。

暗挖法最早被大规模应用于北京地铁的修建之中，后被推广到多座城市、多种类型的城市隧道建设中。暗挖法的代表性工程包括北京地铁复兴门折返线、北京地铁5号线的大跨度暗挖车站、广州地铁杨体区间、深圳市向西路人行地道工程、南水北调永定河倒虹吸工程(穿越永定河左堤和五环公路)、杭州市解放路延伸工程等。

合肥地区城市暗挖隧道多为地铁隧道。合肥市地铁2号线多处采用暗挖法施工，如潜山路站前主体暗挖隧道，该隧道全长40.22 m，最大断面为10 m×10 m，最大埋深27 m，线路纵坡为2‰，采用暗挖CD法、CRD法施工，为目前合肥市轨道交通断面最大的暗挖隧道，且施工中紧邻丰乐大酒店及长江西路高架等建(构)筑物，施工安全风险高。

1.3.2 城市暗挖隧道面临的问题

城市暗挖隧道经过多年工程实践，设计与施工方面都取得了长足进步，但国内城市隧道工程事故仍频繁发生，使得人力、物力、财力损失严重，造成较恶劣的社会影响。如青岛地铁4号线“5·27坍塌事故”造成5名工人遇难；广州地铁11号线沙河地铁站施工区域出现塌陷，途经该区域的1辆清污车和1部电动单车掉落其中，事故造成3人遇难。

(a) 青岛地铁　　(b) 广州地铁

图1.3　施工事故现场

城市地铁建设在中国正如火如荼，“繁花似锦”的背后，安全事故正成为隐患。因此，城市暗挖隧道在未来的发展过程中仍需要注意以下四个问题。

1. **合理规划，分层次开发利用地下空间**

首先，城市隧道工程的规划设计必须符合整个城市的总体规划，且应与城市地下空间的开发相互协调。其次，由于城市隧道工程的建设具有不可逆性、关联性大以及制约因素多的特点，一旦建成，便不能轻易改动。因此，城市隧道工程要综合考虑既有地下设施、既有建筑物基础、土地的所有权与地价、施工技术、经济能力、开发后的综合效益及对城市的影响等因素，其建设方案必须经过深入调查、科学论证与综合规划。

目前，对城市地下空间的开发深度多限于浅层，开发构造简单，开发规模较小，利用功能单一。实际上，城市地下空间具有层次性，有浅层、中层和深层之分，浅层地下空间(通常为地表至−10 m的深度)主要用于商业、文娱和部分业务空间，中层地下空间(通常为－10～－30 m 的深度）主要用于地下交通、地下污水处理场及城市水、电、气、通信等公用设施。深层地下空间（通常在－30 m 以下深度）可以建设高速地下交通轨道、深层地下工程品仓库、冷库、油库等地下工程。分层化、深层化开发利用地下空间，是要形成人车分流，以及市政管线、污水、垃圾分层布局，使地下功能既区分又协调，发挥各自的功能优势。

2. **充分调研，科学论证暗挖适应性**

采用暗挖法施工城市隧道具有较强的适应性。暗挖法对覆土厚度没有特殊要求，最浅可至 1 m。在地铁车站和区间隧道选用浅埋暗挖法时，通过综合的技术经济比较，一般在渡线、折返线、存车线、车站出入口通道选用浅埋暗挖法比盾构法具有优越性。暗挖法对断面结构形状适应性强，不但可以轻易地做成圆形、马蹄形、矩形、多跨联拱等形状，而且对不同结构断面转化、衔接都较容易。

此外，在城市隧道工程中采用暗挖法施工须具备一定的条件。暗挖法对地层的适应性较广，但大范围的淤泥质软土、粉细砂地层、降水有困难或经济上造价高的地层，不宜采用暗挖法施工。采用暗挖法施工要求开挖面具有一定的自稳性和稳定性，工作面土体的自稳时间应满足进行必要的初期支护作业需求，否则也不宜采用暗挖法施工。因此，在城市隧道建设过程中必须综合多方面因素，对暗挖法施工的适应性进行科学论证。

3. **优化辅助工法，严控施工风险**

暗挖法一般被用于环境敏感、复杂、没有明挖施工条件的地段，这些地段的周边管线、地表建筑物相对密集繁杂，环境风险突出。随着地下空间的逐步开发利用，修建城市隧道、城市隧道群会不可避免地与各类建（构）筑物近接，这类城市隧道的设计与施工都将是富有挑战性的新课题。对于这类近接工程应重点研究变形控制技术，强化辅助工法，如在浅埋软弱富水地层中，依靠水平旋喷、管幕、冻结或降水等辅助工法形成较强超前加固体后再进行开挖。

在我国加速城市轨道交通建设和大规模开发地下空间的过程中，包括城市暗挖隧道在内的城市地下工程的安全性将成为城市建设未来数十年的核心问题。深入研究城市地下工程安全事故的形成机理和演化规律，对风险作出可靠的预测和评估，进而建立规范化的管理体系，才能为城市地下工程的安全性建设提供可靠保障。

4. **绿色建造，智能建造**

城市隧道工程设计要尽可能合理利用自然光、风、水等天然资源和能源，尽可能使用再生原料制成的材料，尽可能将施工中的材料循环使用，最大限度地发挥材料的潜力，减少生产、加工、运输过程中材料的消耗，减少施工中的废弃物，减少对能源、土地、水、生物资源的消耗，提高使用效率。

现有暗挖法多被用于软土或软岩地层，开挖一般采用 CRD、CD、双侧壁、中洞法等分步开挖工法，常规的大型机械设备难以派上用场，劳动强度较大，劳动力投入较多，作业环境相对较差。因此，在未来的发展中，需提高机械化、自动化、数字化水平，推广应用机械化、自动化、数字化水平较高的设备、机具和仪器，减少劳动力投入，提高施工效率。

2　合肥城市工程地质分析

在合肥地铁建设过程中，对合肥地质地层进行了深入详细的勘察，积累了丰富的地质资料，基本能覆盖合肥大部分城区，反映合肥城市工程地质条件。本章基于地铁施工勘察资料，对合肥城市工程地质地层划分、土性参数、地层组合与分布、暗挖适用性等进行阐述。

2.1　地形地貌概述

合肥居于江淮之间，位于江淮分水岭的东南侧，地貌发育既受大陆地壳运动的控制，又受气候变化和各种动力地质作用的影响，是内外应力相互作用的产物。总体呈现岗坳相间、波状起伏的地貌景观。其宏观地势西北高，东南低，构成平缓的波状微倾斜平原。区内地形切割深度一般小于 30 m，一般海拔高程(采用吴淞高程系，下同)15～45 m，唯大蜀山异峰突起，海拔高程达 282 m，而巢湖浅滩最低处为 6 m 左右。

新构造运动以来，第四纪沉积物受流水侵蚀-堆积作用，区域河流地貌特征明显，由于南淝河以及自北向南的两条南淝河支流——四里河、板桥河长期的流水侵蚀和堆积作用，区域河流地貌特征明显以河谷为中心向两侧延展(图 2.1)，依次为河漫滩、一级阶地和二级阶地。

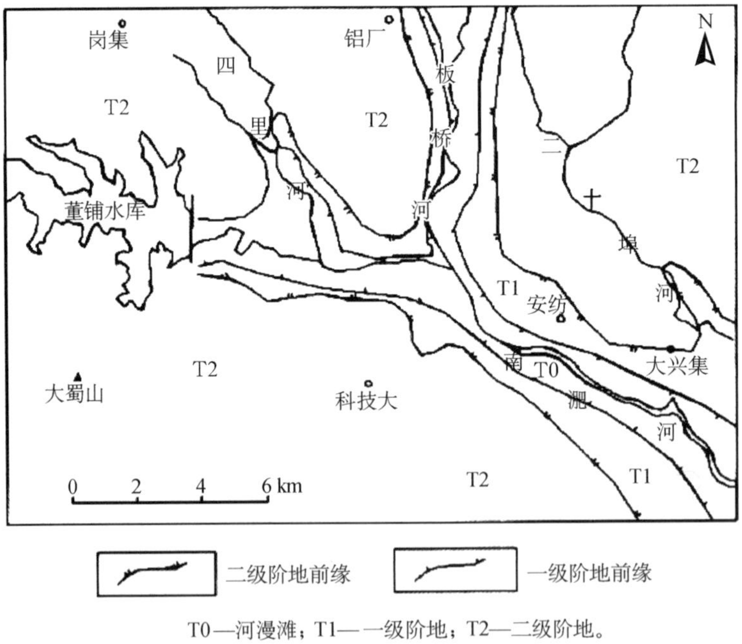

T0—河漫滩；T1—一级阶地；T2—二级阶地。

图 2.1　合肥市地貌简图

河漫滩：呈条带状分布。地面高程在大东门以上为 12～14 m，大东门以下为 9～11 m。河漫滩自大东门向下呈喇叭状，两岸总宽度上游为 0.5～1.0 km，下游最宽处达 2 km。

一级阶地：沿河两岸呈第二个阶梯展布，阶地面由上而下呈缓坡状，较平坦，地面高程为 12～18 m。该阶地沿河道两岸呈凹凸分布，两岸宽度不等，同岸亦宽窄不一。一般宽 0.5～1.0 km，最宽近 2 km，最窄仅为 0.1 km，属河流相堆积型阶地。

二级阶地：在区域内广为分布。阶地面起伏较大，主要由上更新统褐黄色黏性土组成，地面高程一般在 18～40 m 之间。呈剥蚀状地貌形态，冲沟发育，其方向以南北向和北东向为主，也有少数呈北西向，与现代河道垂直，追踪现水系的基准面。

2.2 工程地质层组的划分

2.2.1 划分意义与原则

土体工程地质层组划分是土体质量评价的基础。在轨道交通工程中，当场地岩土层较多、成因类型复杂、空间分布变化大时，对整个场地工程地质层组进行总体概化是十分必要的。通过工程地质层组的划分，可以全面客观反映全区的地层结构和主要工程地质层的分布规律、力学性质，更好地为工程方案的设计与施工服务。

合肥市轨道交通 1 号线—5 号线沿线穿越多个地貌单元，主要为南淝河河床及河漫滩、南淝河一级阶地、南淝河二级阶地。不同地貌单元内揭示的地层情况会有所不同。

1 号线中人工填土层全线普遍分布。在南淝河河床、河漫滩及南淝河一级阶地段的填土层以下局部分布有一层弱膨胀潜势黏土层，该层由南淝河一级阶地向南淝河河床、河漫滩逐渐变薄，黏土层以下呈粉质黏土、粉土、砂土互层，下伏基岩主要为第三纪、白垩纪泥质砂岩、砂质泥岩；在南淝河二级阶地，填土以下分布厚层黏土，具有弱膨胀潜势，下伏基岩为第三纪、白垩纪泥质砂岩、砂质泥岩。

2 号线规划范围内，河漫滩分布于南淝河附近，由岸区向河谷区倾斜，河谷区岸坡明显，表部地层由第四纪全新统黏性土、砂粉土组成，下伏下第三纪定远群泥岩、泥质砂岩；一级阶地分布于南淝河两端，总体波状起伏，表部地层由第四纪全新统黏性土、粉砂土组成，下伏下第三纪定远群泥岩、泥质砂岩；二级阶地全线广泛分布，表部地层由第四纪更新统黏性土、粉砂土组成，下伏白垩纪上统张桥组、侏罗纪上统周公山组泥岩、砂岩、泥质砂岩。

3 号线规划范围内，河漫滩沿南淝河呈条带状分布；一级阶地主要在二十里埠河、板桥河和南淝河形成，地形平坦开阔，由于后期剥蚀作用，多呈长条状展布；二级阶地是线路通过的主要地貌，地形较平坦，由于长期经受剥蚀冲刷，形成岗地与坳谷相间的垄岗地貌。

4 号线规划范围内，河漫滩分布于南淝河附近，呈条带状分布；一级阶地沿河两岸呈第二个阶梯展布，阶地面由上而下呈缓坡状，较平坦，地面高程为 12～18 m，该阶地沿河道两岸呈凹凸分布，两岸宽度不等，同岸亦宽窄不一，属河流相堆积型阶地；二级阶地在本线范围内广泛分布，阶地面起伏较大，主要由上更新统褐黄色黏性土组成，地面高程一般在 18～40 m 之间，呈剥蚀状地貌形态，冲沟发育，其方向以南北向和北东向为主，也有少数呈北西向。

5 号线规划范围内，一级阶地沿南淝河及支流、十五里河、塘西河等河流的两岸呈阶梯展布，阶地台面冲沟发育，属河流相堆积型阶地；二级阶地沿线广为分布，由于地表水的排泄与侵蚀作用，阶地台面上沟梁交错，呈微波状，起伏较大。

在地貌特征的基础上，本场区内工程地质层组的划分按照“以地层的沉积年代为主，以岩土的工程适用特征为辅”的原则，揭示地层深度以隧道工程建设的影响深度为控制原则，主要揭示地层深度为 50 m。

结合合肥市轨道交通实际情况，对沿线工程所揭示的地层，按以下原则划分工程地质层组：①根据沉积年代划分工程地质层组；②根据成因类型、地貌特征及工程特性划分亚组。

2.2.2 划分方法与划分结果

综合合肥市轨道交通 1 号线—5 号线的地质勘探报告发现，每条线路的地质勘探报告所采用的地层编号不尽相同（表 2.1）。从地铁线路的角度进行地质分析时，沿用的是每条线各自的地层编号，从市域角度出发，若能将每条线的地层编号统一起来，则能更方便且直观地对合肥市的地质情况进行深入分析。

表 2.1　　各岩土层代号汇总

线路名称	人工填土层(Q^{ml})	第四纪全新统地层(Q_4)		第四纪上更新统地层(Q_3)		第四纪中更新统地层(Q_2)	第三纪基岩(E_{dn})	白垩纪基岩(K_{2z})	侏罗纪基岩(J_{3z})
1 号线	①	②(al+pl)		③,④(al+pl)			⑤	⑥	
2 号线	<1>	<2>(al+pl)		<3>(al+pl)	<4>(el)		<5>,<6>	<7>,<8>	<9>,<10>
3 号线	(0)	(1)(al+pl)		(2)(al)		(3)(el)		(6)	(7)
4 号线	①	②(l)	③,④,⑤(al)	⑥(al+pl)	⑦(el)		⑧	⑨	⑩
5 号线	①	④(al)		⑥(al+pl)	⑦(el)		⑧	⑨,⑩	⑪

为方便地质层组划分，将合肥市轨道交通 1 号线—5 号线的地层代码进行统一。采用的地质代码串含义如下。

工程地质层组代码串表示方法：层组（罗马数字）—亚组（阿拉伯数字）—土性和状态（英文字母缩写），以Ⅲ$1_{(CH)}$为例进行说明。

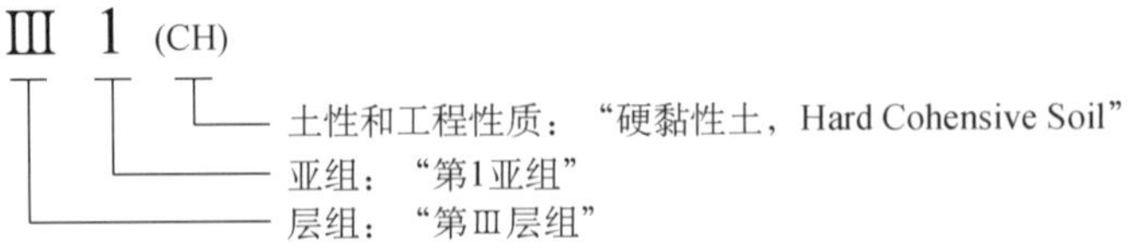

通过代码串可以简要地描述沿线地层的基本工程特性和组合特征。

基于上述统一的地质代码，对合肥市轨道交通 1 号线—5 号线的工程地质层组进行划分，划分结果如表 2.2 所示。

表 2.2　各工程地质层组的岩土层组成与划分

层组	亚组	土体基本特征	土体状态	地貌特征
Ⅰ（人工堆积层）	Ⅰ	褐灰～灰黄，以粉质黏土为主	软塑～可塑或松散～稍密	南淝河河床及河漫滩，南淝河一、二级阶地
Ⅱ（第四纪全新统地层）	Ⅱ1(CS)	灰褐～深灰，高压缩性，以粉质黏土为主	软塑～流塑	南淝河河床及河漫滩
	Ⅱ2(CM)	灰色～灰黄，中压缩性，以粉质黏土为主	软塑～可塑	南淝河一、二级阶地坳沟
	Ⅱ3(CH)	黄褐～灰褐，中～低压缩性，局部夹粉质黏土透镜体	可塑～硬塑	南淝河河漫滩及一级阶地
	Ⅱ4(SM)	灰褐～褐黄，稍湿～湿，中压缩性，局部夹薄层粉土	稍密～中密	南淝河河床及河漫滩
	Ⅱ5(SD)	褐黄～灰黑，饱和，局部夹黏性土、粉土薄层	中密～密实	南淝河河床及河漫滩
Ⅲ（第四纪上更新统地层）	Ⅲ1(CH)	褐黄～灰黄，中～低压缩性，弱～中膨胀性	可塑～硬塑	南淝河二级阶地
	Ⅲ2(SD)	灰黄～褐黄，稍湿～湿，中压缩性，局部夹薄层中砂及粉土	中密～密实	南淝河二级阶地
Ⅳ（残积层）	Ⅳ1(CH)	灰白～灰黄～褐黄～紫红，欠均匀，中～低压缩性，局部夹薄层粉土、粉砂及风化岩屑	可塑～硬塑	南淝河一、二级阶地
	Ⅳ2(SD)	灰白～灰黄～褐黄～紫红，饱和，不均匀，局部为中砂或粗砂，夹黏性土	中密～密实	南淝河一、二级阶地
Ⅴ（第三纪基岩）	Ⅴ	主要为棕红、棕褐砂质泥岩、泥岩及泥质砂岩，全～中风化，质地软弱，风化后呈土状	全、强、中风化	南淝河河床及河漫滩，南淝河一、二级阶地
Ⅵ（白垩纪基岩）	Ⅵ	主要为棕褐、棕红色砂质泥岩及泥岩，全～中风化，质地疏松，风化后呈土状	全、强、中风化	南淝河河床及河漫滩，南淝河一、二级阶地
Ⅶ（侏罗纪基岩）	Ⅶ	主要为紫红、灰红砂质泥岩、泥岩及砂岩，全～中风化，质地疏松，风化后呈土状	全、强、中风化	南淝河河床及河漫滩，南淝河一、二级阶地

2.2.3　层组划分合理性的统计分析

岩土体物理力学指标的变异系数 δ 可以作为参数离散性的尺度。通过对本次划分的各层组岩土体实验指标离散性的统计分析，对照 Ingles 报道的范围和建议的标准可以看出，各亚组内物理力学指标的离散性相对较小。这表明同一亚组中土的工程地质性质差异较小，同时也间接说明了该工程地质层组划分方案的合理性。下面列举了合肥市轨道交通 1 号线—5 号线层组划分合理性评价指标，如表 2.3—表 2.7 所示，由此来说明层组划分的合理性。

表 2.3　轨道交通 1 号线部分层组岩土体物理力学指标的变异系数 δ

物理力学指标	Ingles 的建议		层组	
	报道的范围	建议的标准	Ⅱ1(CH)	Ⅲ1(CH)
黏性土黏聚力	0.20～0.50	0.30	0.04	0.14
内摩擦角	0.20～0.50	0.30	0.08	0.04
压缩模量	0.02～0.42	0.30	0.16	0.09
孔隙比	0.13～0.42	0.25	0.02	0.02
重度	0.01～0.10	0.03	0.00	0.01

注：表中各数字均为第 1 列各参数的变异系数，无量纲。

表 2.4　轨道交通 2 号线部分层组岩土体物理力学指标的变异系数 δ

物理力学指标	Ingles 的建议		层组			
	报道的范围	建议的标准	Ⅱ2(CH)	Ⅱ3(SD)	Ⅲ1(CH)	Ⅳ(CH)
黏性土黏聚力	0.20～0.50	0.30	0.26	—	0.20	—
内摩擦角	0.20～0.50	0.30	0.21	0.13	0.16	0.12
压缩模量	0.02～0.42	0.30	0.28	0.10	0.29	0.22
孔隙比	0.13～0.42	0.25	0.15	0.04	0.14	0.13
重度	0.01～0.10	0.03	0.03	0.04	0.03	0.02

注：表中各数字均为第 1 列各参数的变异系数，无量纲。

表 2.5　轨道交通 3 号线部分层组岩土体物理力学指标的变异系数 δ

物理力学指标	Ingles 的建议		层组			
	报道的范围	建议的标准	Ⅱ2(SD)	Ⅲ1(CH)	Ⅲ2(SD)	Ⅴ1
黏性土黏聚力	0.20～0.50	0.30	—	0.21	—	—
内摩擦角	0.20～0.50	0.30	0.21	0.03	0.04	0.06
压缩模量	0.02～0.42	0.30	0.11	0.18	0	0.22
孔隙比	0.13～0.42	0.25	0.02	0.02	0.02	0.05
重度	0.01～0.10	0.03	0.01	0.01	0.02	0

注：表中各数字均为第 1 列各参数的变异系数，无量纲。

表 2.6　　轨道交通 4 号线部分层组岩土体物理力学指标的变异系数 δ

物理力学指标	Ingles 的建议		层组			
	报道的范围	建议的标准	Ⅱ2(CH)	Ⅲ1(CM)	Ⅲ2(CH)	Ⅳ1(CH)
黏性土黏聚力	0.20～0.50	0.30	0.16	0.15	0.17	0.25
内摩擦角	0.20～0.50	0.30	0.02	0.12	0	0.04
压缩模量	0.02～0.42	0.30	0.17	0.13	0.05	0.18
孔隙比	0.13～0.42	0.25	0	0.02	0.07	0.04
重度	0.01～0.10	0.03	0.01	0	0.02	0.02

注：表中各数字均为第 1 列各参数的变异系数，无量纲。

表 2.7　　轨道交通 5 号线部分层组岩土体物理力学指标的变异系数 δ

物理力学指标	Ingles 的建议		层组				
	报道的范围	建议的标准	Ⅱ4(CM)	Ⅱ5(CH)	Ⅲ1(CH)	Ⅲ2(SD)	Ⅳ1
黏性土黏聚力	0.20～0.50	0.30	0.08	0.16	0.18	—	0.15
内摩擦角	0.20～0.50	0.30	0.10	0.13	0.14	0.11	0.08
压缩模量	0.02～0.42	0.30	0.04	0.16	0.10	0.10	0.14
孔隙比	0.13～0.42	0.25	0	0.08	0.17	0.05	0.13
重度	0.01～0.10	0.03	0.007	0.01	0.03	0.005	0.02

注：表中各数字均为第 1 列各参数的变异系数，无量纲。

2.3　主要层组的土性参数

2.3.1　轨道交通 1 号线

轨道交通 1 号线沿线普遍分布的黏土层包括第四纪全新世冲洪积层的Ⅱ1(CH)层以及第四纪晚更新世冲洪积层的Ⅲ1(CH)层，它们分属于两种不同的层组Ⅱ、Ⅲ，虽然都为硬黏性土，但对应的基本物理力学参数存在差异性。表 2.8 统计了上述两类地层的主要物理力学指标，包括重度、天然含水量、孔隙比、液限、压缩指标、剪切指标等。由表可以看出，Ⅱ1(CH)、Ⅲ1(CH)层的常规物理指标和内摩擦角差异较小，其中，Ⅲ1(CH)层的天然含水量和孔隙比小于Ⅱ1(CH)层，而液限大于Ⅱ1(CH)层；二者的压缩系数、压缩模量和黏聚力的差异超过了 10%，其中，Ⅲ1(CH)层的压缩模量和黏聚力大于Ⅱ1(CH)层，而压缩系数小于Ⅱ1(CH)层。由此可见，Ⅱ、Ⅲ层组中同一名称的黏性土层的物理力学指标有着较为明显的差异。黏性土的工程性质与土的沉积年代和成因有密切关系，不同年代和成因的黏性土，尽管其物理指标相近,但工程性质可能相差悬殊。故根据不同的沉积年代将黏性土分成三类:老黏性土、一般黏性土和新近沉积黏性土。

表 2.8　　轨道交通 1 号线主要土层的基本物理力学参数

地层编号	统计方式	常规物理指标				压缩指标		剪切指标	
								固结快剪	
		重度 γ/(kN·m^{-3})	天然含水量 w/%	孔隙比 e	液限 w_P/%	压缩系数 $a_{0.1\sim0.2}$/MPa^{-1}	压缩模量 $E_{s0.1\sim0.2}$/MPa	黏聚力 c/kPa	内摩擦角 φ/(°)
Ⅱ1$_{(CH)}$	均值	19.93	23.63	0.696	38.43	0.16	9	36	12.75
	范围	19.60~20.30	21.6~25.3	0.629~0.745	32.2~42.9	0.12~0.20	8~10	34~40	12~15
Ⅲ1$_{(CH)}$	均值	19.98	23.18	0.687	39.59	0.12	11	41.62	12.25
	范围	19.80~20.20	21.9~24.3	0.656~0.715	33.5~44.1	0.10~0.16	10~12	35~48	12~14

轨道交通 1 号线沿线范围内地表大多为第四纪地层覆盖,其中以晚更新世黏土层分布最广,全新世黏土层次之,第四纪沉积物主要成因类型为洪积、冲积类型。Ⅲ1$_{(CH)}$层硬黏性土为第四纪晚更新世冲洪积层,属于老黏性土,Ⅱ1$_{(CH)}$层为第四纪全新世冲洪积层,属于一般黏性土。Ⅲ1$_{(CH)}$层由于沉积年代较久,因而具有较高的结构强度和较低的压缩性,即其黏聚力和压缩模量要大于Ⅱ1$_{(CH)}$层。Ⅱ1$_{(CH)}$层沉积年代相对较新,其天然含水量和孔隙比大于Ⅲ1$_{(CH)}$层,间接反映出二者结构性的差异,同时反映在土的强度和压缩性上,即一般黏性土比同类型的老黏性土强度低而压缩性高。

2.3.2　轨道交通 2 号线

轨道交通 2 号线沿线普遍分布的地层包括第四纪全新统冲洪积层的Ⅱ2$_{(CH)}$、Ⅱ3$_{(SD)}$层,第四纪更新统冲洪积层的Ⅲ1$_{(CH)}$、Ⅲ2$_{(SD)}$层,由于它们分属于两种不同的层组Ⅱ、Ⅲ,虽然其土性名称相同,都为硬黏性土或密砂性土,但对应的基本物理力学参数存在差异性。表 2.9 统计了这四类地层的主要物理力学指标,包括重度、比重、天然含水量、孔隙比、压缩指标、剪切指标等。由表可以看出,Ⅱ2$_{(CH)}$、Ⅲ1$_{(CH)}$层虽同为硬黏性土,但Ⅱ2$_{(CH)}$层的天然含水量和孔隙比明显大于Ⅲ1$_{(CH)}$层,而黏聚力和压缩模量明显小于Ⅲ1$_{(CH)}$层,其中,黏聚力和压缩模量的差异较大,均大于 10%,而重度、土粒比重、无侧限抗压强度以及压缩系数的差异则相对较小。Ⅱ3$_{(SD)}$和Ⅲ2$_{(SD)}$层同为密砂性土,其重度、土粒比重、无侧限抗压强度和压缩模量差异较小,Ⅲ2$_{(SD)}$层的天然含水量和孔隙比明显大于Ⅱ3$_{(SD)}$层,内摩擦角和压缩系数稍大于Ⅱ3$_{(SD)}$层,黏聚力则要稍小于Ⅱ3$_{(SD)}$层。

表 2.9　　轨道交通 2 号线主要土层的基本物理力学参数

地层编号	统计方式	常规物理指标					压缩指标		剪切指标	
									固结快剪	
		重度 γ/(kN·m^{-3})	比重 G_s	天然含水量 w/%	孔隙比 e	无侧限抗压强度 qu/kPa	压缩系数 $a_{0.1\sim0.2}$/MPa^{-1}	压缩模量 $E_{s0.1\sim0.2}$/MPa	黏聚力 c/kPa	内摩擦角 φ/(°)
Ⅱ2$_{(\mathrm{CH})}$	均值	19.45	2.72	25.30	0.744	102	0.26	7.25	32	15
	范围	18.80～20.10	2.70～2.73	21.99～28.60	0.630～0.859	65～140	0.12～0.41	4.50～10.00	25～40	12～18
Ⅱ3$_{(\mathrm{SD})}$	均值	20.15	2.68	19.36	0.560	90	0.24	7.75	23	16
	范围	19.40～20.90	2.68～2.69	18.10～20.61	0.528～0.591	80～100	0.17～0.30	7.00～8.50	22～24	14～18
Ⅲ1$_{(\mathrm{CH})}$	均值	19.75	2.71	23.88	0.695	110	0.28	9.0	39	15
	范围	19.10～20.40	2.69～2.73	20.65～27.10	0.594～0.796	80～140	0.12～0.43	5.00～13.00	28～50	12～18
Ⅲ2$_{(\mathrm{SD})}$	均值	20.40	2.69	20.70	0.604	100	0.27	8.50	21	18
	范围	19.80～21.00	2.68～2.70	19.40～22.00	0.550～0.657	100	0.27	8.50	21	18

2.3.3　轨道交通 3 号线

轨道交通 3 号线沿线普遍分布的地层包括第四纪全新世的Ⅱ2$_{(\mathrm{SD})}$层，第四纪上更新世的Ⅲ1$_{(\mathrm{CH})}$、Ⅲ2$_{(\mathrm{SD})}$层和第四纪中更新世的Ⅳ$_{(\mathrm{CH})}$层，由于它们分属于三种不同的层组Ⅱ、Ⅲ、Ⅳ，虽然其土性名称相同，都为硬黏性土或密砂性土，但对应的基本物理力学参数存在差异性。表 2.10 统计了这四类地层的主要物理力学指标，包括重度、比重、天然含水

表 2.10　　轨道交通 3 号线主要土层的基本物理力学参数

地层编号	统计方式	常规物理指标					压缩指标		剪切指标	
									固结快剪	
		重度 γ/(kN·m^{-3})	比重 G_s	天然含水量 w/%	孔隙比 e	无侧限抗压强度 qu/kPa	压缩系数 $a_{0.1\sim0.2}$/MPa^{-1}	压缩模量 $E_{s0.1\sim0.2}$/MPa	黏聚力 c/kPa	内摩擦角 φ/(°)
Ⅱ2$_{(\mathrm{SD})}$	均值	20.0	2.70	21.75	0.65	—	0.2	7	19	21.3
	范围	19.6～20.3	2.67～2.72	20.91～22.59	0.62～0.67	—	0.17～0.23	6～8	14～24	20～22.5
Ⅲ1$_{(\mathrm{CH})}$	均值	15.0	2.53	23.8	0.74	113.5	0.17	8	45	16.8
	范围	9.7～20.2	2.31～2.75	21.3～26.3	0.65～0.82	67～160	0.1～0.23	6～10	35～55	13.9～19.7

（续表）

地层编号	统计方式	常规物理指标					压缩指标		剪切指标	
									固结快剪	
		重度 γ /(kN·m^{-3})	比重 G_s	天然含水量 w/%	孔隙比 e	无侧限抗压强度 qu/kPa	压缩系数 $a_{0.1\sim0.2}$ /MPa^{-1}	压缩模量 $E_{s0.1\sim0.2}$ /MPa	黏聚力 c/kPa	内摩擦角 φ/(°)
Ⅲ2(SD)	均值	20.1	2.69	19.88	0.60	55	0.17	7	24	21.5
	范围	19.6～20.5	2.67～2.7	18.03～21.72	0.57～0.63	50～60	0.12～0.22	6～8	20～28	18.4～24.5
Ⅳ(CH)	均值	19.8	2.72	21.22	0.64	85.3	0.16	11	39	17.5
	范围	19.5～20	2.7～2.74	19.65～22.78	0.61～0.66	20.6～150	0.11～0.21	10～12	28～50	14～20.9

量、孔隙比、压缩指标、剪切指标等。由表可以看出，Ⅲ1(CH)、Ⅳ(CH)层虽同为硬黏性土，但土性参数差异较大，除比重、压缩系数和内摩擦角差别在10%以内，其他参数差异都比较大，Ⅲ1(CH)层的天然含水量、孔隙比、无侧限抗压强度、黏聚力均大于Ⅳ(CH)层，其中无侧限抗压强度远大于Ⅳ(CH)层，而重度、压缩模量小于Ⅳ(CH)层。Ⅱ2(SD)和Ⅲ2(SD)层同为密砂性土，其部分土性参数也存在较大差异，天然含水量、压缩系数和黏聚力差异都超过了10%，其余参数差异较小。

2.3.4 轨道交通4号线

轨道交通4号线沿线分布有若干种类型的黏性土层，包括第四纪全新统沉积层的Ⅱ2(CH)层，第四纪全新统冲积层的Ⅲ1(CM)、Ⅲ2(CH)层以及第四纪晚更新统冲洪积层的Ⅳ1(CH)层。其中，Ⅱ2(CH)、Ⅲ2(CH)和Ⅳ1(CH)层为硬黏性土，Ⅲ1(CM)层为中黏性土。为比较上述四种黏性土层土性参数的差异性，表2.11统计了这四类地层的主要物理力学指标，包括重度、比重、天然含水量、孔隙比、压缩指标、剪切指标等。由表2.11可以看出，上述四种黏性土中，Ⅱ2(CH)层的孔隙比和内摩擦角最大，天然重度和无侧限抗压强度最小；Ⅲ1(CM)层天然含水量、泊松比和压缩系数最大，黏聚力、内摩擦角和压缩模量最小；Ⅲ2(CH)层的天然重度最大，天然含水量和孔隙比最小；Ⅳ1(CH)层的无侧限抗压强度、黏聚力、内摩擦角和压缩模量最大，泊松比和压缩系数最小。

黏性土的工程性质与土的沉积年代和成因有密切关系，不同年代和成因的黏性土，尽管其物理指标相近，但工程性质可能相差悬殊。根据不同的沉积年代将黏性土分成老黏性土、一般黏性土和新近沉积黏性土三类。Ⅱ2(CH)层硬黏性土为第四纪全新统沉积层，属于一般黏性土，Ⅲ1(CM)、Ⅲ2(CH)层为第四纪全新统河流相冲积层，Ⅳ1(CH)层属于新近沉积黏性土，Ⅲ2(CH)层属于一般黏性土。Ⅲ1(CH)层由于沉积年代较久，因而具有较高的结构强度和较低的压缩性，其黏聚力和压缩模量要大于其他三种黏性土。Ⅲ1(CM)层沉积年代相对较新，属于中黏性土，未经很好的压密固结作用，结构强度较小，工程性质与一般黏性土有明显差别。Ⅱ2(CH)、Ⅲ2(CH)层同为一般黏性土，其物理力学指标大多介于新黏性土和老黏性土之间，一般黏性土比同类型的老黏性土强度低而压缩性高。

表 2.11　　轨道交通 4 号线主要土层的基本物理力学参数

地层编号	统计方式	常规物理指标					压缩指标		剪切指标 固结快剪	
		重度 γ /(kN·m^{-3})	天然含水量 w/%	孔隙比 e	无侧限抗压强度 qu/kPa	泊松比 μ	压缩系数 $a_{0.1\sim0.2}$ /MPa^{-1}	压缩模量 $E_{s0.1\sim0.2}$ /MPa	黏聚力 c/kPa	内摩擦角 φ/(°)
Ⅱ2(CH)	均值	19.15	26.60	0.82	62	0.30	0.23	8.90	32	15
	范围	18.50～19.80	23.50～30.50	0.76～0.89	55～70	0.30～0.31	0.17～0.34	5.7～12.0	26～36	13～16
Ⅲ1(CM)	均值	19.55	26.85	0.75	65.000	0.31	0.35	5.50	23.5	12
	范围	19.50～19.60	25.80～27.9	0.74～0.76	60～70	0.31～0.32	0.29～0.40	5.0～6.0	21～26	11～13
Ⅲ2(CH)	均值	19.83	24.33	0.72	67	0.29	0.24	7.8	36	14
	范围	19.40～20.20	23.00～27.10	0.66～0.81	65～68	0.29	0.21～0.26	7.0～9.0	32～41	14
Ⅳ1(CH)	均值	19.43	23.43	0.73	103	0.28	0.16	11.1	48	15
	范围	19.00～20.10	21.00～25.50	0.66～0.80	86～140	0.28	0.14～0.22	7.0～13.3	32～56	14～18

2.3.5　轨道交通 5 号线

轨道交通 5 号线沿线普遍分布的地层包括第四纪全新世的Ⅱ5(CH)、Ⅱ6(SD)层以及第四纪晚更新世的Ⅲ1(CH)、Ⅲ2(SD)层，由于它们分属于两种不同的层组Ⅱ和Ⅲ，虽然其土性名称相同，都为硬黏性土或密砂性土，但对应的基本物理力学参数存在差异性。表 2.12

表 2.12　　轨道交通 5 号线主要土层的基本物理力学参数

地层编号	统计方式	常规物理指标					压缩指标		剪切指标 固结快剪	
		天然含水量 w/%	重度 γ /(kN·m^{-3})	孔隙比 e	塑性指数 I_P	液性指数 I_L	压缩系数 $a_{0.1\sim0.2}$ /MPa^{-1}	压缩模量 $E_{s0.1\sim0.2}$ /MPa	黏聚力 c /kPa	内摩擦角 φ/(°)
Ⅱ5(CH)	均值	24.4	19.0	0.77	18.2	0.18	0.17	11.8	46	13
	范围	21.2～27.5	18.3～19.6	0.67～0.87	13.9～22.6	0.01～0.34	0.12～0.22	8.3～15.4	35～58	12～15
Ⅱ6(SD)	均值	17.6	19.8	0.57	9.2	0.24	0.13	13	11	24
	范围	—	—	—	—	—	—	—	—	—

（续表）

地层编号	统计方式	常规物理指标					压缩指标		剪切指标	
									固结快剪	
		天然含水量 w/%	重度 γ /(kN·m^{-3})	孔隙比 e	塑性指数 I_P	液性指数 I_L	压缩系数 $a_{0.1\sim0.2}$ /MPa^{-1}	压缩模量 $E_{s0.1\sim0.2}$ /MPa	黏聚力 c /kPa	内摩擦角 φ/(°)
Ⅲ1(CH)	均值	21.2	19.2	0.71	19.0	0.28	0.14	13.9	56	14
	范围	15.3～27.0	18.3～20.1	0.56～0.86	13.9～24.1	−0.27～0.31	0.10～0.18	9.8～18.0	40～72	11～18
Ⅲ2(SD)	均值	18.2	19.5	0.60	10.2	0.19	0.12	13.7	10	24
	范围	17.2～19.1	18.8～20.2	0.53～0.67	10.0～10.4	0.15～0.23	0.09～0.16	10.3～17.1	6～14	20～28

统计了这四类地层的主要物理力学指标，包括含水量、重度、天然孔隙比、塑性指数、液性指数、压缩系数、抗剪强度等。由表可以看出，Ⅱ5(CH)和Ⅲ1(CH)层虽同为硬黏性土，但其土性参数差异较大，除重度、孔隙比、塑性指数差异小于10%以外，其余参数的差异均较大，其中Ⅱ5(CH)层的含水量、压缩系数、内摩擦角大于Ⅲ1(CH)层，而液性指数、压缩模量、黏聚力小于Ⅲ1(CH)层。Ⅱ6(SD)和Ⅲ2(SD)层同为密砂性土，其土性参数差异相对较小，仅塑性指数、液性指数的差异大于10%，其余参数差异均较小。

2.4 地层组合的分类与分布

2.4.1 合肥轨道交通线地层组合分类与分布

1. 轨道交通1号线

轨道交通1号线沿线大部分区域属于南淝河二级阶地，合肥站—凤阳路站段及太湖路站—终点段属于南淝河二级阶地，凤阳路站—明光路站段及芜湖路站—太湖路站段属于南淝河一级阶地，明光路站—芜湖路站段属于南淝河河床及河漫滩。由2.2节工程地质层组的划分可知，1号线沿线地质结构从上至下依次为人工填土层、第四纪全新世冲洪积层、第四纪晚更新世冲洪积层、下伏基岩。通过对全线地层组合情况的分析总结，将1号线的地层组合分为1-A、1-B、1-C三种类型。

1-A型地层组合：第四纪地层表层以厚度不均匀的人工堆积层(Ⅰ)的路基土、房渣土和素填土为主，以下为黏性土[Ⅱ1(CH)，Ⅲ1(CH)]、粉土及粉细砂层[Ⅲ2(SD)]，下伏基岩主要为白垩纪泥质砂岩、砂质泥岩(Ⅳ2)。1-A型地层组合仅在1号线沿线局部范围内分布，是二级阶地的一种地层组合类型。1-A型地层组合的典型剖面如图2.2所示。

1-B型地层组合：第四纪地层表层以厚度不均匀的人工堆积层(Ⅰ)的路基土、房渣土和素填土为主，填土层以下为黏性土层[Ⅱ1(CH)]、粉土及砂土层[Ⅱ2(SD)，Ⅲ2(SD)]，下伏基岩主要为第三纪、白垩纪泥质砂岩、砂质泥岩(Ⅳ2)。相比于1-A型地层组合，1-B型地

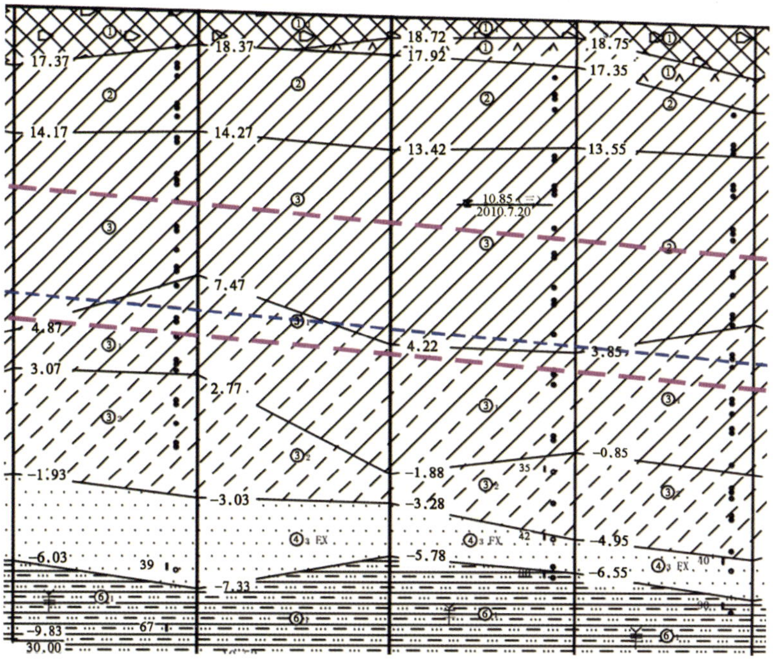

图 2.2　1-A 型地层组合

层组合上层黏土较薄，在南淝河河床、河漫滩地段上层黏土缺失，黏土层以下呈粉质黏土、粉土、砂土交互沉积。1-B 型地层组合主要分布在南淝河河床、河漫滩及南淝河一级阶地，是一级阶地和河漫滩最常见的类型。1-B 型地层组合的典型剖面如图 2.3 所示。

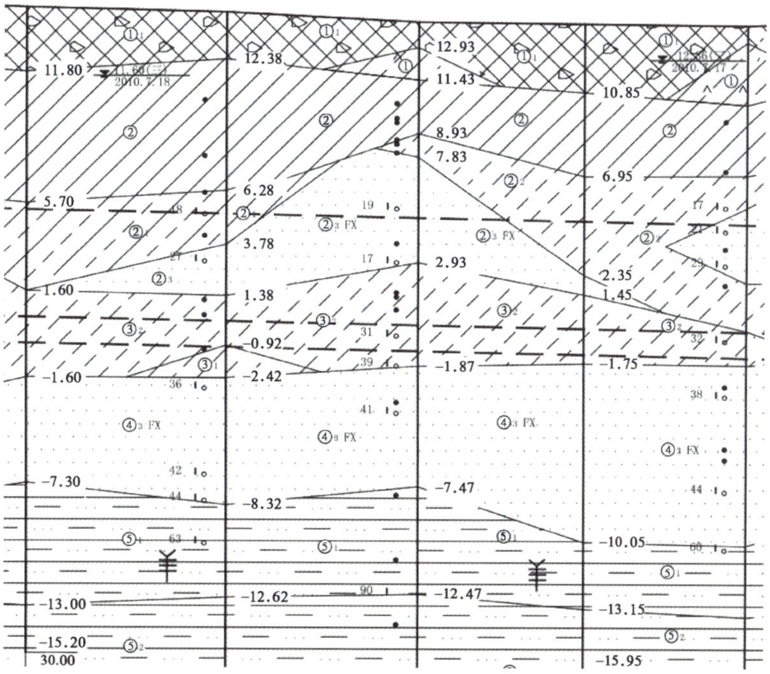

图 2.3　1-B 型地层组合

1-C 型地层组合：第四纪地层表层以厚度不均匀的人工堆积层(Ⅰ)的路基土、房渣土和素填土为主，人工堆积层以下为第四纪厚层黏土及粉质黏土[Ⅱ$1_{(CH)}$，Ⅲ$1_{(CH)}$]，下伏基岩主要为白垩纪泥质砂岩、砂质泥岩(Ⅳ2)。1-C 型地层组合在 1 号线沿线分布范围最广，是南淝河二级阶地最常见的地层组合类型。1-C 型地层组合的典型剖面如图 2.4 所示。

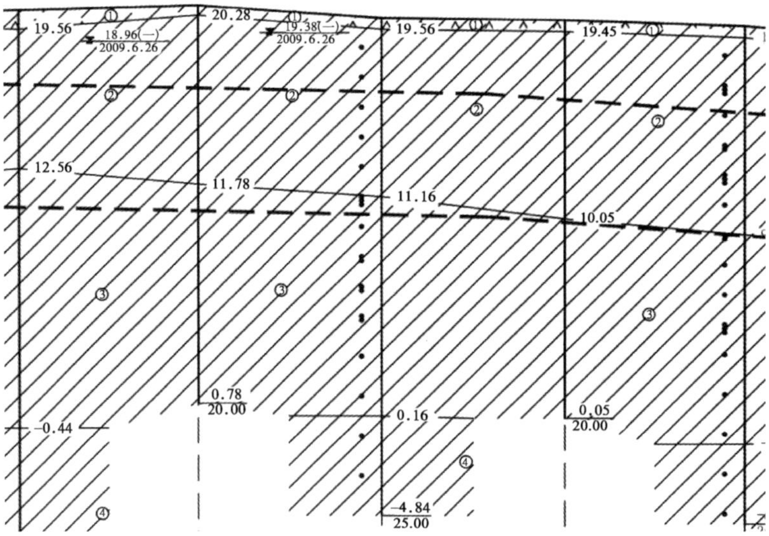

图 2.4 1-C 型地层组合

轨道交通 1 号线是合肥市轨道交通线网中南北向骨干线路，快速联系老城区与滨湖新区，线路起点位于合肥火车站，沿胜利路向西南方向延伸至大东门，线路下穿南淝河后沿马鞍山路继续向南延伸至南二环，然后线路转向西南，沿望湖中路至美菱大道，转向南下穿高铁后到达滨湖新区锦绣大道，线路沿庐州大道东侧绿化带至方兴大道，即方兴大道站，出站后线路主要下穿现状荒地至徽州大道站。

根据 1 号线线路走向以及所经区域的地质特征，分段分区对沿线所有区域的地层组合情况进行叙述，具体如下。

(1) 合肥站—凤阳路站，包括两站一区间，即合肥站—凤阳路站。该段线路途经胜利路，均位于瑶海区，里程为 YK4＋352.181—YK5＋643。该区域属于南淝河二级阶地，只存在一种地层组合，即 1-A 型地层组合。

(2) 凤阳路站—南一环站，包括四站四区间，即凤阳路站(不含)—明光路站—大东门站—芜湖路站—南一环站。该段线路途经胜利路、南北一号高架路，除凤阳路站—大东门站区间位于瑶海区，其余均位于包河区，里程为 YK5＋643—YK9＋100。该区域内有两种不同的地貌单元，里程 YK6＋270—YK7＋950 属于南淝河床及河漫滩，里程 YK5＋643—YK6＋270 和 YK7＋950—YK9＋100 属于南淝河一级阶地，但只存在一种地层组合，即 1-B 型地层组合。

(3) 南一环站—徽州大道站，包括十七站十七区间，即南一环站(不含)—太湖路站—水阳江路站—葛大店站—望湖城站—高铁站—繁华大道站—大连路站—花园大道站—锦绣大道站—紫云路站—中山路站—方兴大道站—云谷路站—南宁路站—贵阳路站—湖南路站—徽州大道站。该段线路途经南北一号高架路、马鞍山路、望湖中路、庐州大道，除南一环站—锦绣大道站区间部分线路位于包河区，其余均位于滨湖新区，里程为 YK9＋100—YK28＋866.517。该区域属于南淝河二级阶地，只存在一种地层组合，即 1-C 型地层组合。

1 号线沿线的地层组合分布情况如图 2.5 所示。

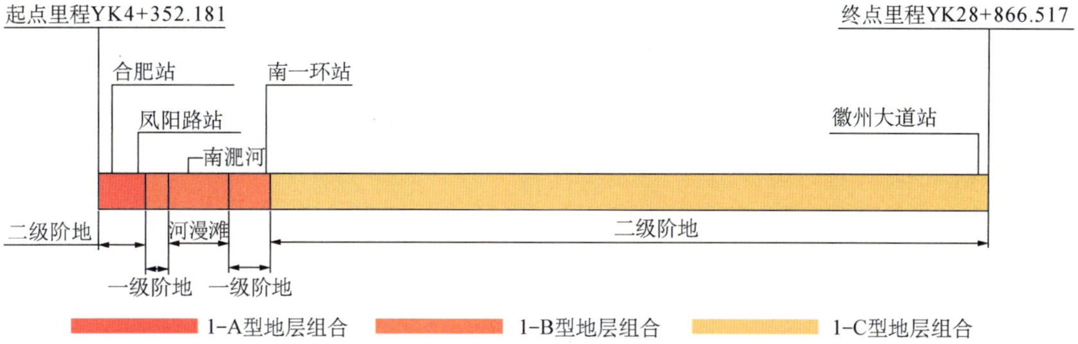

图 2.5　1 号线沿线地层组合分布

2. 轨道交通 2 号线

轨道交通 2 号线沿线大部分区域属于南淝河二级阶地，长宁大道站—长丰南路站段及东一环路站—大众路站段属于南淝河二级阶地，长丰南路站—金寨路站段属于南淝河一级阶地，金寨路站—东一环路站段属于南淝河河漫滩及一级阶地。

由 2.2 节工程地质层组的划分可知，2 号线沿线地质结构从上至下依次为人工填土层、第四纪全新统冲洪积层、第四纪更新统冲洪积层、下伏基岩。通过对全线地层组合情况的分析总结，将 2 号线的地层组合分为 2-A、2-B、2-C 三种类型。

2-A 型地层组合：第四纪地层表层以厚度不均匀的人工堆积层（Ⅰ）的路基土、素填土和耕植土为主，填土层以下为第四纪更新统黏性土[Ⅲ$1_{(CH)}$]，局部地段Ⅲ$1_{(CH)}$层下部夹有呈透镜状分布的Ⅳ$_{(CH)}$层，下伏基岩主要为白垩纪、侏罗纪泥质砂岩、砂岩、泥岩（Ⅴ）。2-A 型地层组合在 2 号线沿线分布范围最广，是二级阶地最常见的类型。

2-B 型地层组合：第四纪地层表层以厚度不均匀的人工堆积层（Ⅰ）的路基土、素填土和耕植土为主，填土层以下为第四纪更新统黏性土层[Ⅱ$2_{(CH)}$]、粉土及砂土层[Ⅱ$3_{(SD)}$]，局部地段Ⅱ$2_{(CH)}$层上部夹有呈透镜状分布的Ⅱ$1_{(CS)}$层，下伏基岩主要为第三纪泥质砂岩、泥岩（Ⅴ）。在南淝河一级阶地地段下层砂粉土缺失，在南淝河河漫滩地段黏土层以下呈粉质黏土、粉土、砂土交互沉积。2-B 型地层组合主要分布在南淝河河漫滩及南淝河一级阶地，是一级阶地和河漫滩最常见的类型。

2-C 型地层组合：第四纪地层表层以厚度不均匀的人工堆积层（Ⅰ）的路基土、素填土和耕植土为主，人工堆积层以下为第四纪厚层黏土及粉质黏土[Ⅲ$1_{(CH)}$]、粉土及砂土[Ⅲ$2_{(SD)}$]。2-C 型地层组合在 2 号线东部范围分布较广，是南淝河二级阶地较常见的类型。

轨道交通 2 号线是一条东西方向的骨干线，联系老城区、高新区、科学城，引导和促进高新区以及科学城的发展。线路西起长宁大道口，东至大众路口，全线依次沿长江西路、长江中路、长江东路敷设。根据 2 号线线路走向以及所经区域的地质特征，分段分区对沿线所有区域的地层组合情况进行叙述，具体如下。

(1) 长宁大道站—长丰南路站，包括十二站十二区间，即长宁大道站—石莲北路站—创新大道站—振兴路站—蜀峰路站—玉兰大道站—天柱路站—科学大道站—怀宁路站—潜山路站—青阳路站—西园路站—长丰南路站(不含)。该段线路途经长江西路，均位于蜀山区，里程为 YSK13＋181.845—YSK27＋761.600。该区域内有两种不同的地貌单元，即有两种地层组合类型。里程 YSK13＋181.845—YSK27＋370.000 属于二级阶地，是 2-A 型地层组合；里程 YSK27＋370.000—YSK27＋761.600 属于一级阶地，是 2-B 型地层组合。

(2) 长丰南路站—东一环路站，包括五站四区间，即长丰南路站—金寨路站—宿州路站—大东门站—东一环路站。该段线路途经长江西路、长江东路，除长丰南路站—大东门站区间位于庐阳区，其余均位于瑶海区，里程为 YSK27＋761.600—YSK32＋718.969。该区域属于南淝河河漫滩及一级阶地，只存在一种地层组合，即 2-B 型地层组合。

(3) 东一环路站—大众路站，包括七站七区间，即东一环路站(不含)—铜陵路站—东二环路站—和县路站—广德路站—龙岗大道站—玉岗大道站—大众路站。该段线路途经长江东路，均位于滨湖新区，里程为 YSK32＋718.96—YSK40＋734.263。该区域均属于二级阶地，但包含两种地层组合类型，里程 YSK32＋718.96—YSK32＋962.952 是 2-B 型地层组合，里程 YSK32＋962.952—YSK40＋734.263 是 2-C 型地层组合。

2 号线沿线的地层组合分布情况如图 2.6 所示。

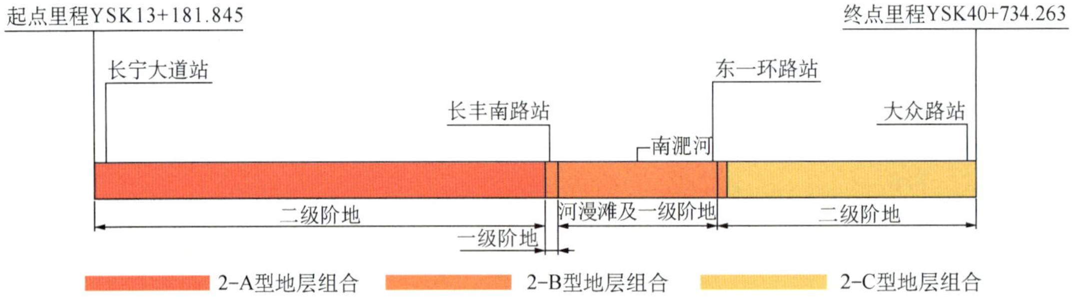

图 2.6　2 号线沿线地层组合分布

3. 轨道交通 3 号线

轨道交通 3 号线沿线大部分区域属于二级阶地，在南淝河流域两侧展布河漫滩及一级阶地，另在二十里埠河、板桥河分布一级阶地。根据 2.2 节工程地质层组的划分可知，3 号线沿线地质结构从上至下依次为人工填土、第四纪全新统地层、第四纪上更新世地层、第四纪中更新世地层、下伏基岩。其中，Ⅱ$1_{(CM)}$、Ⅱ$2_{(SD)}$层主要分布在河漫滩和一级阶地，Ⅲ$1_{(CH)}$、Ⅲ$2_{(SD)}$、Ⅳ$_{(CH)}$层主要分布在二级阶地。通过对全线地层组合情况的分析总结，将 3 号线的地层组合分为 3-A、3-B、3-C 三种类型。

3-A 型地层组合主要由人工填土（Ⅰ）、第四纪上更新统黏土[Ⅲ1$_{(CH)}$]与下伏基岩（Ⅴ）组成，其中在局部地段，Ⅲ1$_{(CH)}$层中部夹有呈透镜状分布的Ⅲ2$_{(SD)}$层，下部夹厚度相对较小的Ⅳ$_{(CH)}$层。3-A 型地层组合在 3 号线沿线分布范围最广，是二级阶地最常见的类型。3-A 型地层组合的典型剖面如图 2.7 所示。

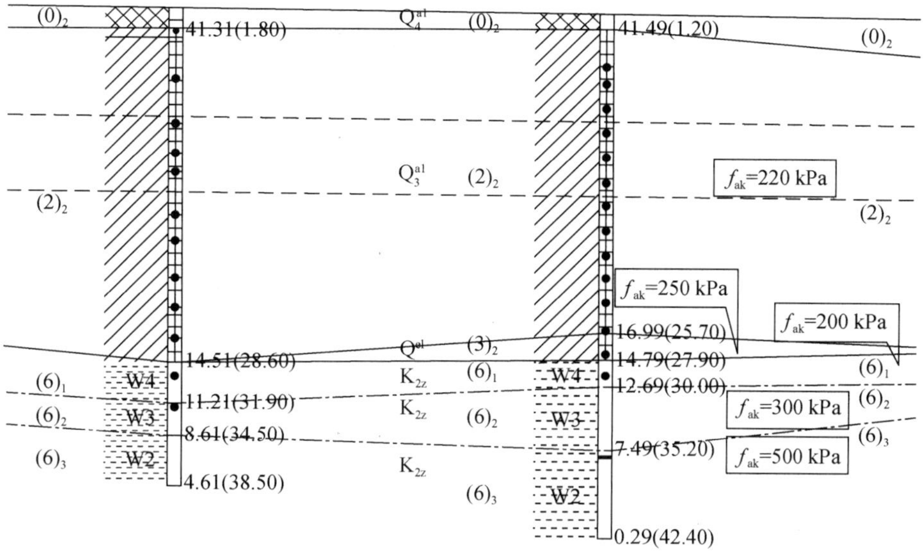

图 2.7　3-A 型地层组合

3-B 型地层组合由人工填土（Ⅰ）、第四纪全新统黏土[Ⅱ1$_{(CM)}$]、第四纪全新统粉土[Ⅱ2$_{(SD)}$]与下伏基岩（Ⅴ）组成。3-B 型地层组合主要分布在一级阶地和河漫滩，是一级阶地和河漫滩最常见的类型。3-B 型地层组合的典型剖面如图 2.8 所示。

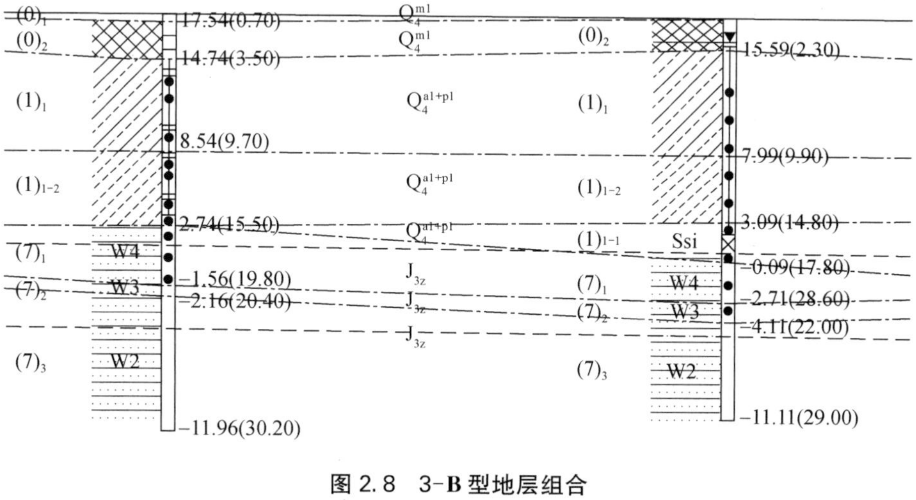

图 2.8　3-B 型地层组合

3-C 型地层组合由人工填土（Ⅰ）、第四纪全新统黏土[Ⅱ1$_{(CM)}$]、第四纪上更新统黏土[Ⅲ1$_{(CH)}$]、第四纪上更新统粉土[Ⅲ2$_{(SD)}$]与下伏基岩（Ⅴ）组成。3-C 型地层组合仅在

5 号线沿线部分里程段内有分布，且全部位于一级阶地内。3-C 型地层组合的典型剖面如图 2.9 所示。

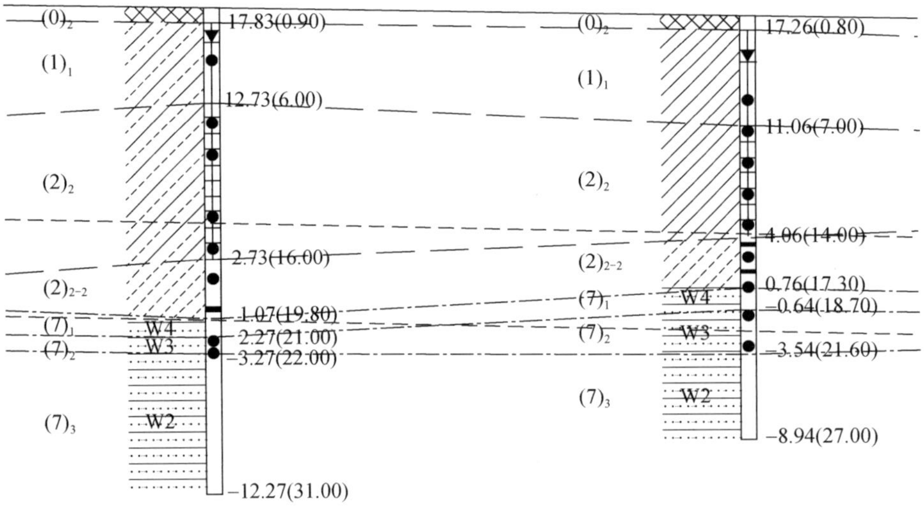

图 2.9　3-C 型地层组合

合肥市轨道交通 3 号线起于方兴大道站，沿翡翠路—天鹅湖路—潜山路—临泉路—新蚌埠路—站前路—铜陵北路—北二环—包公大道—文忠路—淮海大道敷设，沿经济开发区、大学城、政务新区、二环内城市中心区、火车站地区、瑶海工业区，最终经职教园等区域，止于相城路站。根据 3 号线线路走向以及所经区域的地质特征，分段分区对沿线所有区域的地层组合情况进行叙述，具体如下。

（1）方兴大道站—清溪路站，包括十五站十四区间，即方兴大道站—紫云路站—锦绣大道站—丹霞路站—繁华大道站—芙蓉路站—习友路站—祁门路站—大剧院站—高河东路站—望江东路站—黄山路站—潜山路站—史河路站—清溪路站。该段线路途经翡翠路、潜山路，除方兴大道站—紫云路站区间部分线路位于肥西县，其余均位于蜀山区，里程为 YDK00＋100.90—YDK16＋426.650。该区域属于二级阶地，只存在一种地层组合，即 3-A 型地层组合。

（2）清溪路站—蒙城路站，包括四站四区间，即清溪路站（不含）—四里河路站—临泉西路站—界首路站—蒙城路站。该段线路途经潜山北路、临泉路，除清溪路站—四里河路站区间部分线路位于蜀山区，其余均位于庐阳区，里程为 YDK16＋426.650—YDK21＋307.400。该区域内有三种不同的地貌单元，里程 YDK17＋170—YDK17＋306 属于河漫滩；里程 YDK16＋625—YDK17＋170、YDK17＋306—YDK19＋307 属于一级阶地，是 3-B 型地层组合；里程 YDK16＋426.650—YDK16＋625 和 YDK19＋307—YDK21＋307.400 属于二级阶地，是 3-A 型地层组合。

（3）蒙城路站—阜阳路站，包括一区间，即蒙城路站（不含）—阜阳路站（不含）。该段线路途经临泉路，均位于庐阳区，里程为 YDK21＋307.400—YDK21＋920.30。该区域属于一级阶地，只存在一种地层组合，即 3-C 型地层组合。

(4) 阜阳路站—岱河路站，包括十站九区间，即阜阳路站—淮南路站—新蚌埠路站—合肥站—铜陵北路站—北二环站—经三路站—新海大道站—天水路站—岱河路站。该段线路途经临泉路、文中路，除阜阳路站—淮南路站区间部分线路位于庐阳区，其余均位于瑶海区，里程为 YDK21+920.30—YDK32+338.60。该区域内有两种不同的地貌单元，里程 YDK21+920.30—YDK22+557.80 属于一级阶地，是 3-B 型地层组合；里程 YDK22+557.80—YDK32+338.60 属于二级阶地，是 3-A 型地层组合。

3 号线沿线的地层组合分布情况如图 2.10 所示。

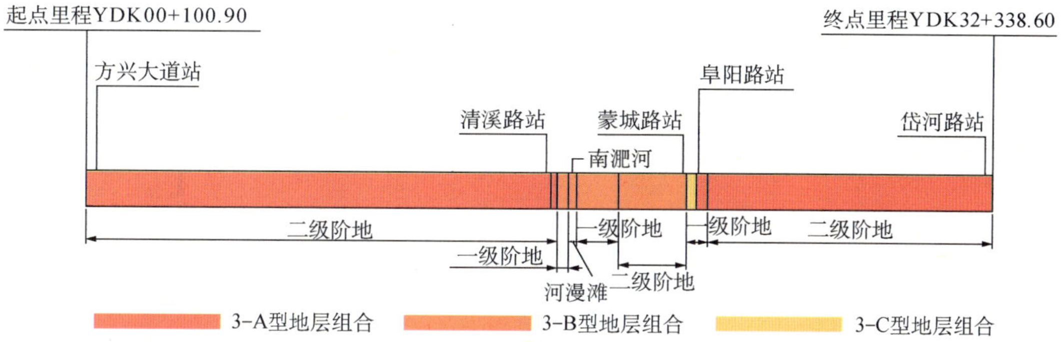

图 2.10 3 号线沿线地层组合分布

4. 轨道交通 4 号线

轨道交通 4 号线沿线大部分区域属于南淝河二级阶地，鸡鸣山站—伊宁路站段及和平路站—东方大道站段属于南淝河二级阶地，伊宁路站—巢湖路站段属于南淝河一级阶地，巢湖路—和平路站段属于南淝河河漫滩及一级阶地。由 2.2 节工程地质层组的划分可知，4 号线沿线地质结构从上至下依次为人工填土层、第四纪全新统沉积层、第四纪全新统河流相冲积层、第四纪晚更新统冲洪积层、第四纪晚更新统残积层、下伏基岩。通过对全线地层组合情况的分析总结，将 4 号线的地层组合分为 4-A、4-B、4-C 三种类型。

4-A 型地层组合：第四纪地层表层以厚度不均匀的人工堆积层(Ⅰ)的素填土和粉质黏土填土为主，填土层以下为第四纪全新统沉积层硬黏性土[Ⅱ$2_{(CH)}$]和第四纪晚更新统冲洪积层硬黏性土[Ⅳ$1_{(CH)}$]。其中，在局部地段Ⅱ$1_{(CH)}$层下部夹有呈透镜状分布的Ⅱ$3_{(SM)}$层，Ⅳ$1_{(CH)}$层下部分布有厚度较薄的Ⅴ$_{(CH)}$层，下伏基岩主要为白垩纪砂质泥岩(Ⅵ)。4-A 型地层组合在 2 号线沿线分布范围较广，是二级阶地常见的类型之一。

4-B 型地层组合：第四纪地层表层以厚度不均匀的人工堆积层(Ⅰ)的素填土和粉质黏土填土为主，填土层以下为第四纪晚更新统冲洪积层硬黏性土[Ⅳ$1_{(CH)}$]。其中，在局部地段Ⅳ$1_{(CH)}$层上部夹有呈透镜状分布的Ⅱ$2_{(CH)}$层，下部夹有呈透镜状分布的Ⅳ$2_{(SD)}$层或分布有厚度较薄的Ⅴ$_{(CH)}$层，下伏基岩主要为白垩纪砂质泥岩(Ⅴ)。4-B 型地层组合主要分布在南淝河二级阶地，是二级阶地常见的类型。

4-C 型地层组合：第四纪地层表层以厚度不均匀的人工堆积层(Ⅰ)的素填土和粉质

黏土填土为主，人工堆积层以下为第四纪全新统河流相冲洪积层黏土及粉质黏土［Ⅲ1(CM)，Ⅲ2(CH)，Ⅲ4(CH)］、粉土及砂土［Ⅲ3(SM)，Ⅲ5(SD)］，下伏基岩主要为古今纪砂质泥岩(Ⅵ)。4-C型地层组合主要分布在南淝河河漫滩和一级阶地，是河漫滩和一级阶地最常见的类型。

轨道交通4号线是一条自西向东北的L形市区骨干线，线路西端起于鸡鸣山路站，出站后线路向东沿望江西路敷设，经永和路转至习友路向东行进，下穿合武铁路、合福铁路、匡河、合肥八中，行至祁门路，途经翡翠路、怀宁路、潜山路、金寨路、南屏路、宿松路后转向桐城路，沿高铁路向东下穿合肥南站后沿龙川路布设，至葛大店物流园后沿花山路转向北下穿地块，行至南淝河路与当涂路路口，而后沿当涂路向北敷设至天水路，线路继续向北下穿合肥东站后向西布设至铜陵北路，后向北转入铜陵北路敷设，直至线路终点东方大道站。根据4号线线路走向以及所经区域的地质特征，分段分区对沿线所有区域的地层组合情况进行叙述，具体如下。

(1) 鸡鸣山路站—科学大道站，包括八站七区间，即鸡鸣山路站—方兴大道站—长宁大道站—创新大道站—丰乐河路站—玉兰大道站—金桂路站—科学大道站。该段线路途经望江西路、永和路、习友路，除鸡鸣山站—丰乐河路站位于肥西县，其余均位于蜀山区，里程为YK0+996.737—YK12+761.100。该区域均属于南淝河二级阶地，但包含两种地层组合类型。里程YK0+996.737—YK2+640.850是4-A型地层组合，里程YK2+640.850—YK12+761.100是4-B型地层组合。

(2) 科学大道站—伊宁路站，包括十三站十三区间，即科学大道站(不含)—祁门路站—天鹅湖站—石台路站—金寨路站—南屏路站—宿松路站—桐城路站—潜口路站—高铁站—呈坎路站—大强路站—花山路站—伊宁路站。该段线路途经祁门路、桐城南路、高铁路、龙川路，除科学大道站—南屏路站区间位于蜀山区，其余均位于包河区，里程为YK12+761.100—YK27+565.842。该区域属于南淝河二级阶地，只存在一种地层组合，即4-B型地层组合。

(3) 伊宁路站—和平路站，包括一站两区间，即伊宁路站(不含)—巢湖路站—和平路站(不含)。该段线路途经东二环路，伊宁路站至南淝河以南的线路位于包河区，南淝河以北至和平路站的线路位于瑶海区，里程为YK27+565.842—YK30+593.644。该区域属于南淝河河漫滩及一级阶地，包含一种地层组合类型，即4-C型地层组合。

(4) 和平路站—东方大道站，包括九站八区间，即和平路站—东二环路站—临泉路站—北二环路站—新海大道站—天水路站—翠柏路站—淮海大道站—东方大道站。该段线路途经东二环路、当涂路、当涂北路、泗水路、铜陵北路，均位于瑶海区，里程为YK30+593.644—YK42+757.236。该区域均属于二级阶地，但包含两种地层组合类型，里程YK30+593.644—YK34+722.250和YK35+427.89—YK39+497.420是4-B型地层组合，里程YK34+722.250—YK35+427.89和YK39+497.420—YK42+757.236是4-A型地层组合。

4号线沿线的地层组合分布情况如图2.11所示。

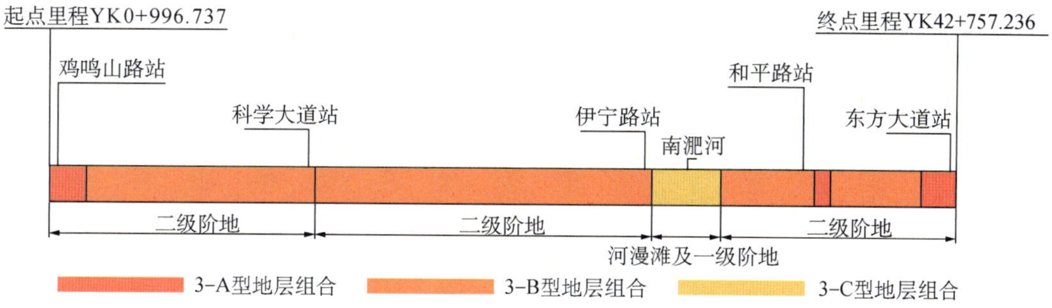

图 2.11　4 号线沿线地层组合分布

5. 轨道交通 5 号线

轨道交通 5 号线沿线大部分区域属于二级阶地，在南淝河流域两侧展布河漫滩及一级阶地，另在滨湖新区的十五里河、塘西河、上派河流域分布一级阶地。由 2.2 节工程地质层组的划分可知，5 号线沿线地质结构从上至下依次为人工填土、第四纪全新世地层、第四纪晚更新世地层、下伏基岩。其中，Ⅱ$1_{(CS)}$、Ⅱ$2_{(CM)}$、Ⅱ$3_{(SM)}$层仅在河漫滩内出现，Ⅱ$5_{(CH)}$、Ⅱ$6_{(SD)}$层主要分布在一级阶地，Ⅲ$1_{(CH)}$、Ⅲ$2_{(SD)}$层主要分布在二级阶地。通过对全线地层组合情况的分析总结，将 5 号线的地层组合分为 5-A、5-B、5-C、5-D、5-E 五种类型，下面依次对各地层组合类型进行介绍。

5-A 型地层组合主要由人工填土(Ⅰ)、第四纪晚更新世黏土[Ⅲ$1_{(CH)}$]与下伏基岩(Ⅳ)组成。其中在局部地段，Ⅲ$1_{(CH)}$层上部夹有呈透镜状分布的Ⅱ$4_{(CM)}$层，下部夹有厚度相对较小的Ⅲ$2_{(SD)}$层。5-A 型地层组合在 5 号线沿线分布范围最广，是二级阶地最常见的类型。

5-B 型地层组合由人工填土(Ⅰ)与第四纪晚更新世黏土[Ⅲ$1_{(CH)}$]组成。其中在局部地段，Ⅲ$1_{(CH)}$层下部夹有厚度相对较小的Ⅲ$2_{(SD)}$层。5-B 型地层组合仅在 5 号线沿线部分里程段内有分布，且全部位于二级阶地内。

5-C 型地层组合由人工填土(Ⅰ)、第四纪全新世黏土[Ⅱ$4_{(CM)}$，Ⅱ$5_{(CH)}$]、第四纪晚更新世黏土[Ⅲ$1_{(CH)}$]与下伏基岩(Ⅳ)组成。其中在局部地段，Ⅲ$1_{(CH)}$层下部夹有厚度相对较小的Ⅲ$2_{(SD)}$层。根据第四纪全新世黏土层的组成结构，将 5-C 型地层组合分为 5-C1、5-C2 型地层组合。5-C1 型地层组合分布在一、二级阶地坳沟，第四纪全新世黏土为Ⅱ$4_{(CM)}$层；5-C2 型地层组合分布在一级阶地，第四纪全新世黏土主要为Ⅱ$5_{(CH)}$层，仅在局部地段，Ⅱ$5_{(CH)}$层上部夹有呈透镜状分布的Ⅱ$4_{(CM)}$、Ⅱ$6_{(SD)}$层。

5-D 型地层组合由人工填土(Ⅰ)、第四纪全新世黏土[Ⅱ$5_{(CH)}$]与第四纪晚更新世黏土[Ⅲ$1_{(CH)}$]组成。其中在局部地段，Ⅱ$5_{(CH)}$层上部夹有呈透镜状分布的Ⅱ$4_{(CM)}$层，Ⅲ$1_{(CH)}$层下部夹有厚度相对较小的Ⅲ$2_{(SD)}$层。5-D 型地层组合在 5 号线沿线分布较为集中且分布范围较广，是一级阶地最常见的类型。

5-E 型地层组合由人工填土(Ⅰ)、第四纪全新世黏土与砂性土[Ⅱ$1_{(CS)}$，Ⅱ$2_{(CM)}$，Ⅱ$3_{(SM)}$]、下伏基岩(Ⅳ)组成。其中在局部地段，Ⅱ$3_{(SM)}$层下部夹有厚度相对较小的Ⅲ$2_{(SD)}$层。5-E 型地层组合仅在 5 号线沿线部分里程段内有分布，是河漫滩的特有类型。

轨道交通 5 号线是一条南北向的市区骨干线，沿线经过滨湖新城、包河工业区、合肥南站枢纽、既有老城区、庐阳产业园区等，线路的建设将加强主城区与滨湖新区的联系，引导并促进滨湖新区的发展。线路起于滨湖新城的云南路站，经由云南路—云谷路—上海路—河北路—繁华大道—合肥南站—庐州大道—南二环路—宿松路—金寨路—蒙城路—丽水路—太和路，终于庐阳区的汲桥路站。根据 5 号线线路走向以及所经区域的地质特征，分段分区对沿线所有区域的地层组合情况进行叙述，具体如下。

(1) 云南路站—华山路站，包括五站四区间，即云南路站—成都路站—四川路站—清水冲站—华山路站。该段线路途经云南路、云谷路，均位于滨河新区，里程为 AK0＋000—AK6＋380。云南路站跨越一级阶地和二级阶地的不同地貌单元，即里程 AK0＋000—AK0＋250 范围属于一级阶地，其余车站和区间均属于二级阶地。由于地貌单元的不同，该区域包含两种地层组合类型，里程 AK0＋000—AK0＋250 范围是 5-C2 型地层组合，AK0＋250—AK6＋380 是 5-A 型地层组合。

(2) 东史岗站—黄河路站，包括七站七区间，即华山路站(不含)—东史岗站—纪念馆站—杭州路站—中山路站—上海路站—陈村站—黄河路站。该段线路途经云谷路、上海路、河北路，位于滨河新区和包河区，里程为 AK6＋380—AK15＋100。该区域属于一级阶地，只存在一种地层组合，即 5-D 型地层组合。

(3) 太原路站—包河大道站，包括四站四区间，即黄河路站(不含)—太原路站—孙岗村站—河北路站—包河大道站。该段线路途经河北路、繁华大道，均位于包河区，里程为 AK15＋100—AK19＋500。该区域属于二级阶地，只存在一种地层组合，即 5-B 型地层组合。

(4) 天山路站—雨花塘站，包括七站八区间，即包河大道站(不含)—天山路站—王卫村站—桐城南路站—休宁路站—望江东路站—黄山路站—雨花塘站—金寨路站(不含)。该段线路途经繁华大道、南二环路、宿松路，均位于包河区，里程为 AK19＋500—AK30＋420。该区域均属于二级阶地，但包含两种地层组合类型，里程 AK27＋800—AK28＋900(包含黄山路站)是 5-C1 型地层组合，里程 AK19＋500—AK27＋800、AK28＋900—AK30＋420 是 5-A 型地层组合。

(5) 金寨路站—北一环路站，包括三站三区间，即金寨路站—寿春路站—北一环路站—蒙城路站(不含)。该段线路途经金寨路、蒙城路，均位于合肥市的老城区，里程为 AK30＋420—AK33＋400。该区域内有两种不同的地貌单元，即有两种地层组合类型。里程 AK30＋950—AK32＋220(包含寿春路站)属于河漫滩，是 5-E 型地层组合，里程 AK30＋420—AK30＋950、AK32＋220—AK33＋400 属于一级阶地，是 5-C2 型地层组合。

(6) 蒙城路站—汲桥路站，包括三站三区间，即蒙城路站—砀山路站—太和路站—王卫庄站—汲桥路站。该段线路途经蒙城北路、丽水路、太和路，均位于庐阳区内，里程为 AK33＋400—AK40＋096。该区域属于二级阶地，只存在一种地层组合，即 5-A 型地层组合。

5 号线沿线的地层组合分布情况如图 2.12 所示。

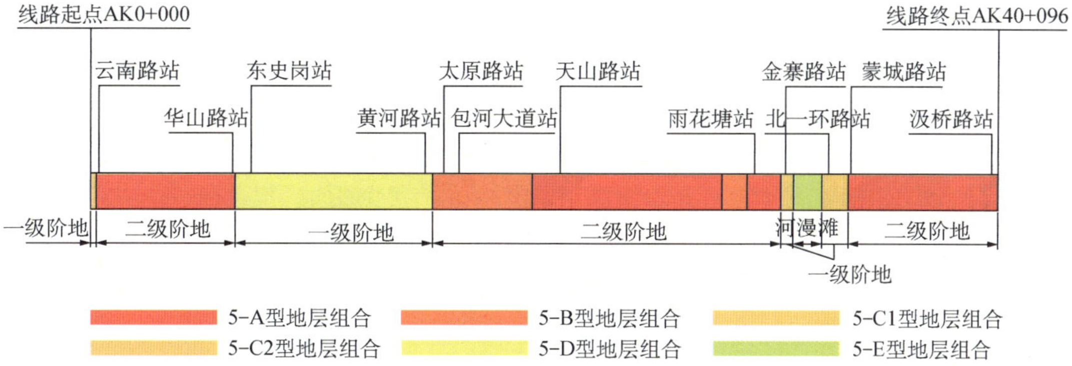

图 2.12　5 号线沿线地层组合分布

2.4.2　合肥轨道交通线地层组合分类汇总

将合肥轨道交通 1 号线—5 号线类似的地层组合归为一类，得到如表 2.13 所示的市域范围内的地层组合分类表。

表 2.13　　　　合肥轨道交通 1 号线—5 号线地层组合分类

地层组合	岩土层组成	分布
A 类良好地层组合	人工填土(Ⅰ)、第四纪上更新统黏土[Ⅲ$1_{(CH)}$]与下伏基岩(Ⅴ，Ⅵ或Ⅶ)组成	南淝河二级阶地
B 类较好地层组合	人工填土(Ⅰ)、第四纪全新统黏土[Ⅱ$3_{(CH)}$]、第四纪上更新统黏土[Ⅲ$1_{(CH)}$]与下伏基岩(Ⅴ，Ⅵ或Ⅶ)组成	南淝河一级阶地
C 类中等地层组合	人工填土(Ⅰ)、第四纪全新统黏土[Ⅱ$2_{(CM)}$]、第四纪上更新统黏土[Ⅲ$1_{(CH)}$]与下伏基岩(Ⅴ，Ⅵ或Ⅶ)组成	一、二级阶地坳沟
D 类较差地层组合	人工填土(Ⅰ)、第四纪全新统黏土、粉土及粉细砂[Ⅱ$3_{(CM)}$，Ⅱ$5_{(SD)}$]与下伏基岩(Ⅴ，Ⅵ或Ⅶ)组成	南淝河河漫滩

根据合肥轨道交通 1 号线—5 号线沿线地层组合的分布对合肥市域范围内的地层组合进行划分，划分时以蜀山区人民政府为市域中心，以董铺水库、大蜀山和南淝河为标志物，同时结合合肥市的地貌特征，划分后的地层组合分布如图 2.13 所示。根据合肥市岩土工程地质特征，将市域划分为两个层次："区"和"亚区"。"区"的划分依据是地貌单元及地基土的类型，即四类地层组合，以大写字母 A，B，C，D 表示；"亚区"的划分根据是岩层的埋深及地下 15 m 深度内工程地质层的强度和稳定性，分为两级，以脚标"1""2"区分。地层组合分布如图 2.13 所示。

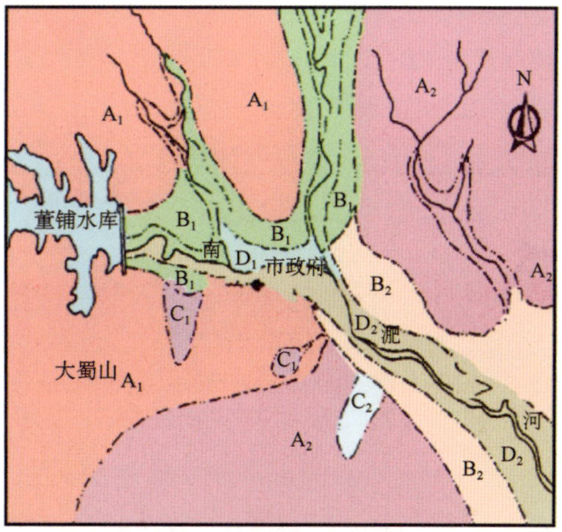

图 2.13　地层组合分布图

1. A 类良好地层组合(二级阶地中硬土区)

广泛分布于南淝河二级阶地。褐黄、灰黄色黏土、粉质黏土,局部地段下部夹薄层粉土、粉砂层或残积土层,土质均匀,厚度大,中～低压缩性,具有弱～中膨胀性。地下水位埋深一般都大于 10 m,下伏为第三纪、白垩纪或侏罗纪基岩。根据基岩埋深可进一步划分为 A_1 和 A_2 区。A_1 区主要分布在市区中部及其以北、以西地区,基岩埋深一般< 15 m。地铁隧道常穿越的地层为黏土-岩石复合地层或全断面岩层。A_2 区主要分布在市区南部及其东北部,基岩埋深一般> 15 m。地铁隧道常穿越的地层为全断面黏土层。A 类良好地层组合的典型剖面如图 2.14 所示。

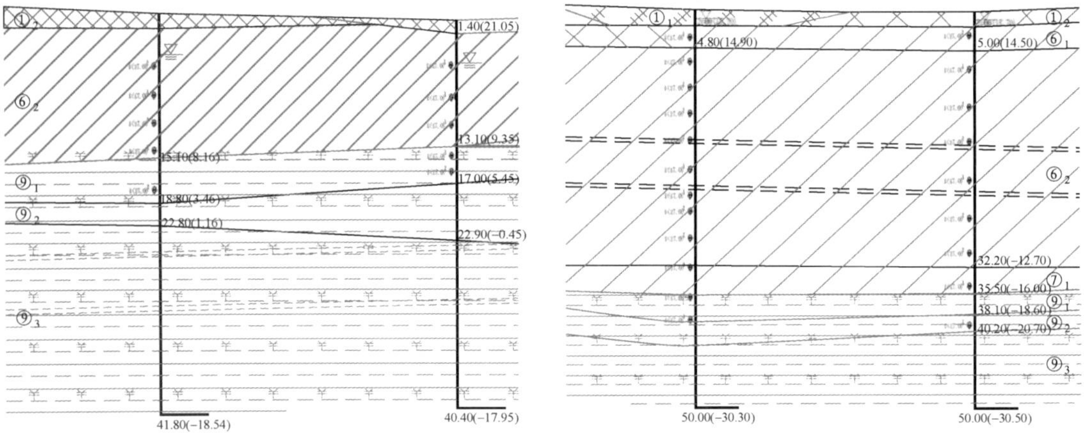

图 2.14 A 类良好地层组合

2. B 类较好地层组合

主要分布在南淝河一级阶地,地层由上至下为全新统的黏土、粉质黏土,局部夹粉土、砂土层以及上更新统的黏土、粉质黏土,地层分布均匀,具有较高的强度,中等的压缩性,地下水位埋深 2～5 m,下伏为第三纪、白垩纪或侏罗纪基岩。根据基岩埋深可进一步划分为 B_1 和 B_2 区。B_1 区主要分布在市区中部,基岩埋深一般< 15 m。地铁隧道常穿越的地层为黏土-岩石复合地层或全断面岩层。B_2 区主要分布在市区东南部,基岩埋深一般> 15 m。地铁隧道常穿越的地层为黏土夹薄层粉土、砂土层或全断面黏土层。B 类较好地层组合的典型剖面如图 2.15 所示。

3. C 类中等地层组合(一、二级阶地坳沟新近沉积土及素填土区)

主要分布于一、二级阶地坳沟中,表层 1～3 m 厚为软塑～可塑状态的中黏性土或主要成分为黏土的填土,其下为上更新统黏土,局部地段下部夹薄层粉土、粉砂层或残积土层。地下水位埋深 1～2 m,丰水季节地下水较丰富,下伏为第三纪、白垩纪或侏罗纪基岩。根据基岩埋深可进一步划分为 C_1 和 C_2 区。C_1 区零星分布在市区中部,基岩埋深一般<15 m。地铁隧道常穿越的地层为黏土-岩石复合地层或全断面岩层。C_2 区零星分布在市区东南部,基岩埋深一般>15 m。地铁隧道常穿越的地层为中黏性土和硬黏性土组成的复合黏土层或全断面硬黏性土层。C 类中等地层组合的典型剖面如图 2.16 所示。

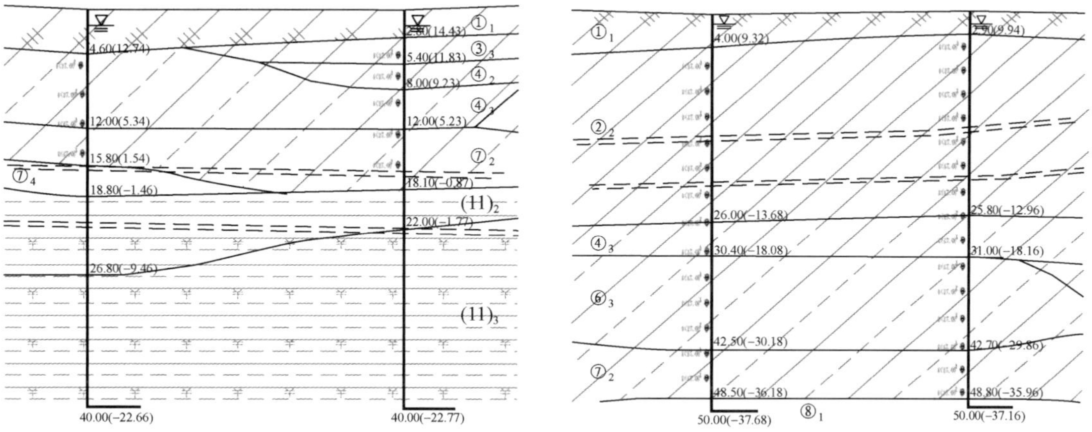

图 2.15　**B 类较好地层组合**

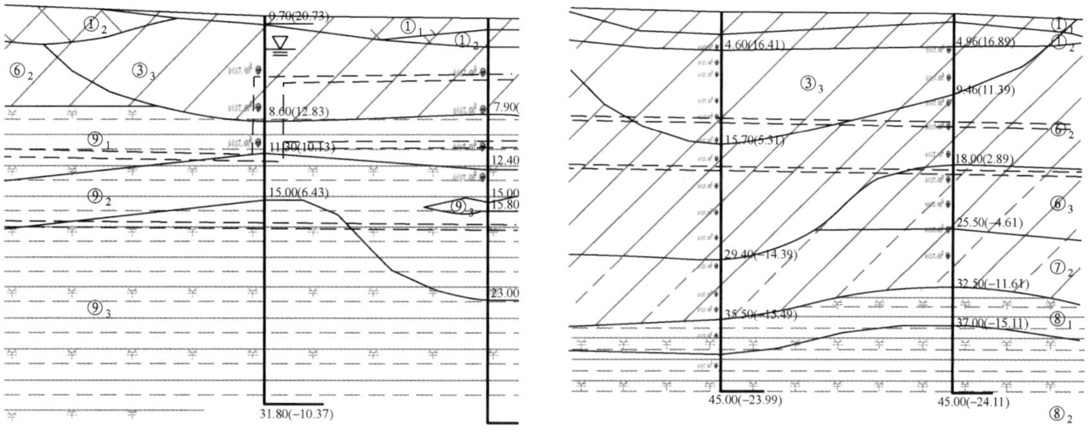

图 2.16　**C 类中等地层组合**

4. **D 类较差地层组合(河漫滩及掩埋古河道区)**

主要分布在河漫滩或被掩埋的南淝河古河道中，河床下部有软塑～流塑状淤泥质土分布，表层全新统黏土以下呈粉质黏土、粉土、粉细砂交互沉积，地层层序变化大，地下水位埋深小于 1～2 m，地下水丰富，下伏为第三纪、白垩纪或侏罗纪基岩。根据基岩埋深可进一步划分为 D_1 和 D_2 区。D_1 区主要分布在市区北部以及西北部的南淝河两岸，基岩埋深一般＜15 m。地铁隧道常穿越的地层为砂粉土-岩石复合地层或全断面岩层。D_2 区主要分布在市区东部以及东南部的南淝河两岸，基岩埋深一般＞15 m。地铁隧道常穿越的地层为黏土-砂粉土复合地层或全断面砂粉土层。D 类较差地层组合的典型剖面如图 2.17 所示。

2.4.3　关键地层分布特征

由合肥市域内地层组合分类可以看出，其地层空间分布复杂，黏性土和砂性土交替出现，其中不乏软弱敏感层组、优势持力层组等对工程建设有着重要影响的关键层组，对这些关键层组性质的研究，有利于认清工程地质条件，识别主要工程地质问题，从而采取相

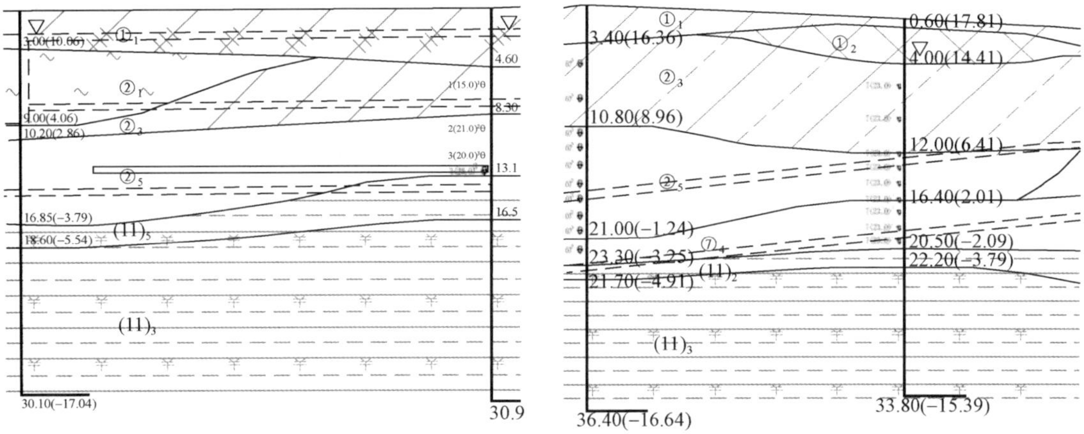

图 2.17　D 类较差地层组合

应措施。合肥轨道交通中重点考虑的关键地层有软土层、膨胀土层、含水层和粉土、砂土层等。其中，软土具有含水量高、孔隙比大、强度低、压缩性高等不良工程特性，同时还有低渗透性、触变性和流变性等特点。工程建成后，软土引起的工后沉降往往较大，对工程的安全运营影响很大；同时，在上部荷载和振动的长期作用下，软土的触变特点往往会使其强度降低，从而进一步加大构筑物的变形量。

合肥是我国典型的膨胀土分布区，膨胀土的性质会随其含水量的变化而发生显著变化，土体含水量在急剧增加的情况下，土体强度会大大降低，压缩性增大，抗剪强度指标也会迅速衰减。轨道交通建设周期长，受气候、人为等因素影响，土体含水量可能会发生多次干湿循环变化。因此，轨道交通工程设计施工应结合膨胀土的特殊性质，重点考虑其带来的不利影响。

合肥地区水系比较发育，主要河流有南淝河及其支流，地下水较为丰富，地下水位高。地下水的存在对隧道与地下工程具有不利影响，例如隧道掘进和基坑开挖时，易产生流砂、坍塌、滑坡、坑底突涌等工程问题，而且建成后还将长期面临上浮、渗漏等威胁。在地下空间开发过程中，砂性土层，如粉土或砂土在动水力作用下会发生渗透变形，容易引发重大工程事故。

1. 轨道交通 1 号线

1）软土层

1-B 型地层组合中的Ⅱ$3_{(CS)}$层，天然含水量大，压缩性高，呈软塑～流塑状态，力学性质较差，稳定性差，仅在大东门站范围内有分布，层厚 1.20～9.40 m，平均值为 5.50 m，是影响工程的主要软土层。

2）膨胀土层

1 号线沿线范围内的Ⅱ$1_{(CH)}$、Ⅲ$1_{(CH)}$层具有弱膨胀性。在 1-A 型地层组合中，Ⅱ$1_{(CH)}$、Ⅲ$1_{(CH)}$层连续分布，Ⅱ$1_{(CH)}$层厚度较小，层厚 1.60～5.70 m，平均值为 3.30 m；Ⅲ$1_{(CH)}$层厚度较大，层厚 11.10～25.50 m，平均值为 18.30 m。在 1-B 型地层组合中，仅Ⅱ$1_{(CH)}$层连续分布，层厚 0.80～11.00 m，平均值为 5.10 m。在 1-C 型地层组合中，

Ⅱ$1_{(CH)}$、Ⅲ$1_{(CH)}$层连续分布，从北至南厚度分布较为均匀，Ⅱ$1_{(CH)}$层厚度较小，层厚2.60～13.90 m，平均值为5.90 m；Ⅲ$1_{(CH)}$层厚度较大，层厚11.00～27.50 m，平均值为18.70 m。

3）含水层和粉土、砂土层

1号线沿线范围内的Ⅱ$2_{(SD)}$和Ⅲ$2_{(SD)}$层渗透性较好，在一定水动力条件下可能产生流砂、管涌等渗透变形现象。在1-A型地层组合中，Ⅲ$2_{(SD)}$层连续分布，层厚3.90～10.10 m，平均值为6.70 m。在1-B型地层组合中，Ⅱ$2_{(SD)}$层厚度从北至南呈逐渐减小的趋势，层厚4.10～15.60 m，平均值为9.90 m；Ⅲ$2_{(SD)}$层厚度分布较均匀，层厚1.40～11.28 m，平均值为5.50 m。

2. **轨道交通2号线**

1）软土层

2-B型地层组合中的Ⅱ$1_{(CS)}$层，天然含水量大，压缩性高，呈软塑～流塑状态，力学性质较差，稳定性差，仅在宿州路站—东一环路站范围内有分布，主要呈透镜状分布于人工堆积层之下或南淝河河床内表层，层厚0～7.30 m，平均值为4.20 m，是影响本区段工程的主要软土层。

2）膨胀土层

2号线沿线范围内的Ⅱ$2_{(CH)}$、Ⅲ$1_{(CH)}$层具有弱膨胀性。在2-A型地层组合中，Ⅲ$1_{(CH)}$层连续分布，从西至东厚度逐渐减小，层厚2.10～18.60 m，平均值为7.30 m。在2-B型地层组合中，Ⅱ$2_{(CH)}$层连续分布，厚度从西至东逐渐减小，层厚1.70～11.10 m，平均值为5.60 m。在2-C型地层组合中，Ⅲ$1_{(CH)}$层连续分布，厚度较大且分布较为均匀，层厚9.00～38.28 m，平均值为25.70 m。

3）含水层和粉土、砂土层

2号线沿线范围内的Ⅱ$3_{(SD)}$和Ⅲ$2_{(SD)}$层渗透性较好，在一定水动力条件下可能产生流砂、管涌等渗透变形现象。在2-B型地层组合中，Ⅱ$3_{(SD)}$层厚度从西至东逐渐增大，层厚2.30～15.20 m，平均值为8.30 m。在2-C型地层组合中，Ⅲ$2_{(SD)}$层埋深较大，部分钻孔未揭穿该层，层厚0.70～9.20 m，平均值为4.60 m。

3. **轨道交通3号线**

1）膨胀土层

3号线沿线范围内的Ⅲ$1_{(CH)}$、Ⅳ$_{(CH)}$层具有弱～强膨胀性。在方兴大道站—潜山路站范围内，Ⅲ$1_{(CH)}$层厚度较大，层厚11.00～31.80 m，平均值为18.00 m；在潜山路站—清溪路站范围内，该层厚度较小，层厚1.40～11.30 m，平均值为5.70 m；在临泉西路站—阜阳路站范围内，Ⅲ$1_{(CH)}$层从南至北厚度呈先增大后减小的趋势，层厚2.50～25.00 m，平均值为13.60 m；在淮南路站—岱河路站范围内，该层厚度分布较均匀，层厚15.50～31.60 m，平均值为25.5 mm。在3-A型地层组合中，Ⅳ$_{(CH)}$层局部分布，层厚0.50～5.00 mm，平均值为2.10 mm。

2）含水层和粉土、粉砂层

3号线沿线范围内的Ⅱ$2_{(SD)}$和Ⅲ$2_{(SD)}$层渗透性较好，在一定水动力条件下可能产生流砂、管涌等渗透变形现象。在 3-B 型地层组合中，Ⅱ2(SD)层连续分布，且厚度分布较均匀，层厚 1.80～10.20 m，平均值为 7.50 m。在 3-C 型地层组合中，Ⅲ2(SD)层连续分布，层厚 1.70～5.30 m，平均值为 2.50 m；在阜阳路站—新蚌埠路站范围内，该层仅在里程 YDK22＋557.85—YDK23＋064.31 范围内呈透镜状分布，层厚 1.30～3.70 m，平均值为 2.20 m。

3）优势持力层

3 号线沿线范围内的Ⅲ1(CH)层为可塑～硬塑的硬黏性土，天然状态下抗剪强度及承载力较高，压缩性低，但具有弱～强膨胀性，在干湿交替环境作用下，抗剪强度及承载力显著降低，工程性质一般，但在暗挖隧道施工过程中，该土层是否会产生承载力降低的情况还需通过进一步的试验或工程实践进行验证。

4. 轨道交通 4 号线

1）软土层

4 号线范围内分布有Ⅱ1(CS)层软黏性土，天然含水量大，压缩性高，呈软塑～流塑状态，力学性质较差，稳定性差，仅在 4-A 型地层组合中的鸡鸣山站—长宁大道站段以及 4-C 型地层组合中的伊宁路站—和平路站段呈透镜状分布于人工堆积层之下或南淝河河床内表层，层厚 0～2.10 m，平均值为 1.20 m，是影响工程的主要软土层。

2）钙质胶结土

4 号线沿线范围内局部存在钙质胶结黏性土层，钙质结核具有分布不稳定、含有物复杂、胶结程度不规则等特点，且强度较高，不易破碎。钙质胶结黏性土层主要分布在丰乐河站基坑底部附近，层厚 1.10～3.00 m，平均值为 1.90 m。

3）膨胀土层

4 号线沿线范围内的Ⅱ2(CH)、Ⅲ2(CH)、Ⅳ1(CH)层具有弱膨胀性。在 4-A 型地层组合中，Ⅱ2(CH)、Ⅳ1(CH)层连续分布，Ⅱ2(CH)层厚度较小，层厚 1.90～10.50 m，平均值为 4.60 m；Ⅳ1(CH)层厚度从西至东逐渐增大，层厚 1.65～41.00 m，平均值为 25.05 m。在 4-B 型地层组合中，Ⅱ2(CH)层呈透镜状分布，层厚 1.70～4.50 m，平均值为 3.10 m；Ⅳ1(CH)层连续分布且厚度较大，层厚 3.70～41.20 m，平均值为 26.12 m。在 4-C 型地层组合中，Ⅱ2(CH)层仅在南淝河河床下部有分布，层厚 0.80～2.50 m，平均值为 1.70 m；Ⅲ2(CH)层连续分布，层厚 1.10～7.70 m，平均值为 4.70 m。

4）含水层和粉土、砂土层

4 号线沿线范围内分布有多种砂层，如Ⅱ3(SM)、Ⅲ3(SM)、Ⅲ5(SD)和Ⅳ2(SD)层，主要分布在南淝河河漫滩及一级阶地，在 4-C 型地层组合中，渗透性较好，在一定水动力条件下可能产生流砂、管涌等渗透变形现象。Ⅱ3(SM)层层厚 2.27～5.00 m，平均值为 3.80 m；Ⅲ3(SM)层层厚 2.25～6.5 m，平均值为 4.10 m；Ⅲ5(SD)层层厚 2.10～12.50 m，平均值为 6.30 m；Ⅳ2(SD)层层厚 4.80～15.75 m，平均值为 8.90 m。此外，在 4-A 型地层组合中的鸡鸣山站—长宁大道站段有呈透镜状分布的Ⅱ3(SM)层，层厚 2.20～4.90 m，平均值为 3.60 m；在 4-B 型地层组合中的和平路站—临泉路站段分布有一定厚度的Ⅳ2(SD)层，层厚 5.50～20.50 m，平均值为 11.10 m。

5. **轨道交通5号线**

1）软土层

5-E型地层组合中的Ⅱ$1_{(CS)}$层，呈流塑状，仅在寿春路站南端钻孔CZ301揭示，揭示厚度为6.0 m，是影响工程的主要软土层。

2）膨胀土层

5号线沿线范围内的Ⅱ$5_{(CH)}$、Ⅲ$1_{(CH)}$层均呈弱膨胀性。在5-C2型地层组合中，Ⅱ$5_{(CH)}$层厚度差异不大，层厚3.10～14.90 m，平均值为9.20 m；在5-D型地层组合中，该层厚度较大，层厚13.50～33.60 m，平均值为28.00 m。在5-C、5-D型地层组合中，Ⅲ$1_{(CH)}$层从南至北厚度逐渐减小，层厚10.90～28.1 m，平均值为18.10 m；在5-A、5-B型地层组合中，以望江东路站为界，望江东路站以南，Ⅲ$1_{(CH)}$层厚度为20.60～43.60 m，平均值为35.5 mm；望江东路站以北，Ⅲ$1_{(CH)}$层厚度为9.80～24.30 m，平均值为14.8 m。

3）含水层和砂性土层

5号线沿线范围内的Ⅱ$3_{(SM)}$、Ⅱ$6_{(SD)}$和Ⅲ$2_{(SD)}$层渗透性较好，在一定水动力条件下可能产生流砂、管涌等渗透变形现象。5-E型地层组合中的Ⅱ$3_{(SM)}$层在淮河西路以北、五河路以南范围内有分布，从南至北厚度逐渐增大，层厚1.80～10.20 m，平均值为5.20 m。5-C2型地层组合中的Ⅱ$6_{(SD)}$层仅在金寨路站北端有分布，层厚3.60～4.20 m，平均值为3.90 m。Ⅲ$2_{(SD)}$层在5号线沿线分布较为分散，其中在云南路站以北、庐州大道以南，包河大道以南、淮河西路以北，涡阳路以北这些区域未揭露，其他区域大多呈透镜状分布，层厚1.50～9.20 m，平均值为3.50 m。

4）优势持力层

选择承载能力较好的土层作为基础持力层，对工程项目具有较好的经济性，同时可减小施工难度、缩短工期。5号线沿线范围内的Ⅱ$5_{(CH)}$层和Ⅲ$1_{(CH)}$层为可塑～硬塑的硬黏性土，地基承载力特征值的平均值较高，是良好的浅基础持力层。

地层组合划分的目的是合理利用天然地层，规划不同的工程地质场区及选择合理的隧道布置层位。根据岩土分布规律及工程特性对暗挖隧道和车站暗挖施工的适宜性进行评价，为地铁线路的规划选址、方案比较及初步设计服务。根据城市地铁隧道对地基承载力、地下水埋深及地形坡度的要求，结合本区岩土体的工程地质特征，将市域范围内四类地层组合的特征总结在表2.14中。

表2.14　　四类地层组合的特征

类型	土层名称	压缩模量 E_s/MPa	地下水特征	围岩分级	场地土类型	岩土施工工程分级	地貌及不良地质现象
A	硬塑～坚硬黏土、粉质黏土	15.0～22.0	地下水位埋深＞5～10 m，贫水	Ⅴ	硬～中硬土	Ⅲ	二级阶地及岗地，地形坡度＜10%
B	可塑～硬塑黏土、粉质黏土	8.0～15.0	地下水位埋深2～5 m，地下水较贫乏	Ⅴ	中硬～中软土	Ⅱ	一级阶地地形坡度＜10%，无软弱下卧层，低山残坡积层，地形坡度＞20%

（续表）

类型	土层名称	压缩模量 E_s/MPa	地下水特征	围岩分级	场地土类型	岩土施工工程分级	地貌及不良地质现象
C	软塑～可塑粉质黏土、可塑～硬塑黏土	5.5～10.0	坳沟区地下水位埋深1～2 m，丰水季节水量较大	Ⅵ	中软土	Ⅱ	环城路西、南的素填土区、阶地坳沟，地形坡度为10%～15%
D	软黏土、粉质黏土、粉土、粉细砂	2.5～5.5	地下水位埋深＞1～2 m，富水	Ⅵ	软弱土	Ⅰ	河漫滩及掩埋古河道区，地表水冲刷作用。陡坎地段的素填土自重固结差，易产生滑坍现象

综上所述，合肥市A类良好地层组合主要分布在南淝河二级阶地，占全区总面积的2/3；B类较好地层组合主要分布在一级阶地以及西部大蜀山区，占全区面积的14%；C类中等地层组合主要分布在一、二级阶地坳沟区、素填土堆积区；D类较差地层组合主要分布在河漫滩及掩埋古河道区。

A类良好地层组合与B类较好地层组合大多为膨胀土层，采用暗挖法施工时应注意膨胀土的影响。地铁隧道在选择持力层、断面形式时，应根据地层结构、地下水等因素进行技术、经济的合理性分析，以减少施工难度，缩短工期，降低造价。

C类中等地层组合要查清素填土、新近沉积土的厚度、均匀性，根据地铁隧道的埋深和要求，选择适宜的持力层和断面形式。

D类较差地层组合分布有粉土、粉细砂层，根据密实度、埋藏条件、黏粒含量及原位测试指标等，综合判定其在地震烈度为7度时不发生液化。D类较差地层组合在暗挖施工时要注意降水和支护以及由于降水造成的地表变形和相邻建筑物的破坏。对这类软弱地层可采用不同的地层预加固、预支护技术，以稳定地层、改造地层和提高地层自稳能力。

2.5 合肥地区古河道分布探究

古河道往往会给施工造成不良影响，河道虽然被掩埋填充，但其下覆的淤泥质黏土层会大大增加施工难度。例如合肥市府广场下所掩埋的南淝河古河道，在工程施工时，其地表沉降值超出标准值，故在此对合肥地区的古河道分布进行探究。

2.5.1 南淝河

古代合肥护城河分为若干段，每一段都称为河，包括南淝河、包河、银河、楼河（雨花塘）、石河（琥珀潭）、黑池坝。

南淝河河道过鸡鸣山东北麓，东南行经古城里，于合肥老城区西1.5 km处，与北来的四里河汇合，再东抵环城西路边略趋北，过亳州路桥（旧肥宁桥改建）后，沿环城北路东行，过阜阳路大桥（旧拱辰门大桥移位偏西新建），在老城区东北角（逍遥津公园对面）与板桥河来水汇合。板桥河东西两源于三十头乡阎坡村附近汇合后，于合肥双岗东侧汇入南淝河。南淝河过板桥河口后，沿环城东路北段南行，穿过淮河路大桥（又名大东门桥，旧城威武门吊桥改建）。自亳州路桥绕老城区北至淮河路大桥河段，系人工开凿改道河段，为旧城北城濠。人工开凿的河道过淮河路大桥后，仍循老河道，在长江路大桥边折东，至滁州路中段（旧凤凰桥边）复转南。过孝肃桥（曾名芜湖路、延安路桥）后，左纳史家河，至雨花桥，右纳二里河，续流至屯溪路桥。后逶迤东南行，至肥东县龙塘乡程马圩，左纳二十埠河来水，又东南行至三叉河，店埠河与其汇合，再南行至板桥，长乐河水注入，后出施口入巢湖。

古自然河道在明正德年前，在城西北会四里河后，仍为东南流向，沿唐代合肥古城（金斗城）北城墙外流过，城边一段名为金斗河。南宋淮西路帅郭振镇守合肥时，于乾道五年（1169 年）将城圈向北拓扩，河道扩入城内，河遂穿城而过。明正德六年（1511 年），郡守徐钰堵塞西水关，河道改绕城北，成为城北濠（即今河道），城内河道湮塞。1952 年秋，爱国卫生运动兴起后，至 1956 年，洗马桥、县桥、九狮桥等先后拆桥填河成路面，20 世纪 80 年代谢坝桥一带，先后拓建杏花菜市、寿春路、蒙城路，河沟相继被填埋。谢坝桥向西北一段 100 多米的河沟，亦于 1990 年后因阜南路向西延伸、蒙城路北通濉溪路而被填实。最终，金斗河唯一的水西门内排灌站（安徽省财政厅西北角）的半亩多水塘也已经被填埋。

古代金斗河具体流向是：水西门（亳州路桥）→筝笛浦（杏花公园）→谢家坝藏舟浦（第一人民医院）→蜀源桥→浅坝桥→县桥（老市政府广场）→惠政桥→镇淮楼桥（淮河路）→凤凰桥→东水关（九狮桥）→东关桥。合肥古河道走向如图 2.18 所示。

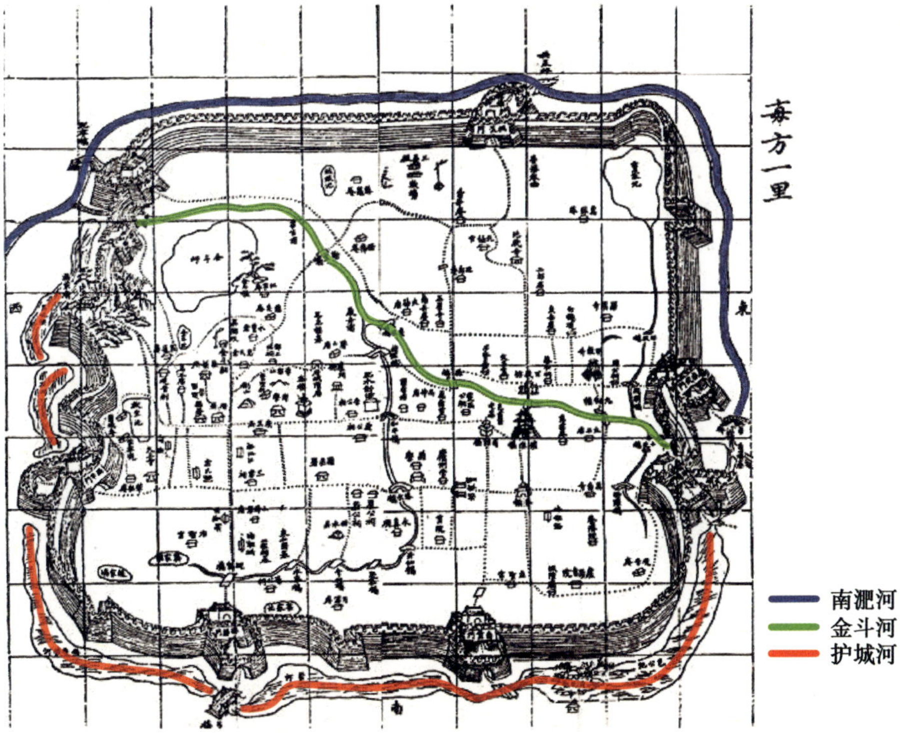

图 2.18　合肥古河道图

南淝河中游段(自亳州路桥至屯溪路桥)是从岗地向河湖滩地的过渡地带,地面以簸箕形扩展,岗丘逐渐平缓,地域逐渐开阔,河道逐渐展宽。自河心向两岸扩展形成河漫滩、一级冲积阶地和二级侵蚀阶地等三级阶梯地貌。河漫滩地,地面平坦,高程为 10～12 m;一级冲积阶地,地面比较平坦,高程为 13～18 m;二级侵蚀阶地,为平缓丘陵地,高程在 18 m 以上,一般为 25～35 m。该段河宽 20～30 m,河床高程为 5～7 m,两岸路面高程为 10～20 m。

2.5.2 九曲水

嘉庆年间编撰的《合肥县志·山水志》记载:“九曲水无源。在德胜门内,汇城西诸水,东过回龙桥、永乐桥、会仙桥、赤阑桥、聚仙桥,折北过升仙桥、洛水桥、河(和)平桥、指挥桥至藏舟浦,入金斗河。”

就像记载的那样,九曲水是没有源头的,它把合肥老城区内西南的雨天积水,与龚大塘的溢水以及居民的生活用水等汇聚在一起,向东流过回龙桥,东折向北穿过一条石板桥河向东北进入刘家大院,沿张家西山墙边的宽水沟流入巷内,由西北角暗涵流入刘氏宗祠前的一口小水塘,再由石块小桥东流经永乐桥,过会仙桥、聚仙桥,折向北过升仙桥、洛水桥、河平桥、指挥桥至藏舟浦,最终汇入金斗河。

历史上的和平桥在《县志·疆域志》里有明确记载,西门后,后大街,有和平桥巷,南北走向,北首起洗马桥沿赵千户巷,指挥桥南至后大街,为九曲水东岸,因在和平桥东桥头而得名。而《合肥市概况》里明确标注洗马桥在九狮河与小南门之间,应该就是指今天的六安路的位置。昔日六安路从长江中路到淮河路这一段位于九曲水的下游,一直到 1954 年才将九曲水填平修建道路,其中,从今天的安庆路到霍邱路为和平桥巷,从霍邱路到淮河路为洗马桥路。图 2.19 所示为古南淝河与九曲水河道走向。

图 2.19　古南淝河与九曲水河道走向

合肥市区内另有杂流水塘若干，如梁家池（现老安徽日报社东侧）、赵家池（现环城西路莲花庵北侧）、龚大塘（现龚大塘巷北侧）、放生池（现安庆路与大众巷交口西南角，有涵洞通石河）、金斗池（蔡大堂，现杏花公园南侧水域）、娘娘池（王大塘，现杏花小区北）、北门大街散水（现逍遥津公园西部）、逍遥津（窦家池）、四牌楼东散水（现中菜市路，流入金斗河）、七星塘水（省政府南门红星路上）等。图 2.20 为 20 世纪 80 年代初合肥市区河道分布图，图 2.21 为 20 世纪 90 年代初合肥市区河道分布图。

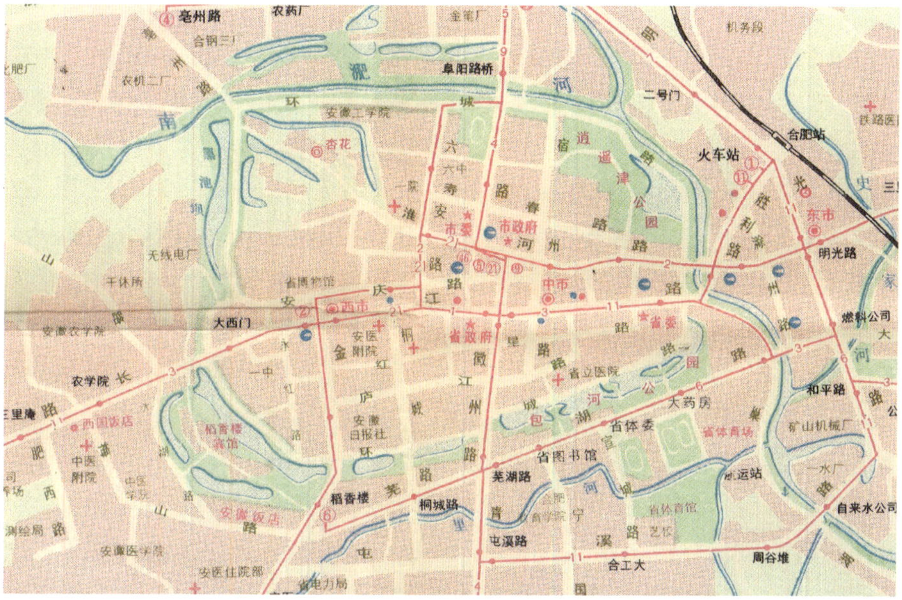

图 2.20　20 世纪 80 年代初合肥市区河道分布图

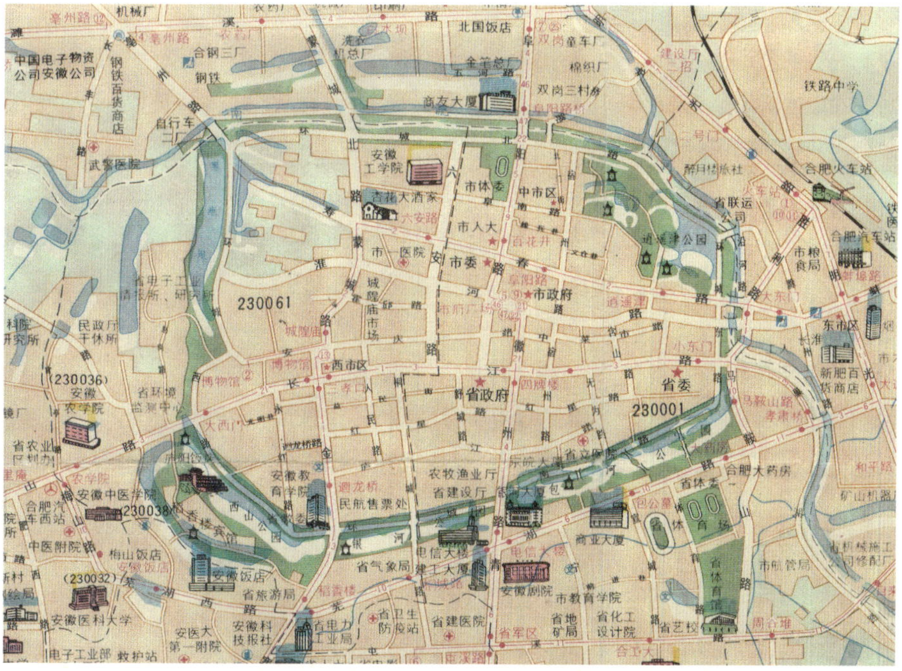

图 2.21　20 世纪 90 年代初合肥市区河道分布图

2.5.3 小结

通过对历史文献的调研，给出了合肥市古河道的分布以及历史上的变化，为合肥暗挖隧道施工遇到此类不良地质时提供了预报和警示作用。

2.6 暗挖适用性

暗挖技术适用性主要从暗挖断面形式、暗挖技术条件、支护与加固要求三个方面进行讨论。下面以合肥轨道交通 1 号线为例，说明暗挖技术在合肥市域轨道交通中的适用性。

2.6.1 暗挖断面形式

为了探索在合肥轨道交通 1 号线工程中采用暗挖技术的可行性，根据车站与区间隧道两种断面形式和工程地质、水文地质概况等资料，分析哪些区间隧道和车站适合暗挖。下面主要从覆土厚度、围岩性质和地下水三个方面分析暗挖隧道与暗挖车站的设置原则。

1. 最小覆土厚度

最小覆土厚度主要针对采用浅埋暗挖法施工的位于第四纪地层中的车站隧道以及中小断面区间隧道（开挖宽度小于 10 m）。这类隧道在近 20 余年有大量的工程实践，成功的经验很多。《地铁设计规范》(GB 50157—2013)规定，暗挖车站隧道的覆土厚度一般情况下不宜小于 6 m；暗挖区间隧道，受车站埋深的影响，通常覆土厚度均大于 1.0 倍的开挖宽度，当覆土厚度不满足此要求时，应有针对性地采取特殊措施。

2. 围岩性质

浅埋暗挖法对地层有一定的要求，一般认为，大范围的淤泥质软土、粉细砂地层以及降水有困难的地层，不宜采用浅埋暗挖法施工。采用浅埋暗挖法施工要求开挖面具有一定的自稳性，工作面土体的自立时间应足以进行必要的初期支护作业，否则也不宜采用浅埋暗挖法施工。由 2.4 节关键层组的分析可知，Ⅱ$2_{(SD)}$和Ⅲ$2_{(SD)}$层自稳性能差，隧道处于该地层时不适宜采用暗挖法施工；而隧道处于Ⅱ$1_{(CH)}$和Ⅲ$1_{(CH)}$层时，由于该地层有较好的自稳性能，可采用暗挖法施工。因此，1-C 型地层组合最适合暗挖，1-A 型地层组合次之，1-B 型地层组合最差。

3. 地下水

浅埋暗挖法适用于含水量较小的地层，对于含水量较大的松散地层，采取堵水或降水等措施后该法仍能使用。由于浅埋暗挖法不允许带水作业，如果含水地层达不到疏干要求，采用该法是非常危险的，施工时开挖面的稳定性时刻受到威胁，甚至有可能发生塌方。因此，对于降水有困难的地层，不宜采用此法。由 2.4 节关键层组的分析可知，Ⅱ$2_{(SD)}$和Ⅲ$2_{(SD)}$层透水性好，稳定性差，设计施工时应注意其不利影响。

根据浅埋暗挖法的设置原则，结合各线路全线具体情况，筛选出的适合暗挖的区间隧道如表 2.15—表 2.19 所示。

表 2.15　　轨道交通 1 号线适合暗挖的区间隧道

区间隧道	覆土厚度/m	地下水位/m	地层组合	围岩性质	地貌特征
合肥路站—凤阳路站	6.7～12.6	2.3～4.8	1-A	Ⅲ$1_{(CH)}$	南淝河二级阶地
南一环站—徽州大道站	6.6～28.3	0.6～7.5	1-C	Ⅱ$1_{(CH)}$，Ⅲ$1_{(CH)}$	

表 2.16　　轨道交通 2 号线适合暗挖的区间隧道

区间隧道	覆土厚度/m	地下水位/m	地层组合	围岩性质	地貌特征
长宁大道站—长丰南路站	6.7～12.6	0.7～8.7	2-A	Ⅲ$1_{(CH)}$，Ⅴ	南淝河二级阶地
东一环路站—大众路站	6.6～28.3	0.9～9.5	2-C	Ⅲ$1_{(CH)}$	

表 2.17　　轨道交通 3 号线适合暗挖的区间隧道

区间隧道	覆土厚度/m	地下水位/m	地层组合	围岩性质	地貌特征
方兴大道站—清溪路站 淮南路站—岱河路站	8.0～30.0	0.4～8.2	3-A	Ⅲ$1_{(CH)}$，Ⅴ	二级阶地
蒙城路站—阜阳路站	14.0～20.0	1.6～3.1	3-C	Ⅲ$1_{(CH)}$， Ⅲ$2_{(SD)}$，Ⅴ	一级阶地

表 2.18　　轨道交通 4 号线适合暗挖的区间隧道

区间隧道	覆土厚度/m	地下水位/m	地层组合	围岩性质	地貌特征
鸡鸣山站—伊宁路站	6.5～30.5	0.7～8.7	4-A，4-B	Ⅳ$1_{(CH)}$，Ⅴ	南淝河二级阶地
和平路站—东方大道站	8.0～24.5	0.9～9.5	4-A，4-B	Ⅳ$1_{(CH)}$	

表 2.19　　轨道交通 5 号线适合暗挖的区间隧道

区间隧道	覆土厚度/m	地下水位/m	地层组合	围岩性质	地貌特征
云南路站—华山路站 黄河路站—休宁路站	6.5～25.0	0.5～9.5	A，B	Ⅲ$1_{(CH)}$	二级阶地
休宁路站—望江东路站 砀山路站—汲桥路站	9.0～22.0	1.5～6.0	A	Ⅲ$1_{(CH)}$，Ⅳ	二级阶地
望江东路站—金寨路站	10.0～25.0	1.5～4.0	A，C1	Ⅳ	一、二级阶地

2.6.2 暗挖技术条件

暗挖技术条件应从地层特征、膨胀土特征、粉土及砂土互层情况、水文地质特征等场地条件进行考虑。下面以轨道交通 1 号线为例进行暗挖技术条件的分析。

1. **地层特征**

从地层组合的分类情况可知，在 1-A 型地层组合中，隧道穿越Ⅲ$1_{(CH)}$硬黏性土和Ⅲ$2_{(SD)}$密砂性土组成的黏土-砂土复合地层；在 1-B 型地层组合中，隧道穿越Ⅱ$2_{(SD)}$、Ⅲ$2_{(SD)}$密砂性土和Ⅳ风化岩组成的砂土-岩石复合地层；在 1-C 型地层组合中，隧道穿越Ⅱ$1_{(CH)}$、Ⅲ$1_{(CH)}$硬黏性土组成的复合黏土层。复合地层中薄弱地层的特性决定了整个隧道开挖的工作条件，所以复合地层中工作条件最差者决定了复合地层工作条件的好坏。由此可见，1-B 型地层组合中，由于粉土、粉砂层的存在，具有较为不利的隧道开挖工作条件；1-A 型地层组合中，由于粉土、粉砂层埋深较大，对隧道施工影响较小，具有较为有利的工作条件；1-C 型地层组合中，由于不同黏土层性质差异较小，具有较为有利的工作条件。上软下硬复合地层空间分布差异大，单一的开挖方法不能满足需求，当在该类地层中进行暗挖法施工时，应因地制宜采取施工方法，必要时应采取工法转换。当上软下硬地层的上下部分断面差异较大时，可采用不同施工技术组合开挖，比如深圳地铁 5 号线怡黄区间，暗挖隧道上半断面采用超前大管棚及小导管预支护、深孔注浆加固等辅助设施后人工开挖，下半断面采用微震控制爆破技术开挖，减小对地面建筑的影响。

2. **膨胀土**

合肥市轨道交通 1 号线沿线广泛分布有Ⅱ$1_{(CH)}$和Ⅲ$1_{(CH)}$层硬黏性土，具有弱膨胀潜势。以 1-A、1-C 型地层组合为例，隧道断面及上覆土层均为上述两类膨胀性黏土。膨胀土具有显著的吸水膨胀和失水收缩的变形性能，在膨胀或收缩变形过程中，能产生较高的膨胀力。因为反复胀缩，膨胀土层中会产生较多的裂隙，随着时间和次数的增加，裂隙会深度扩展，影响隧道施工的安全性。由于膨胀土对周围环境特别敏感，因此隧道开挖时，周围温度、应力、湿度、地下水位等的改变都会引起膨胀土土性变化，从而对隧道支护产生较大的膨胀力，甚至使隧道产生较大变形，对施工安全非常不利。例如在膨胀性地层中开挖隧道或地下洞室时，常可以见到围岩因开掘而产生变形，或因浸水而膨胀等现象，使设置在膨胀性围岩中的隧道或地下洞室的洞壁发生位移，导致围岩失稳，衬砌破坏。

3. **粉土、砂土互层**

在 1-B 型地层组合中，上层黏土较薄，黏土层以下为粉质黏土、粉土、砂土交互沉积，形成粉土、砂土的互层，导致该段地层分层较多，地层的整体性较差。凤阳路站—明光路站、芜湖路站—南一环站沿线范围内，隧道直接穿越含水砂层Ⅱ$2_{(SD)}$、Ⅲ$2_{(SD)}$层，该类地层具有含水量较高、渗透性较强的特点，在一定的动水压力作用下易产生流砂现象，从而导致开挖面不稳定。土层突发性的涌水和流砂易引起地面沉降，严重时会随着地层空洞的扩大引起上部土层的突然塌陷。此外，该层为承压含水层，在暗挖施工时应注意承压水的不利影响。在明光路站—芜湖路站沿线范围内，隧道穿越粉土、粉细砂和风化岩组成的上软下硬复合地层，在地下工程施工扰动过程中，可能会使上部粉土或粉砂中的细颗粒流失，造成地层损失，从而使砂层与岩土层发生离层现象，产生空洞，最终造成地面塌陷。

4. **水文地质特征**

在勘察深度 50 m 范围内实测到，1 号线工程场区内地下水类型主要为上层滞水和弱承压水。上层滞水主要赋存于人工填土层中，水位不连续，变化幅度大，主要接受大气降水和地表水体的补给。弱承压水主要赋存于粉土及砂土中，接受侧向径流补给，南淝河河床及河漫滩处与河水有水力联系，水量较丰富，承压水头多在 5.0 m 以上，年水位变化幅度为 1～3 m。

浅埋暗挖法适用于含水量较小的各种地层，对于含水量较大的松散地层，需要采取堵水或降水等措施。由于浅埋暗挖法不允许带水作业，如果含水地层达不到疏干要求，采用该法是非常危险的，开挖面的稳定性将时刻受到威胁，甚至发生塌方。若降水措施不当，则可能会使周围地基土层产生固结沉降，轻者造成邻近建筑物或地下管道的不均匀沉降，重者使建筑物基础下的土体颗粒流失，甚至掏空，引起地面塌陷，导致建筑物开裂、陷落，危及安全使用。

2.6.3 支护与加固要求

在城市浅埋暗挖地铁隧道施工中，由于围岩的自稳能力差，隧道开挖后围岩易发生大变形，从而引起开挖面失稳和地表沉降较大，继而导致地面结构物的变形与破坏。当开挖面土性不同时，开挖面前方岩土体的稳定性、地层的变形特性以及需要采取的支护加固措施也有所不同。下面以轨道交通 1 号线为例说明加固原则及加固方法的选择。

1. 支护与加固原则

浅埋暗挖法施工应遵循“管超前、严注浆、短开挖、快封闭、勤测量”的总原则。轨道交通 1 号线在进行暗挖法施工时应以“防止塌方、冒顶，防止沉降过大”为原则采取相应的支护与加固措施，这里的防止沉降过大包括地表沉降以及上覆地层中的管线沉降。根据地铁设计规范(GB 50157—2013)，岩石隧道应利用围岩的自承载能力；土质隧道应采用较大的初期支护刚度，并注意及时施作二次衬砌。初期支护和围岩是暗挖隧道的主要受力结构，保护围岩是浅埋暗挖施工的关键技术。

合肥轨道交通 1 号线沿线的 1-A、1-C 型地层组合中，隧道断面内的土层及其上覆土层为第四纪土层中的Ⅱ$1_{(CH)}$、Ⅲ$1_{(CH)}$硬黏性土，具有弱膨胀潜势。隧道开挖后裸露的土层在其周围土压力作用以及膨胀土含水量发生变化、反复收缩变形条件下，容易增加支护结构的受力，造成围岩的较大变形，因此，上述土层在施工过程中需要及时采取支护措施。B 型地层组合中，隧道断面内的土层及其上覆土层为第四纪土层中的Ⅱ$2_{(SD)}$、Ⅲ$2_{(SD)}$密砂性土，为承压含水土层，在地下水作用下，施工中易发生涌水、涌砂、涌土等现象，从而导致上部土层塌陷，因此，上述土层也需要采取有效支护措施。

由此可见，1 号线的地下隧道多在松软第四纪地层中修建，所以围岩自身承载能力较差，为避免对地表建筑物和地中构筑物造成破坏，地表沉降量要严格控制，为此要求一次支护刚度要大，支护要及时，从图 2.22 所示的围岩和支护的刚度曲线中可以看出，交点 C(稳定点)应尽量靠近 A 点，尽量避免较大的地层损失。一般情况下，二次衬砌在围岩和初期支护变形基本稳定后施作，但在采取辅助措施后，尚未满足稳定性要求时，可提前施作二次衬砌。

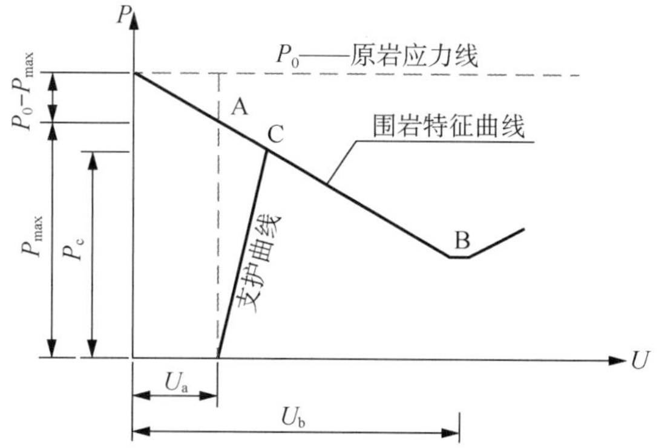

图 2.22 隧道支护特征曲线

2. **支护与加固方法**

粉土、砂土、膨胀性黏土或全风化岩层等不稳定地层在隧道开挖过程中自稳时间短，常常初期支护尚未施作，或喷射混凝土尚未获得足够强度时，拱墙的局部地层已开始变形坍塌。因此，当隧道拱部及上覆地层为这类软弱地层时，须根据软弱地层性状的差异，采用不同的地层预加固、预支护技术，以稳定地层、改造地层和提高地层自稳能力。常用的地层预加固和预支护技术有小导管超前注浆、开挖面深孔注浆、管棚超前支护等。

在1-B型地层组合中，隧道断面内分布有Ⅱ$2_{(SD)}$、Ⅲ$2_{(SD)}$粉土、粉细砂层，有发生涌水、涌砂、地面塌陷等不良地质问题的可能性。因此，施工前应对地面沉降进行初步预测，以指导施工采取相应措施；施工过程中应对实测的沉降数据及时进行分析处理，总结经验，以指导后续施工。同时需要对隧道断面内的粉土、粉细砂层采取一些处理措施：①首先是妥善处理地下水，以免因涌水流砂而引起地表塌陷；②有效加固拱部含水层或其他分布有不良地质体的地层，通过加固处理来促成和稳定其压力拱；③在整个施工中，应重点监控拱脚的变形或破坏，因其是地层压力拱结构失稳的主要原因，若遇粉土、粉细砂层，建议注浆加固隧道两侧及前方地层，并及时对初期支护的背侧进行补充注浆。

考虑到Ⅱ$1_{(CH)}$、Ⅲ$1_{(CH)}$层黏性土的弱膨胀性，结合取样试验的结果，应按照“石变我变”的原则，把施工监测作为一道工序，将监测结果及时反馈给设计，据此修改设计，指导施工。施工开挖后应及时封闭岩面，减少暴露时间，以避免或减轻围岩的风化、风干和含水量的变化。应注意以下事项：①若用钻爆法施工应采用浅眼多循环开挖方案，光面爆破；②及时施作初期支护；③及时施作仰拱，使衬砌结构尽早形成封闭环，以有效承受膨胀力。另外要注意严格处理好地下水的引排，尽量减少对围岩的浸泡。

3 合肥地区黏土层注浆扩散及加固机理

3.1 黏土的工程特性

合肥地区浅部地层以黏性土、风化岩层为主，黏性土又有新老之分，黏性土本身的渗透系数低，从而导致浆液的可注性差，且新黏土具有弱膨胀性，注浆有可能会引起黏土层的膨胀而降低其强度、引起额外的膨胀压力。

为了探究暗挖隧道中超前小导管及注浆、超前管棚及注浆等的设计依据、技术参数以及施工技术，拟定试验方案，本章通过试验研究合肥地区黏土地层条件下的注浆加固机理，分析该地区黏土地层注浆加固的可行性，并在此基础上提出相应的注浆工艺和参数，以指导施工。

3.1.1 黏土强度

采用直接快剪试验测定轨道交通 2 号线Ⅱ$1_{(CH)}$层黏土的抗剪强度，如图 3.1 所示。试验通常采用 4 个试样，分别在 100 kPa，200 kPa，300 kPa，400 kPa 的垂直压力 p 下对其施加水平剪切力 τ 进行剪切，然后求得破坏时的剪应力，作出剪应力-垂直压力的散点图并进行线性拟合，由此得到的截距和斜率分别表征抗剪强度特征的黏聚力 c 和内摩擦角 φ，如图 3.2 所示。

图 3.1 直接快剪试验图

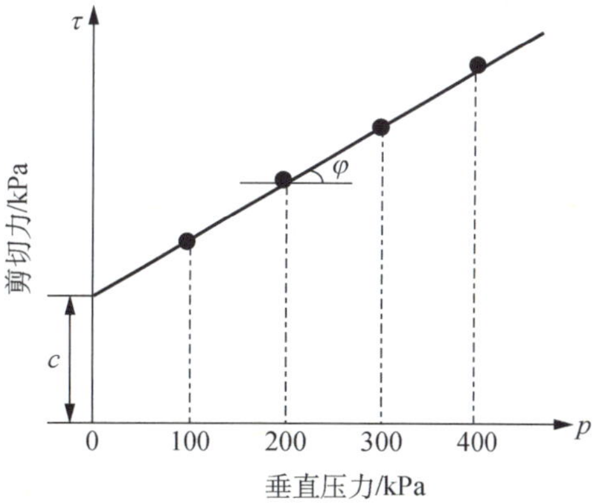

图 3.2 抗剪强度与垂直压力之间的关系

按照上述步骤，分别对含水量为 20%(其中 20%为初始含水量)，25%，30%的试样进行直剪试验，结果如图 3.3 所示。利用最小二乘法拟合曲线，并计算出相应的黏聚力和内摩擦角，如表 3.1 所示。

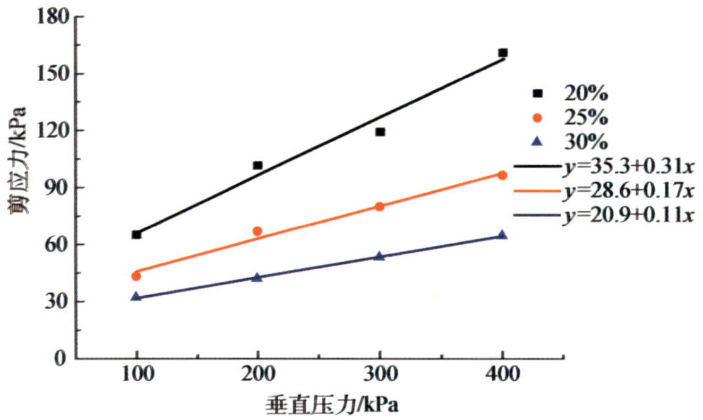

图 3.3 剪应力与垂直压力关系曲线

表 3.1 不同含水量的黏聚力及内摩擦角

含水量/%	黏聚力 c/kPa	内摩擦角 φ/(°)
20	35.3	17.2
25	28.6	9.64
30	20.9	6.33

通过分析表 3.1 中不同含水量条件下的黏聚力和内摩擦角可知，含水量对抗剪强度有较大影响，随着含水量的增加，黏聚力和内摩擦角均呈迅速下降趋势，当含水量达到 30%时，黏聚力和内摩擦角都处于很小的水平。这样的土层天然强度相对较高，但是在水的作用下，土体强度衰减快，这也意味着在注浆条件下，原状土虽然可能在浆液凝固后其抗剪强度有所增强，但在注浆过程中，由于浆液中水的存在，原状土的黏聚力和内摩擦角都会有不同程度的减小。

3.1.2 渗透性

采用变水头渗透装置进行②$_1$ 层黏土土样渗透系数测试。变水头渗透装置由渗透容器和水头装置组成，如图 3.4 所示。根据需要用环刀在垂直或水平土样层面切取原状试样或给定密度的扰动土试样，并充分饱和；将渗透容器的进水口与变水头管连接，利用供水瓶中的纯水渗入渗透容器，排除渗透容器底部的空气；向变水头管注入纯水使水位升至预定高度，待水位稳定后切断水源，开进水管夹使水通过试样，当出水口有水溢出时开始测记变水头管中起始水头高度和起始时间，按预定时间间隔测记水头和时间的变化。

采用式(3.1)进行渗透系数计算：

$$K = 2.3\frac{aL}{At}\lg\frac{h_1}{h_2} \tag{3.1}$$

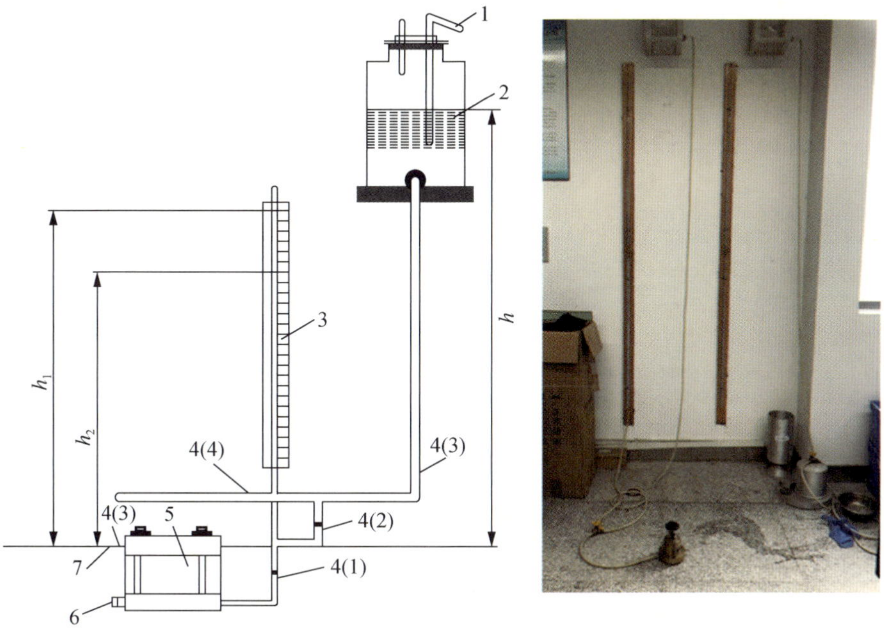

1—接水源管；2—供水瓶；3—变水头管；4—进水管夹；5—渗透容器；6—排气管；7—出水管。

图 3.4　渗透试验装置

式中　a——变水头管截面积，cm^2；

L——渗径等于试样高度，cm；

h_1，h_2——开始时的水头高度，终止时的水头高度，cm；

A——试样的断面面积，cm^2；

t——时间，s；

2.3——ln 和 lg 的换算系数。

对合肥地区的地层渗透特性进行试验研究，最终测定②层黏土渗透系数均值 $K=0.82$ cm/d。结合现场水文地质试验和室内试验渗透系数，确定典型土层的渗透系数，如表 3.2 所示。

表 3.2　典型土层渗透系数

土层	渗透系数 $K/(m \cdot d^{-1})$	土层	渗透系数 $K/(m \cdot d^{-1})$
$②_1$ 黏土	0.008	$③_2$ 黏土	0.005
$②_2$ 黏土	0.002 4	$③_4$ 黏土	0.005
$②_3$ 黏土	0.002	$④_2$ 残积粉质黏土	0.005
$③_1$ 黏土	0.005		

由表 3.2 可知，不同黏土层的渗透系数为 0.001～0.008 m/d，数值较小，说明②层黏土属于致密性土体。因此，在该土层中进行注浆加固时，注浆浆液的材料颗粒无法渗透到土层深部，难以实现渗透注浆，只能施行压密或劈裂式注浆，并且在注浆过程中，必然会有水分渗透到土体中，可能引起土体强度参数降低。

3.2 现场注浆试验设计

3.2.1 试验地点选择

选择轨道交通 3 号线紫云路站(图 3.5)的 B 号出入口(图 3.6)基坑作为试验地点,基

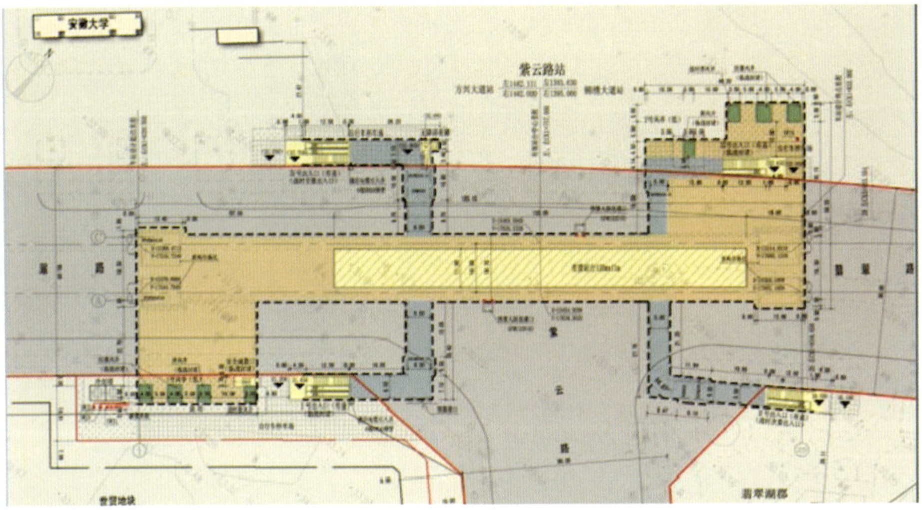

图 3.5 紫云路站平面图

(a) 现场实拍图

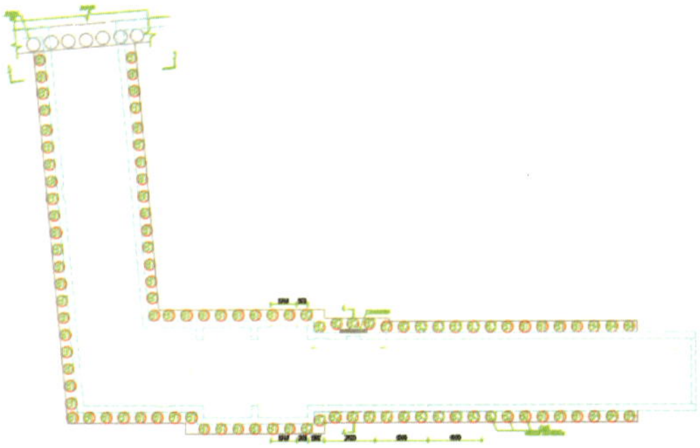

(b) 平面图

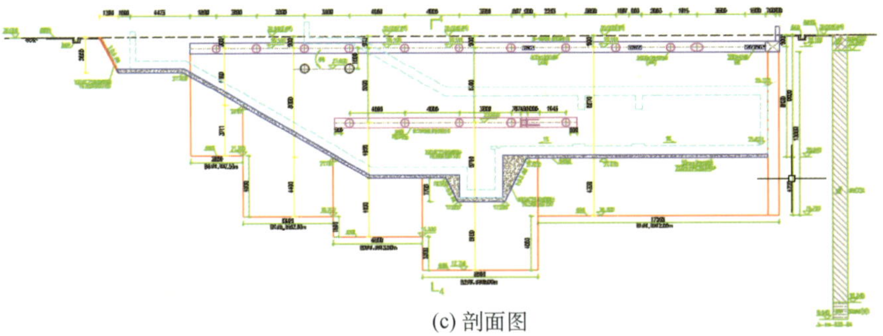

(c) 剖面图

图 3.6 B 号出入口

坑开挖前分别在黏土层中实施选点、确定注浆孔位、现场注浆等工作，现场注浆时进行全面记录，基坑开挖时观测注浆扩散范围与形态等。

紫云路站地貌为河流二级阶地，地形平缓开阔，自然坡度为 3°～5°，绝对标高在 29.4～32.8 m 之间。场地现为城市交通主要干道、房屋建筑及居民住宅区等。

其中，注浆所在地层为黏土②$_2$ 层：灰黄色～黄褐色，硬塑，夹有少量铁锰结核及灰白色的高岭土，底部富集铁锰结核，黏土层具有中等膨胀潜势。切面光滑，有光泽，干强度及韧性高，无摇振反应。该层连续分布，层底标高 10.2～13.9 m，层厚 13.3～18.6 m。

3.2.2　注浆孔的布置及深度

采用注浆管一次性注浆，注浆导管按设计要求布置，导管长 3.0 m，注浆导管取直径 42 mm(外径)，为使注浆孔注浆效果不相互影响，注浆孔间距 3 m，小导管外露 50 cm 以利于安设注浆管路，有效注浆范围厚度不小于 1 m。分别在黏土层布设 6 个试验孔，相邻两孔注入同类浆液，进行不同水灰比浆液现场试验，见图 3.7。

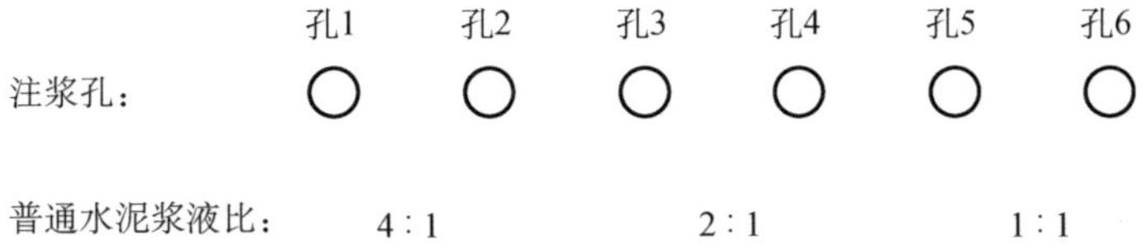

图 3.7　注浆孔示意图

其中，地表 0～2 m 深度的黏土层由于雨水影响，含水量大大增加，其力学参数以及注浆效果与 2 m 以下的原状黏土层有很大差别。

3.2.3　注浆材料配比

注浆材料的选择应综合考虑浆液及结石体性能、可注性、注浆有效性、注浆技术可行性、环境保护要求、耐久性及工程经济性等因素。如图 3.8 所示，不同的注浆材料具有不同的可渗透注入范围。

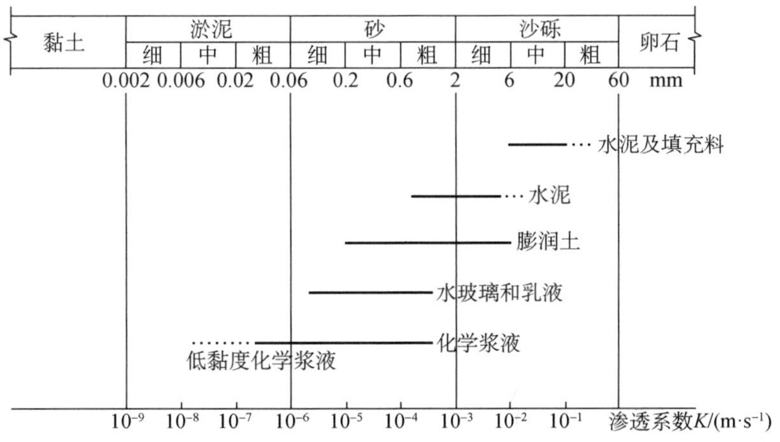

图 3.8　注浆材料的可渗透注入范围

化学类注浆材料对环境都具有不同程度的污染性，大部分具有毒性，因此其使用有较大局限性，尤其在城市地铁隧道及环境敏感区域，地下工程注浆直接禁止使用。此外，化学类材料注浆加固体耐久性差，且价格昂贵、配方复杂、施工操作繁琐，工程应用推广受到极大限制。

水泥-水玻璃类双液浆材在隧道及地下工程堵水、加固及防渗治理中经常使用，其速凝及早强特性符合注浆堵水工程的需求，但其注浆加固体后期强度普遍偏低，加固体耐久性差的问题尤其突出，双液浆材的后期耐久性能还需要进行完善研究。同时，合肥地区黏土的可注性是我们关注的首要问题，就这一因素而言，普通水泥与水泥-水玻璃双浆液材的颗粒大小类似，具有相似的可注性。

对于致密土体，浆液主要以劈裂的方式进入地层，并在多次反复的注入后形成纵横交错的浆脉网络来加固土体，浆液在注浆扩散过程中基本上没有渗透的可能。在此类地层条件下，单纯强调材料的细度甚至采用化学浆材是没有意义的。

综上所述，考虑到在实际工程施工中的可实施性以及价格因素，本次采用的注浆材料为普通硅酸盐水泥，水灰比为 4∶1，2∶1，1∶1，每组两个注浆孔。

3.2.4 注浆压力

注浆压力是隧道超前预支护中的一个重要参数。采用较高的注浆压力，能够更好地把浆液注入土层，并可加快浆液中的水分析出，使其与土体形成的结石体强度提高，但是过高的注浆压力可能会导致土体结构发生破坏。注浆结束标志以注浆压力控制，具体为注浆压力表显示压力达到 0.5 MPa，且持续不降低时，结束注浆。

3.2.5 试验步骤

（1）试验前配制浆液，采用电动搅拌器将水泥浆液充分搅拌，不能长时间静置。

（2）埋设注浆管，注浆管路与注浆泵相连接，如图 3.9、图 3.10 所示。在关键接触部位进行密封工作，检验其连通性和密封性，保证管路畅通。

（3）注浆试验、数据采集。准备就绪之后开始注浆试验，通过预埋注浆管注入水泥浆液，期间实时监控压力表数据，并实时记录注浆量的变化。当注浆压力达到设计终压或串浆时停止注浆，注浆结束后及时清洗管路，避免浆液凝固阻塞管路。

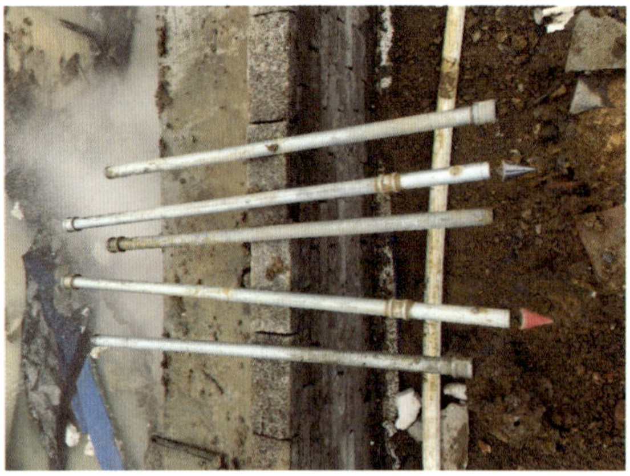

图 3.9 注浆管

（4）注浆加固体开挖及记录。注浆试验结束后静置 7 天，待浆液初步固结后进行注浆加固体开挖环节，开挖过程使用照相机、画纸等工具实时记录浆脉尺寸、位置等关键信息，进而分析浆脉厚度及分布特征。

图 3.10　注浆管埋设及注浆设备连接

3.3　注浆试验结果及分析

从注浆试验结果来看，在粉质黏土地层中注浆，浆液进入地层的方式以及改善地层性能的机理与砂质地层、松散颗粒结构地层是不同的，黏土地层中土颗粒很小，渗透系数在 10^{-4} cm/s 数量级以下。因此，浆液靠渗透机理是无法渗入地层的，浆液都是在压力的作用下，以劈裂挤密的形式进入地层，形成浆脉。

3.3.1　注浆压力曲线分析

根据注浆施工中记录的注浆压力 P、注浆量 Q 绘制 $P-t$、$Q-t$ 曲线（图 3.11、图 3.12）。

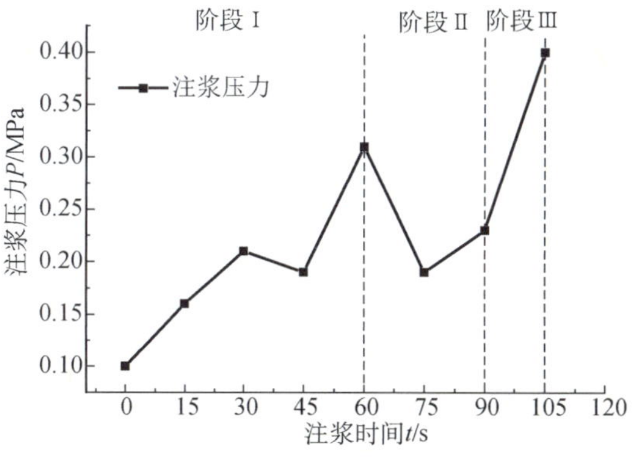

图 3.11　注浆压力-时间曲线

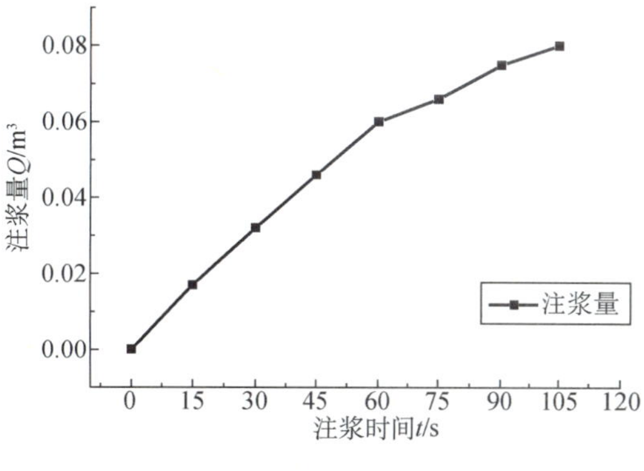

图 3.12　注浆量-时间曲线

通过观察和分析，可以将注浆浆液在软黏土中的流动过程分成三个阶段。

1. 压密阶段（阶段 I）

浆液由注浆泵加压后流入地层。由于这时注浆压力较小，浆液最初都聚集在注浆孔口附近，形成沿注浆管的注浆体。从图 3.11 可见，该阶段曲线增长快，说明此时土体尚未裂开。曲线中的第一个峰值压力即为启裂压力，启裂压力前的曲线段相当于压密阶段。

2. 劈裂阶段(阶段Ⅱ)

当压力大到一定程度时(启裂压力值)，浆液就沿地层的结构面产生劈裂流动。此时，压力有一定程度的降低。浆液很自然地寻找地层的软弱处劈裂发展。这一阶段的基本特征是：压力值先很快降低，维持在一个低压值左右摆动，但是由于浆液在劈裂面上形成的压力推动裂缝迅速张开，而在裂缝的最前端出现应力集中，所以这时压力虽然低，却能使裂缝迅速发展。

3. 浆脉阶段(阶段Ⅲ)

裂缝发展到一定程度，注浆压力重新上升，由于裂缝的发展、压力的上升，地层中大小主应力方向开始转化，水平向主应力转化为被动土压力状态，这时需要有更大的注浆压力才能使土中裂缝加宽，因此出现第二个压力峰值。根据这样的规律在注浆过程中形成多个浆脉，直至无法注浆或出现冒浆为止。

根据图 3.12 注浆量曲线可知，在注浆过程中，注浆量逐渐增加，前期注浆速率较高，在形成劈裂缝后，由于裂缝较窄，注浆速率下降。

3.3.2 浆液扩散机理分析

待注浆加固后，开挖注浆断面，观察其注浆范围及效果。

1. 浆液水灰比对浆液扩散性状的影响

从表 3.3 中可以看出，当浆液水灰比分别为 4∶1，2∶1，1∶1 时，注浆范围大致为直径 80 cm，40 cm，30 cm 的圆形。随着浆液水灰比从 4∶1 逐渐减小到 1∶1，浆泡的大小逐渐减小，且形状逐渐趋于圆形。这是因为水灰比较大时，浆液具有更好的流动性，周围土体的含水量较高，故浆液更容易通过土体的孔隙扩散到更大的范围。当水灰比较小时，浆液流动性差，形成较小的浆泡即完成注浆。

表 3.3　不同水灰比浆液注浆形态

浆液水灰比	浆液扩散形态	浆液扩散描述
4∶1		注浆整体为球状，注浆最大断面范围约为直径 80 cm 的圆形，浆液加固区与土体本身无明显界限

（续表）

浆液水灰比	浆液扩散形态	浆液扩散描述
2∶1		注浆最大断面范围约为直径 40 cm 的圆形，浆液加固区与土体本身无明显界限
1∶1		注浆整体为球状，注浆最大断面范围约为直径 30 cm 的圆形，浆液加固区与土体本身有界限

2. **注浆压力对浆液扩散性状的影响**

注浆压力的大小同样影响浆液的扩散形态。图 3.13 所示是水灰比为 1∶1 时，分别在 0.2 MPa 和 0.4 MPa 注浆压力下的注浆形态。从图中可以看出，随着压力的增大，浆泡的直径增大，分别约为 30 cm 和 35 cm。

(a) 0.2 MPa注浆压力下的注浆形态　(b) 0.4 MPa注浆压力下的注浆形态

图 3.13　不同注浆压力下的注浆形态

3. **黏土中的劈裂注浆**

对比图 3.13 中不同注浆压力下的注浆形态可以发现，在较大的注浆压力下，土体开始产生劈裂注浆，所以劈裂注浆其实是一个先压密后劈裂的过程。

(1) 注浆刚开始时,注浆压力较小,无法劈裂土体,且由于土体相对松散,浆液在注浆管口处挤压周围土体形成半球形注浆块。

(2) 随着注浆压力的不断增大,浆泡不断增大,直至注浆压力大于启裂压力时,土体开始沿着最薄弱面产生裂隙。在均匀土体中,劈裂面将发生在阻力最小的面上,即与最小主应力垂直的平面。

(3) 第一劈裂面产生后,浆液注入第一劈裂面,并挤压周围土体,导致第一劈裂面周围土体不断被压缩,强度增大。随着压力的继续增大,劈裂将再次发生在阻力最小的面上。随着注浆的进行,后续劈裂面将不断产生在土体中的软弱面处,最后形成纵横交错的浆脉。

3.3.3 注浆加固土的力学参数

根据试验目的和现场注浆情况选取土样,进行室内力学性能试验,以检测本次试验的注浆效果。通过比较注浆土体与原状土力学性质,说明不同土层注浆是否具有可注性,不同配比的注浆材料是否具有改善土体的效果,并比较各注浆材料间的加固效果、抗渗效果等指标效果的差异性。

根据试验目的和现场注浆情况选取土样,进行室内力学剪切试验,以检测本次试验的注浆加固效果。加固土体和原状土的力学指标如表 3.4 所示。注浆加固后,土体的黏聚力明显提升,达到 86%,土体的内摩擦角提升较小,仅提升了 18%。

表 3.4　　加固土体和原状土的物理力学指标比较表

土样	重度 γ/(kN·m^{-3})	黏聚力 c/MPa	内摩擦角 φ/(°)
加固前土样	19.7	35.3	17.2
加固后土样	21.3	65.7	20.3
(提高量)	(8%)	(86%)	(18%)

由注浆前后土体强度的对比可见,注浆通过形成的浆脉挤压以及浆脉的骨架作用来加固土体,提高土体强度。其加固机理可从以下两个方面来理解:

(1) 使浆脉周边黏土层受到挤密和压实,从而改善黏土层的强度。在这次试验中,对注浆前后的土体进行的强度测试结果表明,土体的力学指标尤其是黏聚力 c 有明显提高,说明劈裂注浆使地层土体强度得到一定程度的改善,这是注浆的压密作用。

(2) 劈裂式注浆把大量浆液压入土层,通过浆液和岩土介质互压、浆脉硬化形成凝结体并与周围土体构成一种复合土体,使浆液和围岩性能都发生变化,这种"浆岩互压"的作用机理即为注浆的劈裂作用。

3.3.4 黏土层注浆试验总结

本章进行的室内试验和现场试验表明,合肥地区黏土地层注浆能够注入,其机理是注浆浆液在黏土地层中形成浆脉骨架,使得土体强度得到提高,从而达到注浆加固设计要求。但该地层可注性不理想,浆液注入有一定难度,难以达到预期效果。通过试验研究,得出以下主要结论：

（1）在②$_2$层黏土地层中通过注浆方法加固地层是可行的，加固机理以压密、劈裂地层为主。

（2）注浆对地层加固有一定的效果，随着孔隙水压力的消散，浆液固结和土固结能提高土的强度和刚度，但在注浆过程中由于浆液水分难以快速消散，反而可能由于土体扰动和黏土膨胀造成土体强度的减小。

（3）考虑到地层的适应能力，注浆工艺上要求注浆压力适中。从现场试验也证实了这一点，压力过大时容易发生跑浆、串浆的情况。注浆压力过高有可能加大对土体的扰动，造成地层结构破坏。

4　合肥城市暗挖隧道设计

城市轨道交通隧道包括区间正线隧道、联络通道、车站通道、出入口等。城市暗挖隧道设计主要包括平、纵断面设计，隧道断面设计，隧道结构设计等。地铁暗挖隧道根据地质条件和施工方法的差别，在超前支护方式上又有不同。本章从暗挖隧道横、纵断面设计和支护结构设计等方面对合肥城市暗挖隧道设计进行介绍，并给出了相关的断面和支护结构设计案例。

4.1　暗挖隧道断面设计

城市隧道包括城市地铁隧道、城市公路隧道、市政隧道和城市引水隧道等。因为城市隧道功能和用途不同，其断面形式多种多样。本节以城市轨道交通暗挖隧道为例，对城市隧道断面形式与设计进行说明。

4.1.1　暗挖隧道断面形式

《地铁设计规范》(GB 50157—2013)对暗挖隧道的断面形式作了如下规定：

Ⅲ～Ⅵ 级围岩中的区间隧道或相当断面尺度的隧道，宜采用封闭的曲线形衬砌结构，衬砌断面周边外轮廓宜圆顺；在稳定围岩中或受其他条件限制时，也可采用直墙拱衬砌结构；特殊情况下也可采用矩形框架结构。

Ⅲ～Ⅵ 级围岩中的车站隧道或断面尺度接近的隧道，宜采用多跨结构形式，衬砌周边轮廓宜采用曲线形，并宜圆顺；在稳定围岩中或受其他条件限制时，也可采用直墙拱衬砌结构；特殊情况下也可采用矩形框架结构。

Ⅲ～Ⅵ 级围岩中的隧道宜设置仰拱。

4.1.2　暗挖隧道横断面设计

城市地下暗挖隧道横断面的常用形式有圆形、矩形和马蹄形，其具体尺寸应根据运营时采用的车辆及设备的尺寸所决定的各种限界来设计，这些限界包括车辆限界、设备限界、建筑限界以及接触轨和接触网限界。本节以矩形隧道建筑限界计算为例，旨在对城市暗挖隧道的横断面设计进行简要说明，详细内容以及其他断面形式的横断面设计可参考《地铁设计规范》(GB 50157—2013)。

(1) 直线地段矩形隧道建筑限界应在直线设备限界基础上，按下列公式计算：

$$B_S = B_L + B_R \tag{4.1}$$

$$B_L = Y_{S(max)} + b_L + c \tag{4.2}$$

$$B_R = Y_{S(max)} + b_R + c \tag{4.3}$$

$$\text{A 型车和 } B_2 \text{ 型车}: H = h_1 + h_2 + h_3 \tag{4.4}$$

$$B_1 \text{ 型车}: H = h'_1 + h'_2 + h_3 \tag{4.5}$$

式中 B_s——建筑界限宽度；

B_L，B_R——行车方向左、右侧墙至线路中心线净空距离；

H——自结构底板至隧道顶板建筑限界高度；

$Y_{S(max)}$——直线地段设备限界最大宽度值，mm；

b_L，b_R——左、右侧的设备、支架或疏散平台等最大安装宽度值，mm；

c——安全间隙，mm，取 50 mm；

h_1——受电弓工作高度，mm；

h_2——接触网系统高度，mm；

h_3——轨道结构高度，mm；

h'_1——设备限界高度，mm；

h'_2——设备限界至建筑限界安全间隙，mm，取 200 mm。

（2）曲线地段矩形隧道建筑限界应在曲线地段设备限界的基础上，按下列公式计算：

$$B_a = Y_{Ka}\cos\alpha - Z_{Ka}\sin\alpha + b_R(\text{或 } b_L) + c \tag{4.6}$$

$$B_i = Y_{Ki}\cos\alpha + Z_{Ki}\sin\alpha + b_L(\text{或 } b_R) + c \tag{4.7}$$

$$\text{A 型车和 } B_2 \text{ 型车}: H = h_1 + h_2 + h_3 \tag{4.8}$$

$$B_1 \text{ 型车}: B_u = Y_{Kh}\cos\alpha + Z_{Kh}\cos\alpha + h_3 + 200 \tag{4.9}$$

$$\alpha = \sin^{-1}\left(\frac{h}{s}\right) \tag{4.10}$$

式中 B_a——曲线外侧建筑限界宽度；

B_i——曲线内侧建筑限界宽度；

B_u——曲线建筑限界高度；

h——轨道超高值，mm；

s——滚动圆间距，mm，取 1 500 mm；

(Y_{Kh}, Z_{Kh})，(Y_{Ki}, Z_{Ki})，(Y_{Ka}, Z_{Ka})——曲线地段设备限界控制点坐标，mm。

其中，接触导线距轨顶面的安装高度应符合下列要求：地上线路接触线距轨顶面的高度宜为 4 600 mm，困难地段不应低于 4 400 mm；车辆基地的地上线路接触线距轨顶面高度宜为 5 000 mm；隧道内接触线距轨顶面的高度不应小于 4 040 mm。轨道结构高度应根据结构形式确定，按表 4.1 取值，有砟道床最小厚度应符合表 4.2 的规定。

表 4.1 轨道结构高度 （单位：mm）

结构形式	轨道结构高度	
	正线、配线	车场线
矩形轨道	560	—
单线马蹄形轨道	650	—
单线圆形轨道	740	—
高架桥无砟道床	500～520	—
有砟道床（木枕/混凝土枕）	700～950	580～625
车场库内	—	500～600

注：单线圆形隧道采用两侧排水沟时，轨道结构高度可适当加大。

表 4.2 有砟道床最小厚度 （单位：mm）

<table>
<tr><th rowspan="2">下部结构类型</th><th colspan="3">道床厚度</th></tr>
<tr><th colspan="2">正线、配线</th><th>车场线</th></tr>
<tr><td rowspan="2">非渗水土路基</td><td rowspan="2">双层</td><td>道砟 250</td><td rowspan="3">单层 250</td></tr>
<tr><td>底砟 200</td></tr>
<tr><td>岩石、渗水土路基、混凝土结构</td><td colspan="2">单层道砟 300</td></tr>
</table>

全线矩形隧道建筑限界高度宜统一采用曲线地段最大高度。单线圆形隧道的建筑限界宜按全线采用矿山法施工地段的平面曲线最小半径确定。圆形或马蹄形隧道在曲线超高地段，应采用隧道中心线路基准线内侧偏移的方法解决轨道超高造成的内外侧不均匀位移量。位移量计算方法如下。

按半超高设置时，应按下列公式计算：

$$y' = \frac{h_0 \cdot h}{s} \tag{4.11}$$

$$z' = -h_0(1 - \cos\alpha) \tag{4.12}$$

按全超高设置时，应按下列公式计算：

$$y' = \frac{h_0 \cdot h}{s} \tag{4.13}$$

$$z' = \frac{h}{2} - h_0(1 - \cos\alpha) \tag{4.14}$$

式中 y'——隧道中心线对线路基准线内侧的水平位移量，mm；

z'——隧道中心线竖向位移量，mm；

h_0——隧道中心至轨顶面的垂直距离，mm。

在合肥城市隧道建设中，正线隧道、联络通道以及车站通道均采用暗挖法施工。以合肥轨道交通 2 号线和 3 号线为例，正线隧道暗挖段有 3 号线潜史区间和潜山路站正线暗挖段。其中，潜史区间暗挖段是为了避免线路范围内的锚索可能对盾构刀具刀盘的损坏而设计，其断面为圆形；潜山路站正线为马蹄形断面，采用矿山法施工；潜山路站为 2 号线和 3 号线换乘站，设联络线连接，联络线采用暗挖法施工；2 号线和 3 号线的车站通道采用暗挖法施工的则较多。各类暗挖隧道横断面示例如表 4.3 所示。

表 4.3　　各类暗挖隧道横断面图

暗挖隧道类型	横断面图	断面尺寸描述
潜史区间暗挖段	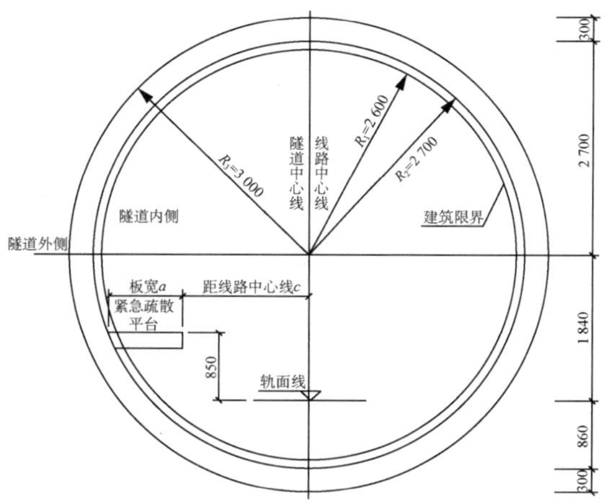 	单洞单线圆形断面盾构隧道，隧道实际施工半径为 3 m，隧道净断面半径为 2.7 m，建筑限界半径为 2.6 m，紧急疏散平台宽度为 a，距线路中心线距离为 c，高于轨面线 850 mm，轨面线距离底板标高 860 mm，线路中心线与隧道中心线重合
潜山路站正线暗挖段	 	单洞单线马蹄形断面暗挖隧道，隧道实际施工宽度 6.4 m，高度 6.5 m，净宽 5.2 m，净高 5.25 m，轨面标高距离仰拱底部 650 mm，线路中心线偏隧道中心线右侧 84 mm

（续表）

暗挖隧道类型		横断面图	断面尺寸描述
潜山路站联络通道		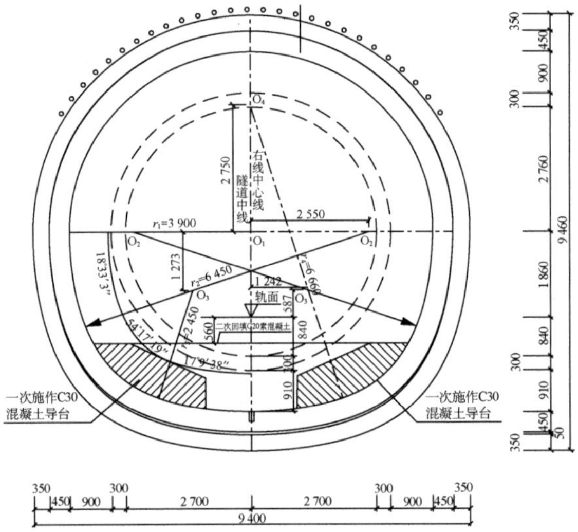	单洞单线马蹄形断面暗挖隧道，隧道实际施工宽度9.4 m，高度9.46 m，净宽7.8 m，净高7.85 m，轨面标高距离仰拱底部2 050 mm，线路中心线隧道中心线重合
车站通道	2号线科学大道站	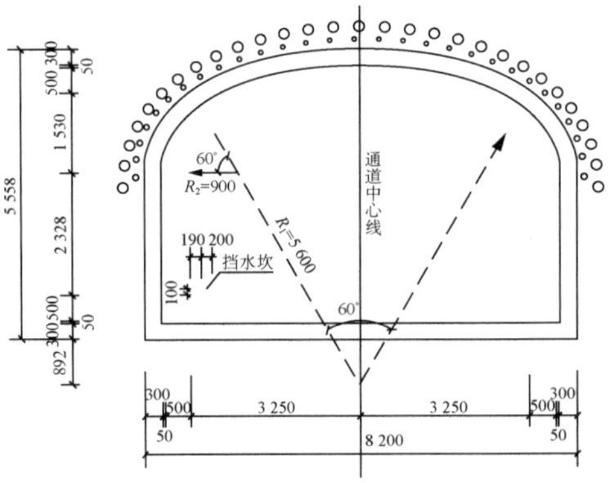	直墙拱形断面暗挖隧道，隧道实际施工宽度8 200 mm，高度5 558 mm，净宽6 500 mm，净高3 858 mm，直墙高2 328 mm，拱高1 530 mm
车站通道	3号线新蚌埠路站	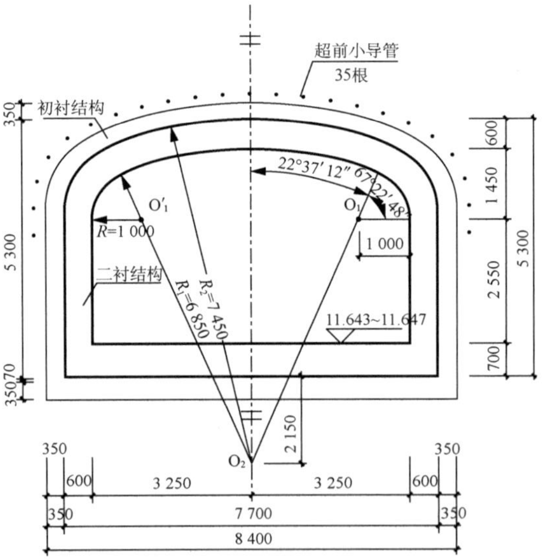	直墙拱形断面暗挖隧道，隧道实际施工宽度8 400 mm，高度6 070 mm，净宽6 500 mm，净高4 000 mm，直墙高2 550 mm，拱高1 450 mm

4.1.3 暗挖隧道纵断面设计

暗挖隧道纵断面设计的主要技术要素有坡度、坡段长度及坡段连接，而纵断面设计就是确定隧道的坡度、坡段长度和坡段连接。

1. **坡度**

城市隧道由于载重小、运距短，坡度已不是限制列车牵引质量的主要因素，也不存在机车增减的情况，因此不存在加力坡度，所以线路允许的最大设计坡度值即为最大坡度。

在设计隧道纵断面时，线路坡度在满足排水及标高控制要求的前提下应尽可能平缓，一般在20‰以下。正线允许的最大坡度值主要受行车安全(与制动性能设备相关)、旅客舒适度、运营速度三方面的影响，一般不大于30‰，在困难地段(如深埋线路上升至地面以上时)最大坡度可采用35‰。在山地城市的特殊地形地区，经技术经济比较，有充分依据时，最大坡度可采用40‰。

地下隧道有充分的水源，为方便排水，区间不能设计成平坡，其最小坡度应采用3‰，困难条件下可采用2‰；区间位于地面或高架桥且排水措施良好时可采用平坡。

车站宜布置在纵断面的凸形部位上，可根据具体情况，按照节能理念，设计合理的进出站坡度和坡段长度。车站站台范围内的线路应设单一坡度，坡度太大不利于列车起停，坡度太小不利于隧道排水，故坡度值宜采用2‰。具有夜间停放车辆功能的配线，应布置在面向车挡或区间的下坡道上，隧道内的坡度应为2‰，地面和高架桥上的坡度不应大于1.5‰。道岔宜设在不大于5‰的坡道上。在困难地段应采用无砟道床，尖轨后端为固定接头的岔道，可设在不大于10‰的坡道上。

2. **坡段长度**

如果坡段长度小于列车长度，列车将会同时跨越2个或2个以上的变坡点，各个变坡点所产生的附加应力和局部加速度会因叠加而加剧，影响列车的平稳运行和旅客的舒适度。因此，线路坡段长度不宜小于远期列车长度，并应满足相邻竖曲线间的夹直线长度不小于50 m的要求。

3. **坡段连接**

列车通过变坡点时，车钩产生附加应力，并使车辆的局部加速度增大，其值与相邻两坡段的坡度代数差成正比。坡度代数差太大会影响旅客舒适度。当两相邻坡段的坡度代数差大于或等于2‰时，应设圆曲线形的竖曲线连接，车站站台有效长度内和岔道范围内不得设置竖曲线，竖曲线半径见表4.4。

表4.4　　竖曲线半径　　(单位：m)

线别		一般情况	困难情况
正线	区间	5 000	2 500
	车站端部	3 000	2 000
联络线、出入线、车场线		2 000	

4.2 暗挖隧道支护结构

城市暗挖隧道的衬砌形式有复合式衬砌、整体式混凝土衬砌、喷锚衬砌等，应根据围岩条件、使用要求、施工方法及断面尺度等，从受力、围岩稳定和环境保护等方面综合分析确定，工程中还是以复合式衬砌为主。本节以轨道交通隧道为例，说明其衬砌类型、组成及设计参数。

4.2.1 暗挖隧道衬砌类型与适用条件

矿山法隧道应采用复合式衬砌。在无水的Ⅰ～Ⅱ级围岩中的单线区间隧道和Ⅰ级围岩中的双线区间隧道，也可采用单层整体现浇混凝土衬砌。

复合式衬砌的初期支护可根据围岩条件确定，主要类型和适用条件应符合表 4.5 的规定。复合式衬砌的二次衬砌应采用钢筋混凝土，并应在内外层衬砌之间铺设防水层或隔离层。有条件时也可采用装配式衬砌。

在围岩完整、稳定、无地下水和不受冻害影响的地段的非行车及乘客不使用的隧道，也可采用单层喷锚衬砌结构，喷锚衬砌的内部净空应满足后期施作结构的尺寸要求。

表 4.5　复合式衬砌初期支护类型和适用条件

序号	初期支护类型	适用条件
1	锚杆＋喷射混凝土支护	具有自稳能力的岩石类地层
2	锚杆＋钢拱架＋喷射混凝土支护	不能长期自稳的岩石地层
3	超前支护＋钢拱架＋喷射混凝土支护	土质地层

4.2.2 复合式衬砌结构设计与参数

1. **复合式衬砌结构设计**

采用浅埋暗挖法修建的城市隧道，一般包括超前支护、初期支护、防水层和二次衬砌四部分，如图 4.1 所示。

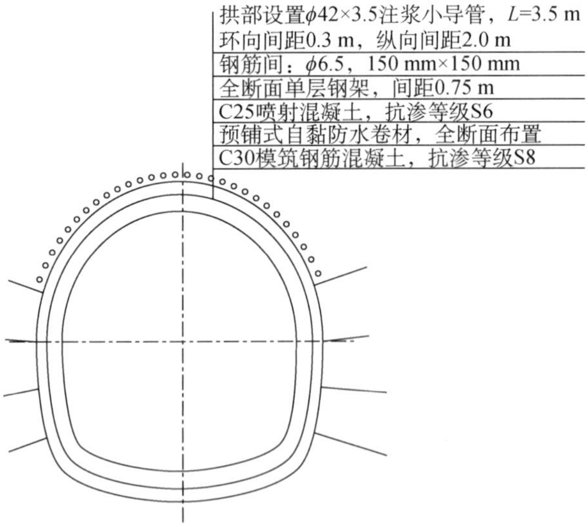

图 4.1　复合式衬砌断面图

超前支护的作用是稳定开挖面土体、提高开挖面土体的自立性和稳定性。稳定地层的主要手段一般是用管棚或注浆小导管预加固隧道拱部及其周边地层。

外层为初期支护，其作用是加固围岩、控制围岩变形、防止围岩松动失稳，是衬砌结构中的主要承载单元。

一般应在开挖后立即施作，并应与围岩密贴。根据实际情况，初期支护采用锚杆、喷射混凝土、钢筋网和钢架组合支护。

内层为二次衬砌，通常在初期支护变形稳定后施作。因此，二次衬砌承受静水压力以及因围岩蠕变或围岩性质恶化和初期支护腐蚀引起的后期荷载，提供光滑的通风表面。复合式衬砌的二次衬砌应采用钢筋混凝土。

在初期支护和二次衬砌之间一般需敷设不同类型的防水隔离层。防水隔离层的材料应选用抗渗性能好、化学性能稳定、抗腐蚀及耐久性好并具有足够的柔性、延伸性、抗拉和抗剪强度的塑料或橡胶制品。

采用浅埋暗挖法施工的城市交通隧道，一般采用拱形或马蹄形结构，其基本断面形式以单拱为多，也有双拱和多跨连拱，单拱多用于单线或双线隧道，双拱和多跨连拱多用于多车道城市公路隧道或地铁隧道的停车线、渡线、折返线或喇叭口岔线上。

复合式衬砌兼有喷锚衬砌和整体式衬砌两者的优点，是较理想的衬砌类型。它能充分发挥围岩的自承能力，调整衬砌受力状态，充分利用衬砌材料的抗压强度，从而提高衬砌的承载力。

2. 复合式衬砌设计参数

1）初期支护

对单、双线区间隧道，一般可参考有关规范及工程实例，按工程类比法确定其设计参数。某些特殊地形、地质条件下（如浅埋、偏压、膨胀性围岩、原始地应力过大的围岩等）及大跨度渡线隧道或车站结构的初期支护，应通过理论计算，按主要承载结构确定其设计参数。

土质隧道的初期支护应采用包括超前支护、格栅钢架或钢拱架、钢筋网片和喷射混凝土等组合的支护方式，其设计应满足以下要求：

（1）初期支护厚度不应小于 200 mm，并不宜超过 350 mm。

（2）初期支护中的钢拱架宜优先选用钢筋格栅，根据需要，钢拱架间距可采用 500～1 000 mm，钢筋格栅的主筋直径不宜小于 18 mm。

（3）初期支护厚度不大于 300 mm 时，宜在其内侧设置单层钢筋网片；初期支护厚度大于 300 mm 时，可考虑在其内、外侧设置双层钢筋网片；初期支护各分节间应采用可靠的连接。

2）二次衬砌

（1）第四纪土层中的浅埋结构、流变性或膨胀性围岩中的结构、提前施作二次衬砌的结构，以及施作二次衬砌后外部荷载增大的结构，除满足初期支护的设计要求外，尚应考虑由初期支护和二次衬砌共同承受外部荷载。可采用荷载-结构模型，根据已有结构复合衬砌的现场实测资料整理归纳的压力值作为二次衬砌的计算荷载。

（2）对于初期支护和二次衬砌交替施作的大跨度车站结构或连拱结构，可采用地层-结构模型或荷载-结构模型，根据初期支护和二次衬砌之间的构造特点和应力传递特点，按施工过程分析确定二次衬砌的受力情况。

（3）由于喷射混凝土难以完全满足地铁工程的耐久性要求，应通过加强二次衬砌的方法来保证矿山法结构的耐久性要求。因此，长期使用阶段复合衬砌的受力分析，应考虑初期支护刚度下降以后外部荷载向二次衬砌的转移。

(4) 考虑到浅埋条件下及Ⅴ～Ⅵ级围岩中外部荷载数值及分布的不确定性,以及城市地下水位变动的可能性,从安全角度考虑,二次衬砌宜采用钢筋混凝土结构。

4.3 合肥暗挖隧道围岩压力

暗挖隧道要求根据围岩和环境条件、结构埋深、断面尺度等,通过选择适宜的开挖方法、辅助措施、支护形式及与之相关的物理力学参数,达到保持围岩和支护稳定、合理利用围岩自承能力的目的。

围岩压力是指引起隧道周围岩体和支护结构变形或破坏的作用力。它包括由地应力引起的围岩压力和围岩变形受阻而作用在支护结构上的作用力。因此,从广义角度来解释,围岩压力既包括围岩有支护的情况,也包括围岩无支护的情况;既包括作用在普通的传统支护上所显示的力学效应,也包括在锚喷和压力灌浆等现代支护方法中所显示的力学效应。从狭义上来理解,围岩压力是指围岩作用在支护结构上的压力。

结构设计中如何确定围岩压力、如何考虑围岩的自承能力等问题就成为工程中的关键问题。工程中一般研究狭义上的围岩压力。本节对合肥地区复杂环境下浅埋暗挖隧道的围岩压力进行相应的理论计算,并与实测值及模拟计算得到的结果进行比较。

4.3.1 合肥轨道交通2号线、3号线暗挖通道围岩压力

1. 围岩压力分布

图4.2是合肥轨道交通3号线淮南路站暗挖通道与新蚌埠路站暗挖通道的初支围岩接触应力对比。从图中可以看出,新蚌埠路站暗挖通道围岩压力包络线面积大于淮南路站暗挖通道围岩压力包络线面积,这是因为新蚌埠路站暗挖通道下穿交通干道,地表存在大量的车流和人流荷载,而淮南路站暗挖通道则下穿高架桥,地面荷载远远小于新蚌埠路站;另一原因是淮南路站暗挖通道两侧有复合锚杆桩加固,使隧道两侧土体与暗挖通道相隔离开,减小了暗挖通道边墙部位的围岩应力。

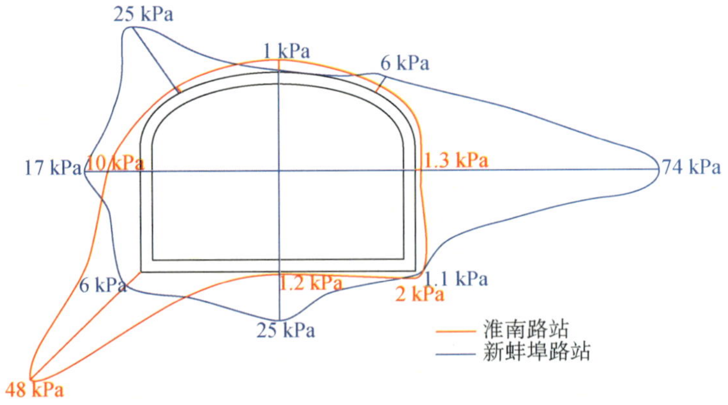

图4.2 淮南路站与新蚌埠路站暗挖通道围岩压力比较

图 4.3 为合肥轨道交通 2 号线潜史区间暗挖段监测断面围岩初支接触应力分布图。隧道断面近似圆形，全断面布设 8 个测点，与淮南路站、新蚌埠路站相同，其中右拱腰因仪器损坏，数据缺失，其他测点监测数据显示，围岩压力主要分布在隧道的拱脚和拱底，隧道上部围岩压力很小或几乎没有。这可能是因为潜史区间采用的开挖方法是台阶法，与淮南路站、新蚌埠路站暗挖通道的开挖方法不同。台阶法是先开挖上台阶，围岩压力先释放，再开挖下台阶，因此下台阶承受围岩压力要大于上台阶。另外由于潜史区间初期支护采用的是型钢，支护强度要大于淮南路站和新蚌埠路站初期支护采用的格栅钢架，导致潜史区间的围岩压力数值更小一些。

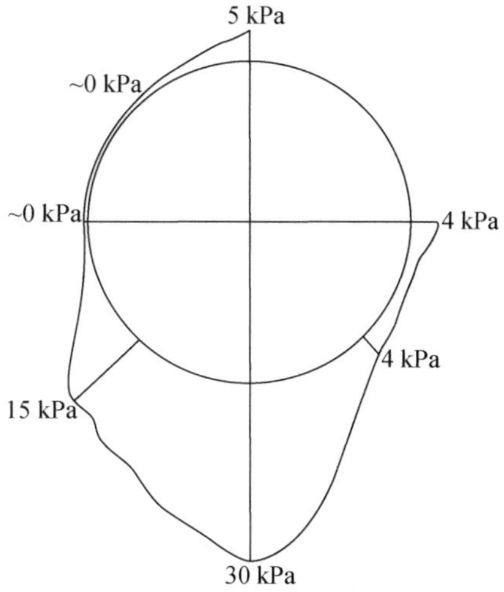

图 4.3 潜史区间暗挖段监测围岩压力分布

2. 围岩压力的计算值与实测值的对比

这里以合肥轨道交通 3 号线淮南路站暗挖通道为例，首先对淮南路站暗挖通道进行埋深的判断。对于深埋隧道，适用的围岩压力计算理论有铁路隧道规范法、普氏理论和太沙基理论；对于浅埋隧道，围岩竖向均布压力按围岩自重计算，围岩水平均布压力按朗金公式计算。

隧道深埋和浅埋的划分界限应以隧道顶部覆盖层能否形成“自然拱”为原则，但要确定界限是比较困难的，因为它与许多因素有关，只能依据经验进行概略的估计。深埋隧道围岩松动压力值是以施工塌方高度（等效荷载高度值）为根据，为了能形成此高度值，隧道上覆岩体就应有一定的厚度，否则塌方会扩展到地面。因此，深埋和浅埋隧道分界深度至少应大于塌方的平均高度且有一定余量。根据经验，分界深度通常为 2～2.5 倍的塌方平均高度值，即

$$H_p = (2 \sim 2.5)h_q \tag{4.15}$$

式中，H_p 为深埋和浅埋隧道分界的深度；h_q 为等效荷载高度值。

一般来说，对于Ⅰ～Ⅲ级围岩，$H_p = 2h_q$；对于Ⅳ～Ⅵ级围岩，$H_p = 2.5h_q$。当隧道覆盖层厚度 $h \geq H_p$ 时为深埋，反之为浅埋。

淮南路站暗挖通道围岩压力计算所需参数如表 4.6 所示，淮南路暗挖通道所穿越地层主要为黏土②$_1$ 层，故采用这层土的参数进行计算。

表 4.6 围岩压力计算所需参数

参数类型	等效荷载高度 h_q/m	围岩等级 S	重度 γ/(kN·m^{-3})	隧道埋置深度 h/m	隧道净高 H_t/m	似摩擦角 φ_0/(°)
参数值	9.36	5	20	7.65	5.2	14.3

淮南路站暗挖通道的等效荷载高度为

$$h_q = 0.45 \times 2^{s-1} \times [1 + i(B - 5)] = 0.45 \times 16 \times 1.3 = 9.36\ \text{m} \tag{4.16}$$

式中，B 为坑道宽度，当 $B > 5$ m 时，i 取 0.1。

深埋和浅埋隧道分界深度为

$$H_p = 2.5h_q = 2.5 \times 9.36\ \text{m} = 23.4\ \text{m} \tag{4.17}$$

隧道覆盖层厚度为 $h = 7.65$ m，$h < H_p$，据此可判断，淮南路站暗挖通道为浅埋隧道。

隧道围岩的垂直均布压力为

$$q = \gamma h = 20 \times 7.65 = 153\ \text{kPa} \tag{4.18}$$

围岩的水平均布压力 e 按朗金公式计算：

$$e = \left(q + \frac{1}{2}\gamma H_t\right)\tan^2\left(45° - \frac{\varphi_0}{2}\right) = 4.74\ \text{kPa} \tag{4.19}$$

实测中拱顶围岩压力最大值为 18 kPa，约为计算垂直均布压力的 1/8。对于垂直均布压力，理论计算结果远大于实测结果；对于水平均布压力，理论计算结果与实测结果较相近，但仍大于实测结果。这说明对于淮南路站暗挖通道，所处的$②_1$ 地层黏土黏聚力高，围岩具有一定的自承能力，且竖直方向自承能力远大于水平方向自承能力，同时也说明实测结果相对于计算结果是偏安全的。

4.3.2 浅埋暗挖隧道围岩压力问题讨论

浅埋暗挖法沿用了新奥法的基本原理：采用复合衬砌，初期支护承担全部基本荷载，二次衬砌作为安全储备，初期支护、二次衬砌共同承担特殊荷载；采用多种辅助工法，超前支护，改善加固围岩，调动部分围岩自承能力；采用不同开挖方法，及时支护封闭成环，使其与围岩共同作用形成联合支护体系；采用信息化设计与施工。

根据浅埋暗挖隧道的原理，在进行支护设计时不考虑地层的自承能力。但是，对于像合肥地区这样的老黏土地层，因其所具有的致密、硬塑特性，按围岩分级来讲，可以达到Ⅳ级，必然是具有一定的自承能力的，那么，具有多大的自承能力，在隧道结构设计时如何考虑其自承能力，则是需要进一步研究的问题，这也是其他类似地层需要研究的问题。

4.4 合肥暗挖隧道支护结构设计案例

4.4.1 常用的超前支护形式

在城市地铁隧道浅埋暗挖法施工中，经常遇到砂砾土、砂性土、黏性土或强风化岩层等不稳定地层。这类地层在隧道开挖过程中自稳时间短，常常初期支护尚未施作，或喷射混凝土尚未获得足够强度时，拱墙的局部地层已开始变形坍塌，因此，需采用地层预加固、预支护技术，以稳定地层、改造地层和提高地层自稳能力。常用的地层超前加固支护技术有以下两种。

1. **管棚超前支护技术**

管棚超前支护技术的工作原理是沿着已经开挖好的隧道轮廓，利用相应的设备将钢管打入隧道轴线内的地层中。钢管打入完毕后，施工人员需要在该管道内浇灌混凝土，将钢管与隧道地层整合在一起，从而形成一个良好的钢管支护体系，提高工程的抗压能力。具体而言，管棚施工的工艺流程如下：封闭开挖面→设置钻机平台→铺设钻机走行轨→测定孔位→钻机就位→钻孔作业→钻机退出→注浆封孔。隧道超前支护的原理是与拱架形成环向的拱形结构。通过拱形结构与支撑梁的结合对隧道的掌子面起到加固支撑的作用；同时由于隧道管棚超前支护技术中钻孔形成的孔槽可以吸收施工爆破时产生的冲击波，从而可以减少爆破对土体以及岩层稳定性的影响；再者，通过向钢管中注入水泥砂浆的方式，起到了加固围岩的作用，增强了岩石的强度。

2. **小导管超前注浆加固技术**

小导管超前注浆加固技术是目前广泛应用于隧道工程中的超前支护技术，通过注浆导管将浆液均匀地注入地层中，浆液以填充、渗透、挤密等方式，挤出土体颗粒或岩石裂隙中的水分和空气后，浆液与原先松散的地层形成新的加固整体，从而达到稳定地层的目的。注浆小导管采用直径 38～50 mm 的焊接钢管制成，导管沿上半断面周围轮廓线布置，间距为 0.3～0.5 m，仰角控制在 10°～15°范围内。

4.4.2 暗挖隧道超前支护方案比选

以蜀峰路站 3 号出入口为例说明合肥暗挖隧道超前支护方案的选择。

1. **工程地质概况**

合肥市轨道交通 2 号线蜀峰路站位于长江西路与蜀峰路交叉口处，附属 3 号出入口暗挖段位于站位南侧长江西路部分机动车道和非机动车道下方，采用暗挖法施工。施工平面位置如图 4.4 所示。

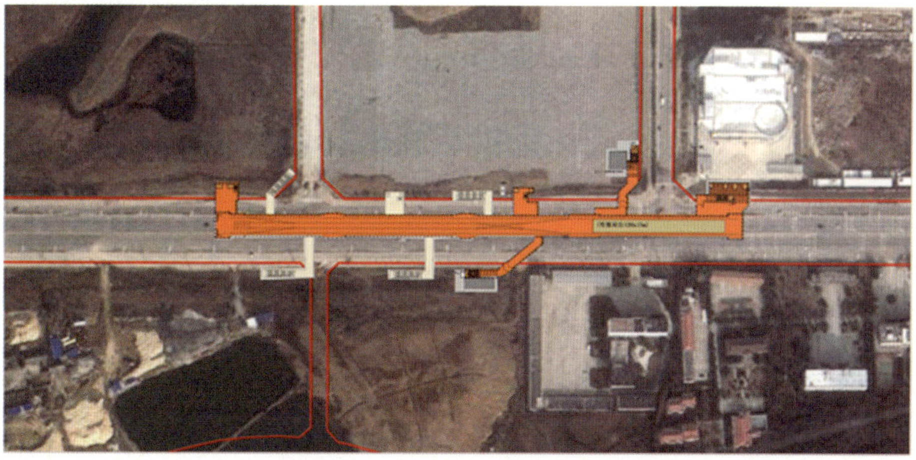

图 4.4 蜀峰路站现状地理位置

车站范围内地形稍有起伏，为二级阶地地貌，地面高程 42.5～45.5 m，相对高差 0～

3 m。暗挖段上覆第四纪人工填筑土、黏土、残积土，下伏基岩为白垩纪上统张桥组泥质砂岩，第四纪覆盖层厚度一般为 7.50～14.00 m，岩层总体呈单斜状，地质构造简单。暗挖段出入口顶部位于可塑造黏土中，底部位于硬塑状黏土与全风化泥质砂岩中。

车站暗挖范围内地下水主要为上层滞水、第四纪孔隙水及基岩裂隙水。上层滞水主要赋存于表层的人工填土层中，水量微弱，局部具有承压性，地下水位一般为 2.60～3.20 m，地下水位埋深标高 42.56～37.94 m，黏土层分布广泛，埋深浅，成层性较好，含水量较小。基岩裂隙水主要赋存于岩石强～中等风化带中。暗挖段内主要为泥质砂岩，富水性及透水性均较弱，基岩裂隙水总体贫乏，暗挖段内地下水总体不发育。

2. 施工方案

3 号出入口暗挖通道为地下一层现浇混凝土直墙起拱框架结构，拱顶、底板与侧墙形成闭合框架。暗挖隧道采用复合式衬砌结构，衬砌断面设计如图 4.5 所示。采用的支护参数如下。

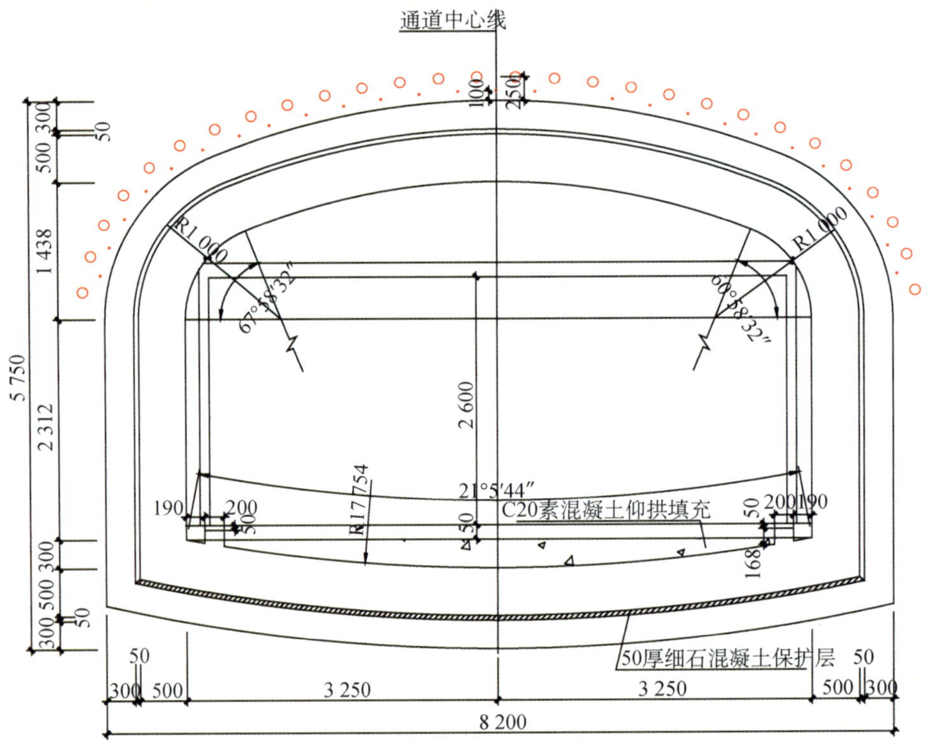

图 4.5　3 号出入口暗挖段衬砌断面设计图

大管棚：ϕ108 mm，壁厚 6 mm，L＝10～37 m。环向间距 0.4 m，180°范围内设置，外插角不大于 3°。

超前小导管：ϕ42 mm，壁厚 3.5 mm，L＝3.5 m，搭接 1 m。环向间距 0.4 m，180°范围内设置，外插角为 5°～15°。

初期支护参数：

钢筋网：ϕ8@150×150，搭接长度 200 mm。拱墙范围内双层布置，仰拱范围内单层布置，中隔壁、临时仰拱范围内单层布置。

喷射混凝土：C25 早强混凝土，初期支护 300 mm 厚，临时中隔壁及临时仰拱 250 mm 厚。

型钢钢架：工 22a，纵向间距 0.5 m；中隔壁及临时仰拱采用工 18。

二次衬砌参数：C35，P8 混凝土，500 mm 厚。

采用的施工工法为四部 CRD 工法。开挖示意图见图 4.6。

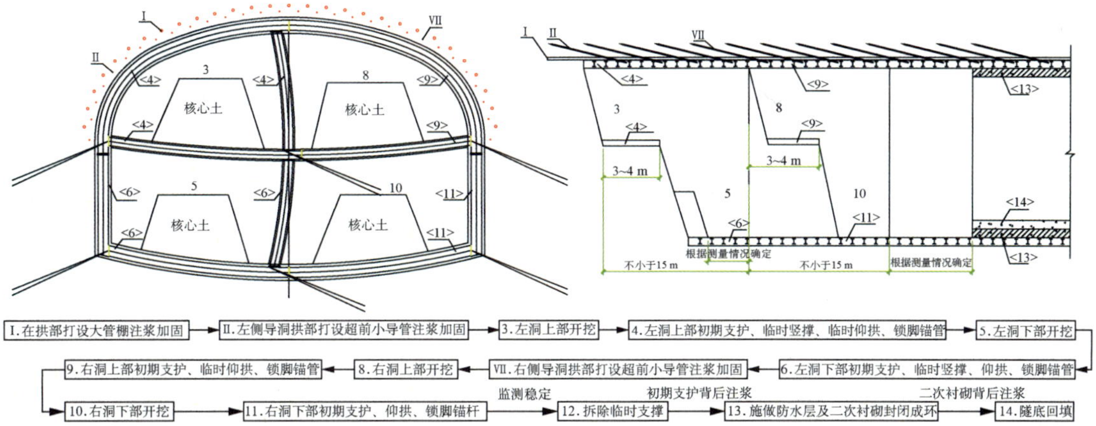

图 4.6　四部 CRD 法开挖示意图

3. 围岩及支护结构参数

3 号出入口暗挖段所处地层为 A 类良好地层组合，岩土层从上至下依次为：<1-1>人工填筑土、<3-1>黏土、<8-1>全风化泥质砂岩、<8-2>强风化泥质砂岩。结合地质勘测结果确定最终的模型参数，如表 4.7 所示。

表 4.7　围岩力学参数

土层编号	重度 γ /(kN·m^{-3})	压缩模量 E_s/MPa	泊松比 v	内摩擦角 φ/(°)	黏聚力 c/MPa
<1-1>	18.50	3.0	0.38	12	16
<3-1>	19.50	7.0	0.31	14	37
<8-1>	19.50	25.0	0.29	13	32
<8-2>	21.20	31.0	0.22	28	50

初期支护结构中，钢筋网承载作用小，主要作用是为喷射混凝土提供附着对象，模拟计算时不予考虑。初期支护钢架的作用采用“代换刚度法”进行考虑，将钢拱架的抗变形能力折算给喷射混凝土，等效公式为

$$E = E_0 + \frac{A_g E_g}{A_0} \tag{4.20}$$

式中　E——折算后喷射混凝土的弹性模量；

E_0——混凝土的初始弹性模量；

E_g——钢材弹性模量；

A_g——钢拱架截面积；

A_0——混凝土截面积。

预支护中的管棚和小导管均采用梁单元模拟，管内浆液的刚度折算给管棚和小导管，见式(4.21)、式(4.22)，对小导管及管棚的注浆采用改变地层属性模拟(提高加固层的 c，φ，E 等参数)。对管棚注浆加固区与钢管采用分离式模型，假定钢管与注浆加固区之间黏结性很强，二者无相对滑移，注浆加固层厚度为 0.8 m。

$$E = \frac{E_1 I_1 + E_2 I_2}{I_1 + I_2} \tag{4.21}$$

$$\gamma = \frac{\gamma_1 A_1 + \gamma_2 A_2}{A_1 + A_2} \tag{4.22}$$

式中 E——等效弹性模量；

E_1——管内浆液弹性模量；

E_2——钢管弹性模量；

I_1——管内浆液惯性矩；

I_2——钢管惯性矩；

γ——等效重度；

γ_1——管内浆液重度；

γ_2——钢管重度；

A_1——管内浆液截面积；

A_2——钢管截面积。

最终的支护结构参数取值如表 4.8 所示。

表 4.8 支护结构参数

材料	重度 γ /(kN·m^{-3})	弹性模量 E/GPa	泊松比 v	内摩擦角 φ/(°)	黏聚力 c/MPa
管棚	32.28	91.0	0.30	—	—
小导管	37.87	89.0	0.26	—	—
注浆区	22.00	0.025	0.30	16.8	62.3
初期支护	22.00	33.6	0.20	—	—
二次衬砌	25.00	30.0	0.20	—	—
中隔壁	22.00	34.9	0.20	—	—

4. **超前支护方案比选**

为了全面、客观地反映暗挖段施工过程中围岩应力、位移变化以及支护结构的受力特征，应用数值计算分析软件，对 3 号出入口暗挖段的施工过程进行三维模拟，并对其施工过程中的应力应变行为进行分析、对比。

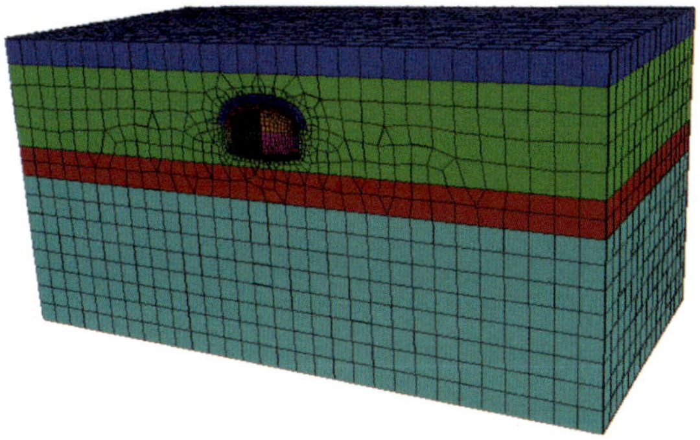

图 4.7 计算模型示意图

3 号出入口通道埋深为 5.18 m，实际开挖宽度为 8.20 m，开挖高度为 5.75 m，考虑到边界条件对计算结果影响比较大，隧道左右水平计算范围均取开挖跨度的 5 倍，隧道垂直计算范围向上取至地表，向下取开挖高度的 4 倍，最终形成 60 m×30 m×30 m 的计算模型。其边界条件是：左右边界限制其水平自由度，下边界限制其竖向自由度，上边界为自由面。在计算中忽略水对隧道的影响，初始应力场只考虑自重应力，忽略构造应力对围岩应力应变的影响。具体的计算模型见图 4.7。

数值模拟分析中，围岩材料的本构关系采用莫尔-库仑准则，用实体单元模拟；支护结构材料的本构关系采用弹性准则，初期支护采用壳单元模拟，二次衬砌采用实体单元模拟。

1）围岩变形特征分析

通过分析隧道开挖完成后围岩位移的数值计算结果可以发现，拱顶和隧底的竖向位移最大，其中，无预支护的工况下二者分别为 32.8 mm 和 24.8 mm；仅管棚的工况下二者分别为 30.2 mm 和 17.9 mm；仅小导管的工况下二者分别为 31.8 mm 和 18.5 mm；管棚＋小导管的工况下二者分别为 28.1 mm 和 18.1 mm。隧道的水平位移主要集中在边墙两侧，极值位于初期支护拱脚处，无预支护工况的最大值为 15.8 mm，仅管棚工况的最大值为 15.4 mm，仅小导管工况的最大值为 15.7 mm，管棚＋小导管工况的最大值为 14.8 mm。

由图 4.8 和图 4.9 可得：地表最大沉降自左上台阶开挖后便迅速发展，右下台阶初期支护完成并达到预期强度后，地表沉降量基本稳定。拱顶沉降的最大值与地表最大沉降有相同的发展规律：上部台阶开挖和支护过程中迅速发展，下部台阶开挖和支护过程中缓慢而稳定发展，后期基本稳定，说明竖向位移的发生主要集中在上部台阶开挖和支护的过程，此后便基本达到稳定。同时，由图 4.10 发现，4 种工况下的沉降范围大约距中心距离都为 1.5 倍洞径，可见隧道横向沉降范围与超前预支护措施关系不明显。

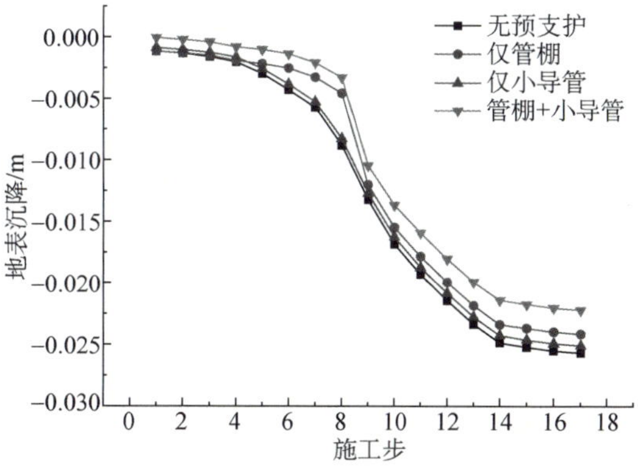

图 4.8 地表沉降时程曲线

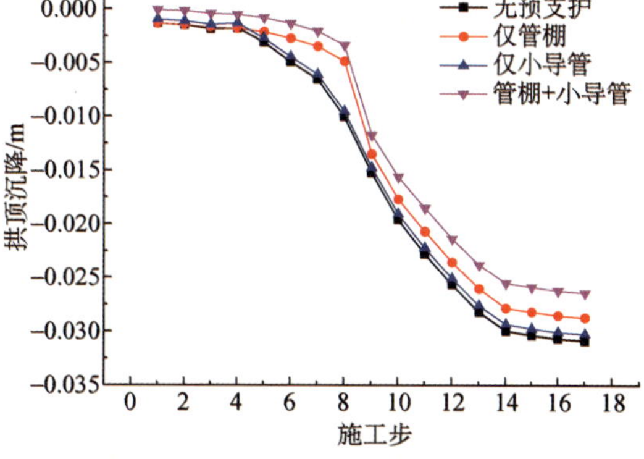

图 4.9 拱顶沉降时程曲线

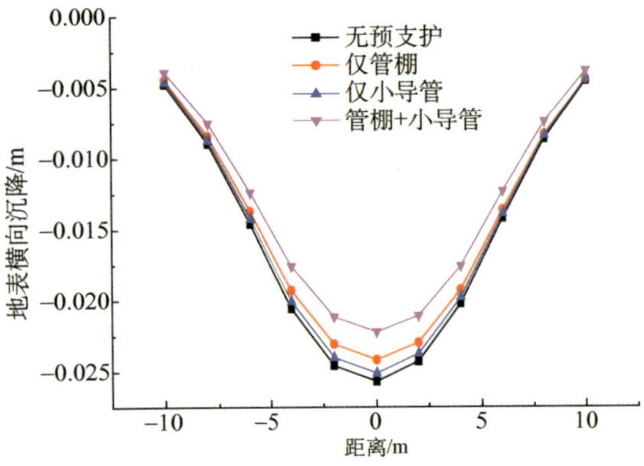

图 4.10　地表横向沉降

隧道在无预支护、小导管预支护、管棚预支护、管棚串联小导管预支护的情况下，地表沉降和拱顶沉降规律基本相同，地表沉降最大点皆发生在隧道正上方，其值分别为 25.7 mm，24.2 mm，25.1 mm，22.2 mm，与无预支护相比较，分别降低 5.8%，2.3%和 13.6%；拱顶沉降最大点都发生在隧道拱顶正上方，其值分别为 30.9 mm，28.7 mm，30.2 mm，26.4 mm，与无预支护相比较，分别降低 7.1%，2.3%和 14.6%。

2） 围岩受力特征分析

通过分析隧道开挖完成后围岩应力场的数值计算结果可以发现：隧道在无预支护、小导管预支护、管棚预支护、管棚串联小导管预支护工况下的围岩应力场分布规律基本相同：水平拉应力集中在隧道顶部大部分区域以及边墙和拱脚处，最大水平拉应力位于拱顶区域，左、右拱脚处出现压应力集中。整个模型在垂直方向受压，隧道开挖后，上、下围岩的压应力得到释放，压应力值相应减少，最小值位于拱顶、隧底及拱肩处，而边墙和隧道底部中心处的围岩出现垂直方向的压应力集中。

不同预支护方式下的围岩应力值差别不大，无预支护工况下，围岩最大竖向应力和水平应力分别为 0.61 MPa 和 1.66 MPa，小导管预支护、管棚预支护、管棚串联小导管预支护工况下的围岩应力极值与之相差不到 2%。

从图 4.11—图 4.14 所示 4 种工况下的围岩塑性区可以看出，隧道开挖过程中围岩产生应力重分布，存在较大范围的塑性区，但在隧道支护完成后，隧道周边应力重分布完成，应力重新达到平衡，塑性区范围有所减少。在有预支护的工况下，隧道拱顶范围内几乎无塑性区分布，而无预支护工况下，隧道拱顶存在局部塑性区；隧道塑性区主要分布在边墙、拱脚以及隧道底部区域。不同预支护方式下围岩塑性区的大小基本相同，变化幅度较小。

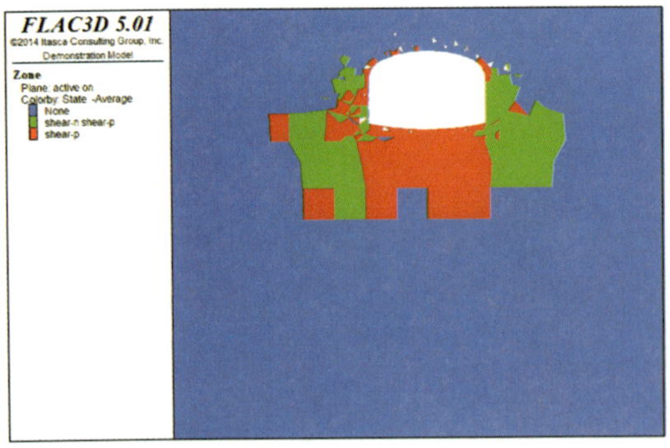

图 4.11　无预支护的围岩塑性区

图 4.12　仅管棚的围岩塑性区

图 4.13 仅小导管的围岩塑性区

图 4.14 管棚＋小导管的围岩塑性区

3） 支护结构受力状态分析

隧道开挖支护完成后，初期支护和二次衬砌的最大主应力与最小主应力分布如图 4.15—图 4.30 所示。

（1） 无预支护

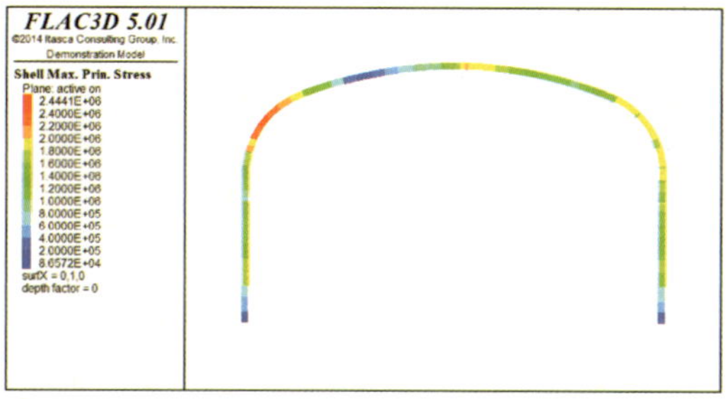

图 4.15 初期支护最大主应力云图

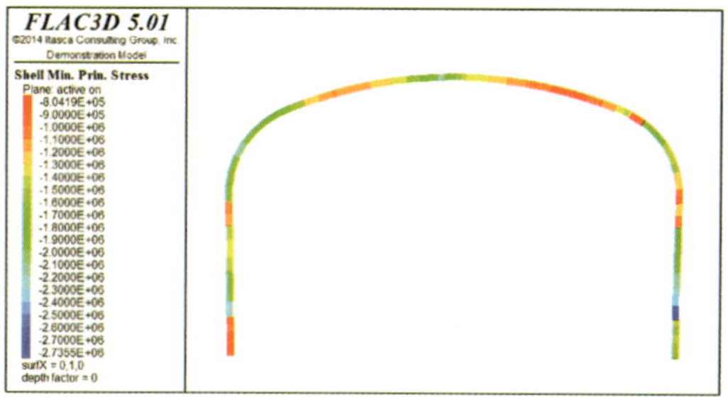

图 4.16 初期支护最小主应力云图

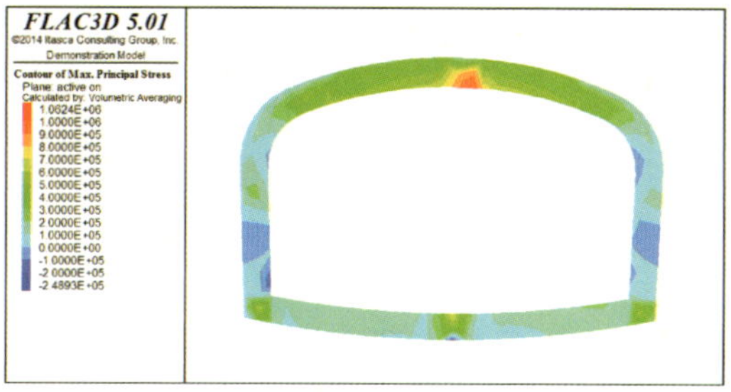

图 4.17 二次衬砌最大主应力云图

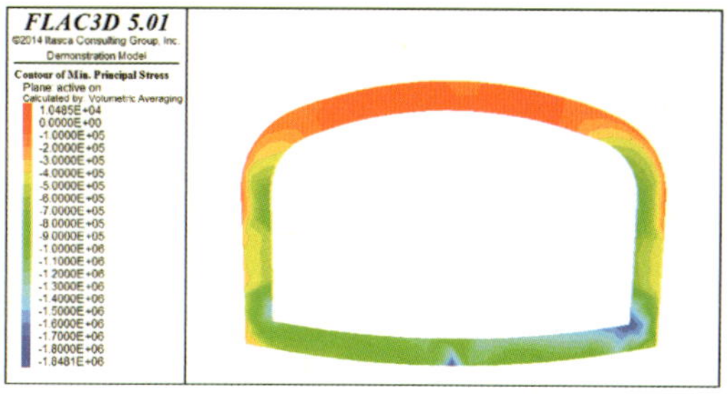

图 4.18 二次衬砌最小主应力云图

初期支护的最大主应力均为拉应力，其最大拉应力为 2.44 MPa，位于拱肩，大于 C25 喷射混凝土的轴心抗拉设计强度 1.27 MPa，说明初期支护受拉破坏。其最小主应力均为压应力，其中最大值为 2.74 MPa，位于边墙下部，小于轴心抗压设计强度 11.9 MPa。

二次衬砌最大主应力基本都为压应力，仅在二次衬砌顶部存在受拉区，最大值为 1.06 MPa。其最小主应力也基本为压应力，压应力最大值为 1.85 MPa，位于拱脚。由于二次衬砌的施作远远落后于隧道的开挖，在二次衬砌施作时，隧道开挖所释放的荷载已基本完成，因此，二次衬砌所承受的围岩作用很小，远远低于设计强度。

（2）仅管棚超前支护

初期支护的最大主应力均为拉应力，其最大拉应力为 2.67 MPa，位于拱肩，大于 C25 喷射混凝土的轴心抗拉设计强度 1.27 MPa，说明初期支护受拉破坏。其最小主应力均为压应力，其中最大值为 2.76 MPa，位于边墙下部，小于轴心抗压设计强度 11.9 MPa。二次衬砌最大主应力基本都为压应力，仅在二次衬砌顶部存在受拉区，最大值为 1.07 MPa。其最小主应力也基本为压应力，压应力最大值为 1.85 MPa，位于拱脚。

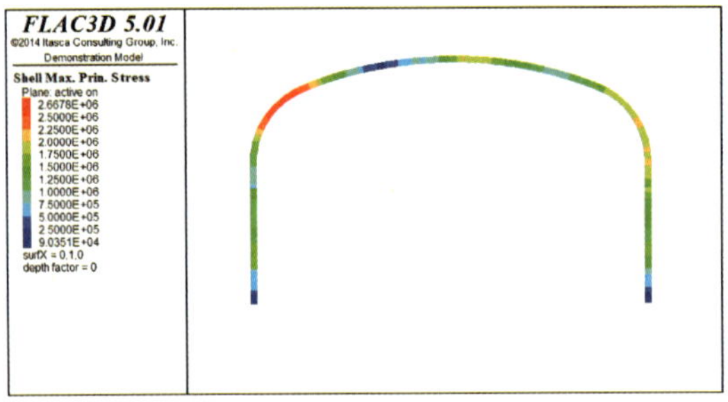

图 4.19　初期支护最大主应力云图

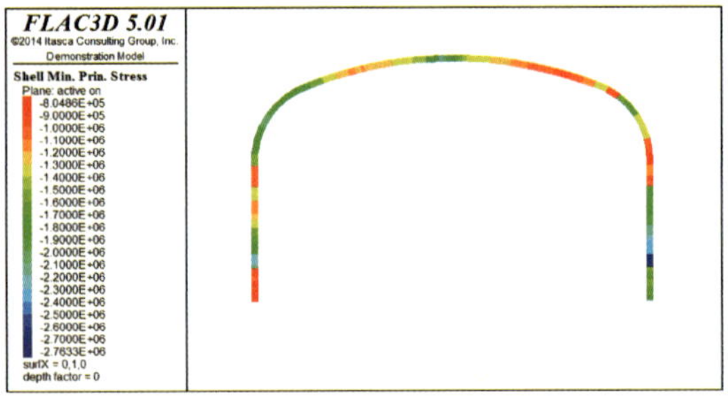

图 4.20　初期支护最小主应力云图

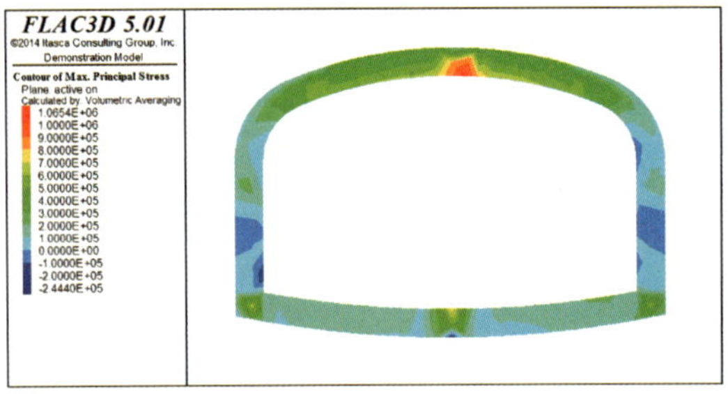

图 4.21　二次衬砌最大主应力云图

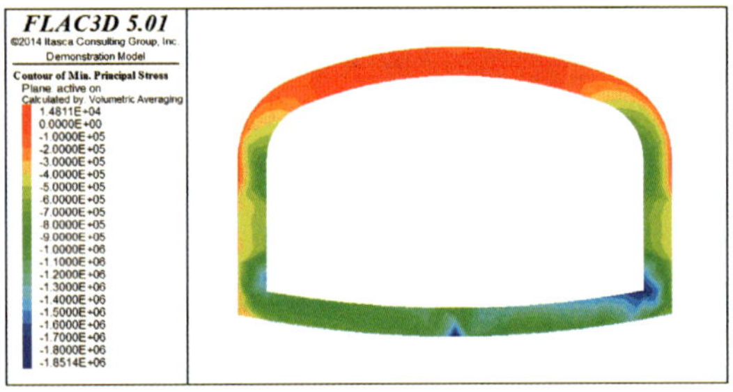

图 4.22　二次衬砌最小主应力云图

（3）仅小导管超前支护

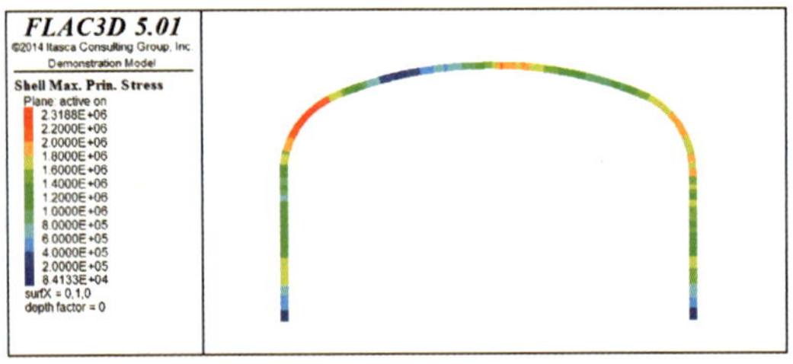

图 4.23　初期支护最大主应力云图

图 4.24　初期支护最小主应力云图

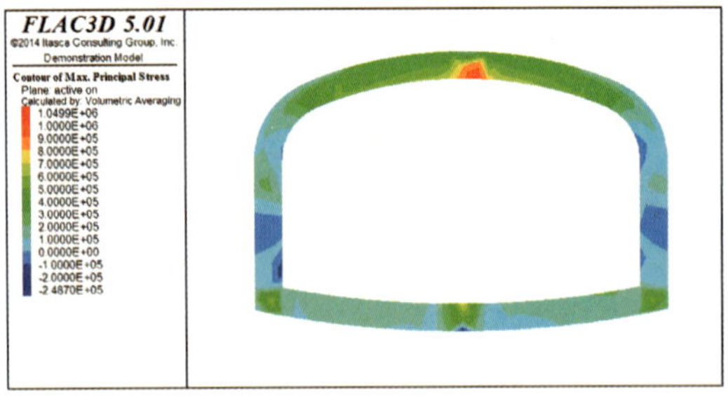

图 4.25　二次衬砌最大主应力云图

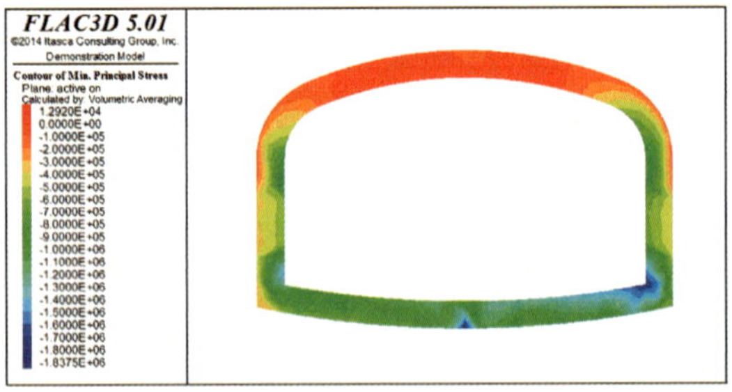

图 4.26　二次衬砌最小主应力云图

初期支护的最大主应力均为拉应力，其最大拉应力为 2.32 MPa，位于拱肩，大于 C25 喷射混凝土的轴心抗拉设计强度 1.27 MPa，说明初期支护受拉破坏。其最小主应力均为压应力，其中最大值为 2.73 MPa，位于边墙下部，小于轴心抗压设计强度 11.9 MPa。二次衬砌最大主应力基本都为压应力，仅在二次衬砌顶部存在受拉区，最大值为 1.05 MPa。其最小主应力也基本为压应力，压应力最大值为 1.84 MPa，位于拱脚。

(4) 管棚+小导管超前支护

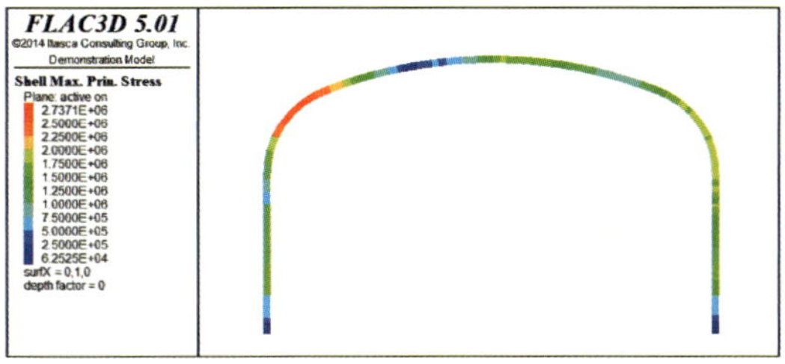

图 4.27　初期支护最大主应力云图

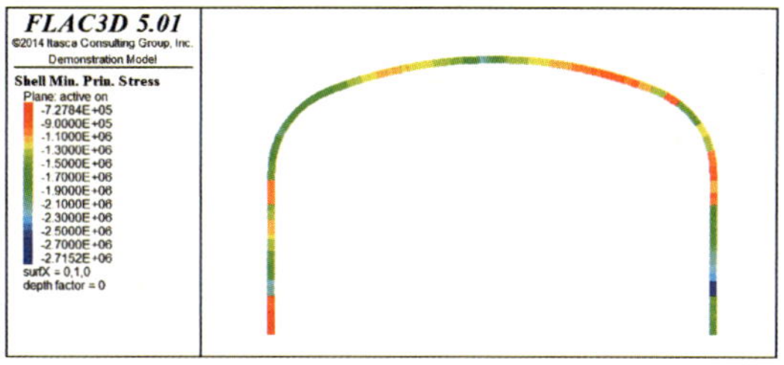

图 4.28　初期支护最小主应力云图

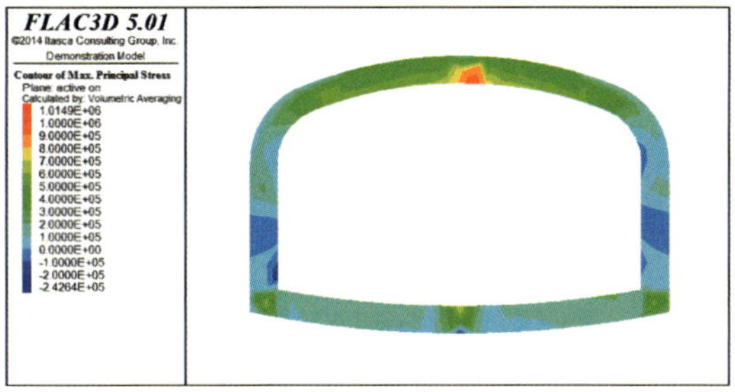

图 4.29　二次衬砌最大主应力云图

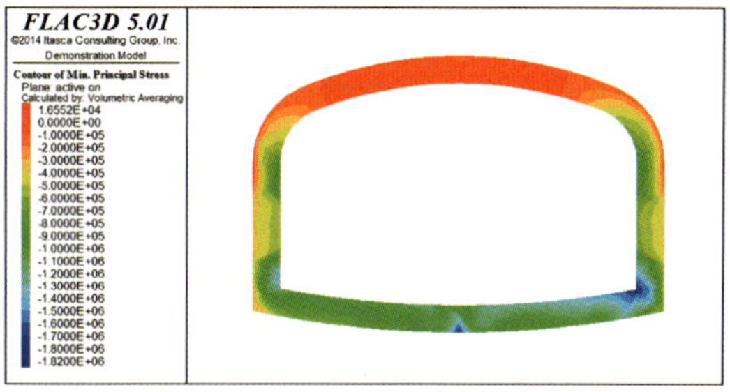

图 4.30　二次衬砌最小主应力云图

初期支护的最大主应力均为拉应力，其最大拉应力为 2.74 MPa，位于拱肩，大于 C25 喷射混凝土的轴心抗拉设计强度 1.27 MPa，说明初期支护受拉破坏。其最小主应力均为压应力，其中最大值为 2.72 MPa，位于边墙下部，小于轴心抗压设计强度 11.9 MPa。二次衬砌最大主应力基本都为压应力，仅在二次衬砌顶部存在受拉区，最大值为 1.01 MPa。其最小主应力基本为压应力，压应力最大值为 1.82 MPa，位于拱脚。

4) 结论与建议

对隧道在无预支护、小导管预支护、管棚预支护、管棚+小导管预支护四种情况下的计算结果进行统计，如表 4.9 所示，可进一步得到相关结论与建议。

表 4.9　四种预支护方式计算结果统计表

类型		无预支护	仅管棚	仅小导管	管棚+小导管
围岩	地表沉降最大值/mm	25.7	24.2	25.1	22.2
	拱顶沉降最大值/mm	30.9	28.7	30.2	26.4
	水平位移最大值/mm	15.8	15.4	15.7	14.8
	最大竖向应力/MPa	0.61	0.61	0.61	0.61
	最大水平应力/MPa	1.66	1.67	1.65	1.64

（续表）

类型		无预支护	仅管棚	仅小导管	管棚＋小导管
初期支护	最大拉应力/MPa	2.44	2.67	2.32	2.74
	最大压应力/MPa	2.74	2.76	2.73	2.72
二次衬砌	最大拉应力/MPa	1.06	1.07	1.05	1.01
	最大压应力/MPa	1.85	1.85	1.84	1.82

(1) 四种预支护情况下地表沉降和拱顶沉降规律基本相同：地表沉降最大值均小于30 mm，满足规范要求，与无预支护相比较，降低2.3%～13.6%；拱顶沉降最大点都发生在隧道拱顶正上方，与无预支护相比较，降低2.3%～14.6%。四种预支护情况下的围岩水平位移极值相差较小，大约在7%以内。

(2) 不同预支护方式对围岩和支护结构的应力分布及相应极值的位置与量值影响较小。以围岩的竖向应力和水平应力为例，其应力分布特征与极值位置基本一致，量值的差距亦均在5%以内。

(3) 二次衬砌的施作应紧跟初期支护。模拟计算中，初期支护的拱肩及拱脚处由于应力集中而易造成初期支护破坏，在实际工程中，二次衬砌远远落后于初期支护，围岩及支护结构间的相互作用及各自的变形在二次衬砌施作之前已基本稳定，若二次衬砌紧跟，则可有效分担部分围岩应力。

(4) 通过以上模拟计算分析可以得出，对于A类良好地层组合，在该种断面形式的车站通道进行浅埋暗挖法施工，不同预支护方式对围岩稳定性影响相差不大，从安全性和经济性角度考虑，可选用仅小导管作为预支护方式。

5) 对比验证

根据蜀峰路站3号口暗挖段实际工况模拟计算得到的地表沉降随施工步变化的沉降曲线以及地表横向沉降槽如图4.31、图4.32所示。从图中可以看出，地表沉降的变化趋势与监测值几乎一致，地表沉降的累计最大值为25.7 mm，相对误差小于10%。数值计算结果与监测结果具有很好的一致性，二者相互补充和验证。

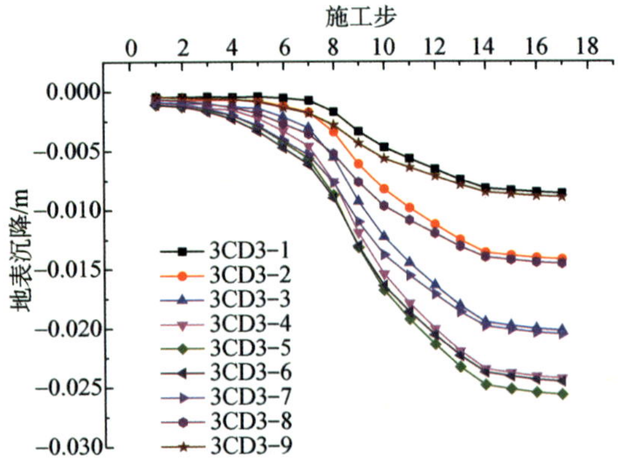

图4.31　蜀峰路3号口地表沉降计算值

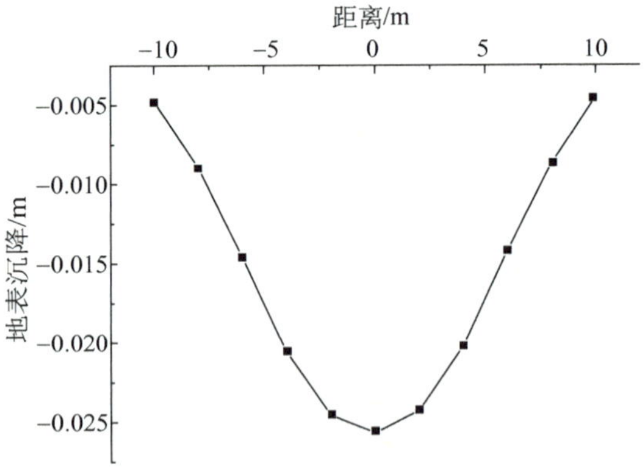

图4.32　蜀峰路3号口地表横向沉降槽计算值

4.4.3 初期支护形式与适用性

初期支护是暗挖隧道稳定的主要承载结构，它是密贴于围岩的柔性结构与控制围岩变形、松弛的主要支护手段。表 4.10 统计了合肥轨道交通 2 号线各暗挖通道采用的初期支护形式，由统计结果可知，2 号线大部分暗挖通道采用型钢支架＋喷射混凝土＋打设锁脚锚杆的初期支护形式，少部分暗挖通道采用型钢支架＋喷射混凝土的初期支护形式，2 号线各暗挖通道开挖方法均为 CRD 法。作为对比，合肥轨道交通 3 号线淮南路站、新蚌埠路站暗挖通道也采用 CRD 法开挖，但初期支护采用格栅钢架＋喷射混凝土的支护形式。一般来说，型钢钢架较格栅钢架强度更高，但成本也更高，型钢钢架与格栅钢架如图 4.33 所示。

图 4.33　型钢钢架(左)与格栅钢架(右)

表 4.10　合肥轨道交通 2 号线暗挖通道初期支护总结

车站通道	结构断面尺寸/m	埋深/m	埋深/跨度	顶板土层	底板土层	地下水	工法	初期支护
长丰南路 2 号口	6.4×6 8.2×7.2	4.4～4.8	0.54～0.75	2-4 硬塑状黏土	9-2 强风化砂岩	孔隙水量小、裂隙水不发育	4 部 CRD 法	型钢＋喷混＋锁脚锚杆
怀宁路 1 号口	6.5×5.1 8.2×6.1	5.5～7.7 4.3～4.6	0.66～1.2	3-1 可塑～软塑状黏土	10-1 全风化砂岩	孔隙水量小、裂隙水贫乏	4 部 CRD 法	型钢＋喷混＋锁脚锚杆
怀宁路 4 号口	6.5×5.1	5.1～7.1	0.78～1.1	3-2 硬塑状黏土	10-1，10-2 全、强风化砂岩	孔隙水量小、裂隙水贫乏	4 部 CRD 法	型钢＋喷混＋锁脚锚杆
科学大道 3 号口	8.2×5.5 9.9×6.3	5.2～6	0.53～0.73	3-1 可塑～软塑状黏土	10-1 全风化砂岩	孔隙水量小、裂隙水贫乏	4 部或 6 部 CRD 法	型钢＋喷混＋锁脚锚杆

（续表）

车站通道	结构断面尺寸/m	埋深/m	埋深/跨度	顶板土层	底板土层	地下水	工法	初期支护
蜀峰路3号口	8.2×5.6	4.8～5.2	0.59～0.63	3-2硬塑状黏土	8-1全风化砂岩	孔隙水量小、裂隙水贫乏	4部CRD法	型钢＋喷混
潜山路1号口	7.6×5.6	4.5～6	0.59～0.79	3-1，3-2可塑～软塑状黏土	10-1，10-2全、强风化砂岩	孔隙水量小、裂隙水贫乏	4部CRD法	型钢＋喷混

型钢钢架与格栅钢架的特点比较：

目前，隧道工程开挖初期支护所采用的钢架种类主要有型钢钢架和格栅钢架两种。型钢钢架刚度大，承载能力强，一般应用于土质围岩隧道或对围岩变形控制要求较高的施工段，其规格以各种型号的工字钢为主；格栅钢架由钢筋焊接而成，刚度相对较低，对于隧道内初始地应力较大且允许围岩有适当变形的岩质围岩段，往往采用格栅钢架。

格栅钢架钢材重量小，适应围岩变形能力强，与喷射混凝土黏结性好，但制作工艺较复杂，架立后不能立即承载，须与喷射混凝土配合才能有效发挥作用；型钢钢架刚度和强度大，能单独承受较大围岩压力，但钢架与喷射混凝土不能协同受力，钢材重量较大。

4.4.4 现场初期支护监测

根据之前的统计结果，合肥轨道交通2号线暗挖通道采用型钢钢架作为初期支护，3号线暗挖通道采用格栅钢架作为初期支护。钢架作为初期支护的主要作用是控制围岩变形，因此，监测资料中与钢架可靠性紧密相关的数据为拱顶下沉与净空收敛。这里以2号线潜山路站1号口暗挖通道和3号线淮南路站A出入口暗挖通道为例，对两种初期支护的监测数据进行统计分析，绘制两种初期支护条件下暗挖通道拱顶的下沉曲线和净空收敛曲线，如图4.34—图4.37所示。

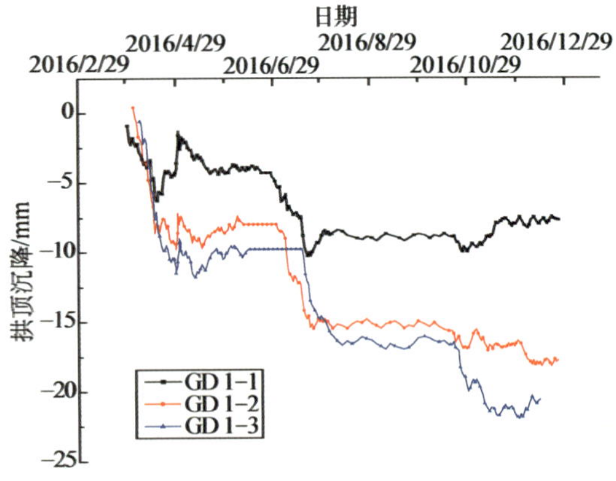

图4.34　潜山路站1号口暗挖通道拱顶下沉曲线

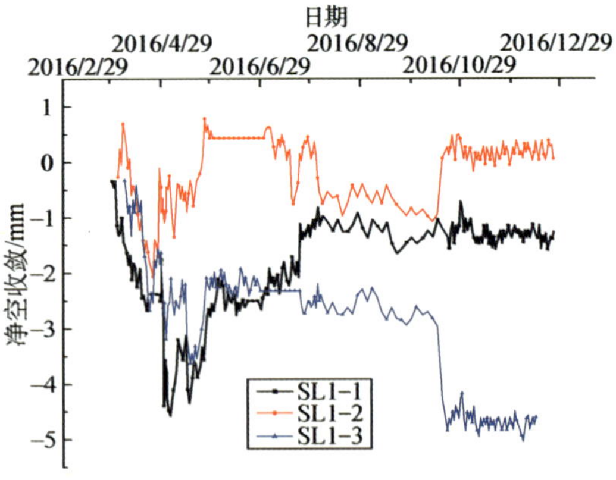

图4.35　潜山路站1号口暗挖通道净空收敛曲线

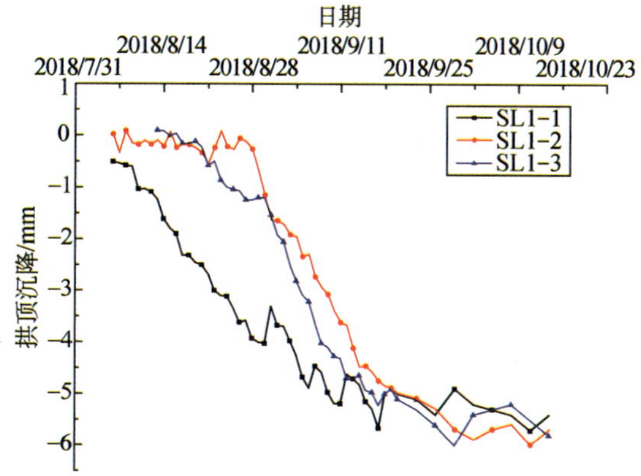

图 4.36　淮南路站 A 出入口暗挖通道拱顶下沉曲线

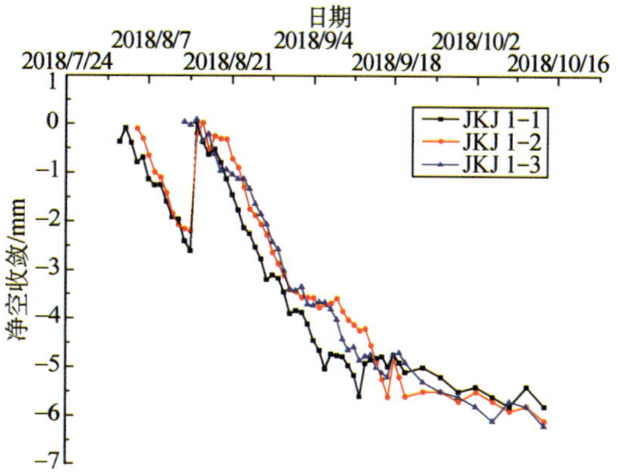

图 4.37　淮南路站 A 出入口暗挖通道净空收敛曲线

由图可知，潜山路 1 号口暗挖通道拱顶下沉最大值为 23 mm，净空收敛最大值为 5 mm；淮南路站 A 出入口暗挖通道拱顶下沉最大值为 6 mm，净空收敛最大值为 6 mm。

《铁路隧道监控量测技术规程》(Q/CR 921—2015)对不同埋深、不同围岩级别的极限相对位移进行了规定，潜山路 1 号出入口暗挖通道和淮南路站 A 出入口暗挖通道的最大位移和极限相对位移见表 4.11。由表可知，两条暗挖通道的最大位移均在极限范围以内，满足规范要求，设计合理。

表 4.11　最大位移与极限相对位移

暗挖通道	最大位移/mm		极限位移/mm	
	拱顶下沉	净空收敛	拱顶下沉	净空收敛
潜山路 1 号口	23	5	24.8	72.0
淮南路 A 出入口	6	6		

4.4.5　基于数值模拟的初期支护适用条件及优化分析

1. 计算说明

为了研究在合肥地区复合地层中采用何种形式的初期支护更为合理，本节根据 2.2 节中总结的四类地层组合类型，结合以往线路暗挖工程采用的断面形式，通过数值模拟的方法比较不同地层组合中初期支护的暗挖适用性。

四类地层组合分别是 A 类良好地层组合、B 类较好地层组合、C 类中等地层组合及 D 类较差地层组合。为了避免相近土层重复计算带来的麻烦，更好地比较各地层组合间的暗挖适用性，以轨道交通 5 号线为研究对象，在沿线选取各地层组合的典型断面进行计算分析。

(1) A 类良好地层组合：根据隧道穿越的土层类型，将 A 类良好地层组合进一步细分为 A-1 断面(全断面黏土)、A-2 断面(黏土-岩石复合地层)、A-3 断面(全断面岩石)。

其中A-1断面位于里程 AK21＋124.58，A-2 断面位于里程 AK26＋534.55，A-3 断面位于里程 AK39＋139.97。地层断面见图 4.38。

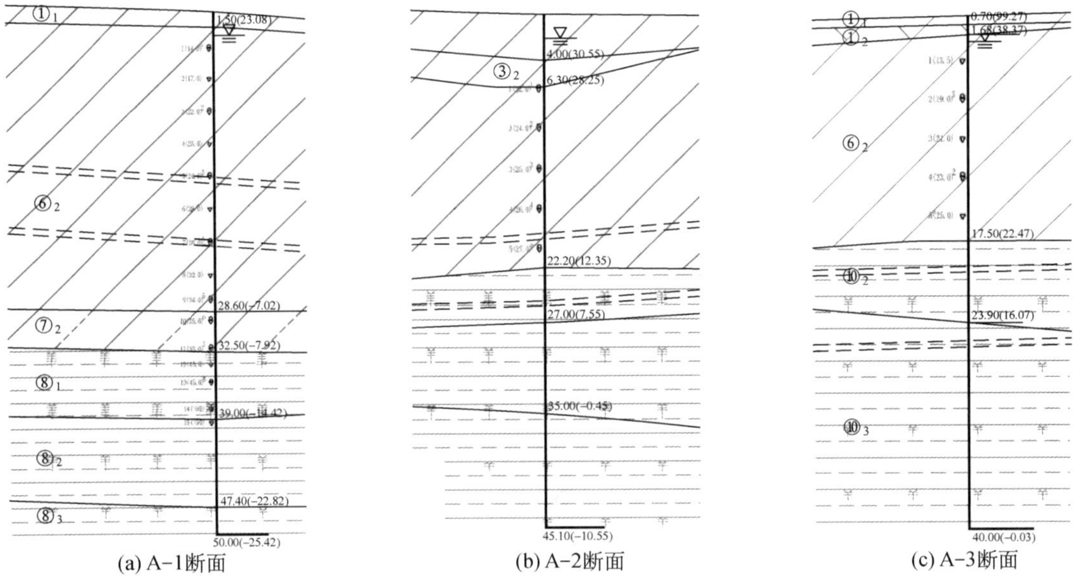

图 4.38　**A 类地层组合断面图**

（2）B 类较好地层组合:B 断面位于里程 AK8＋674.86,地层断面见图 4.39。

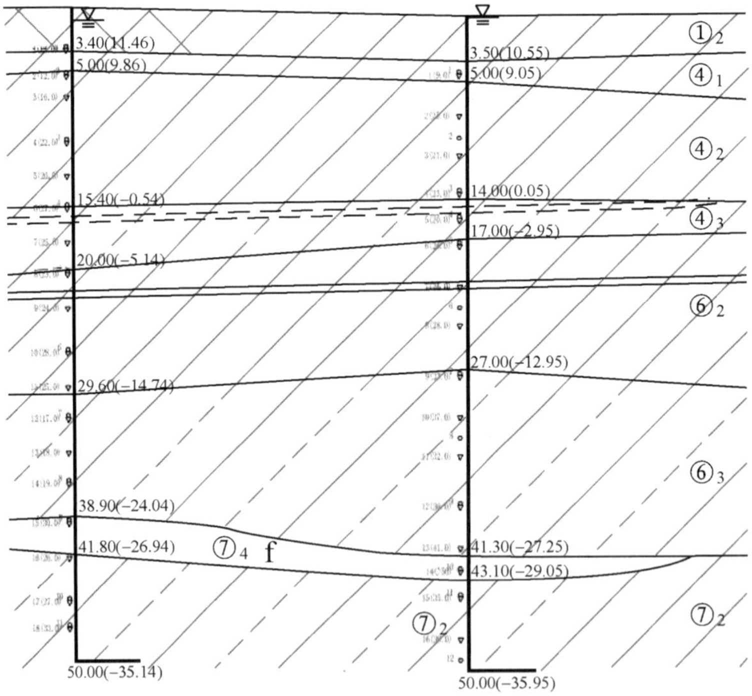

图 4.39　**B 类地层组合断面图**

(3) C类中等地层组合:C断面位于里程AK19+804.01,地层断面见图4.40。

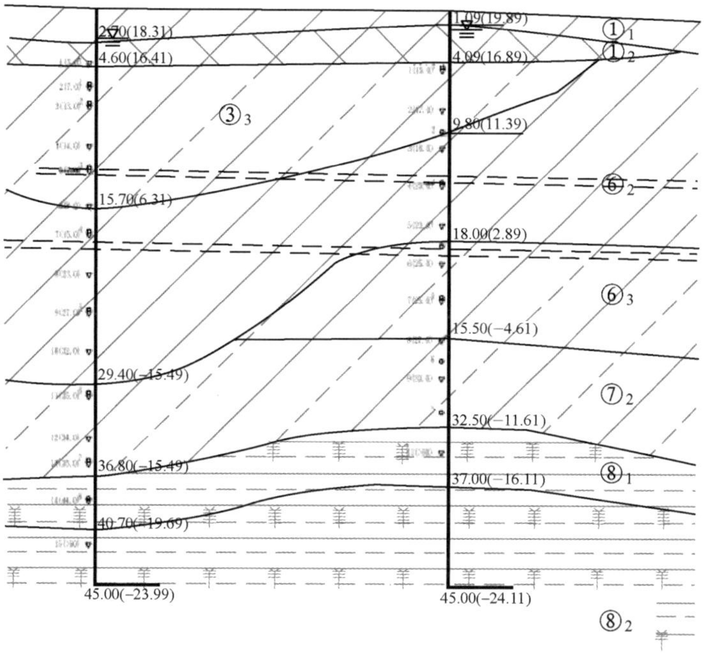

图4.40 C类地层组合断面图

(4) D类较差地层组合:D断面位于里程AK32+919.76,地层断面见图4.41。

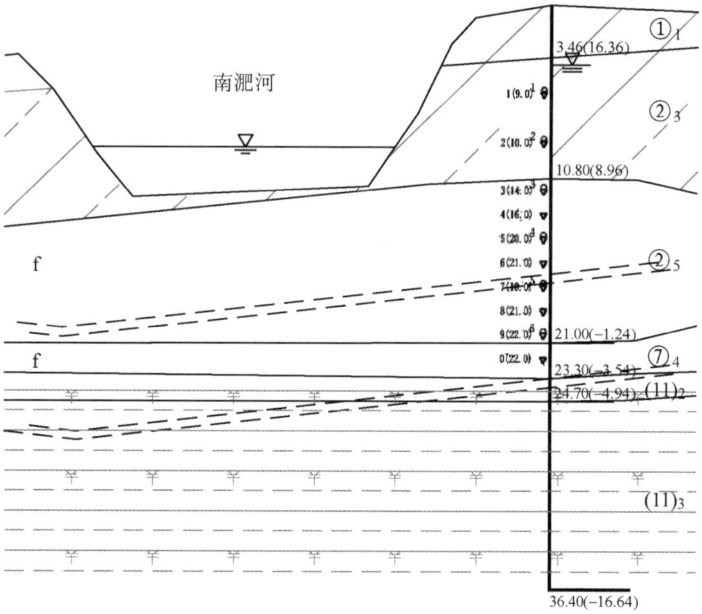

图4.41 D类地层组合断面图

初期支护形式按钢架的不同分为型钢钢架和格栅钢架。暗挖隧道断面选取的是合肥市轨道交通3号线淮南路站A号出入口暗挖通道断面,超前支护采用 ϕ32 mm×

3.25 mm注浆小导管，初期支护采用厚350 mm的C25喷射混凝土以及钢筋网和钢架（I22a型钢钢架或H22 cm×22 cm格栅钢架），二次衬砌采用边墙厚600 mm、底板厚700 mm的C40模筑混凝土，开挖工法采用CRD工法，断面衬砌设计如图4.42所示。

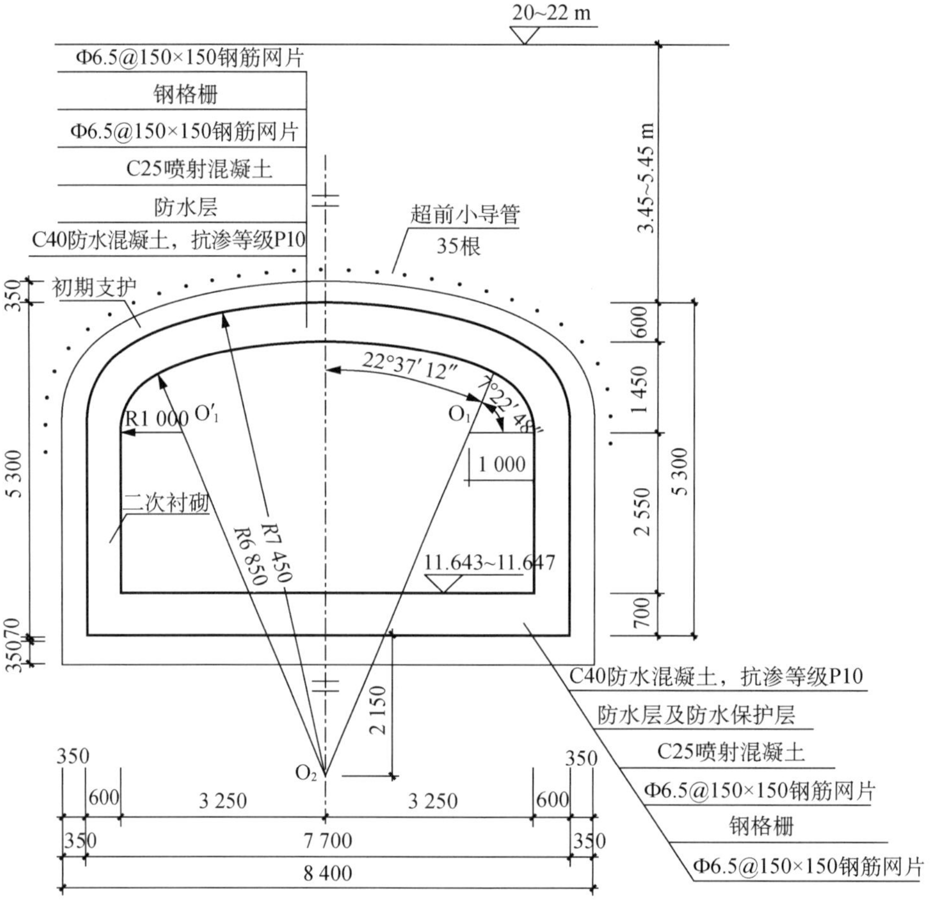

图4.42　暗挖隧道断面衬砌设计图

2. 计算模型

在A-1、A-2、A-3、B、C、D六种地层组合中，分别计算了型钢和格栅钢架两种初期支护形式，共计12种计算模型，见表4.12，并采用通用有限元计算软件（Midas GTS/NX）进行模拟计算。由于模型数量较多，为简化计算工作，统一采用二维模型进行计算，二维有限元计算按平面应变问题进行模拟，用平面应变单元模拟围岩和二次衬砌，喷射混凝土和钢拱架采用梁单元模拟。取淮南路站A出入口暗挖通道断面为模型开挖断面，暗挖隧道实际开挖宽度为8.4 m，开挖高度为6 m，隧道埋深按表4.7取15 m。考虑到边界条件对计算结果影响比较大，隧道左右水平计算范围均取开挖跨度的4倍，隧道垂直计算范围向上取至地表，向下取开挖高度的5倍，最终形成80 m×50 m的暗挖隧道计算模型。其边界条件是：左右边界限制其水平自由度，下边界限制其竖向自由度，上边界为自由面。二维有限元模型采用四边形单元进行映射网格划分，计算模型见图4.43。

表 4.12　　计算模型汇总

<table>
<tr><th>序号</th><th>地层断面</th><th>隧道穿越土层</th><th>埋深/m</th><th>初期支护形式</th><th>其他支护形式及加固措施</th></tr>
<tr><td>1</td><td>A-1</td><td>⑥$_2$ 黏土</td><td>16.0</td><td rowspan="6">厚 350 mm 的 C25 喷射混凝土＋钢筋网＋I22a 型钢</td><td rowspan="6">超前支护：ϕ32×3.25 mm 注浆小导管；
二次衬砌：厚 600 mm 的 C35 模筑混凝土</td></tr>
<tr><td>2</td><td>A-2</td><td>⑥$_2$ 黏土、⑨$_1$ 风化岩</td><td>19.0</td></tr>
<tr><td>3</td><td>A-3</td><td>⑩$_2$，⑩$_3$ 风化岩</td><td>19.0</td></tr>
<tr><td>4</td><td>B</td><td>④$_3$ 粉质黏土、⑥$_2$ 黏土</td><td>15.4</td></tr>
<tr><td>5</td><td>C</td><td>③$_3$ 粉质黏土、⑥$_2$ 黏土</td><td>12.0</td></tr>
<tr><td>6</td><td>D</td><td>②$_5$，⑦$_4$ 粉质黏土、粉砂</td><td>17.0</td></tr>
<tr><td>7</td><td>A-1</td><td>⑥$_2$ 黏土</td><td>16.0</td><td rowspan="6">厚 350 mm 的 C25 喷射混凝土＋钢筋网＋H22 cm×22 cm 格栅钢架</td><td rowspan="6">超前支护：ϕ32×3.25 mm 注浆小导管；
二次衬砌：厚 600 mm 的 C35 模筑混凝土</td></tr>
<tr><td>8</td><td>A-2</td><td>⑥$_2$ 黏土、⑨$_1$ 风化岩</td><td>19.0</td></tr>
<tr><td>9</td><td>A-3</td><td>⑩$_2$，⑩$_3$ 风化岩</td><td>19.0</td></tr>
<tr><td>10</td><td>B</td><td>④$_3$ 粉质黏土、⑥$_2$ 黏土</td><td>15.4</td></tr>
<tr><td>11</td><td>C</td><td>③$_3$ 粉质黏土、⑥$_2$ 黏土</td><td>12.0</td></tr>
<tr><td>12</td><td>D</td><td>②$_5$，⑦$_4$ 粉质黏土、粉砂</td><td>17.0</td></tr>
</table>

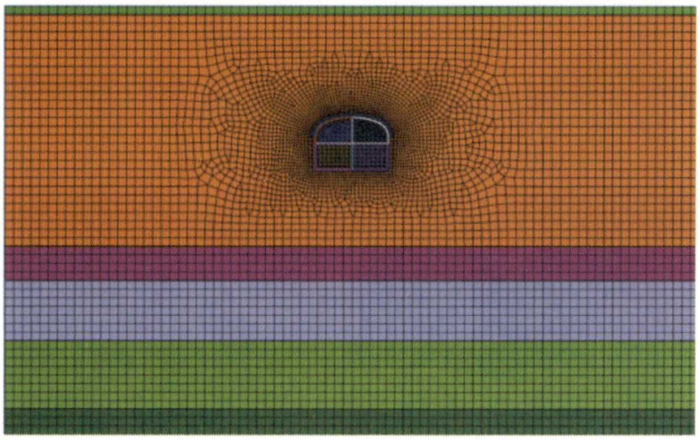

图 4.43　计算模型图

3. 计算参数

在实际工程中，由于地质的随机性、隧道施工的复杂性，想要完全模拟实际情况比较困难，因此在本模型建立的过程中对此进行了合理简化：假设地层为理想弹塑性材料，采用莫尔-库仑屈服准则；不考虑地下水及地面车辆荷载的影响；小导管超前注浆后形成的加固区为均匀、单一介质、同厚度的加固圈。

根据计算模型，隧道支护形式为格栅钢架（型钢钢架）＋喷射混凝土，对初期支护进行适当的简化，假定型钢、钢筋网、喷射混凝土共同起到封闭围岩的作用，对钢架支撑不进行单独考虑，而是把它的影响结合在喷射混凝土中，采用梁单元模拟，等效计算公式为

$$E = E_0 + \frac{A_g E_g}{A_0} \tag{4.23}$$

式中 E——等效后梁单元弹性模量和横截面积；

E_0，A_0——喷射混凝土的弹性模量和横截面积；

E_g，A_g——格栅钢架(型钢钢架)的弹性模量和横截面积。

等效后梁单元的力学参数和几何参数如表 4.13 所示。

表 4.13 初期支护结构计算参数

支护结构	重度/(kN·m^{-3})	弹性模量/GPa	泊松比
喷射混凝土+格栅钢架	24.3	28.0	0.30
喷射混凝土+型钢钢架	26.5	31.5	0.30

考虑到二维有限元模型的局限性，在数值模拟过程中未考虑超前小导管的梁效应，只考虑了超前注浆加固作用，通过开挖前提高隧道上半断面一定区域内的计算参数体现。在暗挖隧道模型中，小导管注浆加固厚度取 0.6 m。在模拟过程中，岩土体、支护结构和注浆加固区等的物理力学参数如表 4.14—表 4.16 所示。

表 4.14 岩土体材料计算参数

围岩	重度/(kN·m^{-3})	压缩模量/MPa	泊松比	黏聚力/kPa	内摩擦角/(°)
①$_2$ 素填土	18.0	3.00	0.30	12	8
②$_3$ 粉质黏土	19.0	8.6	0.32	22	15
②$_5$ 粉砂夹粉质黏土	19.6	9.7	0.29	12	24
③$_2$ 黏土	17.4	4.50	0.34	18	12
③$_3$ 粉质黏土	18.5	8.30	0.31	25	14
④$_1$ 黏土	19.1	13.02	0.30	43	13
④$_2$ 黏土	19.3	15.40	0.28	54	15
④$_3$ 粉质黏土	19.5	13.23	0.29	42	17
⑥$_2$ 黏土	19.6	16.97	0.28	66	16
⑥$_3$ 粉质黏土	19.7	14.99	0.28	54	18
⑦$_2$ 粉质黏土	20.1	14.82	0.28	48	18
⑦$_4$ 粉细砂	19.9	15.20	0.28	9	28
⑧$_1$ 全风化	19.6	16.53	0.29	58	17
⑧$_2$ 强风化	21.2	—	0.23	—	—
⑧$_3$ 中风化	22.4	—	0.20	—	—

表 4.15 其他支护结构计算参数

支护结构	重度/(kN·m^{-3})	弹性模量/GPa	泊松比
二次衬砌	25.0	31.5	0.30

表 4.16 注浆加固区计算参数

注浆区	重度/(kN·m^{-3})	弹性模量/GPa	泊松比	黏聚力/kPa	内摩擦角/(°)
小导管注浆	22.0	0.9	0.30	300	35

CRD 工法有限元模拟过程大致分为 6 个步骤：

(1) 围岩自重应力求解；

(2) 左侧上导洞全断面开挖，喷射混凝土，钢拱架支护，架设中隔壁临时钢支撑及临时横撑；

(3) 左侧下导洞全断面开挖，喷射混凝土，钢拱架支护，架设相应部分中隔壁临时支撑；

(4) 右侧上导洞全断面开挖，喷射混凝土，钢拱架支护，架设临时横撑；

(5) 右侧下导洞全断面开挖，喷射混凝土，钢拱架支护；

(6) 分步拆除临时支撑，施作仰拱及上部二次衬砌。

对正线隧道和车站通道开挖过程进行精细化建模，其主要工况见表 4.17。

表 4.17 正线隧道施工步骤

序号	施工步骤	示意图
工况 1	初始地应力平衡	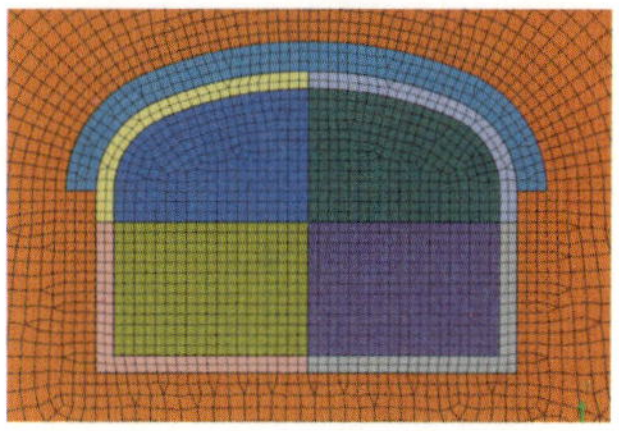
工况 2	超前小导管注浆加固	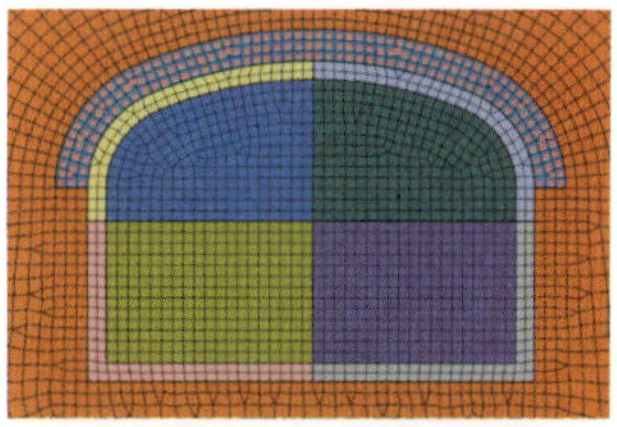
工况 3	左侧上导洞全断面开挖	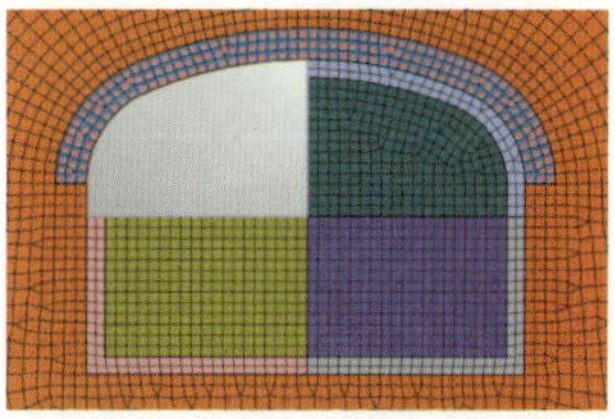

（续表）

序号	施工步骤	示意图
工况 4	左侧上导洞喷射混凝土，钢拱架支护，架设中隔壁临时钢支撑及临时横撑	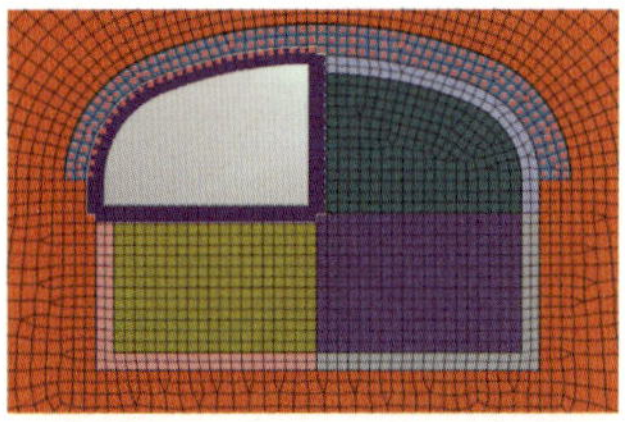
工况 5	依次开挖左侧下、右侧上、右侧下导洞，喷射混凝土，钢拱架支护，架设相应部分中隔壁临时钢支撑及临时横撑	
工况 6	分步拆除中隔壁临时钢支撑及临时横撑，施作二次衬砌	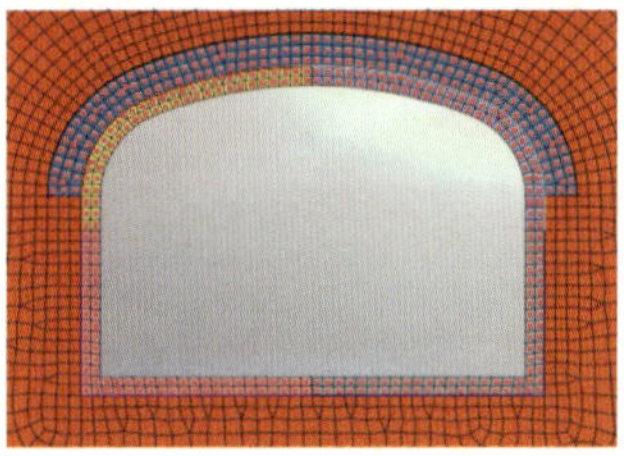

4. 计算结果及分析

1）采用型钢钢架作为初期支护的计算结果

将 6 种地层断面的地表、拱顶、隧底变形最终值进行统计整理，列于表 4.18。

表 4.18　各断面地层地表、拱顶、隧底变形最终值统计表(型钢钢架初期支护)

断面	地表沉降/m	拱顶沉降/m	隧道变形/m
A-1	-1.75×10^{-2}	-2.29×10^{-2}	1.87×10^{-2}
A-2	-1.77×10^{-2}	-2.34×10^{-2}	1.90×10^{-2}
A-3	-1.02×10^{-2}	-1.54×10^{-2}	1.21×10^{-2}
B	-1.82×10^{-2}	-2.43×10^{-2}	1.88×10^{-2}
C	-1.68×10^{-2}	-2.22×10^{-2}	1.75×10^{-2}
D	-2.01×10^{-2}	-2.89×10^{-2}	1.42×10^{-2}

由表可知，采用型钢钢架作为初期支护的暗挖隧道，施工产生的最大地表沉降、拱顶沉降和隧道变形量及对应地层断面分别为：−2.01 cm(D)，−2.89 cm(D)，1.90 cm(A-2)；暗挖隧道施工产生的最小地表沉降、拱顶沉降和隧道变形量及对应地层断面分别为：−1.02 cm(A-3)，−1.54 cm(A-3)，1.21 cm(A-3)。

初期支护采用型钢钢架时，将 6 种断面的初期支护轴力和弯矩最大值及其位置统计整理后列于表 4.19。

表 4.19　各断面初期支护轴力和弯矩最大值及其位置(型钢钢架)

断面	轴力		弯矩	
	最大值/kN	位置	最大值/(kN·m)	位置
A-1	-1.43×10^3	拱脚	1.58×10^2	拱脚
A-2	-1.47×10^3	拱脚	1.63×10^2	拱脚
A-3	-1.05×10^3	拱脚	1.03×10^2	拱脚
B	-1.43×10^3	拱脚	1.60×10^2	拱脚
C	-1.36×10^3	拱脚	1.34×10^2	拱脚
D	-1.22×10^3	拱脚	1.54×10^2	拱脚

暗挖法施工的隧道，其主要荷载由初期支护结构承担。由表可知，各断面最大轴力和最大弯矩均产生于拱脚。各断面的初期支护轴力最大值基本接近，在 -1.47×10^3 ~ -1.05×10^3 kN 范围内，弯矩最大值也比较接近，其量值在 1.03×10^2 ~ 1.63×10^2 kN·m 范围内。

2) 采用格栅钢架作为初期支护时的计算结果

初期支护采用格栅钢架时，将 6 种地层断面的地表、拱顶、隧底变形最终值统计整理后列于表 4.20。

表 4.20　各断面地层地表、拱顶、隧底变形最终值(格栅钢架)

断面	地表沉降/m	拱顶沉降/m	隧道变形/m
A-1	-2.16×10^{-2}	-2.72×10^{-2}	2.33×10^{-2}
A-2	-2.20×10^{-2}	-2.78×10^{-2}	2.35×10^{-2}
A-3	-1.27×10^{-2}	-1.55×10^{-2}	1.33×10^{-2}
B	-2.29×10^{-2}	-2.79×10^{-2}	2.41×10^{-2}
C	-2.02×10^{-2}	-2.47×10^{-2}	1.99×10^{-2}
D	-2.14×10^{-2}	-2.96×10^{-2}	1.96×10^{-2}

由表可知，采用格栅钢架作为初期支护的暗挖隧道，施工产生的最大地表沉降、拱顶沉降和隧道变形量及对应地层断面分别为：−2.29 cm(B)，−2.96 cm(D)，2.41 cm(B)；暗挖隧道施工产生的最小地表沉降、拱顶沉降和隧道变形量及对应地层断面分别为：−1.27 cm(A-3)，−1.55 cm(A-3)，1.33 cm(A-3)。

初期支护采用格栅钢架时，将 6 个断面的初期支护轴力和弯矩最大值及其位置统计整理后列于表 4.21。

表 4.21　各断面初期支护轴力和弯矩最大值及其位置(格栅钢架)

断面	轴力		弯矩	
	最大值/kN	位置	最大值/(kN·m)	位置
A-1	-1.61×10^3	拱脚	1.59×10^2	拱脚
A-2	-1.58×10^3	拱脚	1.57×10^2	拱脚
A-3	-1.40×10^3	拱脚	1.32×10^2	拱脚
B	-1.56×10^3	拱脚	1.52×10^2	拱脚
C	-1.23×10^3	拱脚	1.30×10^2	拱脚
D	-1.19×10^3	拱脚	1.32×10^2	拱脚

暗挖法施工隧道的主要荷载由初期支护结构承担。由表可知，各断面最大轴力和最大弯矩均产生于拱脚。各断面的初期支护轴力最大值基本接近，在 -1.61×10^3～-1.19×10^3 kN 范围内，弯矩最大值也比较接近，其量值在 1.30×10^2～1.59×10^2 kN·m范围内。

通过对 A-1，A-2，A-3，B，C，D 六种地层组合进行分析，比较初期支护分别采用型钢钢架和格栅钢架的支护效果，可以发现暗挖隧道在采用型钢钢架作为初期支护时拱顶沉降、地表沉降等指标要小于采用格栅钢架时对应的指标，说明在相同的开挖方法和地层条件下，型钢钢架支护强度更高，控制围岩变形效果更好。但同时也可以发现，在两种初期支护方式下，暗挖隧道各项指标均未超限，说明对于一般情况下的合肥地层组合，初期支护采用型钢钢架和格栅钢架均能满足要求，但是如前所述，考虑造价、施工周期等问题，相对于格栅钢架，型钢钢架价格较贵，且安装需要更多人力，故一般情况下合肥地区暗挖隧道初期支护偏向于采用格栅钢架。

5　合肥城市暗挖隧道施工

本章在对城市隧道浅埋暗挖方法进行概述的基础上，针对合肥地区地层的弱～中等膨胀性、低渗透性和较高自承载力的特点，以轨道交通铁车站出入口暗挖通道为例，采用数值模拟方法，分析不同地层条件下合肥城市暗挖隧道的施工工法，同时对施工参数进行优化，形成合肥城市暗挖隧道成套施工工艺，为合肥地区其他类型的暗挖隧道施工提供借鉴。

5.1　城市隧道浅埋暗挖法概述

浅埋暗挖法是在距离地表较近的地下进行各种类型地下洞室暗挖施工的一种方法。在城市软弱围岩地层或浅埋条件下修建地下工程，以改造地质条件为前提，以控制地表沉降为重点，以格栅(或其他钢结构)和喷锚作为初期支护手段，遵循“新奥法”大部分原理，按照“十八字”原则(管超前、严注浆、短开挖、强支护、快封闭、勤量测)进行隧道设计和施工，称之为城市浅埋暗挖法。在施工工序上，坚持“开挖一段，支护一段，封闭一段”的基本工艺。

(1) 管超前。在掌子面未开挖前先进行超前管棚或超前小导管注浆加固地层，使松散、软弱地层经注浆加固后形成一个壳体，增强其自稳能力，防止地层坍塌。

(2) 严注浆。利用小导管施作超前支护后，立即压注水泥浆液填充地层中的孔隙、裂隙，待浆液凝固后，土体集结成具有一定强度的“结石体”，使周围地层形成一个壳体，增强其自稳能力，为施工提供一个安全的环境。严注浆包括以下三个方面的内容：①超前小导管注浆(单浆液或双浆液)；②拱脚和侧墙开挖前按规定预埋管注浆；③初期支护、二次支护背后注浆。

(3) 短开挖。根据地层情况不同，采用不同的开挖长度，一般在地层不良地段一次开挖进尺采用 0.5～0.8 m，甚至更短。由于开挖距离短，可尽早架立钢拱架，及时喷射混凝土，避免发生土体坍落。

(4) 强支护。严格按照超前管棚或小导管支护→开挖→架立钢架→挂钢筋网→喷射混凝土的次序进行初期支护施工。采用加大拱脚的方法以减小地基承载应力。

(5) 快封闭。初期支护从上至下及早形成闭合环形结构，是减小地基扰动的重要措施。采用正台阶法施工时，下台阶及时紧跟开挖，并施作仰拱，封闭成环。

(6) 勤测量。坚持以监控测量资料及时反馈指导施工，是浅埋暗挖法施工的重要方面通过在地面、洞内埋设监控点，可以随时掌握地表和洞内土体各点因开挖和外力产生的位移，从而指导施工。

合肥地区地层具有弱～中等膨胀性、低渗透性和较高自承能力的特点。因此，本节在遵循传统浅埋暗挖法基本原则的基础上，结合合肥地区地层特点，提出了合肥地区浅埋暗挖法施工基本原则，最终形成了以“管超前、严防水、小分部、短台阶、短循环、快封闭、勤量测、快支护”为核心的“二十四字”方针。其中包括以下一些新的施工要点：

(1) 在施工过程中，不宜采用“严注浆”，而是采用打入式小导管代替注浆小导管进行超前支护，尽量减少施工用水和地下水对弱膨胀裂隙黏土的软化和膨胀效应。

(2) 分部开挖时，采取控制封闭距离和封闭时间的“双控”措施，可以使隧道快速形成环向受力结构，以有效控制隧道变形，体现了“短循环、快封闭”的施工原则。

综上所述，浅埋暗挖法整个工艺流程与“新奥法”的总原则类似，但浅埋暗挖法更加重视对软弱地层的预支护和预加固，并且强调采用强支护来限制围岩变形。而在合肥地区，因其特有的黏土地层在未受扰动或受扰动较小时具有较高的自承载能力，该地区的浅埋暗挖法不仅重视对地层的预支护和预加固，还通过优化施工工序，充分发挥围岩的自承能力，使其形成自承载“拱效应”，继而达到有效控制隧道变形的目的。

5.1.1 城市浅埋暗挖常用方法

目前，在城市地下区间隧道和车站通道的浅埋暗挖法施工中，根据地表沉降的控制要求、地层条件及开挖面大小，主要施工方法有台阶法、中隔壁法(CD法)、十字中隔壁法(CRD法)、双侧壁导坑法、中洞法等。各工法示意图及其适用范围见表5.1。

表5.1　浅埋暗挖方法

施工方法	示意图	适用范围		
		围岩等级	开挖面大小	地表沉降的控制要求
台阶法	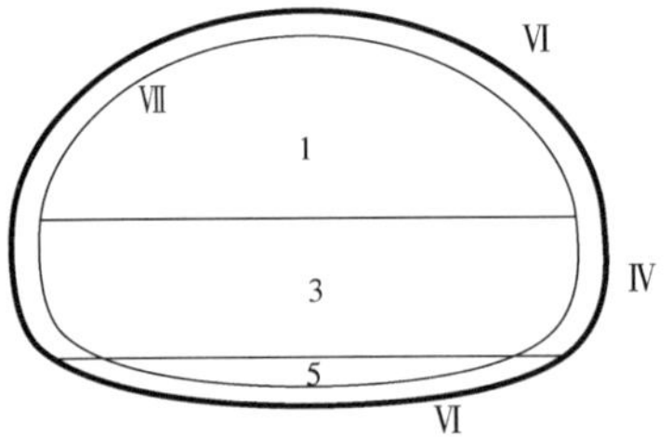	Ⅲ～Ⅳ级	断面宽度≤12 m	—
环形开挖预留核心土法	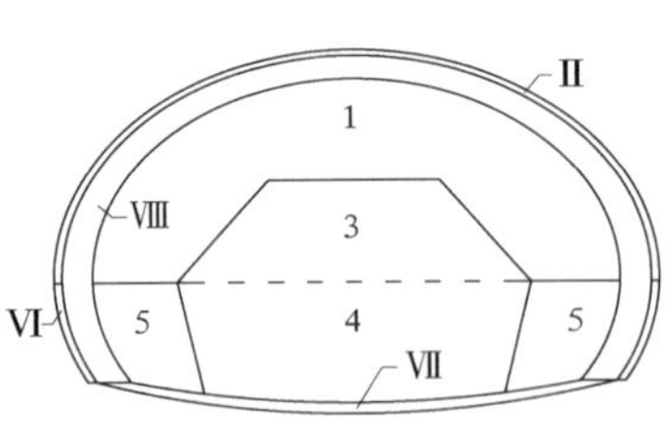	Ⅲ～Ⅴ级，尤其地层条件较差	断面较高、宽度较大、单层台阶断面尺寸较大	—

（续表）

施工方法	示意图	适用范围		
		围岩等级	开挖面大小	地表沉降的控制要求
中隔墙法（CD 法）	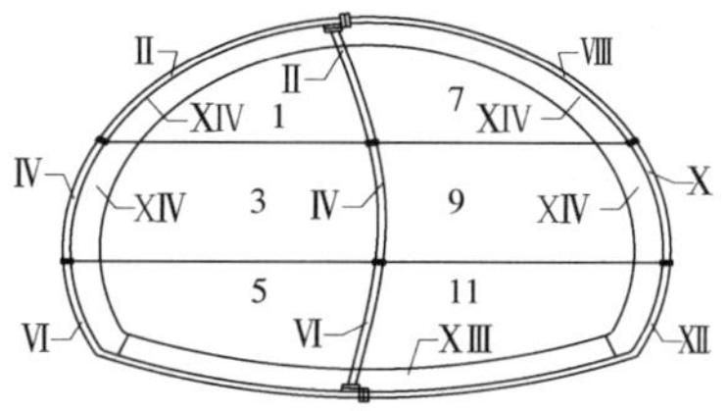	Ⅳ级	断面跨度 12～16 m	对地表沉降要求严格
交叉中隔墙法（CRD 法）	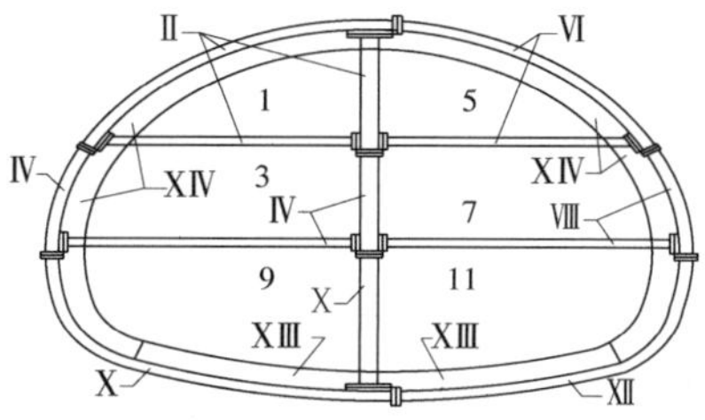	Ⅳ～Ⅴ级、地层条件较差	断面跨度 12～16 m	—
双侧壁导坑法（眼镜法）	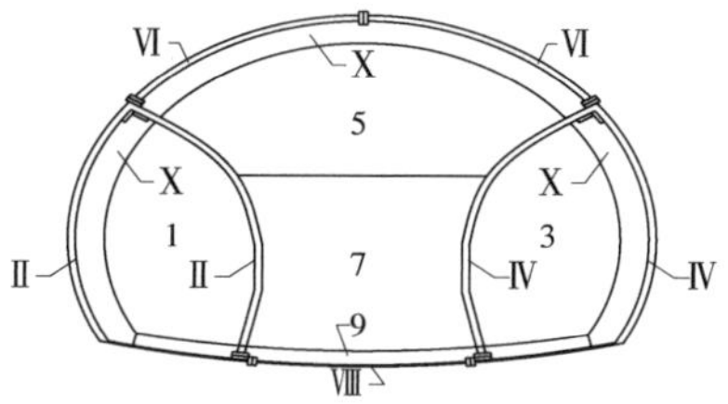	Ⅴ级围岩、地层条件很差	断面跨度 16～22 m	对地表沉降要求严格
中洞法	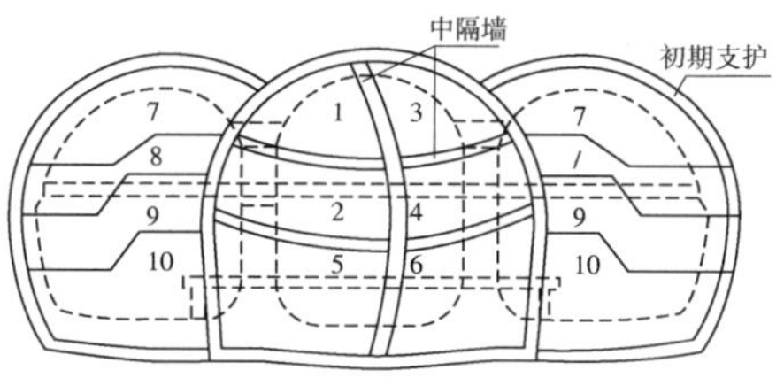	Ⅳ～Ⅴ级	断面跨度 16～22 m	对地表沉降要求严格

1. **台阶法**

台阶法分长台阶、短台阶和超短台阶，松散地层或地表沉降控制要求比较高的地段一般采用短台阶甚至超短台阶，采用超短台阶时，上台阶比下台阶超前 3～5 m。在土方开挖过程中，为确保地层的稳定，一般都采用预留核心土的台阶法施工。图 5.1 为台阶法施工示意图。

在松散地层中采用台阶法施工，一般都要用超前小导管对地层进行超前加固，对于一些特殊地段，例如隧道埋深浅、地表有重要建筑物、隧道穿越公路或铁路线时，则需要对地层采用大管棚和小导管联合支护的方式。

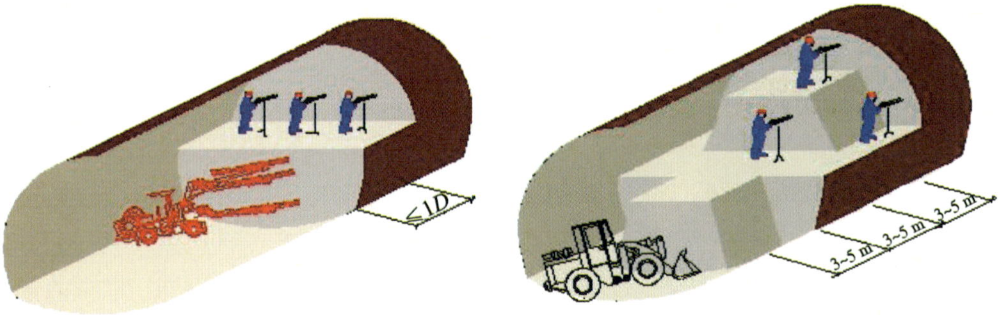

(a) 上、下台阶法　　　　(b) 环形预留核心土法

图 5.1　台阶法施工示意图

一般来说,台阶法施工的主要工序如下:超前小导管注浆支护→分台阶开挖土方、洞内土方运输→初期支护→初期支护背后压浆、补喷混凝土→防水层施工→浇筑仰拱→二次模筑钢筋混凝土衬砌。

2. 中隔壁法

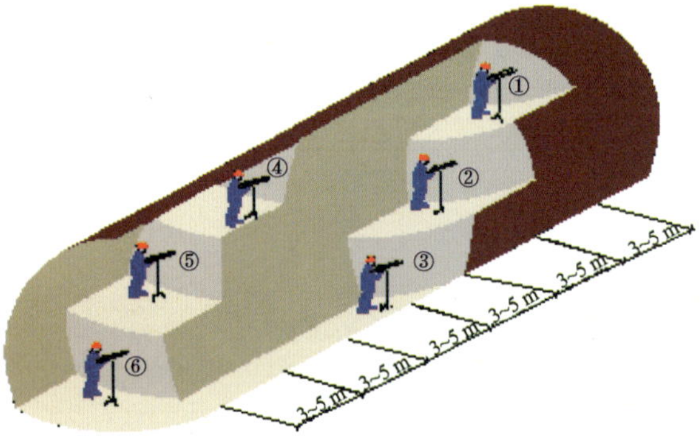

图 5.2　中隔壁法施工示意图

中隔壁法又称 CD 法。当开挖面比较大时,为确保地层沉降控制在允许范围内,需要将整个开挖面分为若干个小断面,并在断面中部设置一道临时支护(起到临时支撑的作用)。在具体施工时,开挖一个小断面,施作该断面的初期支护(一般为超前小导管和喷射混凝土)、中隔壁和底部临时支撑,待整个断面开挖完成后,施作永久仰拱,使整个断面初期支护尽快闭合成环,在施作二次衬砌前,拆除中间的临时支护。图 5.2 为中隔壁法施工示意图。

3. 十字中隔壁法

十字中隔壁法又称 CRD 法。CRD 法与 CD 法基本类似,也是将整个开挖断面分为若干个小断面,不同之处在于,采用 CRD 法施工时,在每个小断面底部架设临时仰拱,使小断面的初期支护闭合成环,待整个断面开挖完成后,及时施作永久仰拱,使整个断面的初期支护尽快闭合成环。在施作二次衬砌前,拆除中间的“十字”临时支护。图 5.3 所示为某地铁车站通道 CRD 法的施工示意图,表 5.2 为合肥轨道交通 2 号线怀宁路站 1 号出入口通道采用 CRD 法的施工工序图。

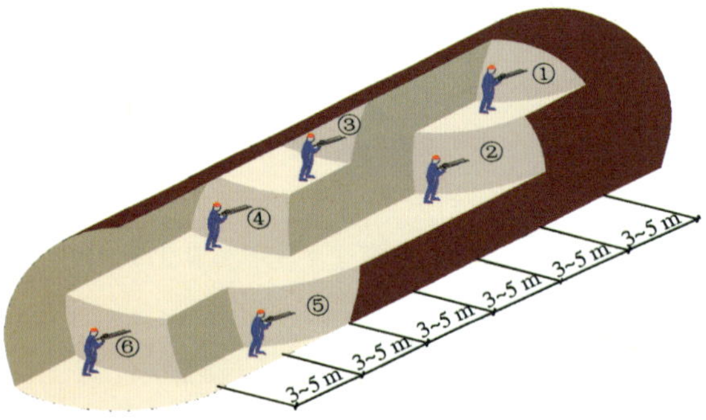

图 5.3　CRD 法施工示意图

表 5.2　　　　合肥轨道交通 2 号线怀宁路站 1 号出入口 CRD 法施工工序

序号	施工工序示意图	文字说明
1	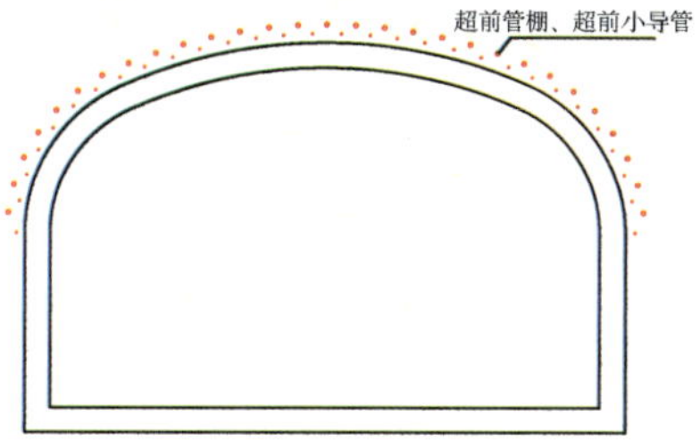	施作拱部超前大管棚＋超前小导管注浆加固地层
2	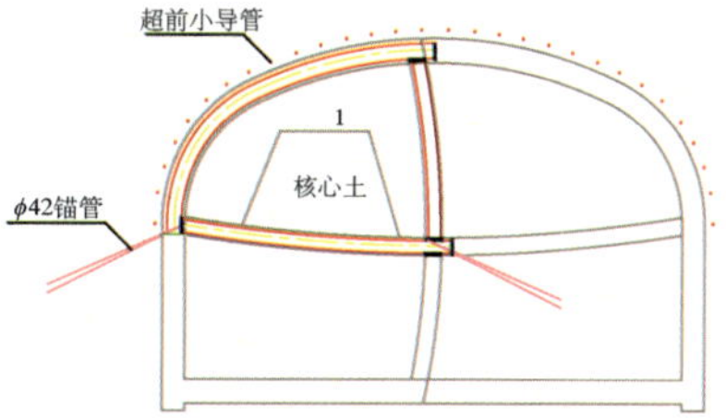	拱部超前小导管预注浆，分部开挖左侧导坑 1 部土体，架设临时仰拱，施作初期支护
3	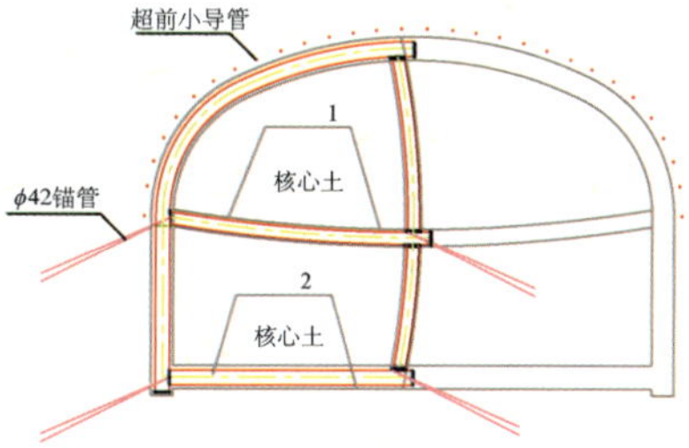	开挖 2 部土体，施作初期支护
4	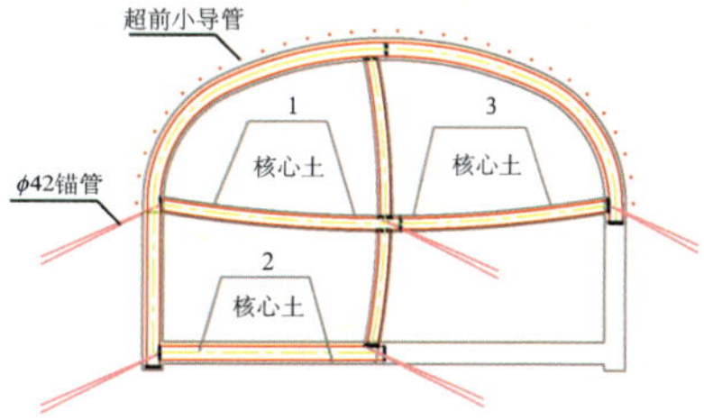	拱部超前小导管预注浆，分部开挖右侧导坑上台阶 3 部土体，架设临时仰拱，施作初期支护
5	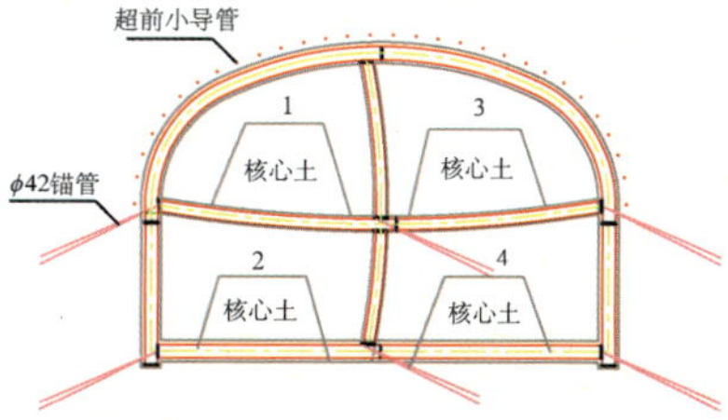	开挖 4 部土体，施作初期支护

4. 双侧壁导坑法

双侧壁导坑法的基本施工顺序如下：先开挖洞室两侧的导坑，施作初期支护，并闭合成环，然后开挖洞室中部，边开挖边施作中部初期支护，最终使整个隧道断面初期支护闭合成环，在施作二次衬砌前，拆除中间的临时支护。表 5.3 为某地铁区间隧道双侧壁导坑法的施工步骤。

表 5.3　　某地铁区间隧道双侧壁导坑法施工工序

序号	施工工序示意图	文字说明
1	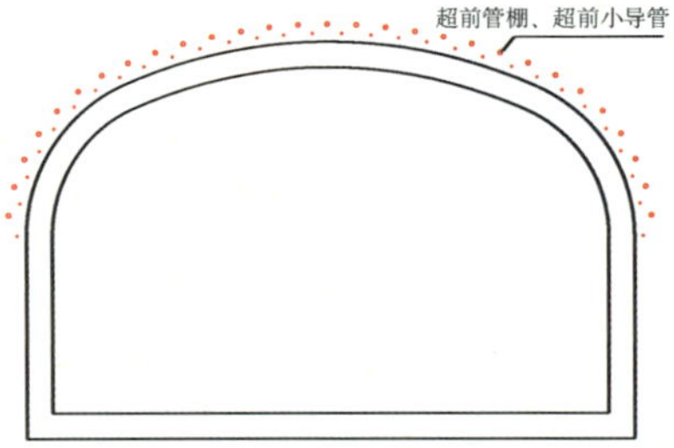	施作拱部超前大管棚＋超前小导管注浆加固地层
2	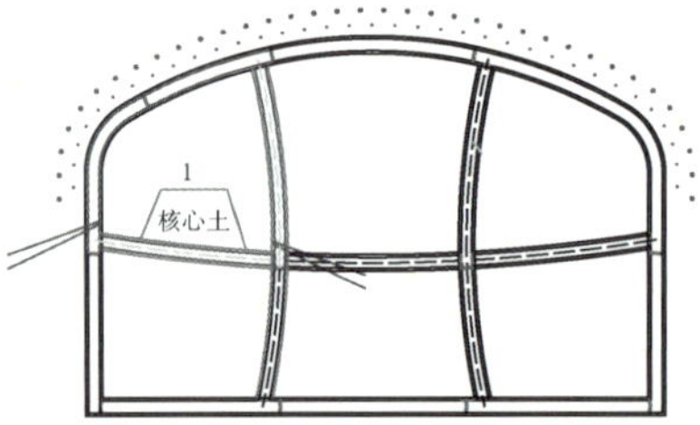	拱部超前小导管预注浆，预留核心土，分部开挖左上侧导坑 1 部土体，架设临时仰拱，施作初期支护
3	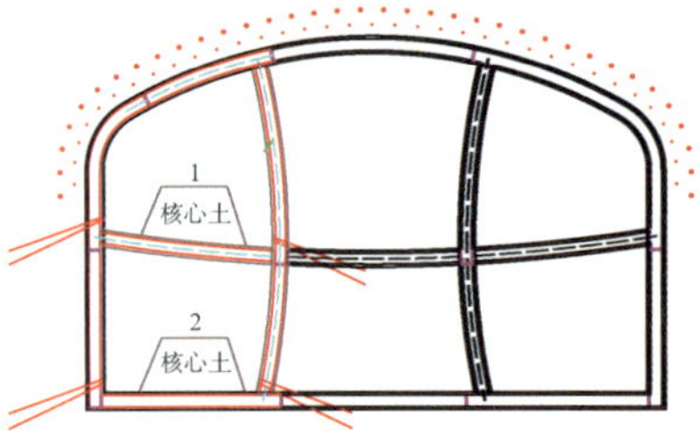	预留核心土，开挖左下侧 2 部土体，施作初期支护
4	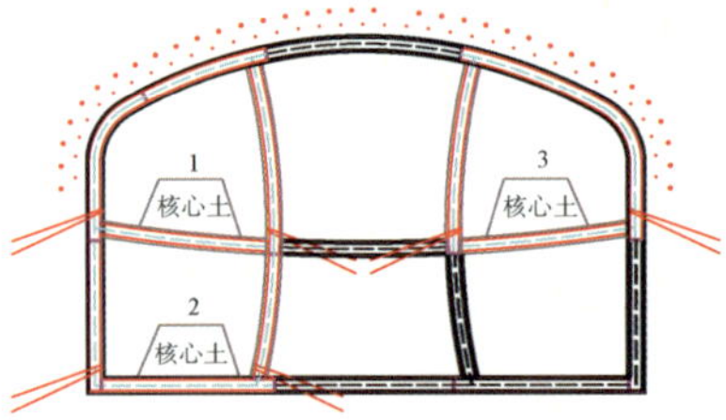	拱部超前小导管预注浆，预留核心土，开挖右上侧 3 部土体，架设临时仰拱，施作初期支护
5	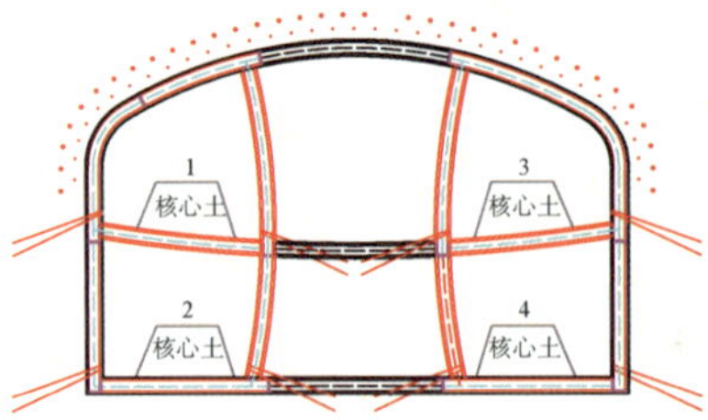	预留核心土，开挖右下侧 4 部土体，施作初期支护

（续表）

序号	施工工序示意图	文字说明
6	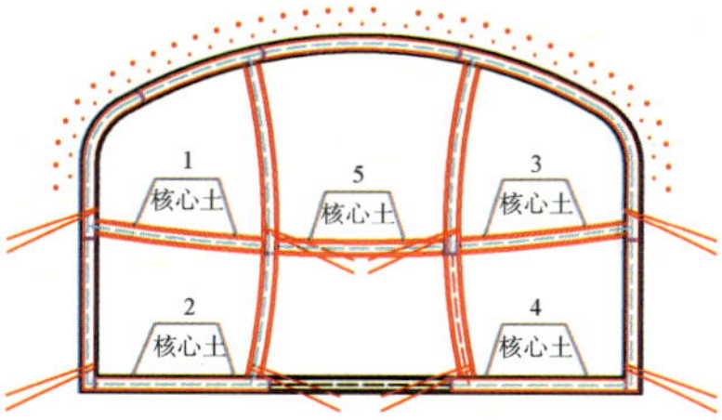	拱部超前小导管预注浆，预留核心土，分部开挖中上导坑上台阶 5 部土体，架设临时仰拱，施作初期支护
7	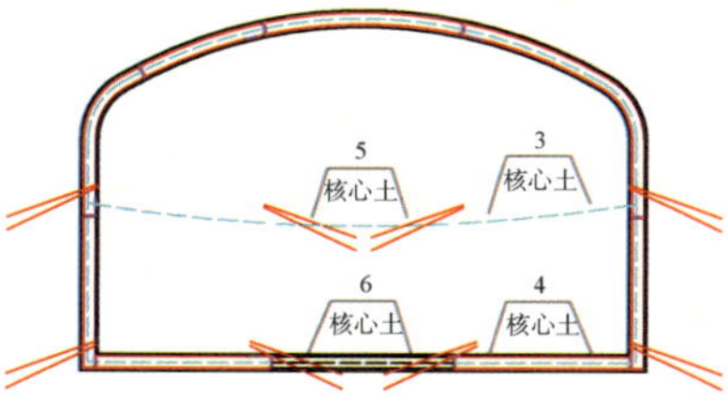	预留核心土，分部开挖中下导坑上台阶 6 部土体，施作初期支护

5. **中洞法**

对于地铁区间隧道中的渡线段，经常采用连拱隧道的形式，而连拱隧道施工方法之一就是中洞法。中洞法施作的一般步骤如下：先从隧道中部开挖，边开挖边施作初期支护，形成一个中洞，在中洞内施作连拱隧道的隔墙，然后开挖中洞两侧的侧洞部分，使整个大断面初期支护闭合成环，最后施作侧洞的二次衬砌。表 5.4 为某地铁区间隧道中洞法施工的步骤。

表 5.4　　　　某地铁区间隧道中洞法施工工序

序号	施工工序示意图	文字说明
1	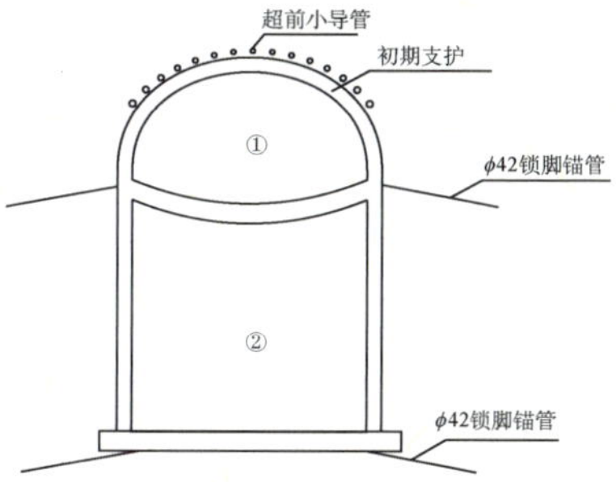	第①步：施工中导洞拱部小导管超前支护，开挖上半断面土体；施作初期支护和锁脚锚杆 第②步：开挖中隔墙下半断面，施作初期支护和锁脚锚杆
2	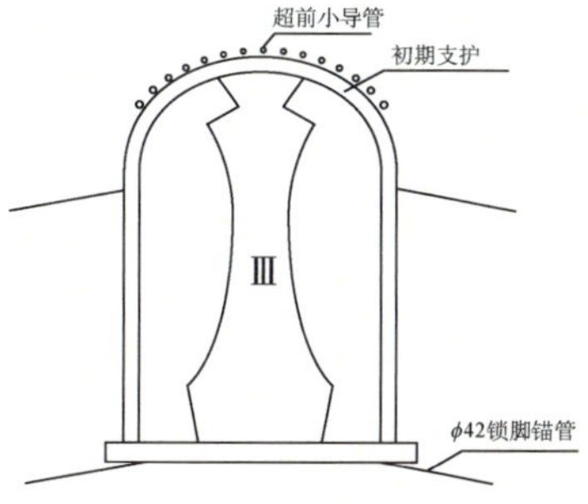	第③步：铺设中隔墙底部防水层及细石混凝土保护层；铺设中隔墙拱部防水层，拆除临时仰拱，浇筑中隔墙钢筋混凝土

（续表）

序号	施工工序示意图	文字说明
3	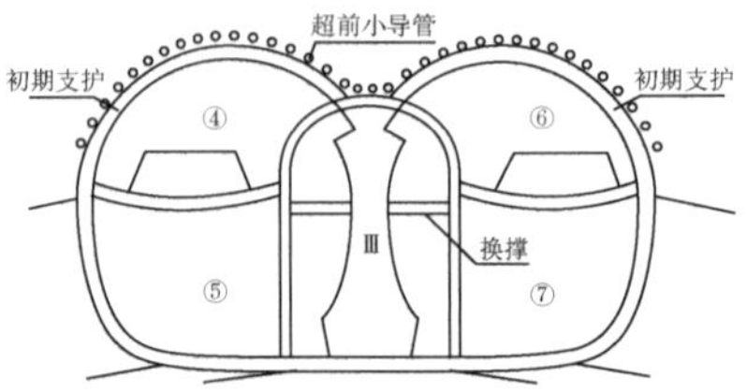	第④步：施工左线拱部小导管超前支护，预留核心土，开挖上半断面；施作初期支护和锁脚锚杆，开挖核心土，初期支护封闭 第⑤步：开挖左线下半断面，施作初期支护和锁脚锚杆 第⑥步：施工右线拱部小导管超前支护，预留核心土，开挖上半断面；施作初期支护和锁脚锚杆 第⑦步：开挖右线下半断面，施作初期支护和锁脚锚杆
4	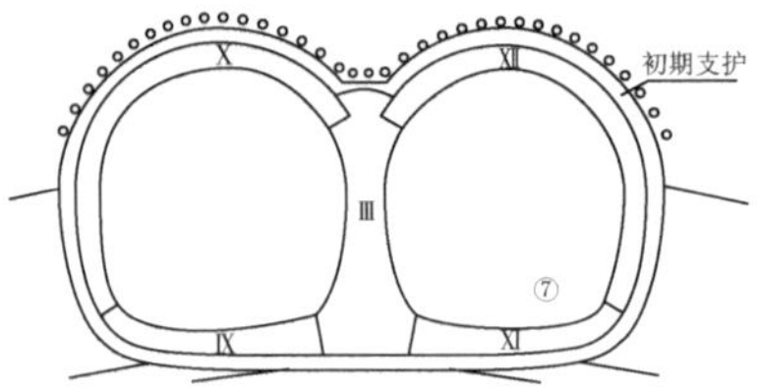	第⑧步：拆除左线中洞下侧临时支护，铺设下半部防水层，浇筑下部二次衬砌 第⑨步：拆除左线上半部临时支护，铺设上半部防水层，浇筑上部二次衬砌 第⑩步：拆除右线中洞下侧临时支护，铺设下半部防水层，浇筑下部二次衬砌 第⑪步：拆除右线上半部临时支护，铺设上半部防水层，浇筑上部二次衬砌

5.1.2 城市浅埋暗挖施工辅助措施

1. 超前小导管

小导管一般布置在隧道拱部，超前小导管注浆支护的目的是改变地层力学参数，提高地层承载力。施工步骤包括施工准备，钻孔、打入小导管和注浆。

1）施工准备

小导管制作：超前小导管采用钢管，钢管一端做成尖形，另一端焊接上铁箍，在距铁箍端 0.5～1.0 m 开始钻孔，钻孔沿管壁间隔 100～200 mm，呈梅花形布置，孔位互成 90°。对于卵石层，超前小导管采用厚壁无缝钢管。

注浆压力：根据地层性质，注浆压力一般为 0.1～0.3 MPa。

2）钻孔、打入小导管

注浆钢管沿隧道开挖轮廓线布置，外插脚取 5°～10°，在处理特殊地段时，可适当加大。纵向前后相邻两排小导管搭接的水平投影长度为 1 m 左右，环间距一般为 3 根/m，小导管布设在拱顶部 2/3 范围内。

3）注浆

在注浆前先喷射混凝土，封闭掌子面，以防渗漏。对强行打入的钢管要冲清管内积物，然后再注浆。注浆顺序由下而上，浆液用搅拌桶搅拌。在土层段注水泥浆，砂层段注水泥、水玻璃双液浆。

2. **管棚**

对于开挖断面比较大、地表沉降控制要求高的隧道或隧道上方有市政管线的情况，一般都要采用大管棚对地层进行加固。管棚规格有 $\phi 108$，$\phi 159$ 等，对于近距离下穿既有地铁工程，可考虑采用 $\phi 600$ 的超大管棚。

当地层条件较差时，可采用超前大管棚和小导管注浆联合加固地层的方式。合肥轨道交通 2 号线沿线普遍分布的地层为第四纪全新统地层、第四纪更新统地层，为新黏土地层，地层性质较差，采用的是超前大管棚和小导管注浆联合加固方式；3 号线沿线普遍分布的地层为第四纪全新统地层、第四纪上更新统地层和第四纪中更新统地层，为老黏土地层，地层性质较好，采用的是超前小导管注浆加固方式。

5.1.3 城市隧道暗挖法施工控制地层沉降的主要措施

1. **把住超前支护关**

在开挖之前，一般采用超前大管棚或超前小导管注浆加固地层，当地层条件较差或隧道断面较大时，采用超前大管棚和小导管注浆联合加固地层的方式。根据多个车站暗挖法的施工经验，大管棚主要起到控制地层坍塌的作用，而小导管注浆起到加固地层的作用，为了增加大管棚的刚度，一般在大管棚内注水泥砂浆。另外，由于车站开挖断面大、埋深浅、控制地层沉降难度大，因此要重视超前小导管注浆加固地层的作用，在管棚施工比较困难的地段及地质条件较差的地段，采取密排小导管注浆加固地层。

2. **及时施工初期支护**

开挖面暴露后，及时施工初期支护(钢格栅加网喷混凝土)，这是控制地层沉降的关键环节之一，一般在开挖面暴露后喷射混凝土，然后架设钢格栅，再喷射混凝土至设计厚度。如果地质条件较差，拱顶离地表距离近或地层沉降控制要求高，必要时先架设格栅，再喷射混凝土。最重要的是，要及时、快速封闭，以形成合理的受力结构，防止初期支护整体下沉。

3. **加强初期支护拱背回填注浆**

在初期支护背后，设立注浆管，对于暗挖区间隧道，一般每个断面设置 3～4 根注浆管，纵向间距为 6 m。注水泥浆或水泥砂浆。

4. **加强二次衬砌背后压浆**

注浆管纵向间距为 4 m，注水泥砂浆。

5.2 不同地层暗挖隧道施工工法比选

采用三维有限元(Midas GTS/NX)数值模拟方法，分析合肥地铁隧道在新黏土(第四纪全新世黏土)和老黏土(第四纪晚更新世黏土)两种主要的地层条件下，不同施工方法的隧道结构与围岩的安全性和稳定性，从而为各类不同的地质条件选择最佳的施工方案提供理论依据。对于位于新、老黏土地层条件下的合肥地铁隧道，本书模拟分析了全断面法、上下台阶法、4 部 CRD 法三种施工工法对隧道围岩和支护结构受力与变形的影响。最后考虑三种施工方法最终开挖完成时隧道围岩收敛变形和支护受力情况，作为隧道施工动态控制和工法比选的依据。

5.2.1 新、老黏土地层条件下 4 部 CRD 法动态数值模拟

结合合肥地铁隧道实际情况，建立浅埋(7 m)工况下的 4 部 CRD 法三维数值计算模型，如图 5.4 所示。

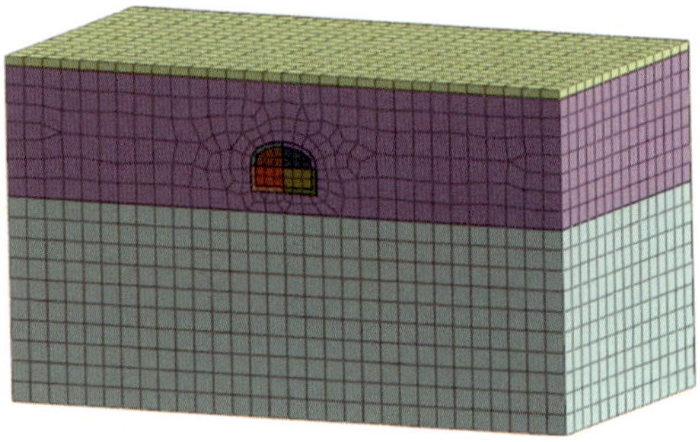

图 5.4 4 部 CRD 法三维模型图

1. 新黏土地层条件下 4 部 CRD 法动态数值模拟分析

新黏土地层条件下采用 4 部 CRD 法，对其数值模拟结果进行研究，分析隧道结构与围岩的安全性和稳定性。计算结果见图 5.5—图 5.7。

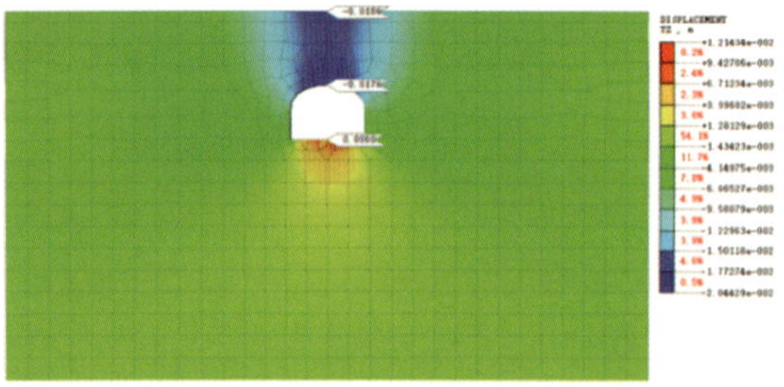

图 5.5 新黏土 4 部 CRD 法竖向变形云图

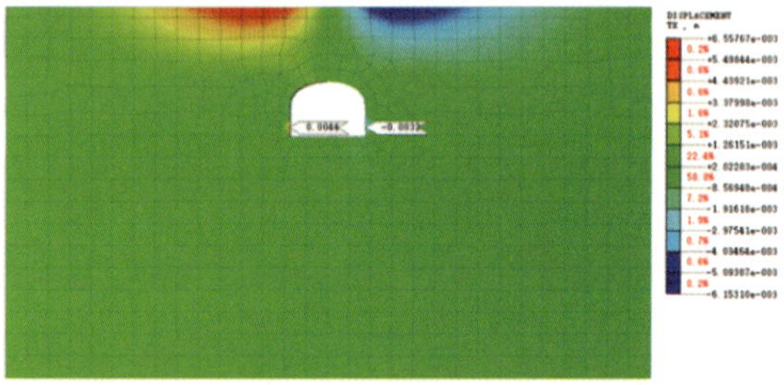

图 5.6 新黏土 4 部 CRD 法横向变形云图

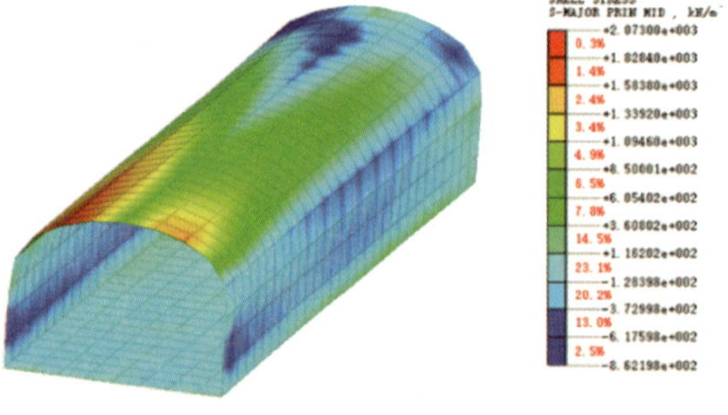

图 5.7 新黏土 4 部 CRD 法围岩与衬砌接触应力云图

根据数值计算结果分析可知：

(1) 采用 4 部 CRD 法开挖隧道，对于新黏土地层，隧道施作锚杆后底板隆起量很小，而在施作锚杆之前，底板隆起量占隧洞收敛变形的 20%左右，核心土开挖前后底板隆起量差别较大。因此，在施工过程中左右导坑开挖过程中横向支撑可以适当省略或者减弱，以节约成本，而在开挖核心区的过程中，应尽可能采用一定的横向支

撑，以控制底臌和隧洞收敛变形。

(2) 采用 4 部 CRD 法开挖隧道过程中，围岩早期收敛变形往往较小，只占稳定后总变形值的 10%左右，变形往往在核心土开挖及中隔墙拆除以后发展较快。因此，尽早支护、及早封闭显得尤为重要。

(3) 采用 4 部 CRD 法开挖隧道过程中，围岩与衬砌最大接触应力为 2 073 kPa，且主要出现在拱顶及仰拱，说明这些部位是开挖过程中的薄弱环节，应该加强支护，拱顶部位锚杆间距应适当减小或增加锚杆强度等，仰拱应及时封闭，使隧道围岩形成封闭的受力环境。

2. **老黏土地层条件下 4 部 CRD 法动态数值模拟分析**

老黏土地层条件下采用 4 部 CRD 法，对其数值模拟结果进行研究，分析隧道结构与围岩的安全性和稳定性。计算结果见图 5.8—图 5.10。

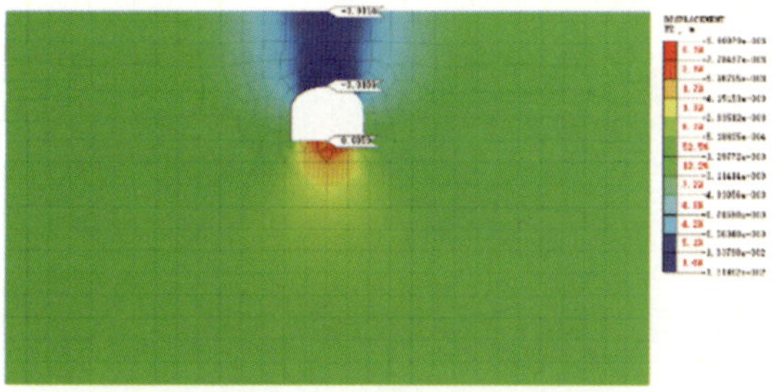

图 5.8 老黏土 4 部 CRD 法围岩竖向变形云图

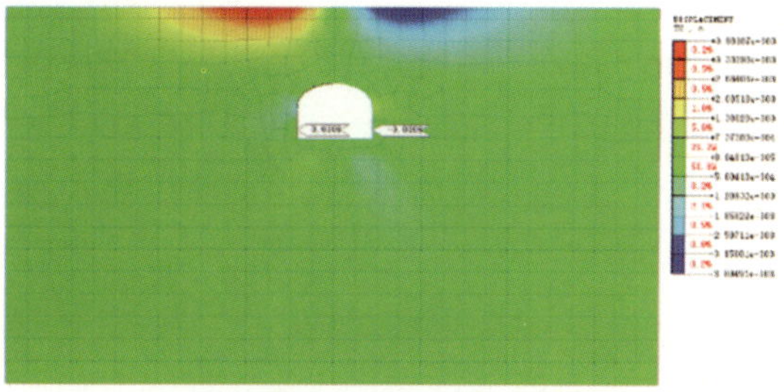

图 5.9 老黏土 4 部 CRD 法围岩横向变形云图

根据计算结果分析可知：

(1) 采用 4 部 CRD 法开挖隧道过程中，对于老黏土地层，施作锚杆后底臌量较大，而在施作锚杆之前，底板隆起量占隧洞收敛变形的 30%左右，核心土开挖前后隧底隆起量差别较大。

(2) 采用 4 部 CRD 法开挖隧道过程中，围岩早期收敛变形往往较小，只占 10%左右，变形往往在核心土开挖及中隔墙拆除以后发展较快。因此，尽早支护、及早封闭显得尤为重要。

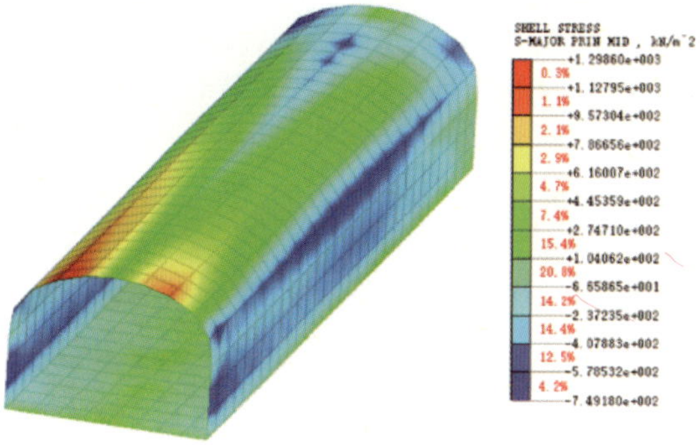

图 5.10 老黏土 4 部 CRD 法围岩与衬砌接触应力云图

(3) 采用 4 部 CRD 法开挖隧道过程中，围岩与衬砌最大接触应力为 1 289 kPa，且主要出现在仰拱，说明这个部位是开挖过程中的薄弱环节，应该加强支护，仰拱应及时封闭，使隧道围岩形成封闭的受力环境。

综上所述，采用 4 部 CRD 法开挖隧道过程中，新、老黏土地层中隧道的围岩变形以及受力特征可以总结如下：

(1) 在隧道底臌方面，对于新、老黏土地层，施作锚杆后底臌量皆较大，而在施作锚杆之前，老黏土地层中底臌量占隧洞收敛变形的比例要高于新黏土地层。两种地层条件下，核心土开挖前后底臌量差别均较大。

（2）在隧道洞身收敛方面，新、老黏土地层条件下围岩的收敛特征是一致的。围岩早期收敛变形往往较小，只占10%左右，变形往往在核心土开挖及中隔墙拆除以后发展较快。

（3）在围岩与衬砌最大接触应力方面，新黏土地层中的围岩与衬砌最大接触应力要大于老黏土地层，两种地层条件中最大接触应力均主要出现在拱顶或仰拱处。这些部位是开挖过程中的薄弱环节，应该加强支护，拱顶部位锚杆间距应适当减小或增加锚杆强度等，仰拱应及时封闭，使隧道围岩形成封闭的受力环境。

5.2.2 新、老黏土地层条件下台阶法动态数值模拟

结合合肥地铁隧道实际情况，建立浅埋（7 m）工况下的上下台阶法三维数值计算模型，如图5.11所示。

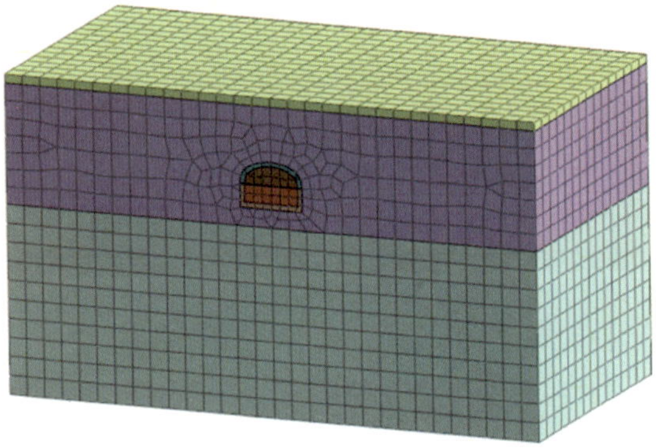

图5.11 台阶法三维模型图

1. 新黏土地层条件下台阶法动态数值模拟分析

新黏土地层条件下采用台阶法，对其数值模拟结果进行研究，分析隧道结构与围岩的安全性和稳定性。计算结果见图5.12—图5.14。

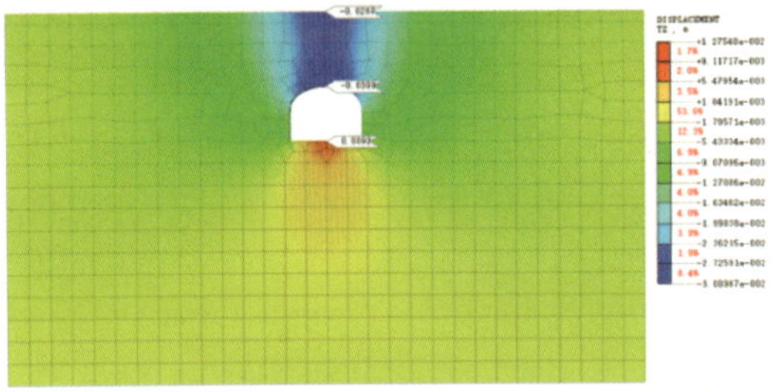

图5.12 新黏土台阶法围岩竖向变形云图

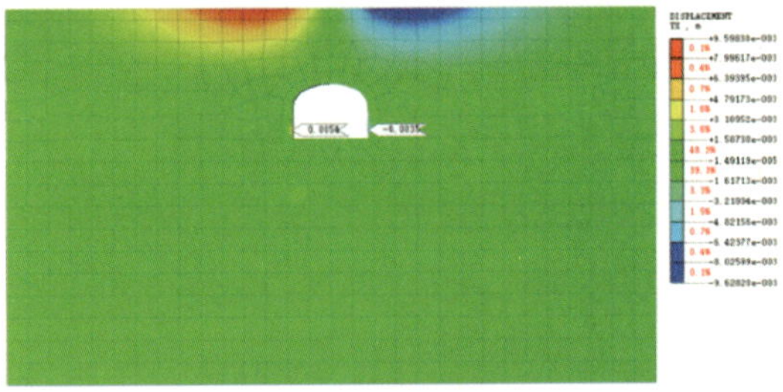

图5.13 新黏土台阶法围岩横向变形云图

根据数值计算结果分析可知：

（1）采用台阶法开挖隧道过程中，地表沉降较大，涉及范围广，拱顶沉降大，向地表衰减慢，隧洞水平位移也较大，靠近边墙处较突出，开挖面稳定性较差，须加强控制。

（2）采用台阶法开挖隧道过程中，围岩早期收敛变形往往较小，初期底臌量极小，大变形往往发生在中隔墙拆除以后。因此，尽早支护、及早封闭显得尤为重要。

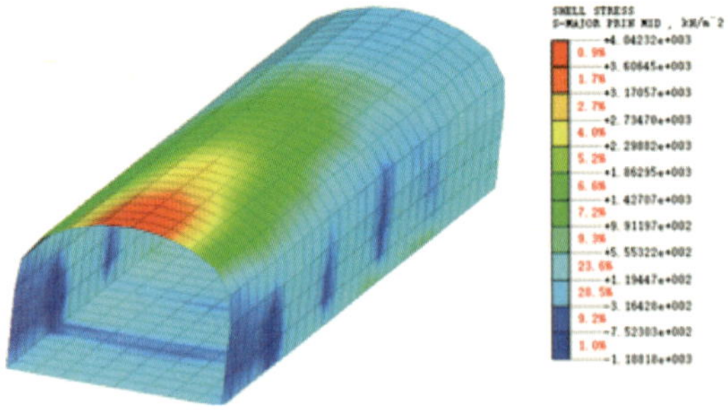

图5.14 新黏土台阶法围岩与衬砌接触应力云图

（3）采用台阶法开挖隧道过程中，围岩与衬砌最大接触应力主要出现在仰拱部位，所以，在隧道开挖过程中拆撑以后应及时浇筑仰拱，防止仰拱进一步隆起。

2. 老黏土地层条件下台阶法动态数值模拟分析

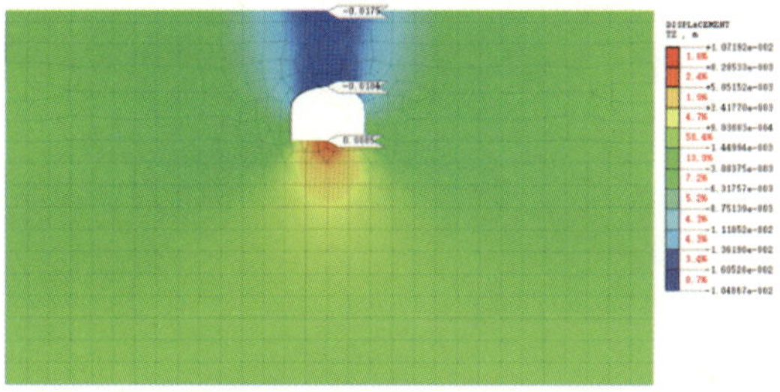

图 5.15　老黏土台阶法围岩竖向变形云图

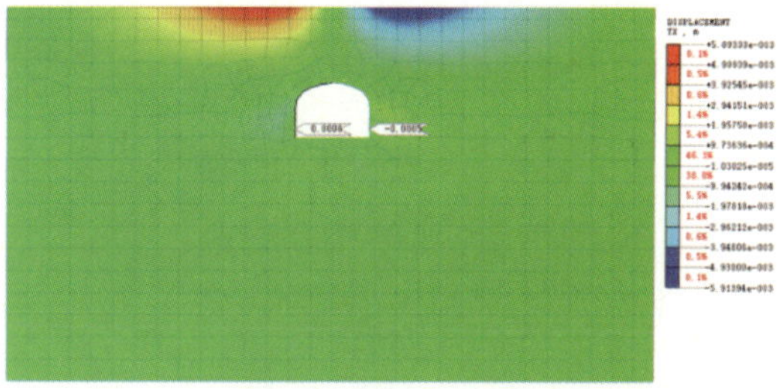

图 5.16　老黏土台阶法围岩横向变形云图

老黏土地层条件下采用台阶法，对其数值模拟结果进行研究，分析隧道结构与围岩的安全性和稳定性。计算结果见图 5.15—图 5.17。

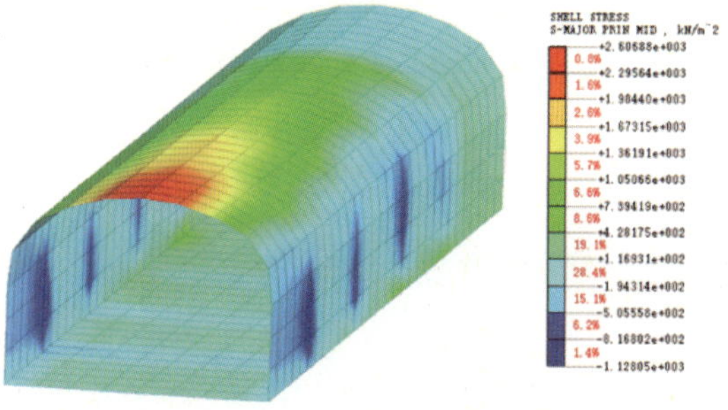

图 5.17　老黏土台阶法围岩与衬砌接触应力云图

根据计算结果分析可知：

（1）采用上下台阶法开挖隧道过程中，地表沉降较大，影响范围广，达到 2 倍洞跨，拱顶沉降大，向地表衰减慢，隧洞水平位移也较大，拱腰及拱脚较突出。

（2）采用上下台阶法开挖隧道过程中，围岩早期收敛变形往往较小，底臌量极小，大变形往往发生在中隔墙拆除以后。因此，尽早支护、及早封闭显得尤为重要。

（3）采用上下台阶法开挖隧道过程中，围岩与衬砌接触应力主要出现在拱腰部位，所以，在隧道开挖过程中应加强拱腰处的支护，加大锚杆密度，初期支护紧跟开挖工序。

综上所述，采用台阶法开挖隧道过程中，新、老黏土地层中隧道的围岩变形以及受力特征可以总结如下：

（1）在新、老黏土地层中采用上下台阶法开挖隧道过程中，新黏土地层中拱顶沉降以及地表沉降均大于老黏土地层。就底臌量来说，两种地层相差很小。

（2）在隧道洞身收敛方面，采用上下台阶法施工过程中，新黏土地层中洞身收敛要远大于老黏土地层，前者约为后者的 7 倍，两者的大变形往往发生在中隔墙拆除以后。

（3）在围岩与衬砌最大接触应力方面，新黏土地层中最大接触应力主要位于仰拱部位，老黏土地层中主要出现在拱腰部位，且新黏土地层中围岩与衬砌的接触应力水平明显大于老黏土地层，前者约为后者的 2 倍。

5.2.3　新、老黏土地层条件下全断面法动态数值模拟

结合合肥地铁隧道实际情况，建立浅埋（7 m）工况下的全断面法三维数值计算模型，

如图 5.18 所示。

1. 新黏土地层条件下全断面法动态数值模拟分析

新黏土地层条件下采用全断面法，对其数值模拟结果进行研究，分析隧道结构与围岩的安全性和稳定性。计算结果见图 5.19—图 5.21。

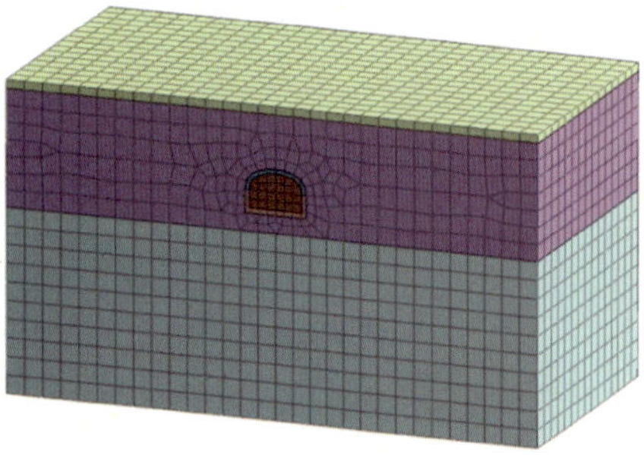

图 5.18　全断面法三维模型图

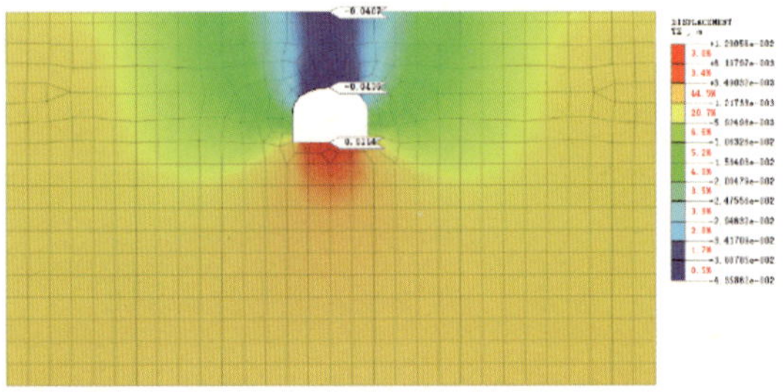

图 5.19　新黏土全断面法围岩竖向变形云图

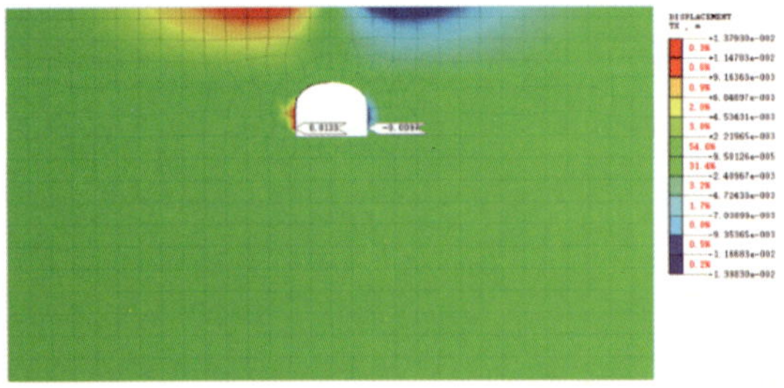

图 5.20　新黏土全断面法围岩横向变形云图

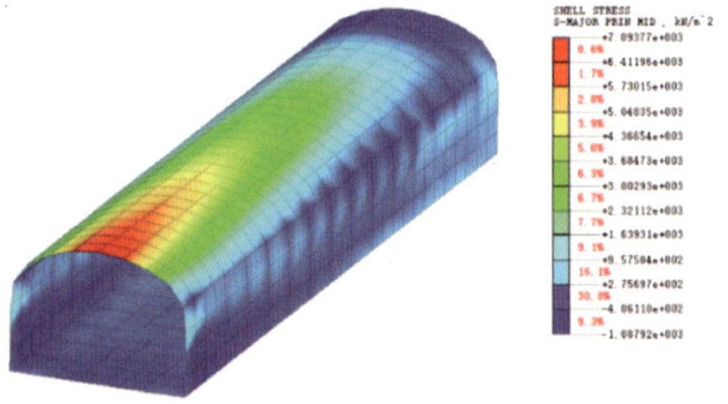

图 5.21　新黏土全断面法围岩与衬砌接触应力云图

根据数值计算结果分析可知：

（1）采用全断面法开挖隧道过程中，地表沉降较大，涉及范围广，拱顶下沉量大，向地表衰减慢，拱顶下沉量达 40 mm，变形较大。在施工过程中，应加强监测，及时反馈设计及支护参数，确保施工安全。

（2）采用全断面法开挖隧道过程中，围岩整体收敛变形较大，仰拱隆起效果相对明显，仰拱隆起量一般占围岩相对收敛量的 40%左右。另外，开挖过程中拱部位移较大，沉降衰减慢，拱部开挖影响深度达地表。因此，建议严格控制开挖进尺，考虑建模过程中采用 4 m 的开挖进尺时导致的围岩变形较大，建议开挖进尺控制在 2 m 左右。

（3）采用全断面法开挖隧道过程中，围岩与衬砌最大接触应力出现在仰拱及拱顶部位，在施工中要加强这些部位的支护，增加仰拱混凝土的厚度。

2. 老黏土地层条件下全断面法动态数值模拟分析

老黏土地层条件下采用全断面法，对其数值模拟结果进行研究，分析隧道结构与围岩的安全性和稳定性。计算结果见图 5.22—图 5.24。

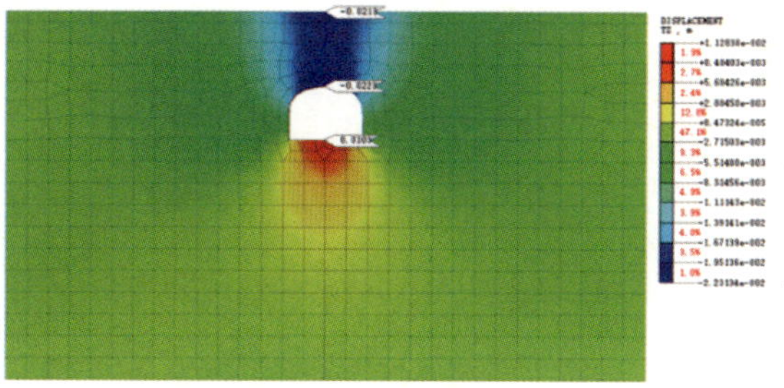

图 5.22　老黏土全断面法围岩竖向变形云图

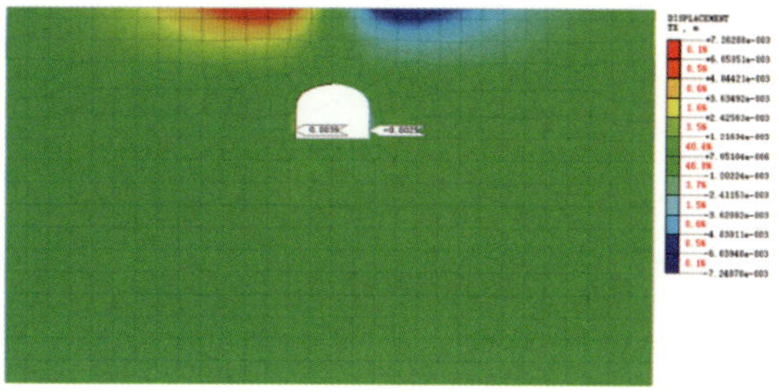

图 5.23　老黏土全断面法围岩横向变形云图

根据计算结果分析可知：

（1）采用全断面法开挖隧道过程中，地表沉降较大，涉及范围广，拱顶下沉量大，向地表衰减慢，地表沉降达 21.3 mm，变形较大，在施工过程中，应加强监测，及时反馈设计及支护参数，确保施工安全。

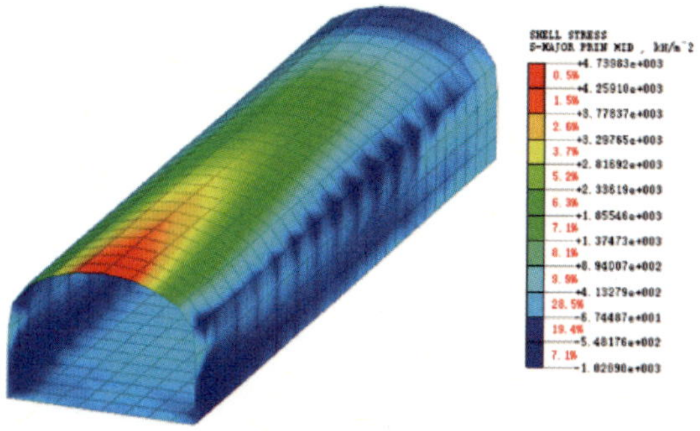

图 5.24　老黏土全断面法围岩与衬砌接触应力云图

（2）采用全断面法开挖隧道过程中，围岩整体收敛变形较大，仰拱隆起效果相对明显，仰拱隆起量一般占围岩相对收敛量的 30%左右。另外，开挖过程中拱部位移较大，沉降衰减慢，拱部开挖变形最大值达 22.3 mm。

（3）采用全断面法开挖隧道过程中，围岩与衬砌最大接触应力出现在仰拱及拱顶部位，在施工中要加强这些部位的支护，增加仰拱混凝土的厚度。

综上所述，采用全断面法开挖隧道过程中，新、老黏土地层中隧道的围岩变形以及受力特征如下：

（1）在新、老黏土地层中采用全断面法开挖隧道过程中，新黏土地层中拱顶沉降以及地表沉降均大于老黏土地层，前者约为后者的 2 倍，且新黏土地层中全断面法施工拱顶和地表的最终沉降均在 40 mm 以上，这已经超过了规定沉降量，会对周围环境产生很大的影响。就底板隆起量来说，两种地层相差不大。

（2）在隧道洞身收敛方面，采用全断面法施工过程中，新黏土地层中洞身收敛要大于老黏土地层，前者约为后者的 3 倍。围岩整体收敛变形较大，底板隆起效果相对明显。

（3）在新、老黏土地层中采用全断面法开挖隧道过程中，围岩与衬砌最大接触应力出现的位置均在仰拱及拱顶部位，不同的是前者的接触应力水平是后者的 1.5 倍左右。在施工中要加强这些部位的支护，增加仰拱混凝土的厚度。

5.2.4　新、老黏土地层条件下施工方案比选

结合上述 4 部 CRD 法、台阶法和全断面法三种施工方法的数值计算结果，结合三种

施工方法的特点，综合考虑安全性以及经济性因素，对施工方案进行比选。三种工法的施工特点见表 5.5。

表 5.5　　不同工法施工特点对比分析

工法名称	4 部 CRD 法	台阶法	全断面法
适用条件	Ⅳ～Ⅴ软弱围岩跨度大	Ⅳ软弱围岩跨度中等	Ⅲ～Ⅳ级围岩跨度小
施工技术难度	较高	一般	低
施工工序	工序较多	工序一般	工序少而简单
造价	高	较高	低
资源配置	多	较多	少
防排水施工难易程度	难	一般	易
沉降控制	好	较好	一般
施工工期	较长	较短	短
围岩变化时施工方法的适应性	适应性较好	适应性好	适应性一般
掌子面的稳定性	好	较好	稍差
配合辅助支护措施	一般	一般	很容易
对关键部位支护的有效性	好	较好	一般

在隧道施工控制技术方面，4 部 CRD 法相对台阶法和全断面法有所区别，4 部 CRD 法主要强调初期支护与临时支撑对围岩收敛变形的控制效果以及中隔墙拆除以后对围岩收敛变形的控制，初期支护施作是否及时对围岩收敛变形影响较大，施作初期支护锚杆可使围岩变形减小 50%左右，中隔墙拆除前后围岩收敛变形相差 60%～70%，而台阶法和全断面法对应的围岩收敛变形减小量分别为 30%和 40%，最大围岩收敛变形位置及阶段也有较大的区别。因此，4 部 CRD 法相对后两种开挖方法对支护体系的要求较高，考虑到 4 部 CRD 法开挖工作面的空间局限性，往往造成施工配套措施工作效率低，施工工期较长。

在隧道施工工法的适用性方面，4 部 CRD 法及时封闭对控制变形具有关键作用，但为提供机械化施工的作业空间，应对横撑的架设时机进行优化，并及时封闭侧导坑，达到控制变形的目的；上下台阶法考虑隧道安全并兼顾快速施工，有利于约束围岩变形的发展，也可加快进度，提高施工效率；全断面法对于提高施工机械使用效率和加快施工进度具有较大的优越性，但是隧道收敛变形大。

1. 新黏土地层条件下施工方案比选

新黏土地层条件下采用 4 部 CRD 法、台阶法和全断面法的隧道变形与受力计算结果对比如表 5.6 所示。

表 5.6　不同施工工法隧道变形与受力计算结果对比

工法	最大竖向变形/mm		最大水平变形/mm		围岩与初衬最大接触应力/kPa
	拱顶下沉	隧底隆起	左侧	右侧	
4 部 CRD 法	−17.6	6.6	4.4	−3.2	2 073
台阶法	−30.9	9.2	5.4	−3.5	4 023
全断面法	−43.6	11.4	13.3	−9.7	7 094

在控制隧道围岩竖向变形方面，4 部 CRD 法相对台阶法和全断面法的控制效果较明显，台阶法次之，全断面法开挖隧道容易引起较大的地表沉降和拱顶下沉，三者最大地表沉降变形分别为 18.6 mm，28.7 mm 和 40.7 mm，拱顶下沉变形分别为 17.6 mm，30.9 mm 和 43.6 mm。若支护不及时、开挖进尺过大或施工监控不到位，极易造成过大的收敛变形，甚至造成隧道塌方。因此，采用上下台阶法开挖必须控制台阶循环进尺，并注重初期支护的强度和钢支撑的整体刚度，防止由于局部收敛过大导致的支护体系整体失稳。从衬砌受力方面来看，全断面法施工断面大，应力释放量大，开挖后断面拱顶和拱腰竖向应力值小，围岩变形压力易转变为松动压力，容易出现围岩受拉区域，对拱顶和拱腰开挖稳定性不利。在三种施工工法条件下，采用全断面法施工时，衬砌混凝土受力最不利，存在一定范围的受拉区。

当隧道位于新黏土地层中，采用 4 部 CRD 法时隧道拱顶下沉、收敛变形、围岩与衬砌接触应力较台阶法和全断面法要小，围岩与初衬最大接触应力为 2 073 kPa，地表变形和拱顶变形分别比后两种工法小 54.3%和 118%。虽工序繁多，不利于施工作业，但考虑到施工的安全性和围岩稳定性，建议采用 4 部 CRD 法开挖施工，且需强调初期支护与临时支撑对围岩收敛变形的控制效果以及中隔墙拆除以后对围岩收敛变形的控制。

2. **老黏土地层条件下施工方案比选**

老黏土地层条件下采用 4 部 CRD 法、台阶法和全断面法的隧道变形与受力计算结果比较如表 5.7 所示。

表 5.7　不同施工工法隧道变形与受力计算结果对比

工法	最大竖向变形/mm		最大水平变形/mm		围岩与初衬最大接触应力/kPa
	拱顶下沉	拱底隆起	左侧	右侧	
4 部 CRD 法	10.6	−5.9	0.6	−0.6	1 289
台阶法	18.4	−8.5	0.8	−0.5	2 607
全断面法	22.3	−10.3	3.6	−2.5	4 740

与新黏土地层中情况相似，在控制隧道围岩竖向变形方面，4 部 CRD 法相对台阶法和全断面法的控制效果较明显，台阶法次之，全断面法开挖隧道容易引起较大的地表沉降和拱顶下沉，三者最大地表沉降分别为 11.4 mm，17.5 mm 和 21.3 mm，最大拱顶下沉

量分别为 10.6 mm，18.4 mm 和 22.3 mm。

当隧道位于老黏土地层中，采用 4 部 CRD 法、台阶法和全断面法均能满足安全性要求，三者围岩与初衬最大接触应力分别为 1 289 kPa，2 607 kPa 和 4 740 kPa，4 部 CRD 法施工产生的地表变形和拱顶变形分别比后两种工法小 53.5%和 86.8%。但上下台阶法施工的工序相对较少，能够大大节省施工时间，上下台阶法施工的工作面也比 4 部 CRD 法施工的工作面要大，更便于施工，也有助于改善隧道内的通风。由于减少了临时支撑工序，可以节约大量用于临时支护的钢材和水泥，能够降低人工费用，故上下台阶法的施工费用较低。因此，在老黏土地层中，当周围变形控制标准较严格时建议采用 4 部 CRD 法；当周围环境允许且地层性质较好时采用上下台阶法会更为经济合理。

5.3 暗挖隧道 CRD 法施工参数优化

CRD 法施工时，下台阶中隔壁的存在会影响机械操作，导致开挖及出渣作业严重受限，施工进度慢，同时由于施工步序太多且工序转换复杂，初期支护整体闭合成环慢，致使拱顶及地表沉降控制效果有时不够理想。本书结合合肥地铁隧道洞口浅埋段和深埋段，通过数值仿真计算分析了 4 部 CRD 法不同开挖参数（开挖进尺、台阶长度、开挖步序）对隧道围岩和衬砌结构受力与变形的影响，提出了大跨度断面暗挖隧道合理的开挖施工参数。计算选取埋深为 7 m、拱部位于新黏土的隧道断面为例进行研究。

5.3.1 开挖进尺

已有研究发现，初期支护闭合时间越短，支护结构变形收敛速度越快，但受到施工技术及施工组织的制约，分部开挖时各部开挖间距过小将给施工组织带来障碍，因此对优化工法的开挖步距进行研究，以寻求既能加快断面支护结构闭合速度同时又能减轻各部施工之间相互影响、保证施工顺利进行的最优开挖步距。

本书对于采用 4 部 CRD 法的隧道，按 1 m，2 m，3 m 三种进尺长度进行试验，其余施工参数不变，台阶长度均取为 6 m，开挖步序保持一致，地层参数等均保持一致。通过对不同进尺长度下隧道围岩的变形以及衬砌的受力情况进行分析，从而得出在合肥地区新黏土地层中施作 CRD 法的合适开挖进尺。

1. 开挖进尺对隧道围岩竖向变形的影响分析

本书主要通过对隧道开挖过程中各个施工步进行后以及开挖完成后的隧道围岩竖向变形情况进行比较分析。CRD 法施工过程中各个施工步完成后隧道围岩的竖向变形如图 5.25 所示。

隧道按 1 m，2 m，3 m 三种进尺长度开挖完成后，隧道围岩的累计竖向变形云图见图 5.26—图 5.28。

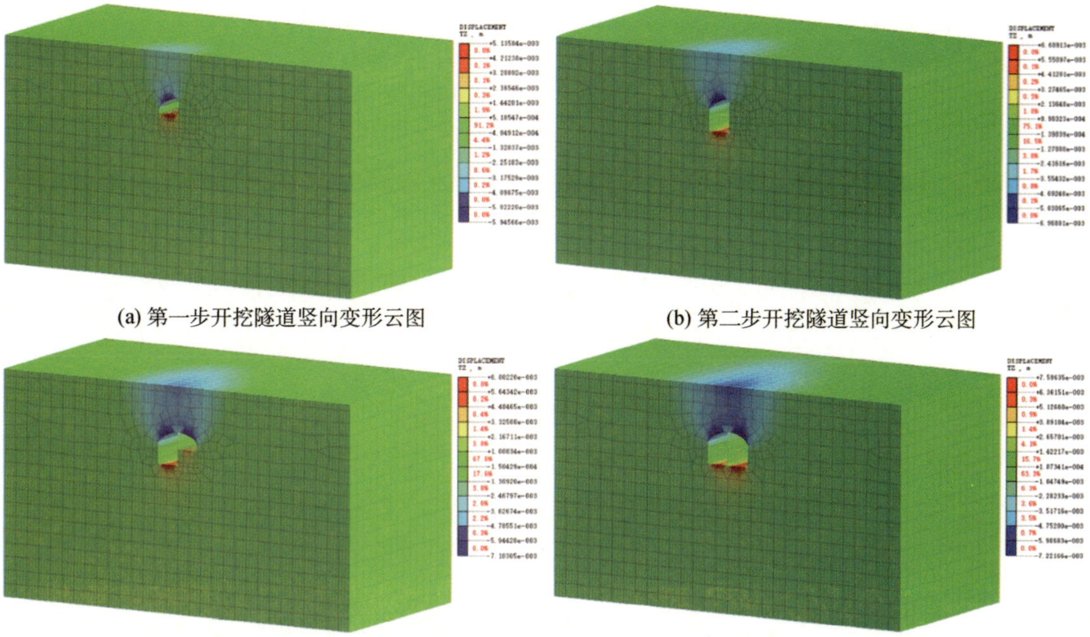

(a) 第一步开挖隧道竖向变形云图　(b) 第二步开挖隧道竖向变形云图

(c) 第三步开挖隧道竖向变形云图　(d) 第四步开挖隧道竖向变形云图

图 5.25　各个施工步完成后隧道围岩竖向变形云图

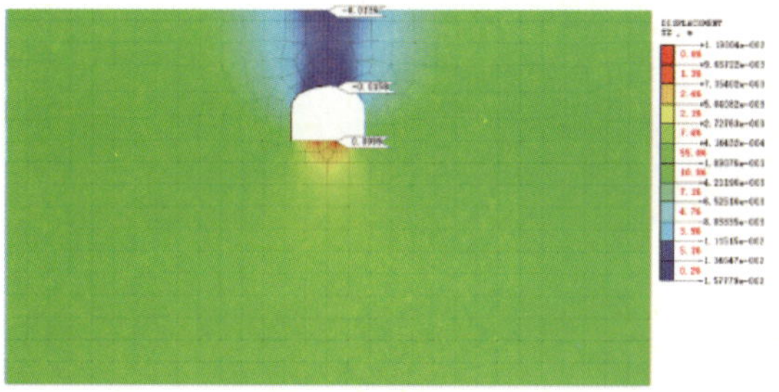

图 5.26　循环进尺 1 m

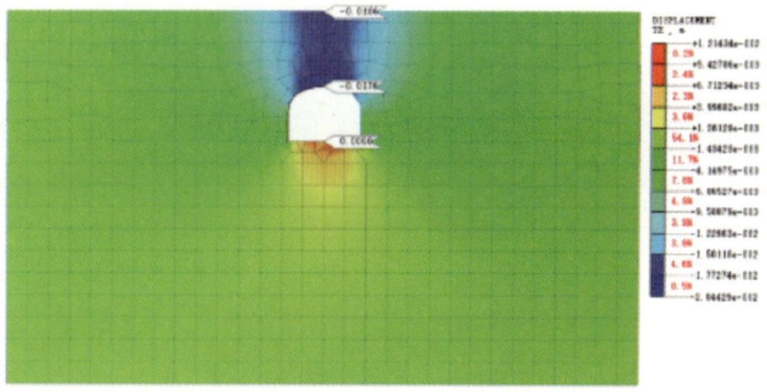

图 5.27　循环进尺 2 m

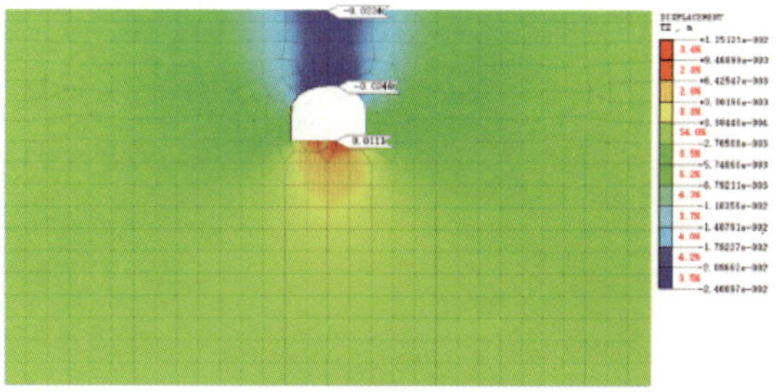

图 5.28　循环进尺 3 m

对隧道各个施工步完成后以及隧道开挖完成后隧道围岩竖向变形云图中的拱顶最大沉降量进行分析总结。开挖进尺为 1 m，2 m，3 m 的各开挖步的围岩最大竖向变形值见表 5.8。

表 5.8　　不同开挖进尺的围岩最大竖向变形值　　(单位:mm)

开挖进尺	第一步	第二步	第三步	第四步	最终步
进尺 1 m	5.94	6.97	7.10	7.22	15.78
进尺 2 m	8.05	10.28	11.07	11.51	20.44
进尺 3 m	9.74	12.86	14.14	15.03	24.01

施工进尺为 1 m，2 m，3 m，隧道开挖完成后地表沉降最大值分别为 13.6 mm，18.6 mm，22.4 mm。

分析计算结果可知：在新黏土地层中采用 CRD 法开挖隧道，开挖进尺为 1 m 时，开挖步累积变形增量分别为 5.94 mm，1.03 mm，0.13 mm，0.12 mm；开挖进尺为 2 m 时，开挖步累积变形增量分别为 8.05 mm，2.23 mm，0.79 mm，0.44 mm；开挖进尺为 3 m 时，开挖步累积变形增量分别为 9.74 mm，3.12 mm，1.28 mm，0.89 mm。

2. 开挖进尺对隧道围岩横向变形以及围岩与衬砌接触应力的影响分析

隧道按 1 m，2 m，3 m 三种进尺开挖完成后，隧道围岩的累计横向变形云图见图 5.29—图 5.31。

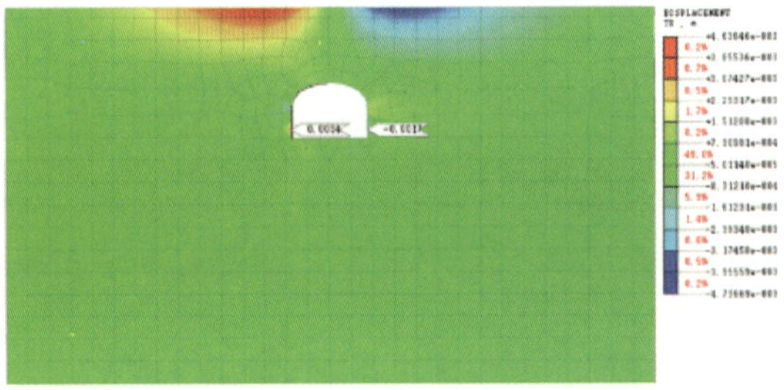

图 5.29　循环进尺 1 m

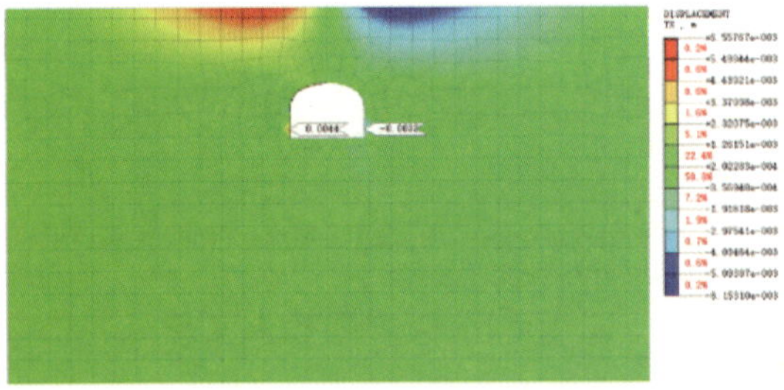

图 5.30　循环进尺 2 m

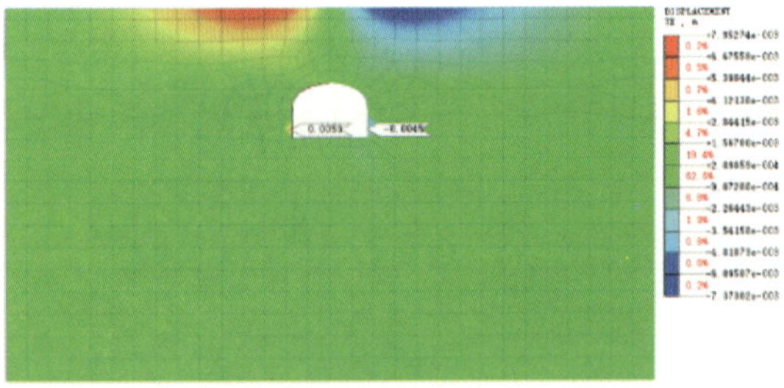

图 5.31　循环进尺 3 m

由图分析可得，施工进尺为 1 m，2 m，3 m，隧道开挖完成后围岩累计最大横向变形分别为 3.4 mm，4.4 mm，5.9 mm。

隧道按 1 m，2 m，3 m 三种进尺开挖完成后，围岩与衬砌接触应力云图见图 5.32—图 5.34。

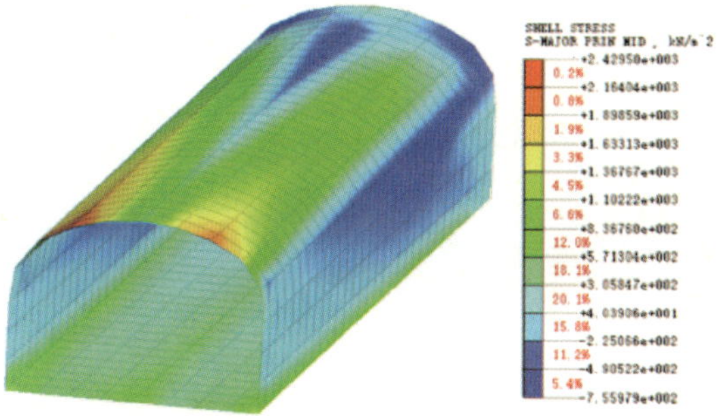

图 5.32 循环进尺 1 m

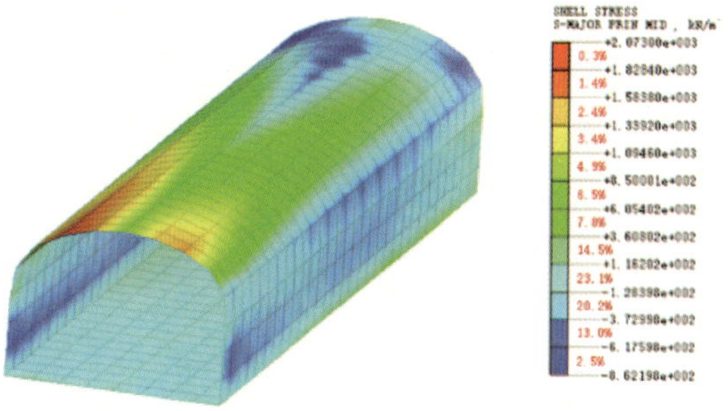

图 5.33 循环进尺 2 m

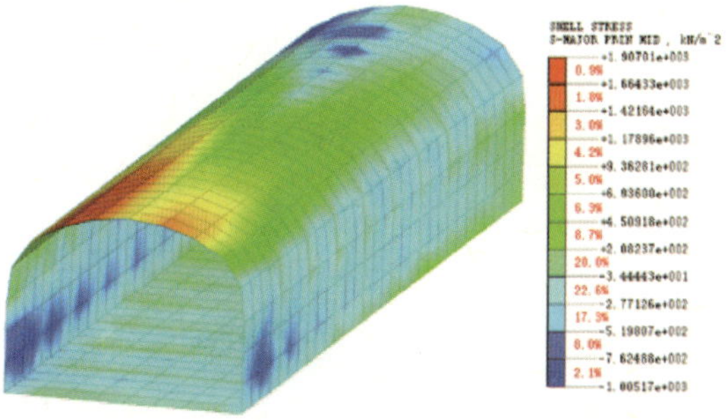

图 5.34 循环进尺 3 m

对上述有效应力云图进行分析、总结,可得隧道开挖进尺为 1 m, 2 m, 3 m 时,隧道围岩与衬砌最大接触应力见表 5.9。

表 5.9 不同开挖进尺下隧道围岩与衬砌接触最大应力值

开挖进尺	最大接触应力/kPa	部位
进尺 1 m	2 430	拱顶
进尺 2 m	2 073	拱顶
进尺 3 m	1 907	拱顶

由表可知,在新黏土地层中采用 CRD 法开挖隧道时,隧道围岩与衬砌最大接触应力位置都在拱顶处,随着开挖进尺的增大,最大接触应力呈减小趋势。

综上所述,随着循环进尺的增大,围岩变形也相应增大,最大增幅达 20%;最大接触应力随着开挖进尺的增大呈减小趋势。为了保证初期支护的安全和施工工期,开挖循环进尺原则上控制在 2 m 左右,在现场可快速支护的条件下,也可选择 1 m 作为开挖循环进尺。

5.3.2 台阶长度

保持循环开挖进尺为 2 m,施工步序一致,其余各种施工参数一致的前提下,选择 4 m, 6 m, 8 m 三种台阶长度进行三维分析。不同台阶长度下开挖完成后的隧道围岩竖向变形云图及计算结果见图 5.35—图 5.37。

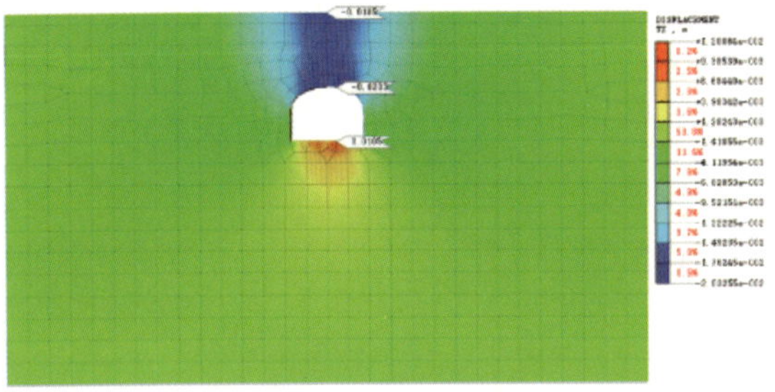

图 5.35　台阶长度 4 m

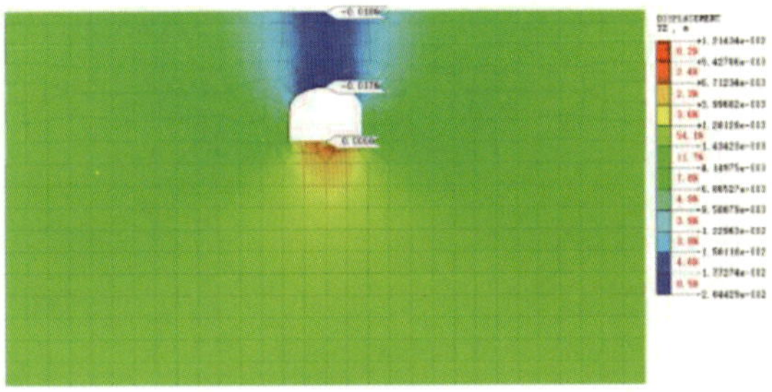

图 5.36　台阶长度 6 m

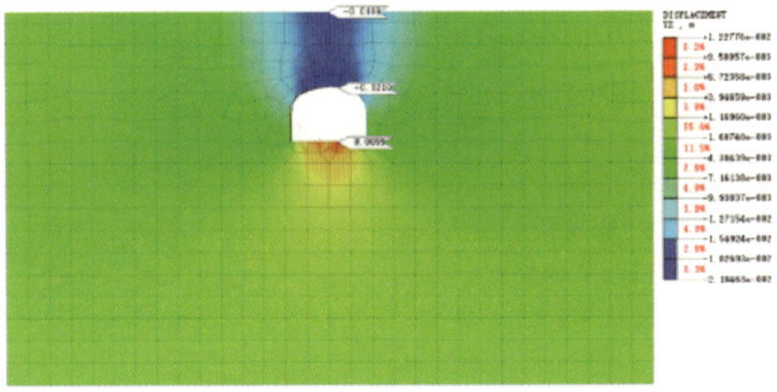

图 5.37　台阶长度 8 m

由上述云图分析可得，台阶长度为 4 m，6 m，8 m 时，隧道开挖完成后围岩的竖向变形和横向变形如表 5.10 所示。

表 5.10　　不同台阶长度隧道围岩变形

台阶长度	竖向变形/mm			相对水平位移/mm	
	地表沉降	拱顶沉降	拱底隆起	左拱腰	右拱腰
4 m	18.5	20.3	10.5	4.4	−3.4
6 m	18.6	17.6	6.0	4.4	−3.2
8 m	18.9	21.0	9.9	4.3	−3.3

由图表分析可知：台阶长度由 4 m 增至 6 m 再到 8 m，地表沉降及围岩水平位移减少不明显，减少量最大为 0.4 mm。而拱顶及底板的变形差距较为明显，台阶长度由 4 m 增加至 6 m，拱顶下沉减少 2.7 mm，降幅 13.3%，底板隆起减少 4.5 mm，降幅 42.8%；台阶长度由 6 m 增加至 8 m，拱顶下沉增加 3.4 mm，增幅 19.3%，底板隆起增加 3.9 mm，增幅 62.0%。

应注意的是，该结果是在同一初期支护封闭距离的情况下得到的，封闭距离＝各台阶长度之和＋仰拱开挖长度，同一封闭距离下，各台阶长度短，则仰拱开挖距离长。表中数据显示，台阶长度 6 m 要优于 4 m 及 8 m，故台阶长度以控制在 6 m 左右为宜。

5.3.3 开挖步序

上述数值计算采取的开挖步序①：左上导洞开挖，左下导洞开挖，右上导洞开挖，右下导洞开挖[图 5.38(a)]。本节在保持台阶长度为 6 m、循环开挖尺度为 2 m 的前提下，变换为开挖步序②：左上导洞开挖，右上导洞开挖，左下导洞开挖，右下导洞开挖[图 5.38(b)]，研究不同开挖步序对隧道围岩变形的影响。

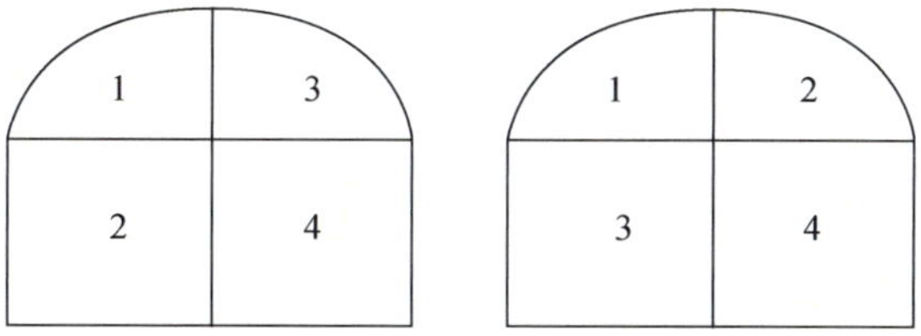

(a) 开挖步序①　　(b) 开挖步序②

图 5.38　不同开挖步序示意图

开挖步序②的围岩变形计算结果见图 5.39、图 5.40。

图 5.39　开挖步序②下围岩竖向变形云图

图 5.40　开挖步序②下围岩横向变形云图

与 5.3.1 节中的隧道围岩横向变形与竖向变形云图进行比较，并且分析比较开挖完成后的最大地表沉降量、拱顶下沉量以及洞周收敛量，比较结果见表 5.11。

表 5.11　不同开挖步序地层位移对比表

开挖步序	地表沉降/mm	拱顶下沉/mm	洞周收敛/mm
①	16.1	14.6	1.7
②	20.4	18.1	2.0

由表可以看出，步序①地表沉降最大值为 16.1 mm，步序②地表最大沉降值为 20.4 mm，步序②相比于步序①最大地表沉降值增加 27%左右；步序①拱顶下沉最大值为 14.6 mm，步序②地表最大沉降值为 18.1 mm，步序②相比于步序①拱顶下沉值增加 24%左右；步序①洞周收敛最大值为 1.7 mm，步序②地表洞周收敛最大值为 2.0 mm，步序②相比于步序①整体收敛值增加 18%左右。可见，在控制地层变形方面，步序①明显优于步序②。

作出步序①和步序②的地表沉降曲线和拱顶下沉曲线，如图 5.41、图 5.42 所示。

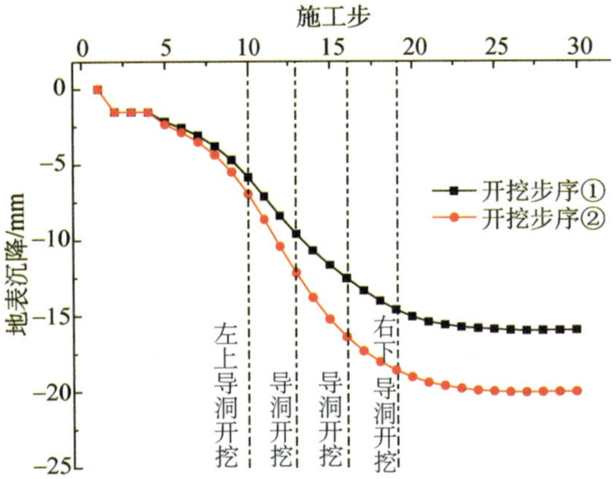

图 5.41　不同步序开挖的地表沉降曲线

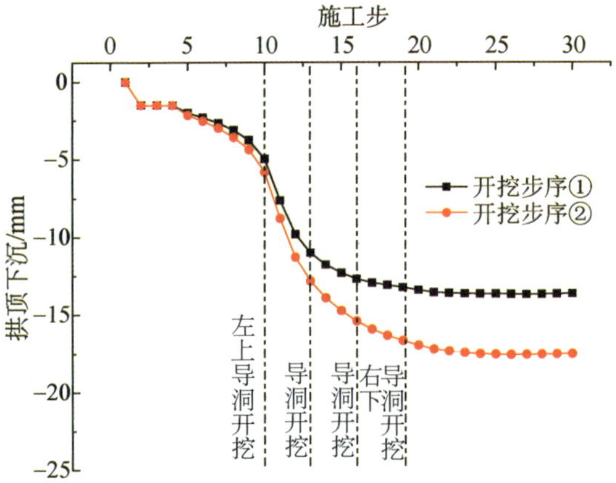

图 5.42　不同步序开挖的拱顶下沉曲线

由图可知，两者的沉降差异性主要体现在隧道左上导洞开始开挖到右下导洞开挖完成阶段。左上导洞开挖前，步序①比步序②的地表沉降仅少 1.1 mm，拱顶下沉仅少 0.8 mm；当右下导洞经过断面时，地表沉降和拱顶下沉的差值分别增大到 4.0 mm 和 3.4 mm。

优化分析得出，与正常步序①相比，步序②净空位移均增大，沉降增加 4 mm 左右，增幅 25%，可知步序①比步序②更有利于控制围岩的稳定，因此，建议选择步序①开挖。

5.3.4　拆撑技术优化

对于采用 CRD 法等多步开挖的施工方法修建的复合式衬砌隧道结构，当各个施工步均已通过监测断面，且监测的各项数据均已稳定时，就需考虑临时支撑的拆除及二次衬砌的施作。浅埋暗挖法中的初期支护形成了棚架体系，于是在二次衬砌浇筑时需要分段拆除临时支撑，临时支撑的拆除将导致结构的应力重新分布，此过程也是初期支护受力最危险的阶段。

在施工过程中，临时支撑的拆除时机、拆撑顺序以及拆除的步长，对隧道结构的安全性与围岩的稳定性具有较大的影响。为保证拆撑不对整个隧道的安全造成影响，应选择合理的拆撑方案。拆撑的现场施工如图 5.43 所示。

图 5.43　拆撑的现场施工

1. **拆撑顺序**

本书采用数值分析方法模拟三种不同的拆撑顺序，以选择最佳施工方案。

第一种拆撑顺序（顺序①）：按顺序从上至下拆除一段支撑（先拆除上导支撑，再拆除下导支撑和横撑）并施工二次衬砌，待形成强度后再进行下一段支撑的拆除与二次衬砌施工，即从上至下按顺序拆撑。

第二种拆撑顺序（顺序②）：按顺序从下至上拆除一段支撑（先拆除下导支撑，并施作仰拱，再拆除上导支撑和横撑）并施工二次衬砌，待形成强度后再进行下一段支撑的拆除与二次衬砌施工，即从下至上按顺序拆撑。

第三种拆撑顺序（顺序③）：整个隧道临时支撑从下至上（隔段拆除，先拆除下导支撑，并施作仰拱，再拆除上导支撑和横撑），及时进行二次衬砌施工；待形成强度后，再间隔一段进行下一段的拆除与二次衬砌施工，即从下至上交替拆撑。

本次数值模拟的三维模型纵向长度为 30 m，为便于分析，交替拆撑和顺序拆撑均可分为 5 个阶段，即以每个阶段拆撑 6 m 作为一个施工单元，两种拆撑顺序对应的施工阶段如表 5.12 所示。

表 5.12　　拆撑顺序分段

拆撑阶段	阶段 1	阶段 2	阶段 3	阶段 4	阶段 5
交替拆撑	拆撑 0～6 m	拆撑 12～18 m	拆撑 24～30 m	拆撑 6～12 m	拆撑 18～24 m
顺序拆撑	拆撑 0～6 m	拆撑 6～12 m	拆撑 12～18 m	拆撑 18～24 m	拆撑 24～30 m

1）不同拆撑顺序下围岩变形分析

按照上述三种拆撑顺序进行模拟，拆撑前后各个施工顺序的隧道围岩竖向位移云图如图 5.44 所示。

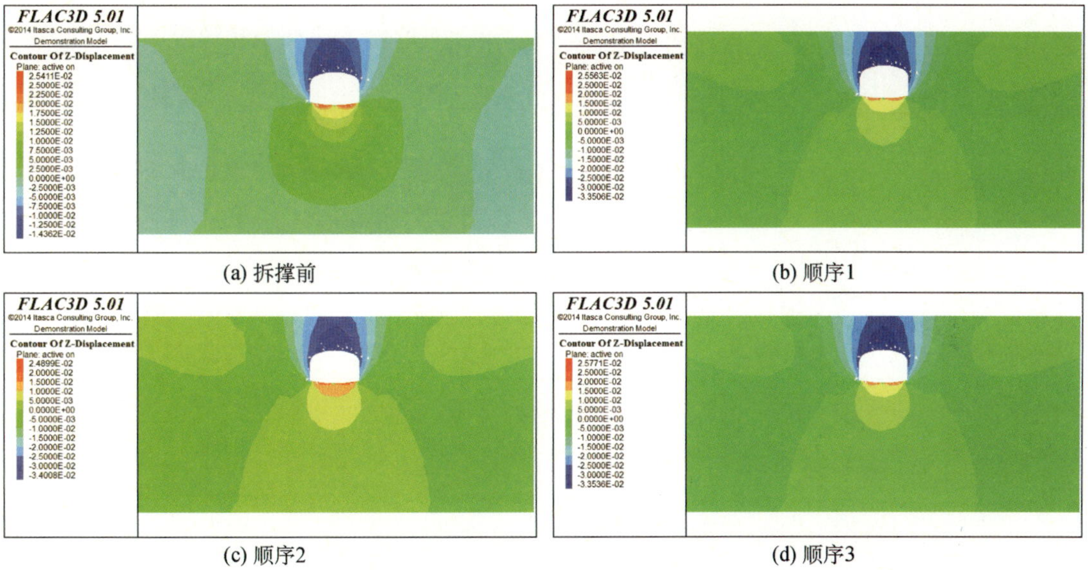

(a) 拆撑前　(b) 顺序1　(c) 顺序2　(d) 顺序3

图 5.44　围岩竖向位移云图

由图 5.44 可以看出，围岩竖向位移场在拆撑前后变化非常小，只是拱顶和底板附近的云图发生了变化。

根据数值模拟的计算结果，作出不同拆撑顺序下地表沉降、拱顶下沉及水平收敛位移的不同阶段的变化曲线,如图 5.45—图 5.47 所示。

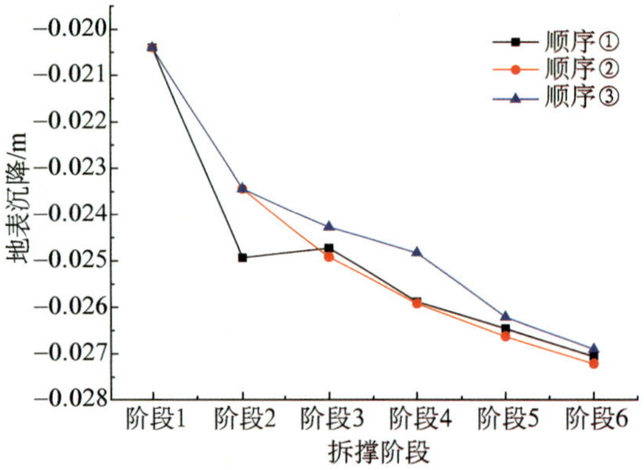

图 5.45 不同拆撑顺序下地表沉降曲线

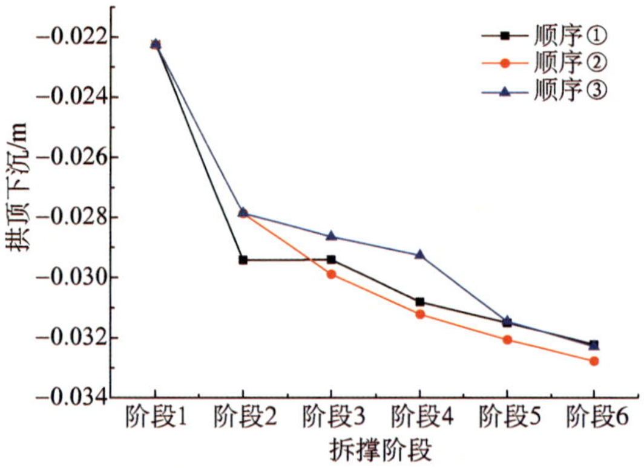

图 5.46 不同拆撑顺序下拱顶沉降曲线

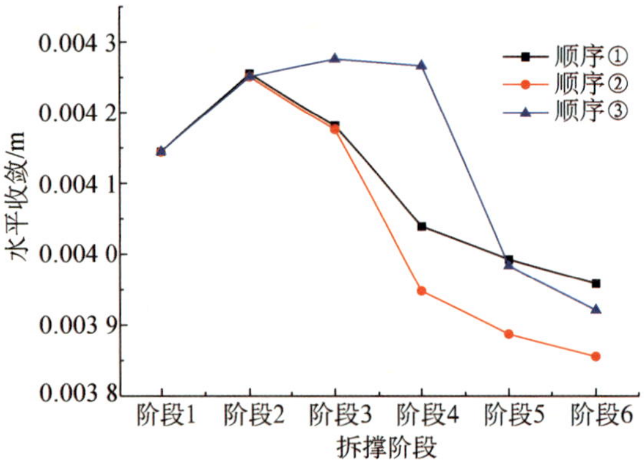

图 5.47 不同拆撑顺序下洞周水平收敛曲线

从图中可以看出,三种拆撑顺序对地表沉降影响的差距比较小,顺序③位移变化值较小,顺序②位移变化值较大,三种拆撑顺序的位移最终值非常接近。三种拆撑顺序对拱顶下沉的影响与地表沉降类似。三种拆撑顺序对水平收敛影响的差距比较明显,但绝对值相差不大,顺序①位移变化值较小,顺序②位移变化值较大。

将不同顺序下拆撑前后地表沉降最大值、隧道拱顶沉降以及洞身收敛的计算结果进行统计,统计结果如表 5.13 所示。

表 5.13 位移计算结果

拆撑顺序	量测项目	拆撑前累计值/m	拆撑后增量/m	变化比例/%
顺序①	地表沉降	2.04×10^{-2}	6.67×10^{-3}	32
	拱顶下沉	2.22×10^{-2}	9.97×10^{-3}	44
	水平收敛	4.14×10^{-3}	1.86×10^{-4}	5
顺序②	地表沉降	2.04×10^{-2}	6.81×10^{-3}	33
	拱顶下沉	2.22×10^{-2}	1.05×10^{-2}	47
	水平收敛	4.14×10^{-3}	2.88×10^{-4}	7
顺序③	地表沉降	2.04×10^{-2}	6.50×10^{-3}	31
	拱顶下沉	2.22×10^{-2}	1.00×10^{-2}	45
	水平收敛	4.14×10^{-3}	2.23×10^{-4}	5

由表可知，在临时支护拆除后，地表沉降、拱顶下沉和水平收敛数据都没有发生突变，而是非常平稳地增长。拆撑后水平收敛量增加不大，比拆撑前增加5%～7%；而地表沉降、拱顶下沉量虽然变化比例较大，但其变化绝对值不大，增加的最大量值不超过10 mm，从测量结果来看，结构是安全的，而现场施工也证明了拆撑后结构的安全性。

2）不同拆撑顺序下隧道支护结构受力分析

根据数值计算结果，各断面内力分布形式基本一致，竖撑的拆除会使拱部的轴力急剧变大，弯矩方向改变且量值有所减小；临时支撑拆除完后，边墙轴力略微增大而弯矩急剧减小，拱脚轴力明显减小而弯矩继续增大。拆撑前轴力最大值位于边墙和上部竖撑，弯矩最大值亦位于边墙；拆撑后，轴力最大值位于拱顶，弯矩最大值则位于拱肩和边墙。

采用顺序①（自上而下），初期支护内力最大值与顺序②（自下而上）的差距较小，说明断面内的拆撑顺序对隧道支护结构内力影响较小。采用顺序③（交替拆撑），初期支护内力最大值比顺序②（顺序拆撑）小，说明纵向的拆撑顺序对隧道支护结构内力影响较大。因此，从内力变化的角度来看，拆撑顺序宜采用顺序③，它引起的内力峰值及变化量均小于顺序①和顺序②。

综上所述，三种拆撑顺序引起的地表和拱顶沉降以及初期支护水平收敛量差距较小，相比较而言，自上而下的拆撑顺序和交替拆撑顺序的施工安全风险更小。因此，在临时支撑拆除过程中，可以考虑优先采用交替拆撑顺序。

在实际工程中，拆撑方案的确立还应考虑二次衬砌施作的难易，并尽量减少施工缝，增强二次衬砌的防水功能。因此，在强度条件满足的情况下，对于大断面隧道可以采用自下而上的拆撑顺序，在下导洞支撑拆除后可立即施作仰拱二次衬砌，待混凝土达到一定强度后，再拆除剩余支撑，架设脚手架施作拱部和边墙。

2. 一次拆撑长度

综合考虑成本、进度、安全及实际工作问题，规定最短以6 m为一个施工单位，并可按3 m的倍数递增。现选取三种一次拆撑长度6 m，9 m和12 m，分别进行数值模拟计算。

根据数值模拟结果，拆撑前，初期支护相对临时支撑受到的轴力和弯矩较大，支护结构最大轴力和最大弯矩均出现在边墙与临时支撑相接处，这正说明临时支撑的拆除对邻近支撑的影响比较大。因此，应重点考虑边墙与临时支撑相接处的弯矩变化情况。

完全拆除支撑后，根据数值模拟结果对拆撑段和未拆撑段的初期支护进行弯矩分析，具体数值和变化规律如表5.14和表5.15所示。

表5.14　拆撑段初期支护内最大弯矩

拆撑情况	弯矩/(kN·m)		
	拱顶	边墙	拱脚
一次拆撑6 m	27.9	53.4	20.2
一次拆撑9 m	37.6	59.5	33.7
一次拆撑12 m	25.6	55.0	17.9

表 5.15　与拆撑段相邻初期支护内最大弯矩

拆撑情况	弯矩/(kN·m)		
	拱顶	边墙	拱脚
一次拆撑 6 m	32.8	57.9	25.3
一次拆撑 9 m	41.1	65.2	37.8
一次拆撑 12 m	29.1	62.3	22.4

由表可知，对于拆撑段和未拆撑段，比较一次拆撑 6 m，9 m，12 m 的结果，隧道支护结构拱顶和拱脚处的弯矩较小，边墙处弯矩较大。计算结果表明，一次拆撑 6 m 时所受的弯矩最小，随撑拆过程而逐步增加；一次拆撑 9 m 和 12 m 时所受弯矩均较大，拆撑过程中弯矩增加不明显。从受力情况分析，考虑整个拆撑过程的安全和实际施工组织情况，应选择一次拆撑 6 m。

比较表 5.14 和表 5.15，拆撑过程中初期支护内的最大弯矩并不是出现在拆撑段内，而是出现在相邻初期支护内，最不利位置是边墙附近。说明临时支撑的拆除对邻近初期支护的影响比拆撑段本身大。

综上所述，一次拆撑长度的确定应由与拆撑段邻近的未拆撑隧道的内力来控制。对于地层类别为 A 类的良好地层组合，建议拆撑长度可定为 6 m，同时实际施工过程中拆撑应加强对邻近隧道的监测。

5.4　初期支护施工技术

暗挖隧道开挖后，暴露的围岩极易受风化、软化作用，从而使强度降低，自承载能力丧失。因此，紧跟隧道开挖作业面及时施作初期支护是维护隧道稳定、保护其自承载能力的关键，也是在安全环境下开展隧道后续工序作业的需要。

合肥地铁暗挖隧道初期支护主要包括喷射混凝土、锁脚锚管、格栅钢架等结构。

5.4.1　喷射混凝土

喷射混凝土层具有提高隧道围岩强度、防止围岩强度劣化、改善围岩的受力状态、增强支护系统的整体性等重要作用。喷射混凝土层将锚杆、钢筋网和围岩黏结在一起，构成一个共同作用的整体结构，从而提高支护的整体承载能力。

喷射混凝土的强度比同标号的混凝土块强度高 10%～15%，与围岩黏结力也较高，喷射完成 3～6 h 后就允许进行爆破作业。钢纤维或玻璃纤维是混凝土喷层的补强剂，可以显著增加喷射混凝土的抗挠性。喷射混凝土不仅使隧道及早支护，而且可用作隧道永久支护。

1. 喷层的力学性能

喷射混凝土的力学特性直接影响地下工程的加固效果，其主要力学特性包括强度和变形特性。评价喷射混凝土质量的主要强度指标见表 5.16 和表 5.17。由于采用喷射法施工，拌和料高速喷到岩面上且反复冲击压密，因此，喷射混凝土一般都具有良好的密实性和较高的抗压强度。

喷射混凝土的黏结强度包括抗拉黏结强度和抗剪黏结强度。前者用于衡量喷射混凝土在受到垂直于界面方向拉应力作用时的黏结能力，后者则反映抵抗平行于界面作用力的能力。

表 5.16 喷射混凝土的设计强度值 （单位：MPa）

强度种类	喷射混凝土强度等级		
	C20	C25	C30
轴心抗压	10	12.5	15
弯曲抗压	11	13.5	16
轴心抗拉	1.0	1.2	1.4

表 5.17 喷射混凝土的受压弹性模量 E_C

喷射混凝土强度等级	C20	C25	C30
受压弹性模量 E_C/MPa	2.1×10^4	2.3×10^4	2.5×10^4

2. **喷层的变形机理**

1）喷层的变形破坏机理

喷层变形和承载力之间关系的试验表明，喷层的受力变形分为三个阶段：第一阶段为黏结抵抗，第二阶段为梁效应，第三阶段为薄壳效应。在变形初期，喷层起黏结抵抗作用，黏结破坏取决于围岩表面矿物成分和喷层厚度，黏结抵抗效应主要取决于围岩质量（围岩表面矿物成分）及其表面清洁程度，并在一定程度上随喷层厚度增加而增强。

梁效应在中心的变形（挠度）为 5～10 mm，变形角为 1×100 时承载力最大，其承载力计算如下。

钢筋网增强喷射混凝土：

$$M_f = \frac{A}{c} \cdot 0.4 \cdot h \cdot \sigma_{ty} \tag{5.1}$$

钢纤维增强喷射混凝土：

$$M_f = \frac{h^2}{6} \cdot \mu_s \cdot \sigma_{ty} \cdot \frac{1}{k} \tag{5.2}$$

式中 A——钢筋截面积；

c——钢筋间距；

h——喷层厚度；

μ_s——钢纤维含量；

k——表示钢纤维作用效果的经验系数；

σ_{ty}——钢材抗拉强度。

2）喷层厚度与柔性

喷层厚度是喷射混凝土最重要的参数，喷层的柔性与厚度直接相关。当相对厚度 $h/r_0>1/5$ 时，喷层为刚性厚层状态，其破坏形式为弯曲破坏；当 $h/r_0<1/15$ 时，喷层为柔性状态，其破坏形式为剪切破坏；当 $h/r_0=1/12\sim1/8$ 时，支护能力最强，喷层处于从剪切破坏到弯曲破坏的过渡阶段。这表明，喷层越厚，刚度越大，约束了围岩变形，引起更大荷载，反而容易发生破坏。所以喷层要具有柔性，必须控制其厚度，柔性较好且有足够抗力的喷层厚度应按式(5.3)控制：

$$h=(0.025\sim0.033)r \tag{5.3}$$

式中　h——喷层厚度；

　　r——隧道计算半径，非圆形隧道，近似取其外接圆半径或跨度之半。

喷层也不是越薄越好，否则支护抗力不足会引起压裂或压剪破坏，发生开裂剥落。国内外的经验都表明，井下的喷层厚度一般在 50～100 mm 之间。当喷层厚度小于 50 mm 时，由于材料的收缩通常会导致喷层的渗水和结构的破坏。

3. 喷射混凝土的材料组成

隧道设计规范规定，喷射混凝土应采用 C20 混凝土，其材料组成有水泥、砂子、石子、速凝剂和水。

1）水泥

优先采用硅酸盐水泥或普通硅酸盐水泥，也可采用矿渣硅酸盐水泥。普通硅酸盐水泥含有较多的 C3A 和 C3S，凝结速度较快，特别是与速凝剂有良好的相容性。

2）砂子——细骨料

砂子应采用坚硬耐久的中砂或粗砂，细度模数宜大于 2.5，目的是有足够的水泥包裹细骨料，有利于获得足够的混凝土强度，同时可减少粉尘和硬化后混凝土的收缩。砂子的含水量宜控制在 5%～7%，砂中小于 0.075 mm 的颗粒不应大于 20%。

3）石子——粗骨料

石子应采用坚硬耐久的碎石或卵石，不得使用碱活性骨料。为了减少回弹和管路堵塞，规定粒径不宜大于 16 mm，喷射钢纤维混凝土中石子粒径不宜大于 10 mm。

4）速凝剂

为了促进喷射混凝土速凝，可使用速凝剂；为了减少回弹与粉尘，可使用增黏剂。但选用的添加剂必须是通过鉴定的产品。添加剂的合理组合与掺量，应结合工程实际试验确定。要求添加剂对混凝土强度及其与围岩的黏结力基本无影响，对混凝土、钢材无腐蚀作用，对混凝土凝结时间影响不大，不易吸湿，易于保存，不污染环境，对人体无害。

5）水

普通混凝土用水，不应含有影响水泥正常凝结与硬化的有害杂质，不得使用污水。

6）配合比和水灰比

$$\text{配合比(质量比)：水泥：砂：石子}=\begin{cases}1:(2\sim2.5):(2\sim2.5)\text{(边墙)}\\1:2:(1.5\sim2.0)\text{(拱部)}\end{cases}$$

水灰比:0.4～0.5

要求喷射混凝土表面光泽,粗骨料分布均匀,回弹量小。

4. 喷射混凝土机具与施工

1) 工艺

喷射混凝土分干喷、潮喷和湿喷。喷射混凝土现场施工见图 5.48。

2) 机具设备

现场喷射混凝土采用的机具设备主要有混凝土喷射机、上料机、搅拌机、机械手、混凝土运送搅拌车和混凝土喷射三联机。

混凝土喷射机有双罐式、转体式、螺旋式、转盘式等类型。搅拌机主要采用涡轮浆强制式混凝土搅拌机。压缩空气机为喷射混凝土的动力设备。混凝土喷射三联机是由料仓、喷射机和机械手组成的联合体。

图 5.48 喷射混凝土现场施工

3) 喷射作业

风压:喷嘴处风压应稳定在 0.1～0.25 MPa。

水压:喷嘴处水压应稳定在 0.4 MPa。

喷嘴与受喷岩面之间距离为 0.8～1.2 m,喷射角度垂直或向上倾斜(<10°)。

喷射分区与喷射顺序:喷射作业应遵循分段、分部、分块,由下而上,先边墙,后拱脚和拱腰,最后拱部的原则。

5.4.2 锁脚锚管

锁脚锚管是近些年在隧道变形控制中得到广泛应用的一种支护措施。其施工简便,而且对围岩变形控制效果明显,能够在提高现场施工效率的同时改善隧道结构的支护效果,节省工程施工成本。

锁脚锚管不同于锚杆,它的主要作用是尽可能地限制钢拱架的刚体位移,使其尽早承担围岩变形引起的压力,保证隧道初期的稳定性。其作用原理是通过钻孔、注浆将锚管压入岩土层中,借助注浆泵的压力使浆液渗入、扩散到周围地层中,以改善岩土物理力学性质,其外露端与钢架紧密相连,能有效限制围岩、初期支护的松弛变形。锁脚锚管实物及安装示意图如图 5.49 所示。

锁脚锚管施工工艺流程主要包括:施工前准备→钻机就位→钻孔→清孔→插入锚管→注浆→连接钢架→锚管验收。

1. 施工前准备

在工程前期均应按规范对锚管进行拉拔试验,通过试验结果来优化施工参数,指导后续施工。然后根据设计参数加工锁脚锚管,进行相关质量检测试验,保证锚管质量满足设计要求,并将加工好的锚管管体运进施工场地。锁脚锚管的注浆作业采用排气法,注浆浆

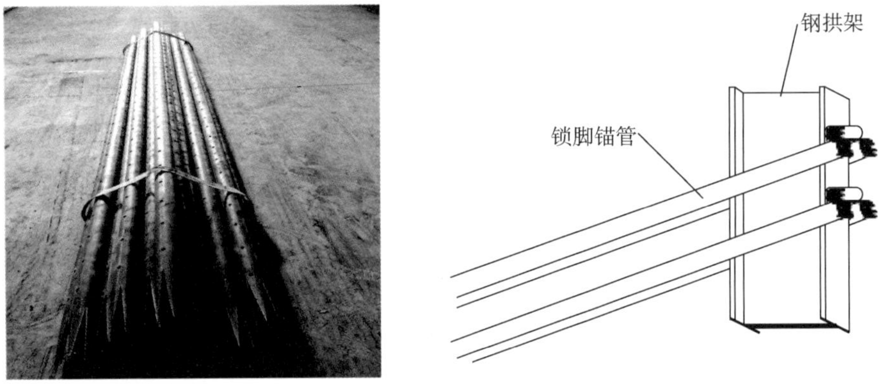

(a) 锁脚锚管实物图　　(b) 锁脚锚管与钢拱架连接示意图

图 5.49　锁脚锚管实物及安装示意图

液使用水泥砂浆，所以前期准备阶段还要选取合适的配合比。

（1）机械设备方面：空气压缩机、风动凿岩机、混凝土搅拌机、注浆泵等必须提前准备妥当，并在施工开始前检查机械能否正常工作。

（2）材料方面：配件（钻杆、钻头等）、砂子、水泥、混凝土添加剂等材料准备充足。

（3）人员方面：合理安排司机人员（搅拌机、注浆泵、空压机）、风钻手、电焊工和拌料人员等的工作。

2. **钻孔**

钻孔前首先测量放样，按设计要求准确标定锁脚锚管孔位。锁脚锚管是属于荷载较小的短锚管类型，当锚管直径较小时，钻孔采用风动式凿岩机，根据锁脚锚管的设计参数选用钻杆、钻头。钻孔时必须按既定角度、深度进行施工。

3. **清孔**

合肥浅部地层土性软弱，遇水后膨胀，所以暗挖隧道锁脚锚管施工过程中应利用高压风清孔，避免使用高压水洗孔，从而防止人为塌孔。将连接高压风管的一个小直径钢管插入孔内，打开阀门，将孔内的土渣吹干净。清孔完成后检查成孔质量，检查钻孔孔径、钻孔深度、孔道倾斜角度是否符合设计要求。

4. **安装**

锁脚锚管安装前重新检查成孔质量，对钻孔所出现的塌孔、掉块进行处理。安装锁脚锚管时，首先应将注浆口与管体连接牢固，然后将锚管推送至钻孔内，最后安装止浆塞，止浆塞必须与土体密贴，防止漏浆。当向钻孔内推送锁脚锚管出现困难时，应对钻孔的清洁程度以及排气管的状况进行观察，必要时应重新清洁钻孔或重新钻孔。

5. **注浆**

注浆前选择合适的配合比拌制砂浆。配合比可通过试验确定，也可按以往经验并结合现场情况来确定。注浆浆液要坚持随拌随用，对超过初凝时间的砂浆要做报废处理。除此之外，还应调查土体的吸水能力，调整水灰比来保证注浆体的干缩率在合理的范围内，以确保锚管的承载能力。

6. **焊接**

待锁脚锚管注浆后，将锚管的锚头与钢拱架牢固焊接在一起并用短钢筋加固，使锁脚锚管与钢拱架形成一个完整的支护结构。此外，施工过程中应确保锁脚锚管与钢拱架之间的焊接质量，在必要的时候采用短钢筋或型钢等辅助部件将钢拱架与锁脚锚管焊接牢固。

7. **锁脚锚管质量检查和验收**

在锁脚锚管施工完成之后，按照锁脚锚管施工要点认真检查、验收施工质量。锚管孔主要检查锚管的孔位、孔向、孔径、孔深、清孔质量，砂浆应确认其水灰比、注浆质量，最后还要验收焊接质量等项目。锚管体主要检查锚管材质、长度、直径等，最后按规范要求抽样进行锚固力检查，其平均值不得低于设计值，严格控制锚杆的长度，使其符合设计要求，以确保锁脚锚管施工质量。

5.4.3　支架——构件支撑

在围岩松软、地压较大和浅埋等条件下，为了防止围岩变形过大造成坍塌，加强初期支护的强度，需采用支架支撑。目前城市暗挖隧道初期支护主要采用钢支架进行支撑。

1. **钢支架的类型**

钢支架一般选用钢筋、型钢、钢轨等材料，按设计要求预先制成构件，使用时焊接或用螺栓连接成整体。支架的结构形式要简单牢固，力求定型化，有利于多次倒用；各个杆件应结合紧密，受力均匀，并要求易于架立和拆除。

1）格栅钢架

格栅钢架用钢筋焊成。与型钢相比，具有受力好、质量轻、刚度可调节、省钢材、易制造、易安装等优点。格栅钢架的主筋直径要大于 18 mm，采用胎膜焊接，并以 1∶1 大样控制尺寸。格栅钢架及其架设如图 5.50 所示。

图 5.50　格栅钢架及其架设

2）型钢支架

型钢支架采用冷弯成型，型钢支架的刚度和强度大，适用于以下情况：

（1）软弱破碎带围岩及处理塌方时；

（2）黄土隧道、未胶结的松散岩体或人工堆积碎石土；

（3）洞口浅埋段，浅埋但不宜明挖地段；

（4）膨胀性岩体或含有膨胀因子、节理发育、较松散岩体；

（5）地下水活动较强，造成大面积淋水地段。

在膨胀性或地应力大的地层中，应用接头能滑移的可缩式钢架，见图5.51。

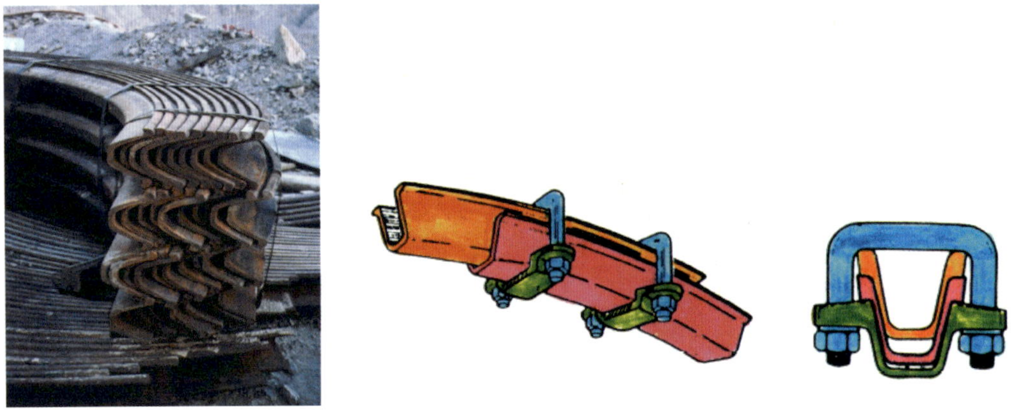

图5.51　可缩式钢架

型钢支架的缺点是与混凝土黏结不好，与围岩的空隙难以用喷射混凝土紧密充填，导致钢架附近喷射混凝土出现裂缝。

2. **钢支架安设的要点**

1）安设原则

支架应本着随挖随支的原则，以使其能起到立即支护的作用，且有较大的承载能力，可以在喷射混凝土施作之前和施作后早期强度形成之前以及单独使用时单独承载。

2）安设要求

（1）位置与空间尺寸

支架应按要求的位置中线、水平和隧道断面尺寸架设；支架面应与纵轴线方向垂直，与开挖面的距离应视围岩稳定情况而定，一般不得大于4 m，如围岩破碎，应缩短与工作面的距离。

（2）间距与纵向连接

支架间的距离一般为0.8～1.2 m，松软破碎地段应予以加密。钢架拼装可在工作面进行，各节钢架间以连接板螺栓连接并密贴。各排支架要用纵向连接横撑连接牢固，构成整体。

（3）与围岩和其他支护的接合

支架底脚下的虚碴及杂物必须清除。支架与围岩之间的空隙应用废木料或矸石填塞密实。

支架应与喷射混凝土形成一体，为确保钢支架的支护效果，要求钢架与围岩间的空隙用喷射混凝土充填密实，尤其是格栅钢架本身刚度不大，若不被喷射混凝土包裹，则起不到应有的作用。各种形式的钢架应全部被喷射混凝土覆盖，保护层厚度不得小于 40 mm。

对半断面或全断面开挖所架设的钢架支撑已受力者不得拆除倒用，应作为混凝土衬砌组成部分。对不受力的钢架支撑，应先经现场检查核实，并制订拆除方案方可进行拆除，以保证施工安全。

用钢管作为不拆除的支撑时，应在架设后给管内灌满强度不低于 300 号的水泥砂浆，以增强其结构的稳定性和承载能力。

采用分部开挖法施工时，钢架拱脚应打设锁脚锚杆或锚管，长度不小于 3.5 m，每侧数量为 2～3 组(每组 2 根)。下半部开挖后钢架应及时落底。

综上所述，在软弱破碎、松散不稳定的地层中采用暗挖法施工时，除需对地层进行预加固和预支护外，隧道初期支护施作的及时性和支护结构的强度与刚度，对保证隧道开挖后的稳定性、减少地层扰动和地表沉降都具有重要影响。国内外在不稳定地层中采用浅埋暗挖法施工时，初期支护通常采用有钢拱架或无钢拱架支撑的挂网锚喷混凝土。这类支护有以下一些特点：

(1) 开挖后能及时施作，并且施作后能尽快承受荷载；

(2) 支护与周围地层之间密贴，可减少地层扰动；

(3) 支护的强度和刚度便于调整，便于后期补强；

(4) 适用于不同断面形式和断面尺寸；

(5) 支护施工简便，不需要大型施工场地及大型施工机具。

5.5 二次衬砌施工技术

目前，隧道二次衬砌大多都采用模筑混凝土。模筑混凝土是构成隧道永久支护的主要方法，一般应在围岩和初期支护变形基本稳定后施作，达到隧道的长期稳定。

模筑混凝土衬砌施工质量的优劣，关系到隧道的使用状况和寿命，因此，施工必须严格按照设计要求和有关技术规定进行，满足设计强度、防水和耐久性的要求，且应结构密实，坚固耐久，表面平整光滑，曲线圆顺。

二次衬砌除特殊断面外，应采用移动式模板台车。以前常用的就地架设拱墙架和模板灌筑混凝土构筑衬砌的方法已很少采用。

5.5.1 模板台车

1. 类型

移动式钢模台车是由钢板焊成的整体式模板、车架和动力操纵系统组成，用液压缸或丝杆千斤顶拆除和收拢模板，用轨行方式将台车整体移动到下一个灌筑位置，再用液压缸或丝杆千斤顶张开，进行立模作业的一种机械化模板，见图 5.52。

移动式钢模台车按照台车与模板的相互关系，可分为平移式和穿行式两种类型，宜采用穿行式模板台车，配两套以上的模板。

穿行式模板台车车架与模板各为独立系统，灌筑混凝土后，车架可与模板分离，由模板自身承受混凝土重量。若一部车架配备几套模板，车架即可到另一灌筑段进行立模作业。拆模时，车架进入模板位置，借助油缸或千斤顶将模板收拢，穿过前面已安装好的模板下的空间，移到新的立模位置。

穿行式模板台车的优点是可在配备几套模板的条件下，不受拆模时间的影响，连续进行立模、拆模作业，使灌筑混凝土能不间断施工，从而加快衬砌进度。其缺点是对模板的稳定性和强度要求较高。

图 5.52　模板台车

图 5.53　模板台车现场组装

2. **制造要求**

（1）外轮廓尺寸。模板台车的设计制造外轮廓尺寸应比隧道净空断面大，一般半径加大 3～5 cm。其原因：一是自重、混凝土荷载、附加荷载较大，整体的弹性变形较大；二是在使用中由于外荷载的不对称等不确定因素，外轮廓容易变形；三是考虑施工误差，为确保隧道净空，应留有一定的余量。模板台车的组装见图 5.53。

（2）荷载。模板台车设计应考虑的荷载有自重、混凝土荷载及侧压力、拱部灌筑时泵送压力、振动压力等。客运专线隧道模板调整机构的伸缩幅度可适当减小，刚度应适当加大，这样在施工中不易产生变形，以保证净空尺寸的准确。

（3）长度。模板台车长度宜为 9～12 m。使用经验证明，台车长度短(有时为了适应曲线半径)，生产效率低，接头多；台车太长，移动不方便，而且因混凝土的温度收缩、干燥收缩，易发生环状裂纹。

（4）作业窗设置。作业窗的设置应考虑混凝土的自由倾落高度，窗口净空应方便振捣作业和供作业人员出入处理应急情况。混凝土输送管重量大，移动困难，应设专用支架或吊架。

模板台车侧壁作业窗宜分层布置，层高不宜大于 1.5 m，每层宜设置 4～5 个窗口，其净空不宜小于 45 cm×45 cm，两端设检查孔，并设有相应的混凝土输送管支架或吊架。

（5）通风管留设。模板台车上应留有通风管的穿越通道，或固定的硬风管，前后两端有能与通风软管相连的接头，以便模板台车移动时不影响隧道施工通风。

（6）支撑。模板台车在浇筑混凝土期间，重量达 20.0 t 以上，台车除调整液压千斤顶外，应设承重的竖向螺杆和模板径向螺杆，当台车就位后，应用螺杆将台车和模板锁定。

(7) 模板台车拱顶宜设2～3个混凝土灌筑口，一般采用的形式有油缸活塞式、百叶窗式、潜望镜式，以便灌筑完成后封孔。拱顶的灌筑口宜设在模板台车的两端，在坡道上灌筑混凝土有利于高端的灌满。检查孔在拱顶沿中线上每3～4 m设一孔。

(8) 模板台车拱顶应在适当的位置设置混凝土的封堵装置和检查孔，模板台车上安装的附着式振动器应能单独启动，模板台车上应设有激光(点)接收靶。

(9) 双线隧道模板台车的走行轨，Ⅰ、Ⅱ级围岩段，宜铺设在底板垫层(10 cm厚的C25钢筋混凝土)面上；Ⅲ～Ⅵ级围岩段，宜铺设在填充混凝土面上。

(10) 二次衬砌施工的顺序是仰拱超前，墙、拱整体浇筑。标准断面应采用走行式模板台车。边墙基础高度的设置(水平施工缝)应避开剪应力最大的截面。

5.5.2 施工工艺

模筑混凝土衬砌施工的工作内容包括：灌筑前的准备工作，混凝土的制备与运送，灌筑作业，养护与拆模。有的地段围岩破碎含水，还要在成洞后往衬砌背后压浆。

二次衬砌施工的顺序是仰拱超前，墙、拱整体浇筑。混凝土生产应采用具有自动计量装置的拌和站、拌和输送车、混凝土输送泵、插入式与附着式组合振捣的机械化作业线。主要工序如下。

1. 准备工作

准备工作主要有：中线、水平的测量，开挖断面的检查，二次衬砌钢筋的绑扎，模板台车就位，模板台车走行轨道的中线和轨面标高误差应不大于±10 mm，台车就位后启动微调机构，仪器校正模板外轮廓与设计净空相吻合，并锁定台车。灌筑位置需彻底清理，并清除防水层表面灰粉，洒水润湿。二次衬砌钢筋网绑扎现场施工图见图5.54。

图5.54 二次衬砌钢筋网绑扎现场施工

2. 混凝土的制备与运送

混凝土生产应采用具有自动计量装置的拌和站，严格配比、供料和加水。国内外大量研究表明，孔隙率和碱含量是影响混凝土耐久性的两个关键因素。因此，施工中必须严格控制混凝土的水胶比及材料含碱量。

运送采用拌和输送车、混凝土输送泵。掺加高效减水剂的混凝土随运输时间的延长，坍落度的损失较大，加上隧道施工不可预见的因素较多，往往造成泵送困难或堵管的现象发生。成品混凝土到场(输送泵)后，应检测坍落度，若与要求不符，应调整配合比(由试验决定)。

图 5.55 二次衬砌混凝土灌筑施工现场

3. **混凝土灌筑施工**

混凝土应对称、分层浇筑，分层捣固。捣固应采用插入式与附着式组合振捣。二次衬砌混凝土灌筑施工现场见图 5.55。

4. **混凝土养护与拆模**

一般情况下，混凝土灌筑后 10～12 h，即应开始浇水养护。养护延续时间和每天洒水次数，应根据灌筑地段的气温、相对湿度和所使用的水泥品种确定。普通硅酸盐水泥连续养护时间为 7～14 d。

5.5.3 二次衬砌的施作时机

(1) 深埋隧道二次衬砌施作一般情况下应在围岩和初期支护变形基本稳定后进行。变形基本稳定应符合：隧道周边变形速率明显下降并趋于缓和；或水平收敛(拱脚附近 7 d 平均值)小于 0.2 mm/d，拱部下沉速度小于 0.15 mm/d；或施作二次衬砌前的累计位移值已达极限相对位移值的 80%以上；或初期支护表面裂隙(观察)不再继续发展。

(2) 浅埋隧道应及早施作二次衬砌，且二次衬砌应予以加强。围岩及初期支护变形过大或变形不收敛，又难以及时补强时，可提前施作二次衬砌，以改善施工阶段结构的受力状态，此时二次衬砌应予以加强。

综上所述，在浅埋暗挖法施工中，初期支护变形达到基本稳定后，可以进行二次衬砌混凝土施工。通过监测，随时掌握隧道变化状态，提供监测信息，指导二次衬砌施作时机。其中混凝土灌筑工艺和机械设备与一般新奥法隧道衬砌施工基本相同。

由于交通区间隧道的断面尺寸一般基本不变，所以二次衬砌模板常用移动式模板台车，这样有利于加快立模及拆模速度。衬砌所用的模板、墙架、拱架均要求式样简单、拆装方便、表面光滑、接缝严密。使用前应在样板台上进行校核。重复使用时，应随时检查并整修。

5.6 地面交通处理措施

本节在对合肥地铁新蚌埠路站附属 D4 号出入口的交通流量调查的基础上，通过对交通流量和车辆荷载的分析，提出相应的控制措施，以此来指导合肥隧道施工时的地面交通处理。

1. **地面交叉口交通流量调查**

交通量数据是交通工程学中最基本的资料，是道路交通组织获取信息的主要手段。交通量调查的目的主要包括：通过地点交通量的周期调查，掌握交通量随时间的变化规律，以预测交通量的发展趋势。交通量调查的种类根据用途和调查地点不同，有以下两种：

(1) 特定地点交通量调查。指为满足交通管理或信号控制等的需要而在特定地点进行的交通量调查。

(2) 区域交通量调查。指为了掌握某一区域的交通量大小及变化,在区域内各不同路段及不同交叉口处进行的交通量调查。本节主要用这种方法进行调查。

1) 交叉口交通量调查的时间与地点的确定

在进行交通量调查之前,首先应根据调查的目的和要求,制订调查计划,对调查工作的内容、方法、所需要条件等进行系统、周密的准备、选择和部署,以使调查工作取得预期的成果。此外,在准备工作中,最主要的是调查区间的划分、时间的选择和车种划分的选择。

(1) 划分交通量调查区间

在设置交通量观测点前,应先将调查区域范围内的每条干线和支线划分为若干调查区间。每个区间只需设立一个观测点,其观测结果即可代表该调查区间路段任意断面的交通量。划分交通量调查区间时一般应按交通量变化大小作为划分区间的主要依据。

(2) 交通量调查时间的选择

调查日期、时间、范围应随目的不同而异。作为了解交通量全年趋势的一般性调查,必须选在一年中有代表性交通量的时期进行。从一周来说,最好选择星期二到星期五,避开星期日前后。

(3) 调查车种的划分

公路交通量调查,将车辆划分为小客车、中型车、大型车、拖挂车四类;畜力车,人力车、自行车等非机动车,按路侧干扰因素计算;一、二级公路上行驶的拖拉机按路侧干扰因素计算;三、四级公路上行驶的拖拉机需单独作为调查车种。城市道路调查,将车辆划分为5种:小型汽车、普通汽车、铰接车、自行车等非机动车(包括自行车、三轮车、板车、畜力车)和其他车种。

2) 交叉口交通量的调查方法

(1) 人工观测法

人工观测法是交通量调查的基本方法,也是我国目前应用最广泛的一种交通量调查方法。其特点是适用性强、机动灵活、易于掌握,且精度高。操作方法主要是安排人员在指定地点按调查工作计划进行交通量观测。人工观测用原始记录表格配备计数器或画正字方法来记录过往车辆,也可以用机械式或电子式的简单计数器记录,按统计要求,将记录结果登记在记录表格上。根据调查计划要求,一般应分车型、来去方向进行记录,有时还要分车道记录。

从理论上来看,人工观测法无论在车型的分辨或是计数方面都应比仪器观测得准确和灵活方便,调查方法易于掌握,调查资料整理方便,而且调查地点、环境也不受限制,可以得到分车种、分流向的交通量值,但由于受人员素质、管理水平的影响较大,精度反而不高,优势不明显。人工观测法一般只适合短期、临时的交通量调查。

(2) 仪器自动计测法

目前主要使用的检测器(传感器)有道路管(气压式或液压式)、电接触式、光点管、雷达磁性、感应线圈、超声波、红外线和电容式等许多形式。有些永久性的计数检测站上只将站桩检测器作为传感器，而将脉冲信号传输到记录和数据中心。以下介绍几种自动机械计数装置。

压管式检测器分为气压式和液压式两种。其原理是依靠车轮挤压一条充气的或充液体的软管，通过气体或液体传递的压力触发开关计数。由于携带方便、价格便宜、安装和维修简便等特点，在交通工程研究中广泛应用于临时交通量观测。但由于压管式检测器是直接放在道路上，容易被车轮碾压等而受到损坏，长期使用精度会降低，因此不适合长期观测。

感应线圈式检测器是依靠埋入路面面层内的一个或一组感应线圈产生电感，车辆通过时导致该电感变化从而检测所通过的车辆。感应线圈式检测器应用非常广泛，可以在每条车道下分别设置感应线圈以检测每条车道上的车辆通过数，特别适用于交通量较大的道路上进行连续观测或设置在交叉口信号控制处采集数据。与其他检测器相比，感应线圈式检测器准确性较高、对环境要求不高，但存在成本较高、维护困难的缺点。

雷达检测器一般分为连续波雷达检测器和导向型雷达检测器两种。前者的原理是利用悬挂在车道上方一定距离的检测器，向下方车道发射已知频率的无线电波并接收反射波，通过反射波和接受波频率差异来检测通过的车辆。后者的原理是把无线电波以一定频率输送到埋置在车道下的传送线里，路面汽车通行时，会使检测器测出其变化并计数。这两种检测器都很精确可靠，并且不受行车作用而磨耗损坏。目前国内已经多地引进、研制和使用，效果很好。但初始费用较高，并需要专门人员维修保养，因此在一定程度上限制了推广。

选用哪一种类型的检测器，要根据各地各部门交通调查目的、检测车辆种类、设备的性能、国内目前所能购置的情况及经费的多少等条件来决定。

（3）流动车观测法

流动车观测法又称浮动车法，是由英国交通工程专家 Wardrop 和 Charlesworth 提出的，其特点是可以同时获得某一路段的交通量、区间车速，是一种较好的综合的交通调查方法。流动车观测法需要 1 辆观测车，3 名调查员。调查人员(除驾驶人外)需要 1 人记录与观测车反向行驶的会车数；1 人记录与观测车同向行驶的被观测车超越的车辆数和超越观测车的车辆数；另 1 人报告和记录往返行驶时间。调查过程中，观测车一般需沿调查路线往返 6～8 个来回。流动车观测法调查延续的时间较长，为了真实反映交通情况，应注意路段和行程时间不要太长，行程距离应已知，路段长度一般取 1 km 左右。

（4）摄影法

摄影法是利用摄像机、电影摄像机或者照相机作为便携式记录设备，通过一定时间的连续图像给出一定时间间隔或连续的交通流详细资料的方法。

摄影法在录像时要求采用专门设备，并升到一定高度(如架设在人行过街天桥上)，以便能观测到所需的范围。放映或显示摄制到的录像带，按照一定的时间间隔以人工来统计交通量。这种方法收集交通量或其他资料数据的优点是现场人员较少，资料可以长期反复使用，而且可以一次性调查多条车道上各种车辆(包括非机动车)甚至行人的交通量。因此在交叉口交通状况的调查中，应用较多。本节主要采用摄影法统计交叉口的交通量。

摄影法的缺点在于整理资料的工作量大、花费人工多，导致费用比较高。因此目前多用于研究工作的调查中。近年来，国内外的一些研究机构开发了一种采用计算机图像处理和模式识别技术对摄影采集的连续图像（或视频）进行加工，自动获取其中交通信息的技术，比如美国开发的 Autoscope。随着这种技术的成熟，摄影法会得到更加广泛的应用。

（5）GPS 法

以上几种方法的一个共同缺点是它们不太适用于显示交通状况的实时采集情况。利用 GPS 技术可以经济而有效地解决这一问题。GPS 是一种全球性、全天候、连续的卫星无线电定位系统，可提供实时的三维坐标、速度等空间信息和高精度的时间信息。因其具有定位精度高、速度快、不受云雾或森林等环境遮挡的特点，已被广泛应用于军事测绘、精密测量、导航定位、地球科学研究、交通管理等国民经济的各个领域，被称为当今应用最广泛的先进定位系统。将 GPS 技术与城市交通管理系统相结合，得到交通实况信息具有重要意义，可实现交通状况的实时检测与控制。

利用 GPS 实时检测试验车虽然无法直接得到路段的交通量，但可以测得路段区间平均车速，根据交通流量与平均车速、车流密度三者的关系式来反推路段交通流量。

2. 新蚌埠路站附属 D4 号出入口交通量调查

1）数据调查方案

本次调查地点为新蚌埠路与凤台路交叉口，即合肥轨道交通 3 号线新蚌埠路站附属 D4 号出入口暗挖通道下穿的交叉口。该交叉口在交通流量大的主干道上，交通组成以小客车为主，并且车辆在交叉口运行中受行人及非机动车的影响较小，交叉口车辆运行状态不受上下游交叉口的干扰；交叉口道路的坡度、行车道的宽度及车道数基本相同；交叉口附近有适合安置摄像机的高大建筑物且无视距阻碍。该交叉口路网如图 5.56 所示，交叉口实拍图如图 5.57 所示。

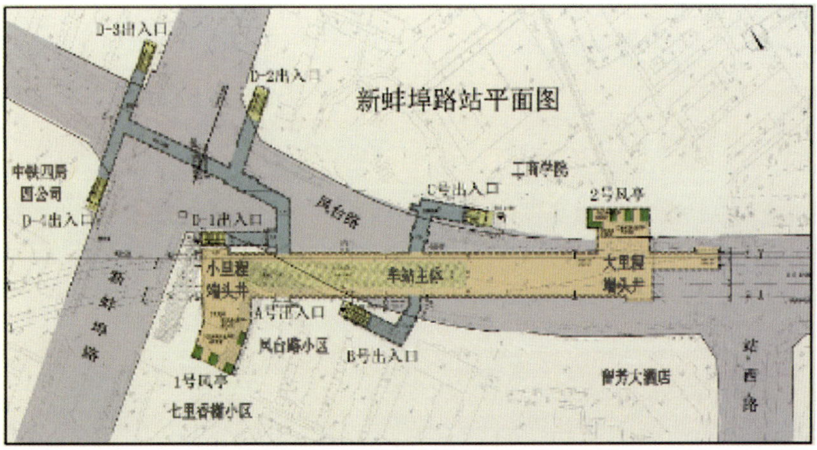

图 5.56　交叉口路网图

图 5.57　新蚌埠路与凤台路交叉口实景

交通量计算公式如下：

$$Q=\sum_{i=1}^{n}\frac{q_i}{n}\times\frac{T_c}{3\,600} \tag{5.4}$$

式中　q_i——各个信号周期中绿灯与黄灯时间内通过交叉口停车线的标准车辆数；

n——信号周期数；

T_c——交叉口信号周期长度。

根据《公路工程技术标准》(JTG B01—2014)规定，交通量换算采用小型车为标准车型。各汽车代表车型及车辆折算系数规定如表 5.18 和表 5.19 所示。拖拉机和非机动车等交通量换算应符合下列规定：

(1) 畜力车、人力车、自行车等非机动车按路侧干扰因素计。

(2) 公路上行驶的拖拉机每辆折算为 4 辆小客车。

(3) 公路通行能力分析所要求的车辆折算系数应针对路段、交叉口等形式，按不同的地形条件和交通需求，采用相应的折算系数。

表 5.18　各汽车代表车型及车辆折算系数

汽车代表车型	车辆折算系数	说明
小客车	1.0	座位≤19 座的客车和载质量≤2 t 的货车
中型车	1.5	座位>19 座的客车和 2 t<载质量≤7 t 的货车
大型车	2.5	7 t<载质量≤20 t 的货车
汽车列车	4.0	载质量>20 t 的货车

表 5.19　不同车型车辆折算系数

车型	小型车		大中型车		重型车		汽车列车
	小客车	小货车	中型货车	大客车	大货车	拖挂车	特大型货车
PEC	1	1	1.5	1.5	2.5	2.5	4

2）调查内容

交叉口为双向八车道，属于固定周期式两相位信号交叉口，其信号相位、配时及其参数见表5.20，各个相位转向见图5.58。

表5.20　交叉口信号、相位、配时参数表

信号与序列	信号方向	绿灯时长/s	黄灯时长/s	信号周期/s	绿信比/%
第一相位	南直行、右转	—	—	—	—
	左转	—	—		—
第二相位	北直行、右转	—	—	—	—
	左转	—	—		—
第三相位	东直行、右转	60	3	103	58.25
	左转	—	—		—
第四相位	西直行、右转	60	3	103	58.25
	左转	—	—		—

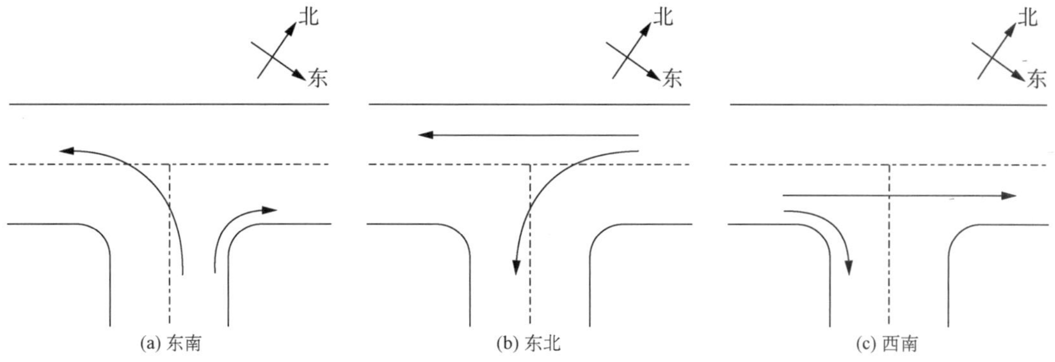

图5.58　交叉口相位转向图

交叉口交通流量主要对车辆类型、车流量、车载状态等情况进行统计，具体记录表格如表5.21所示。

3）调查结果

（1）早高峰(6:00—10:00)

选择多个时间段对该交叉口的交通流量进行调查研究，因此，调查交叉口通过停车线的交通量，调查的时间点为早8:00，将调查数据统计得出15 min内的交通量，见表5.22。再经过换算得出早高峰1 h内的交通量，具体见表5.23，并绘制出该时段的交通量流向分布，如图5.59所示。

表 5.21 交叉口交通流量调查表(示例) (单位:辆)

入口	方向	小型车		大中型车		重型车		汽车列车
		小客车	小货车	中型货车	大客车	大货车	拖挂车	特大型货车
南	直							
	右							
	左							
北	直							
	右							
	左							
东	直							
	右							
	左							
西	直							
	右							
	左							

表 5.22 一个信号周期内交叉口交通量 (单位:辆)

入口	直行				右转				左转			
	小型车	大中型车	大型车	交通量	小型车	大中型车	大型车	交通量	小型车	大中型车	大型车	交通量
南	0	0	0	0	89	3	0	93.5	2	0	0	2
北	0	0	0	0	0	0	0	0	0	0	0	0
东	296	31	2	347.5	0	0	0	0	17	0	0	17
西	234	31	3	288	39	2	0	42	26	0	0	26

表 5.23 早高峰 1 h 内交叉口交通量 (单位:辆)

入口	直行	右转	左转	合计
南	0	374	8	382
北	0	0	0	0
东	1 390	0	68	1 458
西	1 152	168	104	1 424
总计	2 542	542	180	3 264

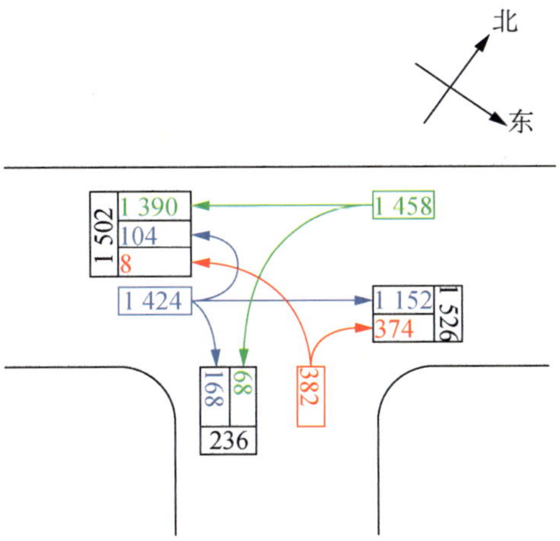

图 5.59　交叉口交通量不同流向分布(8:00)

(2) 晚高峰(16:00—20:00)

晚高峰调查的时间点为晚 18:00,将调查数据统计得出 15 min 内的交通量,见表 5.24。再经过换算得出晚高峰 1 h 内的交通量,具体见表 5.25,并绘制出该时段的交通量流向分布,如图 5.60 所示。

表 5.24　一个信号周期内交叉口交通量　(单位:辆)

入口	直行				右转				左转			
	小型车	中型车	大型车	交通量	小型车	中型车	大型车	交通量	小型车	中型车	大型车	交通量
南	0	0	0	0	0	0	0	0	106	2	0	109
北	0	0	0	0	0	0	0	0	0	0	0	0
东	380	5	2	392.5	0	0	0	0	4	0	0	4
西	49	1	0	50.5	33	1	0	34.5	263	28	0	305

表 5.25　晚高峰 1 h 内交叉口交通量　(单位:辆)

入口	直行	右转	左转	合计
南	0	436	0	436
北	0	0	0	0
东	1 570	0	16	1 586
西	202	1 220	138	1 560
总计	1 772	1 656	154	3 582

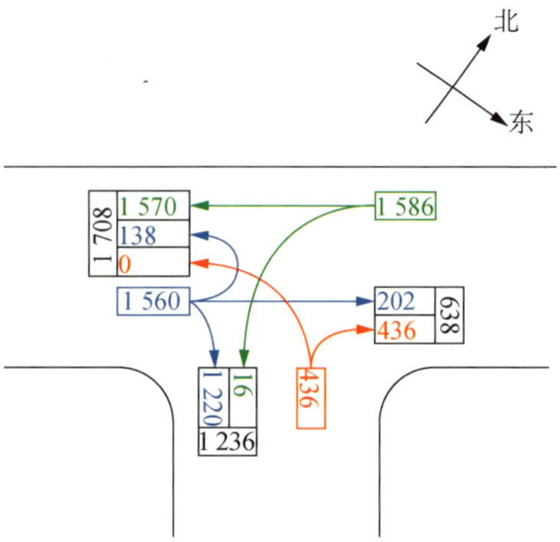

图 5.60　交叉口交通量不同流向分布(18:00)

(3) 白天平峰(10:00—16:00)

白天平峰调查的时间点为中午 13:00,将调查数据统计得出 15 min 内的交通量,见表 5.26。再经过换算得出白天平峰 1 h 内的交通量,具体见表 5.27,并绘制出该时段的交通量流向分布,如图 5.61 所示。

表 5.26　一个信号周期内交叉口交通量　(单位:辆)

入口	直行				右转				左转			
	小型车	中型车	大型车	交通量	小型车	中型车	大型车	交通量	小型车	中型车	大型车	交通量
南	0	0	0	0	3	0	0	3	114	2	4	127
北	0	0	0	0	0	0	0	0	0	0	0	0
东	287	26	2	331	10	0	1	12.5	0	0	0	0
西	236	21	0	267.5	34	0	1	36.5	48	1	1	52

表 5.27　白天平峰 1 h 内交叉口交通量　(单位:辆)

入口	直行	右转	左转	合计
南	0	508	12	520
北	0	0	0	0
东	1 324	0	50	1 374
西	1 070	208	146	1 424
总计	2 394	716	208	3 318

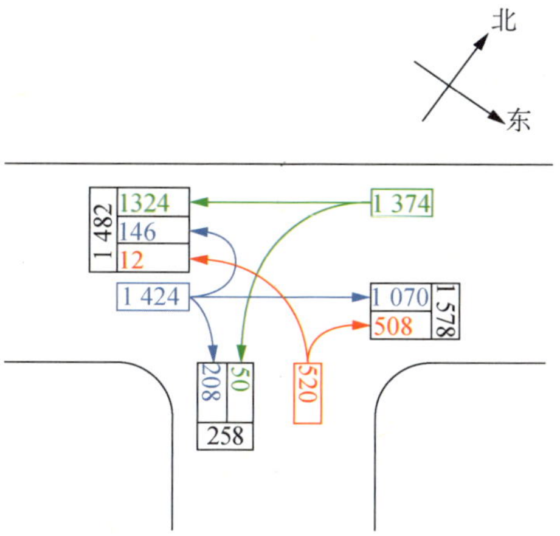

图 5.61　交叉口交通量不同流向分布(13:00)

(4) 夜间平峰(20:00—次日 6:00)

夜间平峰调查的时间点为凌晨 1:00,夜间单位时间交通量按白天平峰交通量的 1/4 计算,得出夜间平峰 1 h 内的交通量,具体见表 5.28。

表 5.28　　夜间平峰 1 h 内交叉口交通量　　(单位:辆)

入口	直行	右转	左转	合计
南	0	127	3	130
北	0	0	0	0
东	331	0	12.5	343.5
西	267.5	52	36.5	356
总计	598.5	179	52	829.5

调查交叉口通过停车线的交通量,调查出各个时间段的交通量,统计调查数据得出新蚌埠路与凤台路交叉口的全天各时段交通量变化如图 5.62 所示。

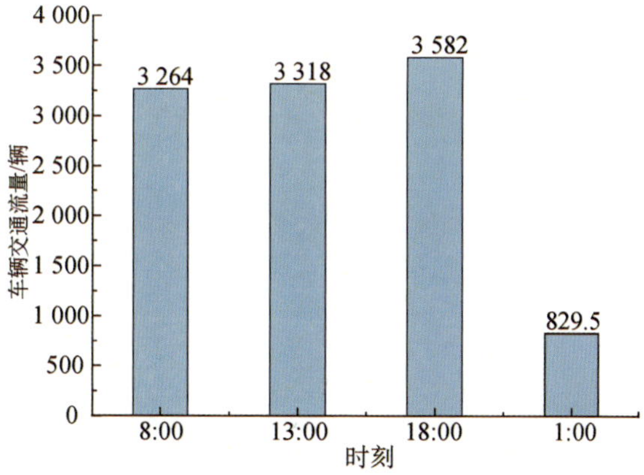

图 5.62　交叉口全天各时段交通量变化图

（5）车辆荷载

按照《机动车辆及挂车分类》(GB/T 15089—2001)，根据座位数及最大设计总质量对汽车及挂车进行分类，如表 5.29 所示。

表 5.29　　机动车辆及挂车总质量

汽车类型			座位数/座	最大设计总质量 G/kg	说明
M 类	至少有四个车轮并且用于载客的机动车辆	M_1 类	≤9	—	包括驾驶员座位内，座位数不超过 9 座的载客车辆
		M_2 类	>9	G≤5 000	包括驾驶员座位在内，座位数超过 9 座，且最大设计总质量不超过 5 000 kg 的载客车辆
		M_3 类		G>5 000	包括驾驶员座位在内，座位数超过 9 座，且最大设计总质量超过 5 000 kg 的载客车辆
N 类	至少有四个车轮并且用于载货的机动车辆	N_1 类	—	G≤3 500	最大设计总质量不超过 3 500 kg 的载货车辆
		N_2 类	—	3 500<G≤12 000	最大设计总质量超过 3 500 kg，但不超过 12 000 kg 的载货车辆
		N_3 类	—	G>12 000	最大设计总质量超过 12 000 kg 的载货车辆
O 类	挂车（包括半挂车）	O_1 类	—	G≤750	最大设计总质量不超过 750 kg 的挂车
		O_2 类	—	750<G≤3 500	最大设计总质量超过 750 kg，但不超过 3 500 kg 的挂车
		O_3 类	—	3 500<G≤10 000	最大设计总质量超过 3 500 kg，但不超过 10 000 kg 的挂车
		O_4 类	—	G>10 000	最大设计总质量超过 10 000 kg 的挂车

注：1. 座位数是指包括驾驶员在内的座位。
2. GB/T 15089—2001 的分类还包括 G 类，即满足一定要求的 M 类、N 类越野车。

根据表 5.29，对该交叉口通过的各类机动车辆对路面产生的最大交通荷载作简单分类汇总，如表 5.30 所示。

表 5.30　　路面车辆最大交通荷载

车型	小型车		中型车		大型车		汽车列车
	小客车	小货车	中型货车	大客车	大货车	拖挂车	特大型货车
最大荷载值/kN	50	70	100	120	200	180	250

根据表 5.30，并结合现场交通流量调查数据可知，新蚌埠路与风台路交叉路口最大通行交通荷载在 180～200 kN 之间。

3. **新蚌埠路站附属 D4 号出入口交通处理措施**

对于一些日车流量较小且非主干道的施工地点，直接采用道路全封闭的手段，用隔离栏和护栏等围护结构将暗挖施工通道上方路面围挡起来，禁止车辆和行人通过。而对于一些主干道，考虑到路面全封闭对市民出行的严重影响，可以采用半幅路面封闭施工的方法，即先封闭一侧的半幅道路进行暗挖通道的施工，施工完成后开通该单侧道路的运行；然后，封闭另一侧的半幅道路并同时施工该侧暗挖通道，直至通道顺利施工结束。

新蚌埠路与凤台路交叉口早晚高峰和白天平峰时段路面交通量都很大，在 3 264～3 582 辆/h 之间，最大通行交通荷载在 180～200 kN 之间。因调查地点距离市中心位置较近，一般无重型车辆通过，对路面产生的最大交通荷载也多以小型客货车为主，兼有大中型客货车，在正常交通情况下，对路面下面暗挖通道施工有一定影响，但影响较小，建议在后期施工过程中，在此类暗挖通道上方路面铺设反压钢板（图 5.63）等措施以减小路面荷载对施工的影响。

图 5.63　暗挖通道上方铺钢板

利用 Midas 软件建立有限元模型，分析地面铺设钢板对暗挖隧道施工的影响。以新蚌埠路站附属 D4 号出入口暗挖通道为例进行建模，分析其开挖过程中围岩稳定特性、路面沉降规律、断面净空变化、衬砌结构内力等，由于车辆荷载按照静力荷载进行简化，所以建模不考虑暗挖隧道的开挖工法。

路面为沥青路面，在有限元分析时土层分为三个部分：路面、黏土层、泥质砂岩层，采用 0.6 m 厚面层作为路基分析对象，看作弹性体。各个参数列于表 5.31。

表 5.31　计算参数

材料	弹性模量 E/MPa	泊松比 v	黏聚力 /kPa	内摩擦角 φ/(°)	重度 /(kN · m^{-3})	厚度/m
路面	1 300	0.3	—	—	25	0.6
黏土层	60	0.4	60	14	19.2	10.7
泥质砂岩	28.5	0.32	40	22	22.5	8.7
钢板	—	0.3	—	—	78	0.04

建立浅埋(5 m)工况下不铺钢板与铺钢板的二维数值计算模型。建模过程中车辆集中荷载按照均布荷载施加在钢板上,钢板按照梁单元建立,荷载简化为均布荷载。计算模型如图 5.64 所示。

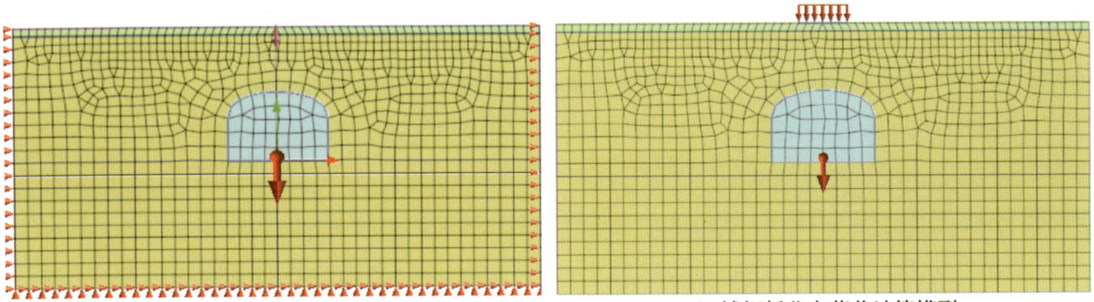

(a) 不铺钢板集中荷载计算模型　　(b) 铺钢板分布荷载计算模型

图 5.64　不铺钢板与铺钢板数值计算模型对比

建模求解围岩竖向位移,结果如图 5.65 所示。

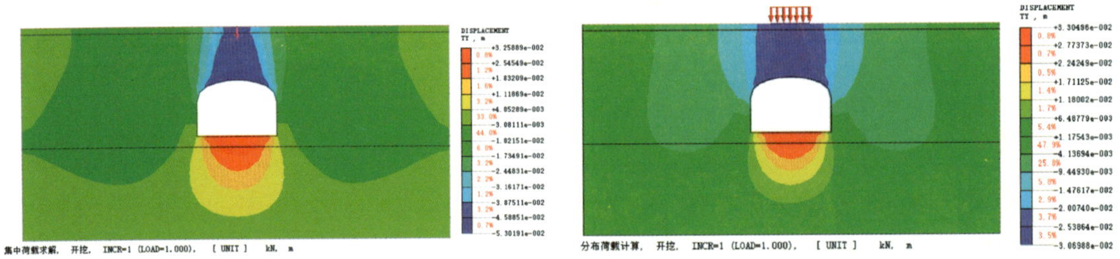

(a) 集中荷载围岩竖向位移　　(b) 分布荷载围岩竖向位移

图 5.65　不同荷载分布模式下隧道开挖围岩竖向位移

根据数值计算结果可知,集中荷载作用下围岩位移较大,最大值为 5 cm,铺设钢板后位移减小到了 3 cm;从分布情况上来看,加钢板后,围岩位移整体变小,但分布范围变大,分析原因是钢板作用,将荷载传递到更大范围内的地层。

路面的沉降变形如图 5.66 所示。

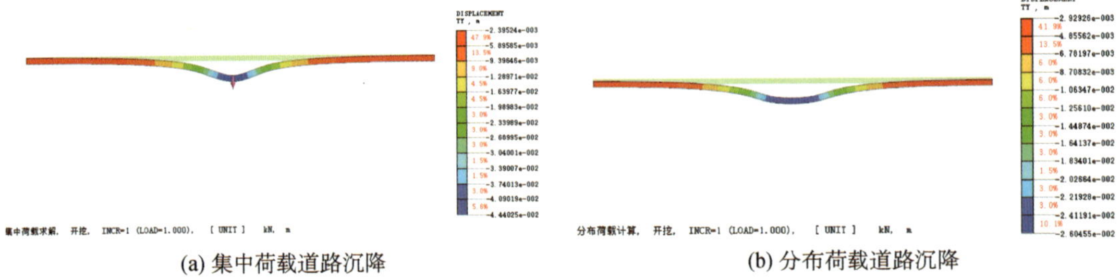

(a) 集中荷载道路沉降　　(b) 分布荷载道路沉降

图 5.66　不同荷载分布模式下道路沉降

从图 5.66 可以看出,地面采用钢板之后,增加了铺盖结构的抗弯性能,使得地表沉降大幅减少,起到分散荷载的作用,最大地表沉降由 4.4 cm 减小到 2.6 cm。在地面沉降的形态方面，铺盖钢板之后，沉降槽宽度更宽，呈现对称分布，地表沉降分布范围更广，这说明采用钢板铺盖结构起到两方面的作用：①分散集中荷载，减小隧道顶板所受到的荷载集中程度，保证施工安全；②提升路面刚度，将车辆荷载分散到结构下土层上，减小地面沉降。可见，在地面满铺钢板是一种经济、实用的暗挖隧道交通解决方案。

5.7 工程应用实例

本节针对合肥轨道交通3号线的淮南路站、新蚌埠路站暗挖通道的初期支护、二次衬砌的具体形式进行介绍。

5.7.1 淮南路站A号出入口暗挖通道

淮南路站为合肥市轨道交通3号线车站，起点里程为右DK22+729.099(左DK22+729.097)，终点里程为右DK22+951.000(左DK22+951.000)。作为本站附属结构的A号出入口通道下穿临泉路、上跨淮南路铁路桥部分采用暗挖法施工。

淮南路站A号出入口暗挖通道长约37.45 m，与临泉路上跨淮南路铁路立交桥桥桩距离为4～6.1 m，宽约7.7 m，高约5.2 m。暗挖通道主体结构范围主要位于黏土(2)层，拱顶覆土主要为杂填土(0)层、素填土(0)层，原设计拱顶覆土为3.2～5.2 m，现状拱顶覆土约7.65 m。淮南路站暗挖段平面示意图见图5.67。

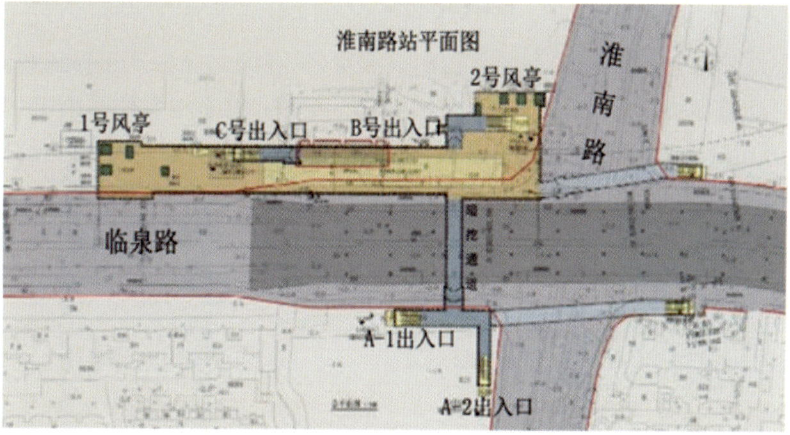

图5.67 淮南路站暗挖段平面示意图

采用CRD法施工分4个导洞依次开挖施工，每个导洞均采用上下台阶法进行开挖施工。暗挖主体结构衬砌类型采用拱顶直墙断面复合式衬砌，初期支护采用喷射混凝土+格栅钢架措施，二次衬砌采用模筑钢筋混凝土，两次衬砌之间设柔性防水层。隧道开挖循环进尺标准长度为0.5 m。辅助工程措施采用超前小导管、锁脚锚管等。淮南路站暗挖段结构横剖面见图5.68。

进洞后施作超前小导管，其参数如下：小导管选用ϕ32 mm×3.25 mm钢焊管，长度L=2.5 m，外插角20°～25°，每两榀格栅打设一排，每排35根，环向间距300 mm，管壁每

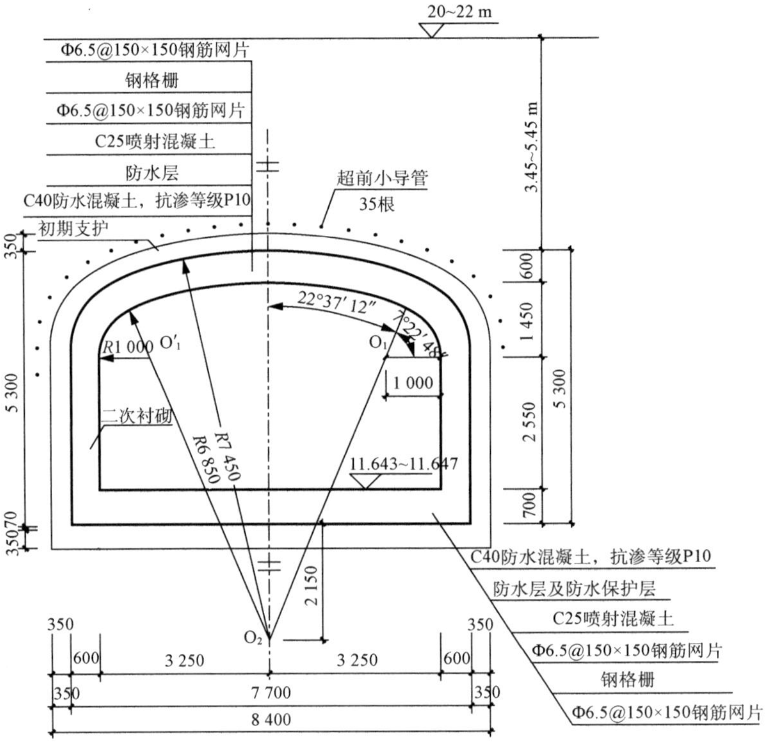

图 5.68 淮南路站暗挖段结构横剖面图(单位:mm)

隔 100～200 mm 交错钻眼，眼孔直径 6～8 mm，小导管搭接长度不小于 500 mm。注浆浆液根据地层情况选用改性水玻璃或水泥水玻璃双液浆，浆液配比应由现场试验确定，并根据围岩条件控制好注浆压力(注浆压力为 0.4～0.6 MPa)，要求加固体直径不小于 0.5 m。

采用 ϕ32 mm×3.25 mm 小导管，单根长度 $L=2.5$ m，每处 1 根，水平倾角 15°～30°；注浆压力 0.4～0.6 MPa，浆液同小导管；锚管与钢格栅焊接连接牢固。结构参数详见表 5.32。

表 5.32　　暗挖隧道结构参数表

项　目		材料及规格	结构尺寸
初期支护	超前小导管	ϕ32 mm×3.25 mm，$L=2.5$ m	隔榀打设，环向间距 0.3 m
	锁脚锚管	ϕ32 mm×3.25 mm，$L=2.5$ m	每榀格栅钢架拱脚节点处分别打设 1 根
	钢筋网	ϕ6.5，150 mm×150 mm 网格	双层，搭接 200 mm
	纵向连接筋	ϕ22	环向间距 1 m，$L=0.5$ m，内外双层交错布置
	喷射混凝土	C25 早强喷混凝土	0.35 m
	格栅钢架	ϕ25，ϕ12 钢筋	纵向间距 0.5 m
防水层		—	全断面铺设
二次衬砌		C40 模筑混凝土，P10	拱顶、侧墙 0.6 m；底板 0.7 m

5.7.2 新蚌埠路站 D4 号出入口暗挖通道

新蚌埠路站位于合肥市瑶海区，车站起于新蚌埠路与凤台路交叉口，终于站前路与站西路交叉口，车站主体为地下双层三跨（部分双层两跨）岛式站台车站。车站中心里程右 DK23＋986.000，车站全长 276.1 m，附属结构共设 7 个出入口，其中 5 个同期实施，2 个远期预留，2 组风亭。车站附属结构除 D4 号出入口通道下穿新蚌埠路部分采用暗挖法施工外，其余车站主体结构、B 号、C 号、D1 号、D2 号出入口及 1 号、2 号风道均采用明挖法施工。暗挖通道长约 56.5 m，通道宽约 7.6 m，高约 5.8 m。暗挖通道主体结构范围主要位于黏土②层，拱顶覆土主要为杂填土层、素填土层，原设计拱顶覆土 5.4～5.7 m，现状拱顶覆土约 5.6 m。新蚌埠路站暗挖段平面示意图见图 5.69。

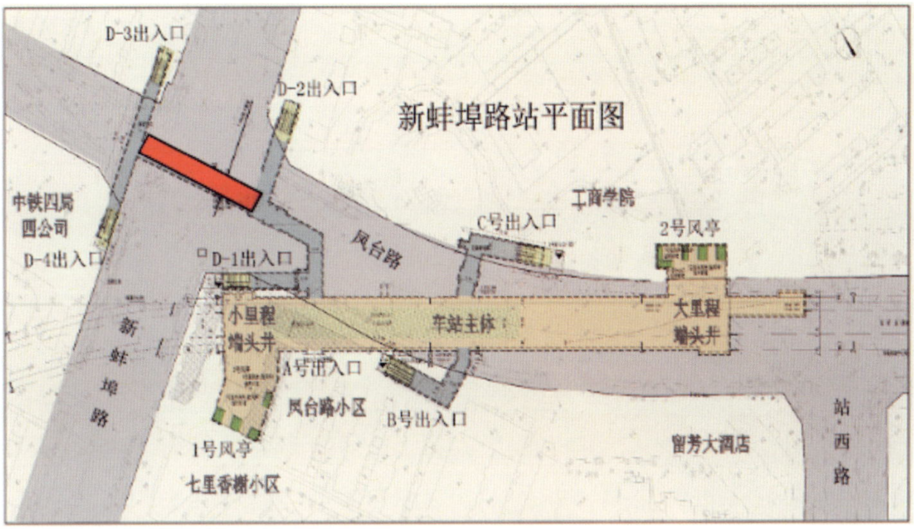

图 5.69　新蚌埠路站暗挖段平面示意图

采用 CRD 法分 4 个导洞依次开挖施工，每个导洞均采用上下台阶法进行开挖施工。暗挖主体结构衬砌类型采用拱顶直墙断面复合式衬砌，初期支护采用超前小导管＋喷射混凝土＋格栅钢架措施，二次衬砌采用模筑钢筋混凝土，两次衬砌之间设柔性防水层。隧道开挖循环进尺标准长度为 0.5 m。辅助工程措施采用高压旋喷桩、超前小导管、锁脚锚管等。新蚌埠路站暗挖段结构横剖面见图 5.70。

洞门加固超前小导管采用 ϕ42 mm×3.5 mm 热轧钢管，L＝3 m，环向间距 0.45～0.5 m，共 18 根，外插角度 2°～5°，沿隧道开挖轮廓线外拱部 180°范围内设置。孔深度允许偏差±50 mm。采用 KBA-50/70 注浆泵压注单液水泥浆，水灰比为 1∶1，单孔注浆压力拟定 0.4～0.6 MPa。其余结构参数详见表 5.33。

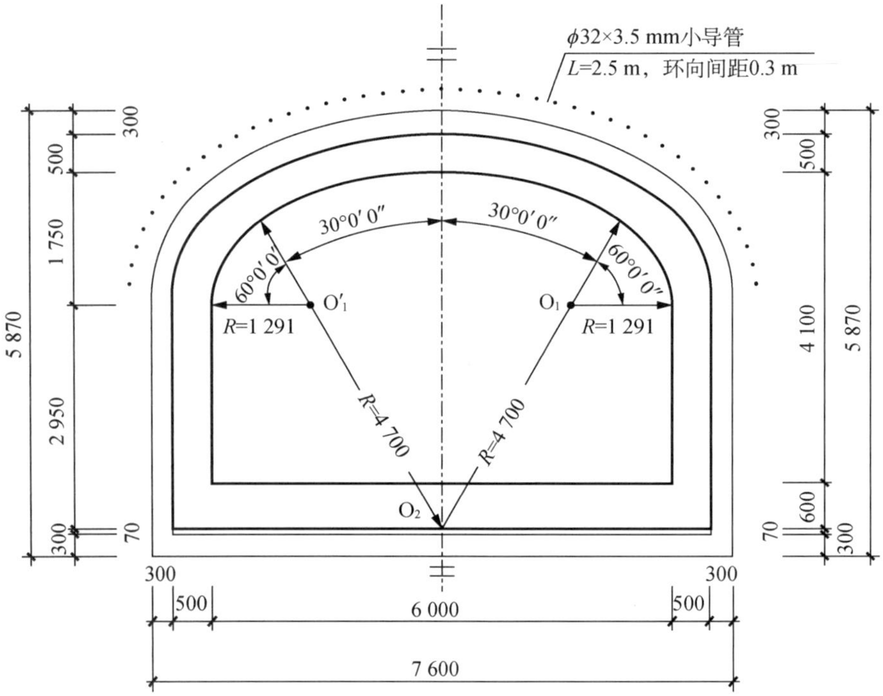

图 5.70　淮南路站暗挖段结构横剖面图(单位:mm)

表 5.33　结构参数表

项　目		材料及规格	结构尺寸
初期支护	高压旋喷桩	桩长 4.95～6.6 m，250 根	直径 600 mm,间距 400 mm
	超前小导管	ϕ32 mm×3.25 mm，L=2.5 m	隔榀打设,环向间距 0.3 m
	锁脚锚管	ϕ32 mm×3.25 mm，L=2.5 m	每榀格栅钢架拱脚节点处分别打设一根
	钢筋网	ϕ6.5，150 mm×150 mm 网格	双层,搭接 200 mm
	纵向连接筋	ϕ22	环向间距 1 m，L=0.5 m,内外双层交错布置
	喷射混凝土	C25 早强喷混凝土	0.35 m
	格栅钢架	ϕ25，ϕ12 钢筋	纵向间距 0.5 m
防水层		—	全断面铺设
二次衬砌		C40 模筑混凝土,P10	拱顶、侧墙 0.6 m;底板 0.7 m

6 合肥轨道交通车站暗挖施工

目前，浅埋暗挖法主要应用于轨道交通车站出入口暗挖通道、暗挖正线隧道中，对于地铁车站，常采用明挖法进行施工，施工周期长、造价高且对地面交通影响大，故有必要对车站结构采用暗挖法施工的可行性进行研究。车站暗挖属于大断面、浅埋暗挖隧道工程，其技术难度远大于区间隧道和车站通道，暗挖技术本身也对覆土厚度、围岩性质、地下水等条件提出了更高的要求，故需对施工工法、施工工序等进行详细的研究论证。

本章首先对车站暗挖的工程适用性进行分析，明确车站采用暗挖施工所需具备的工程条件，而后基于FLAC3D有限差分软件采用数值模拟的方法，依托合肥轨道交通5号线成都路站的实际工况，对车站隧道的施工工法、超前支护方式、开挖进尺进行研究，所得结果对后续合肥城市轨道交通车站隧道暗挖施工实践提供技术支撑，对黏土地层大断面隧道浅埋暗挖施工提供借鉴。

6.1 车站暗挖适应性分析

为了探索在合肥轨道交通车站工程中采用暗挖技术的可行性，本节根据合肥市轨道交通5号线工程招标图中的车站设计方案和工程地质概况、附图等资料，从埋深、地层性质与地层组合等方面，分析合肥轨道交通5号线车站暗挖的技术可行性。

6.1.1 车站暗挖的技术条件

1. **最小覆土厚度**

根据北京、沈阳、青岛等暗挖车站的工程实践，暗挖车站的覆土厚度应大于6 m，因为超前管棚、超前小导管的施工都需要足够的围岩厚度。覆土厚度过小易导致拱部围岩稳定控制困难，容易发生冒顶。

《地铁设计规范》(GB 50157—2013)明确规定，矿山法车站隧道的最小覆土厚度不宜小于6～8 m。

2. **围岩性质**

5号线穿越的地层自上而下主要有：素填土(①$_2$层)、新黏土(④$_2$层)、老黏土(⑥$_2$层)、泥质砂岩、泥岩(⑧，⑨，⑩，⑪层)。素填土近地表、松散、性质差；老黏土呈硬塑状，作为围岩来讲性质较好；泥质砂岩性质稳定，有一定的强度。若暗挖车站在老黏土(⑥$_2$层)和泥质砂岩中，是比较好的围岩条件，适合暗挖。

6.1.2 轨道交通 5 号线适合暗挖的车站技术分析

合肥轨道交通 5 号线的大部分车站设计埋深都较浅，实施暗挖不满足最小覆土厚度的要求，与明挖法相比也体现不出暗挖的成本优势，只有金寨路站、蒙城路站、云谷路站和成都路站适合暗挖，由于云谷路站土建工程已由 1 号线代建，蒙城路站土建工程已由 3 号线代建，因此，仅余金寨路站和成都路站。下面对这两个车站进行暗挖技术可行性分析。

1. 金寨路站

根据《合肥市轨道交通 5 号线工程可行性研究报告》中的设计方案和勘察资料，金寨路站的覆土厚度和围岩条件满足车站暗挖的技术条件，见表 6.1。

2. 成都路站

根据《合肥市轨道交通 5 号线工程可行性研究报告》中的设计方案和勘察资料，成都路站的覆土厚度满足车站暗挖的技术条件，见表 6.1。围岩均为老黏土，可以实施暗挖。故下文以成都路站为例，进行合肥轨道交通 5 号线车站暗挖工法及其施工力学特性的研究。

表 6.1　轨道交通 5 号线适合暗挖车站地质条件分析

站别	车站设计	覆土厚度/m	围岩			地貌类型
			拱部、顶板	边墙	底板	
金寨路站	地下三层，岛式站台，174 m×(20.3～22.3 m)	10	硬塑黏土，⑥$_2$ 层	大部分为硬塑黏土，⑥$_2$ 层；部分为泥质砂岩⑪$_1$，⑪$_2$ 层	部分为硬塑黏土，⑦$_2$ 层；部分为泥质砂岩⑪$_2$ 层	二级阶地
成都路站	地下二层，岛式站台，195 m×18.3 m	8～10	老黏土，⑥$_2$ 层	老黏土，⑥$_2$ 层	老黏土，⑥$_2$ 层	二级阶地

6.2 合肥轨道交通 5 号线成都路站工程概况

6.2.1 车站概况

成都路站位于云南路、规划成都路路口，跨成都路设置，为地下两层岛式车站，其周边环境如图 6.1 所示。

该段云南路、成都路规划红线宽均为 36 m，云南路北段已建成，其余道路尚未实施。现状东南象限为未开发用地，东北象限为星泓金融创新城(在建)，西北象限为滨湖竹园，西南象限为未开发用地。东南、东北象限均为规划公共绿地，西北、西南象限为规划居住用地。本站主要服务于周边的居住用地，车站客流条件较好。

图 6.1　成都路站站址环境图

成都路站总平面图如图 6.2 所示。本方案为路中地下二层岛式站台车站，车站规模为 195 m×18.3 m(内净)，设降压变电所，有效站台宽度为 11 m。车站由站台层、站厅层、设备及管理用房、出入口及通道等部分组成。

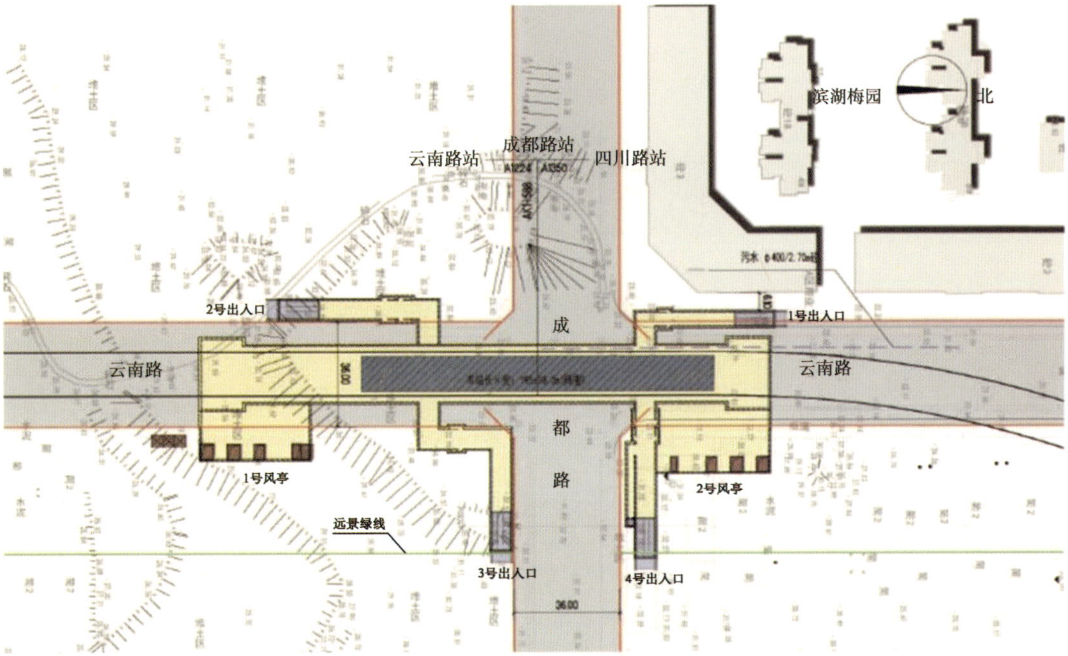

图 6.2　成都路站总平面图

6.2.2　车站地层断面

成都路站地层断面如图 6.3 所示，地层的力学参数如表 6.2 所示。

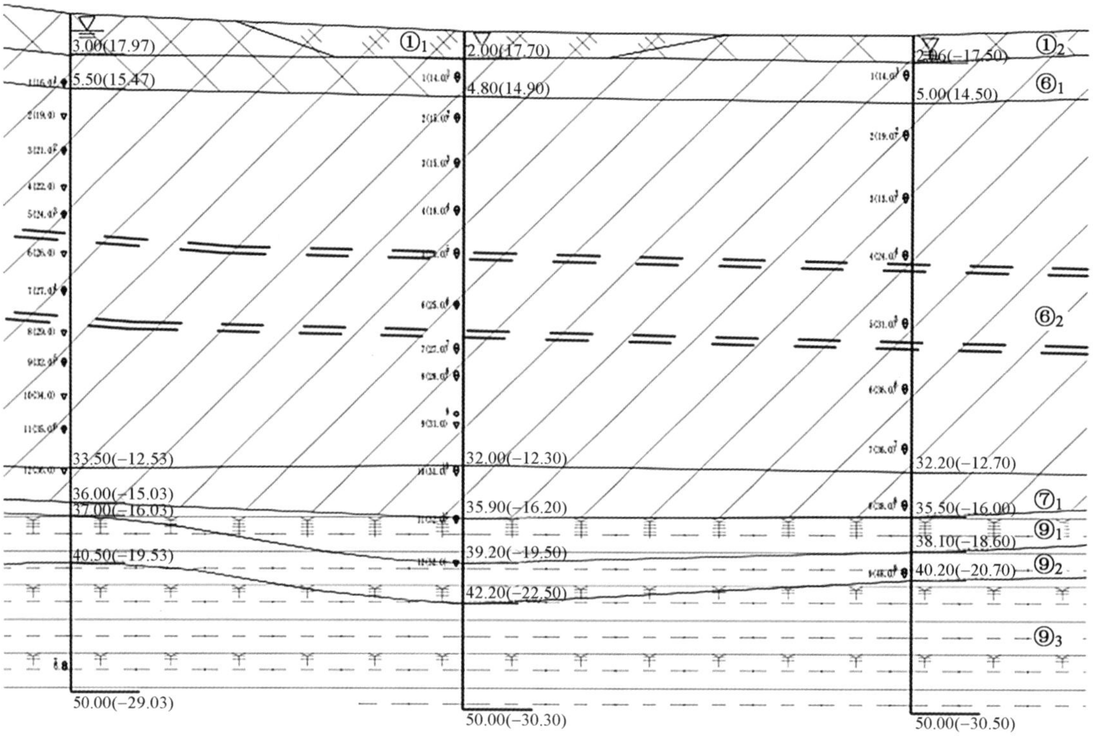

图 6.3　成都路站地层断面图

表 6.2　围岩力学参数

土层编号	重度 /(kN·m^{-3})	压缩模量 /MPa	泊松比	内摩擦角 /(°)	黏聚力 /kPa	埋深 /m
①$_2$	18.50	3.0	0.38	12	16	0～3
⑥$_1$，⑥$_2$，⑦$_1$	19.20	13.9	0.31	14	56	3～35.5
⑨$_1$	19.50	25.0	0.29	13	32	35.5～38.5
⑨$_2$，⑨$_3$	21.20	31.0	0.22	28	50	38.5～88

6.3　基于数值模拟的暗挖车站施工方案比选

大断面、浅埋暗挖隧道施工难度大、风险高，可供选择的施工工法较为有限。本节通过文献调研、工程类比等方法选择两种理论上可行的施工工法进行优化比选，并对工法的超前支护方案选择、施工开挖进尺的确定进行了分析。

6.3.1　拟采取施工方案

车站暗挖属于大断面、浅埋暗挖隧道工程，其技术难度远大于区间隧道和车站通道。合肥地区的地层主要为黏土，具有弱膨胀特性，且该地区目前还没有车站暗挖的工程案例。因此，首先对中洞法和洞桩法两种施工工法做比选，然后在工法比选的基础上进行超前支护方案和开挖进尺的优化分析，旨在为该地区车站暗挖施工提供参考。将每种施工方案作为一种工况，如表 6.3 所示。

表 6.3 模拟工况

工况	工法	开挖进尺/m	超前支护
1	中洞法	0.50	小导管+管棚
2		0.50	小导管
3		0.50	管棚
4		0.75	小导管+管棚
5	洞桩法	0.50	小导管+管棚
6		0.50	小导管
7		0.50	管棚
8		0.75	小导管+管棚

对模拟结果进行分析时，首先对工况 1 和工况 5 进行比较，选出合适的施工方法，则接下来有两种方案：

（1）若所选工法为中洞法，比较工况 1、工况 2 和工况 3 得到合理的超前支护方式；比较工况 1 和工况 4 得到合理的开挖进尺。

（2）若所选工法为洞桩法，比较工况 5、工况 6 和工况 7 得到合理的超前支护方式；比较工况 5 和工况 8 得到合理的开挖进尺。

6.3.2 数值模型选择及参数取值

本节采用 FLAC3D 有限差分软件，对成都路站的暗挖施工过程进行三维模拟，并对施工过程中围岩及地表沉降、围岩变形、地层移动及支护结构受力变形等结果进行对比、分析。

数值模拟分析中，围岩与支护材料的模型选择与参数选取如下。

1. **围岩材料**

围岩材料的本构关系采用莫尔-库仑准则，用实体单元模拟，具体参数见表 6.2。

2. **支护结构材料**

支护结构材料的本构关系采用弹性准则，模拟单元如下：

（1）超前支护用梁单元模拟管棚和小导管（管内浆液的刚度折算给小导管和管棚），导管及其管棚的注浆采用改动地层属性模拟（提高加固范围内地层的 c，φ 和 E 等参数）。对管棚注浆加固区与钢管采用分离式模型，假定钢管与注浆区之间黏结性很强，两者之间无相对滑移，注浆加固层厚度为 0.8 m。

（2）初期支护采用壳单元模拟。初期支护结构中钢筋网的承载作用小，主要作用是为喷射混凝土提供附着对象，模拟中不予考虑；初期支护钢架的作用考虑采用“代换刚度法”，将钢拱架的抗变形能力折算给喷射混凝土。

(3) 二次衬砌采用实体单元模拟。

(4) 洞桩法中边桩与纵梁采用实体单元模拟;钢管柱采用桩单元模拟。

最终的支护结构参数取值如表 6.4 所示。

表 6.4　　支护结构参数

材料	重度 /(kN·m^{-3})	弹性模量 /GPa	泊松比	内摩擦角 /(°)	黏聚力 /MPa
管棚	32.28	91.0	0.30	—	—
小导管	37.87	89.0	0.26	—	—
注浆区	22.00	0.025	0.30	16.8	62.3
初期支护	22.00	33.60	0.20	—	—
二次衬砌	25.00	30.00	0.2	—	—
临时支撑	22.00	34.90	0.20	—	—
边桩	22.00	25.00	0.30	—	—
纵梁	22.00	25.00	0.30	—	—
钢管柱	22.00	25.00	0.20	—	—

6.3.3 模型建立与开挖模拟

1. 中洞法

成都路站平均埋深 10.5 m,开挖宽度为 20.5 m,开挖高度为 15.6 m。考虑到边界条件对计算结果影响比较大,隧道左右水平计算范围取开挖跨度的 5 倍,隧道垂直计算范围向上取至地表,向下取开挖高度的 4 倍,模型最终尺寸为 100 m×80 m×67 m。其边界条件是:左右边界限制其水平自由度,下边界限制其竖向自由度,上边界为自由面。在计算中忽略水对隧道的影响,初始应力场只考虑自重应力场,忽略构造应力对围岩应力应变的影响。中洞法施工断面设计图如图 6.4 所示,数值计算模型如图 6.5 所示。

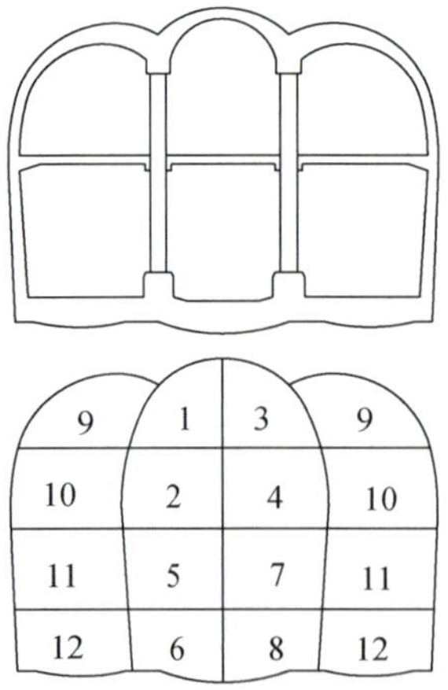

图 6.4　中洞法断面设计图

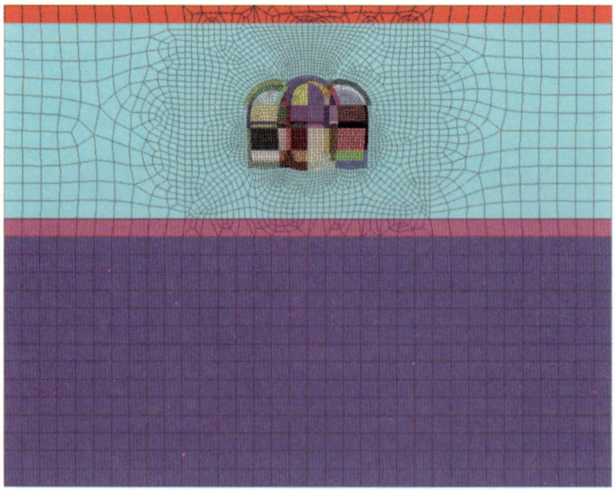

图 6.5　中洞法数值计算模型图

为便于进行施工过程的分析，中洞法的施工大致可分为以下五个阶段：①开挖中洞阶段(exc-mid)；②施工中洞二次衬砌阶段(lin-mid)；③开挖边洞阶段(exc-bor)；④施工边洞二次衬砌阶段(lin-bor)；⑤后期稳定阶段(finish)。其开挖步序如图 6.6—图 6.9 所示。

(a) 开挖区域 1　(b) 开挖区域 2　(c) 开挖区域 3　(d) 开挖区域 4

(e) 开挖区域 5　(f) 开挖区域 6　(g) 开挖区域 7　(h) 开挖区域 8

图 6.6　开挖中洞阶段

图 6.7　施工中洞二次衬砌阶段

图 6.9　施工边洞二次衬砌阶段

(a) 开挖区域 9　(b) 开挖区域 10　(c) 开挖区域 11　(d) 开挖区域 12

图 6.8　开挖边洞阶段

2. **洞桩法**

成都路站平均埋深 10.5 m，开挖宽度为 20.5 m，开挖高度为 15.6 m。考虑到边界条件对计算结果影响比较大，隧道左右水平计算范围取开挖跨度的 6 倍，隧道垂直计算范围向上取至地表，向下取开挖高度的 2 倍，模型最终尺寸为 120 m×60 m×48 m。其边界条件是：左右边界限制其水平自由度，下边界限制其竖向自由度，上边界为自由面。在计算中忽略水对隧道的影响，初始应力场只考虑自重应力场，忽略构造应力对围岩应力应变的影响。洞桩法施工断面设计图如图 6.10 所示，数值计算模型如图 6.11 所示。

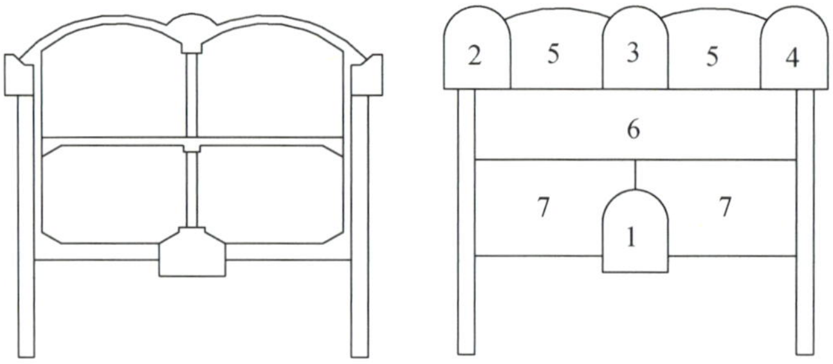

图 6.10　洞桩法断面设计图

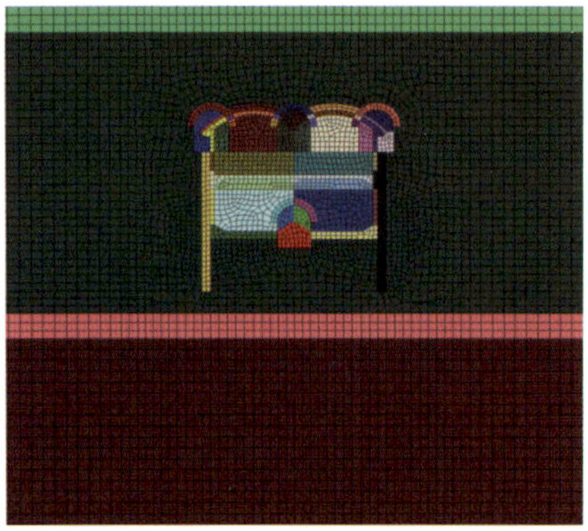

图 6.11　洞桩法模型

图 6.12　Cave 阶段

为便于进行施工过程的分析，将浅埋暗挖洞桩法分为五个阶段：①小导洞施工阶段（以下简称：Cave 阶段）；②边桩（柱）和梁施工阶段（以下简称：P-B 阶段）；③拱部开挖阶段（以下简称：Arc 阶段一）；④拱部二次衬砌施工阶段（以下简称：Arc 阶段二）；⑤主体施工阶段。其开挖步序如图 6.12—图 6.15 所示。

(a) P阶段

(b) B阶段

图 6.13 P-B 阶段

(a) 阶段一

(b) 阶段二

图 6.14 Arc 阶段

(a) 中板施工

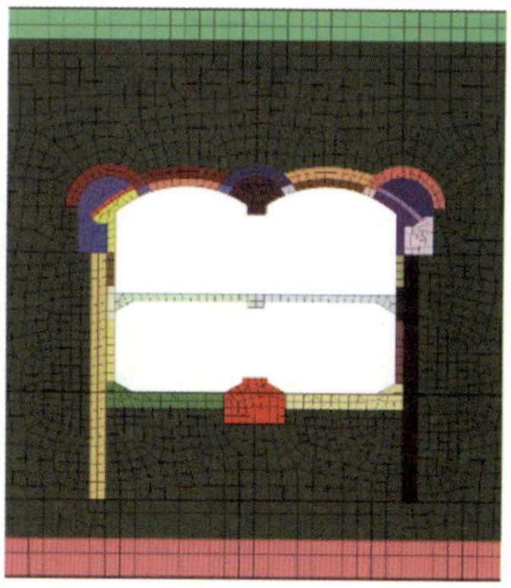

(b) 底板施工

图 6.15 主体施工阶段

6.4 数值模拟结果分析

6.4.1 施工工法比选

本节选用暗挖中洞法和暗挖洞桩法两种工法进行对比，对分别采用中洞法和洞桩法进行暗挖施工时各阶段围岩变形结果进行对比分析，并给出适合在该类地层组合条件下进行暗挖车站施工的工法选择建议。

1. **中洞法(表 6.5)**

表 6.5　　中洞法暗挖施工各阶段围岩位移云图

阶段	围岩竖向位移	围岩水平位移
中洞开挖	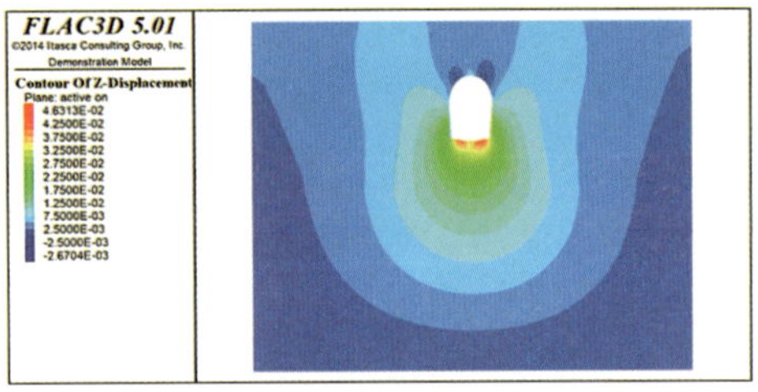	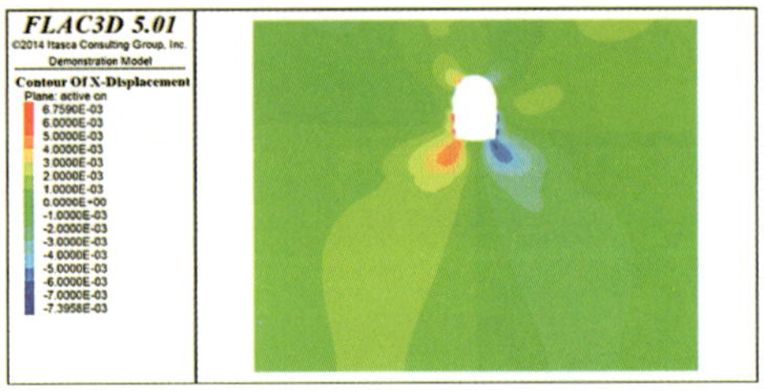
施工边洞二次衬砌	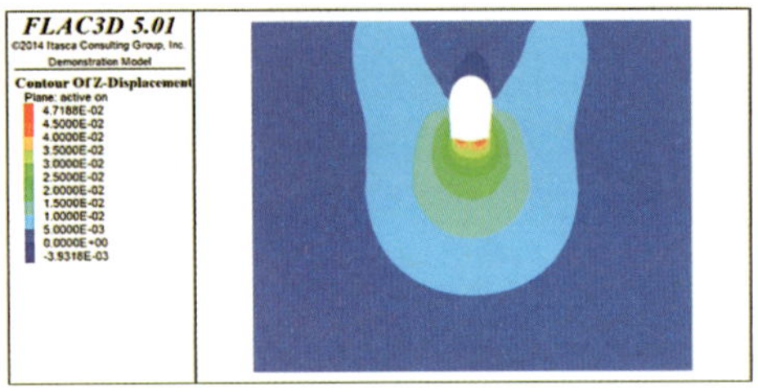	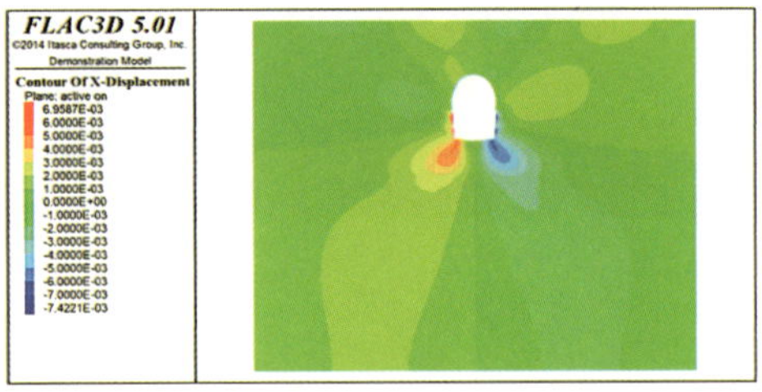
侧洞开挖	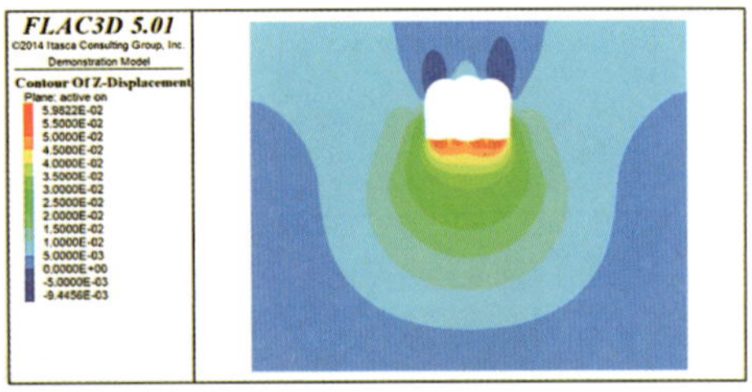	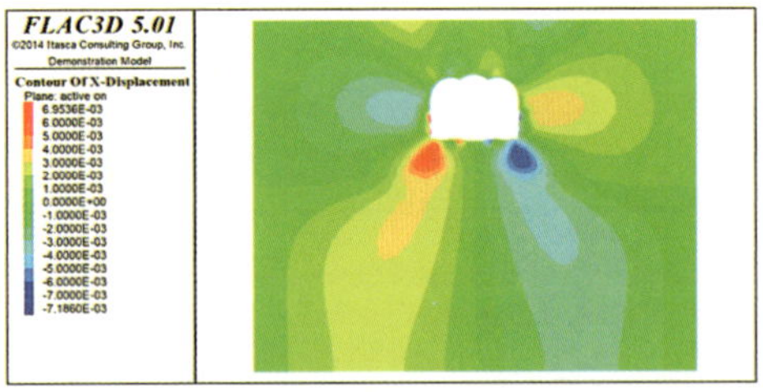
施工边洞二次衬砌	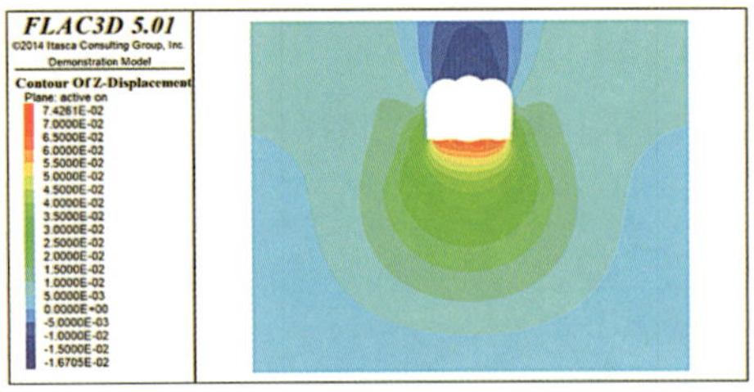	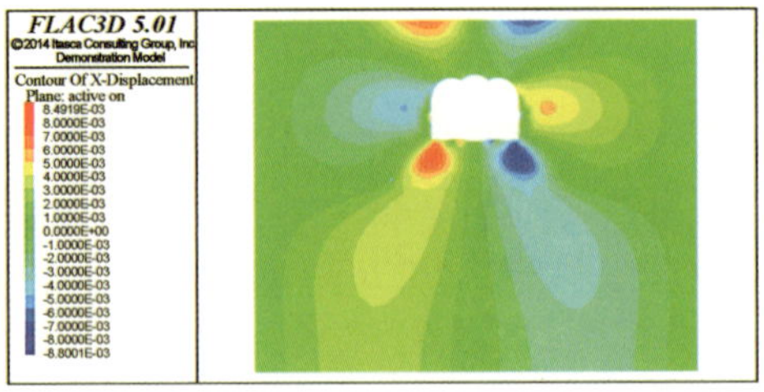

（续表）

<table>
<tr><th>阶段</th><th>围岩竖向位移</th><th>围岩水平位移</th></tr>
<tr><td>后期稳定</td><td>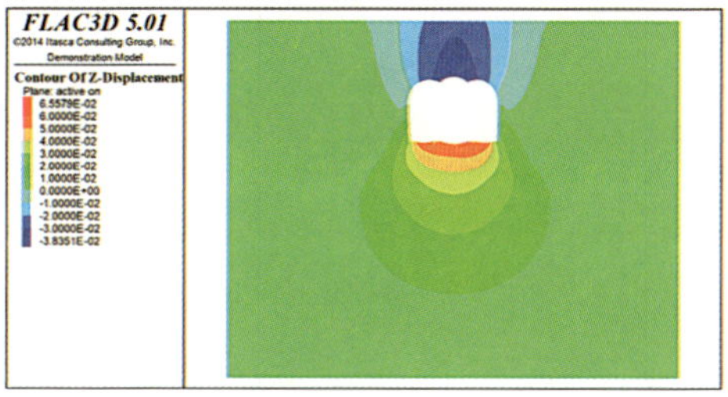
</td><td>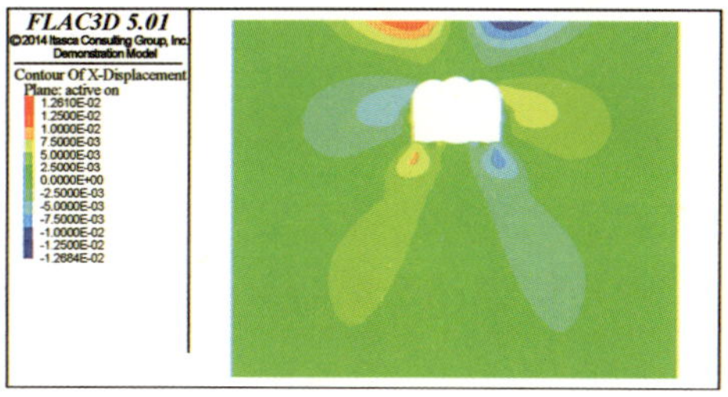
</td></tr>
</table>

从五个阶段的围岩变形云图中可以看出，不同施工阶段，隧道围岩的变形分布沿隧道纵向中轴线呈较好的对称分布。具体分析如下：

（1）中洞开挖阶段：围岩竖向位移云图显示，大部分围岩产生向上的位移，形成以隧道底部为中心的倒齿状卸荷回弹区，并贯通至地表；只有区域 1 和区域 3 拱顶附近围岩在中洞开挖后下沉，形成小片沉降区。其中，隧道底部卸荷回弹量最大为 46.3 mm，拱顶沉降量最大为 2.7 mm。从水平位移云图可以看出，隧道开挖主要引起边墙中下部位和底板产生向内的收敛位移，左侧最大收敛位移为 6.8 mm，右侧最大收敛位移为 7.4 mm，相差较小。

（2）施工中洞二次衬砌阶段：围岩位移云图显示，该阶段围岩变形分布规律与中洞开挖阶段基本相同，不同点在于区域 1 和区域 3 的沉降区在中洞拱部贯通。该阶段拱顶的最大沉降量为 3.9 mm，较之前增加 1.2 mm；最大隆起量为 47.2 mm，较之前增加 0.9 mm，最大水平位移为 7.4 mm。

（3）边洞开挖阶段：竖向位移云图显示，边洞开挖后围岩的卸荷回弹区显著增大，最大隆起量在隧底，为 59.8 mm；中洞拱部由沉降变形变为隆起变形，沉降区在边洞拱部，最大沉降量为 0.9 mm。从水平位移云图可以看出，边洞开挖后，在隧底脚部、边墙中下部以及拱部拱脚处产生较大水平位移。其中拱部拱脚处为背离洞内的位移，边墙和底板为朝向洞内的位移，朝向洞内的位移较背离洞内的位移大，最大值为 7.2 mm。

（4）施工侧洞二次衬砌阶段：从竖向位移云图中可以看出，边洞二次衬砌施工结束后，沉降区显著增大，在拱顶沿隧道横断面贯通至地表，最大值为 16.7 mm，较之前增大 15.8 mm；最大隆起量位于隧道底部，其值为 74.3 mm，较之前增大 14.5 mm。水平位移云图显示，边洞二次衬砌施工后，水平位移较大区域出现在拱部拱脚处、隧道底脚部以及边墙正上方地表附近，其极值为 8.8 mm，较之前增加 1.6 mm。

（5）后期稳定阶段：竖向位移云图显示，隧道施工完成后，在自重应力作用下，围岩最大沉降量增至 38.4 mm，最大隆起量减小至 65.6 mm；最大水平位移云图显示，平衡阶段围岩变形分布规律较之前不变，但其量值发生变化，增至 12.7 mm，位于边墙正上方的地表附近。说明隧道开挖在地表一定范围内形成沉降槽，沉降槽边缘宽度大于边墙与隧道纵向轴线的距离。

2. 洞桩法(表 6.6)

表 6.6　　洞桩法暗挖施工各阶段围岩位移云图

阶段	围岩竖向位移	围岩水平位移
Cave 阶段	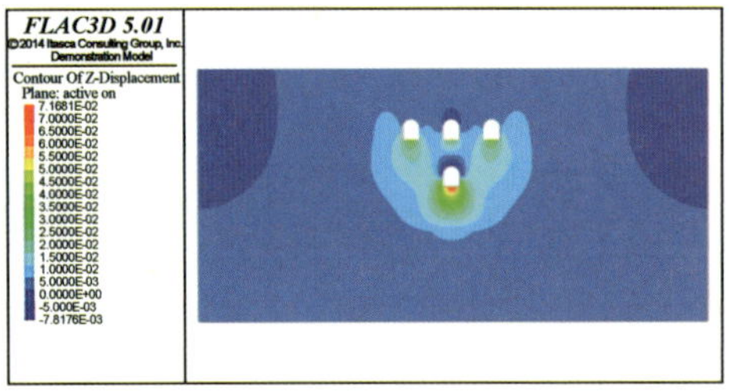	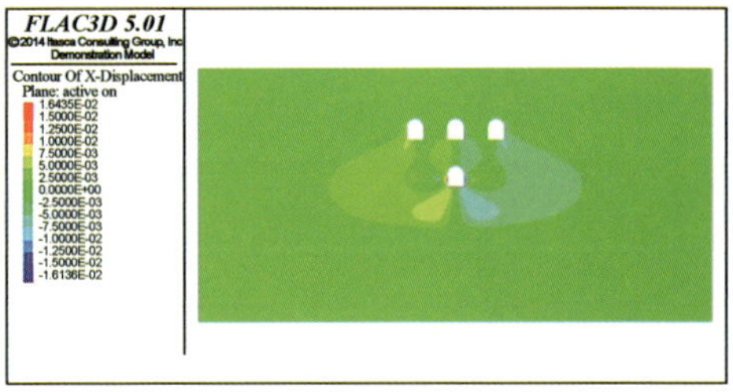
P-B 阶段		
Arc 阶段一	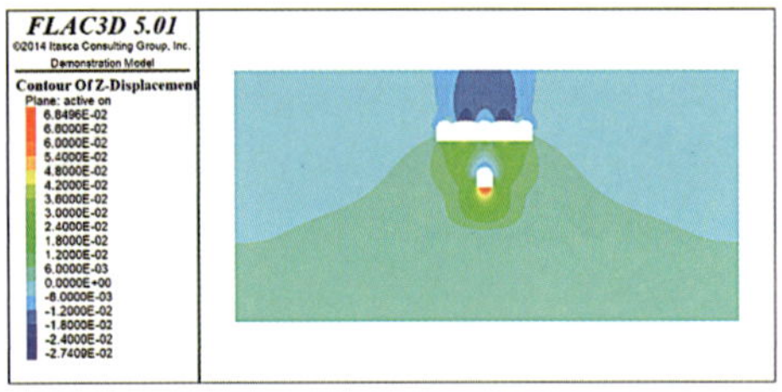	
Arc 阶段二		
主体施工阶段	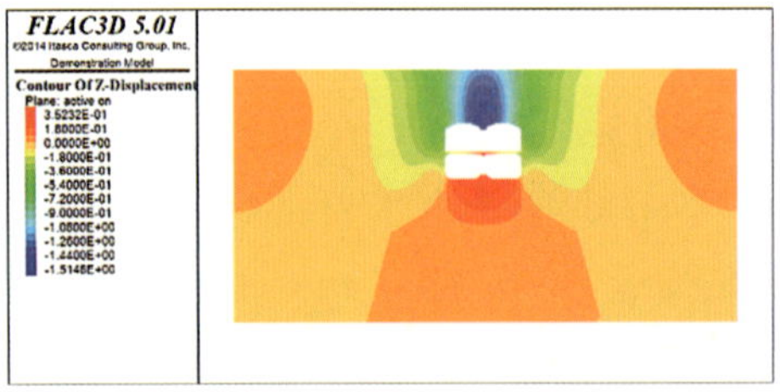	

从五个阶段的围岩变形云图中可以看出，不同施工阶段，隧道围岩的变形分布沿隧道纵向中轴线呈较好的对称分布。

(1) Cave 阶段：围岩竖向位移云图显示，导洞开挖后，4 个导洞底部向上隆起，下导洞底部隆起区域与上部两个边导洞的隆起区域贯通，形成卸荷回弹区；下导洞和上中导洞拱顶产生沉降，形成沉降区，其中，最大隆起量位于下导洞底部，为 71.8 mm，最大沉降量位于上中导洞和下导洞拱部，最大值为 7.8 mm。从水平位移云图可以看出，上中导洞和下导洞水平位移沿各导洞纵向中轴线对称分布，产生朝向洞内的位移；而由于导洞较多且距离较小，左上导洞和右上导洞水平位移并非对称于各洞的纵向中轴线，左上导洞左边墙产生朝向洞内的变形，右边墙变形较小；右上导洞右边墙产生朝向洞内的变形，左边墙变形较小。最大水平位移为 16.4 mm，位于下导洞边墙中部。

(2) P-B 阶段：围岩位移云图显示，隧道上部三个导洞拱顶和下导洞拱顶沉降量最大，为 29.7 mm；下导洞底部隆起量最大，为 49.6 mm。从水平位移云图可以看出，该阶段水平位移分布规律保持不变，最大水平位移仍位于下导洞边墙中部，其值增至 16.5 mm，增量较小。

(3) Arc 阶段一：竖向位移云图显示，拱部开挖后，最大沉降值在两跨拱部，较上阶段减小，其值为 27.4 mm，最大隆起量位于下导洞底部，其值为 68.5 mm；水平位移云图显示，拱部开挖使得左上导洞和右上导洞底部水平位移显著增大，但最大值仍在下导洞边墙中部，其值为 16.8 mm。

(4) Arc 阶段二：竖向位移云图显示，拆除拱部临时支撑、施作拱部二次衬砌后，最大沉降值位于两跨拱部，且沉降区在拱部上部左右贯通，最大值为 98.6 mm，量值较大，说明围岩很可能在此处坍塌，危及隧道稳定；最大隆起量位于下拱部底板，其值为 127.0 mm，较上阶段增加 58.5 mm，增量较大。水平位移云图显示，上部边导洞拱部正上方的地表附近以及上部边导洞底板附近的水平位移较大，其值为 36.1 mm，增量较大。以上数据显示，该阶段围岩变形量显著增大，隧道围岩极易坍塌失稳。

(5) 主体施工阶段：竖向位移云图显示，隧道施工完成后，中柱上方的拱部最大沉降量增至 1.51 m，并向上贯通至地表，说明此时隧道在此处拱顶已坍塌。

3. 结果与建议

将采用中洞法和洞桩法施工车站的计算结果分别统计列于表 6.7，可进一步得到相关的结论与建议。

表 6.7　　两种施工工法计算结果统计

施工阶段	围岩变形类型	中洞法/mm	洞桩法/mm
阶段一	地表沉降最大值	−3.82	
	拱顶沉降最大值	2.7	7.8
	水平位移最大值	7.4	16.4
	隧底拱起最大值	46.3	71.8

（续表）

施工阶段	围岩变形类型	中洞法/mm	洞桩法/mm
阶段二	地表沉降最大值	−1.21	20.8
	拱顶沉降最大值	3.9	27.4
	水平位移最大值	7.4	16.5
	隧底拱起最大值	47.2	49.6
阶段三	地表沉降最大值	−2.15	14.0
	拱顶沉降最大值	0.9	27.4
	水平位移最大值	7.2	16.8
	隧底拱起最大值	59.8	68.5
阶段四	地表沉降最大值	9.58	74.3
	拱顶沉降最大值	16.7	98.6
	水平位移最大值	8.8	36.1
	隧底拱起最大值	74.3	127.0
阶段五	地表沉降最大值	26.57	1 191.84
	拱顶沉降最大值	38.55	1 514.8
	水平位移最大值	12.68	394.03
	隧底拱起最大值	65.59	352.32

从表中可以得出：

（1）不同施工阶段采用洞桩法引起的围岩变形均比采用中洞法的大，且相差较大。施工完成后，采用洞桩法施工引起的地面沉降和拱顶下沉最大值分别为 1.19 m 和 1.51 m，地表已坍塌，说明在该地层组合中采用单柱两跨洞桩法施工工法不可行；而采用中洞法施工引起的地表沉降和拱顶下沉最大值分别为 26.6 mm 和 38.4 mm，地表沉降值小于规范要求的 30.0 mm，说明在该地层组合中采用双柱三跨中洞法施工，可以满足施工要求。

（2）采用中洞法施工时，各阶段的底板隆起量最大。主要原因是在模拟开挖时，各区域采用的是全断面一次开挖的形式，且未对掌子面进行加固处理。因此建议实际施工时，各开挖区域采用预留核心土或对掌子面进行喷射混凝土处理，以控制掌子面和底板变形量。

（3）采用洞桩法施工时，前三个阶段的地表沉降量均小于 30.0 mm，满足施工要求；但当拆除拱部两道竖向临时支撑施工拱部二次衬砌时，地表沉降显著增大，并在后续施工中发生拱顶坍塌，可能的原因是隧道拱部跨度过大。因此，在后续工法比选时，应充分考虑隧道拱部跨度的影响，对隧道面做减跨处理，建议采用双柱三跨车站结构形式与中洞法进一步对比分析。

通过以上模拟计算分析可以得出，在 A 类组合的地层中采用暗挖法建造地铁车站的方案是可行的。在暗挖施工过程中，施工工法及车站结构形式对围岩变形影响较大，从安全性角度考虑，建议暗挖车站的结构形式为双柱三跨，暗挖工法选取中洞法。

6.4.2 超前支护比选

根据施工工法比选，车站可以采用浅埋暗挖中洞法施工。接下来对小导管＋管棚支护、仅小导管支护和仅管棚支护三种超前支护形式进行比选。通过分析三种工况下的地表沉降、围岩变形及支护结构受力和变形，从而得出最合理的浅埋暗挖超前支护形式。

1. **地表沉降**

图 6.16 为采用三种超前支护方式时不同阶段的横向地表沉降曲线，横轴为测点距隧道纵向中轴线的距离，纵轴为地表沉降值，正值代表隆起量，负值代表沉降量，图中数值均以“m”为单位。其中，em 指中洞开挖阶段，lm 指施工中洞二衬阶段，eb 指边洞开挖阶段，

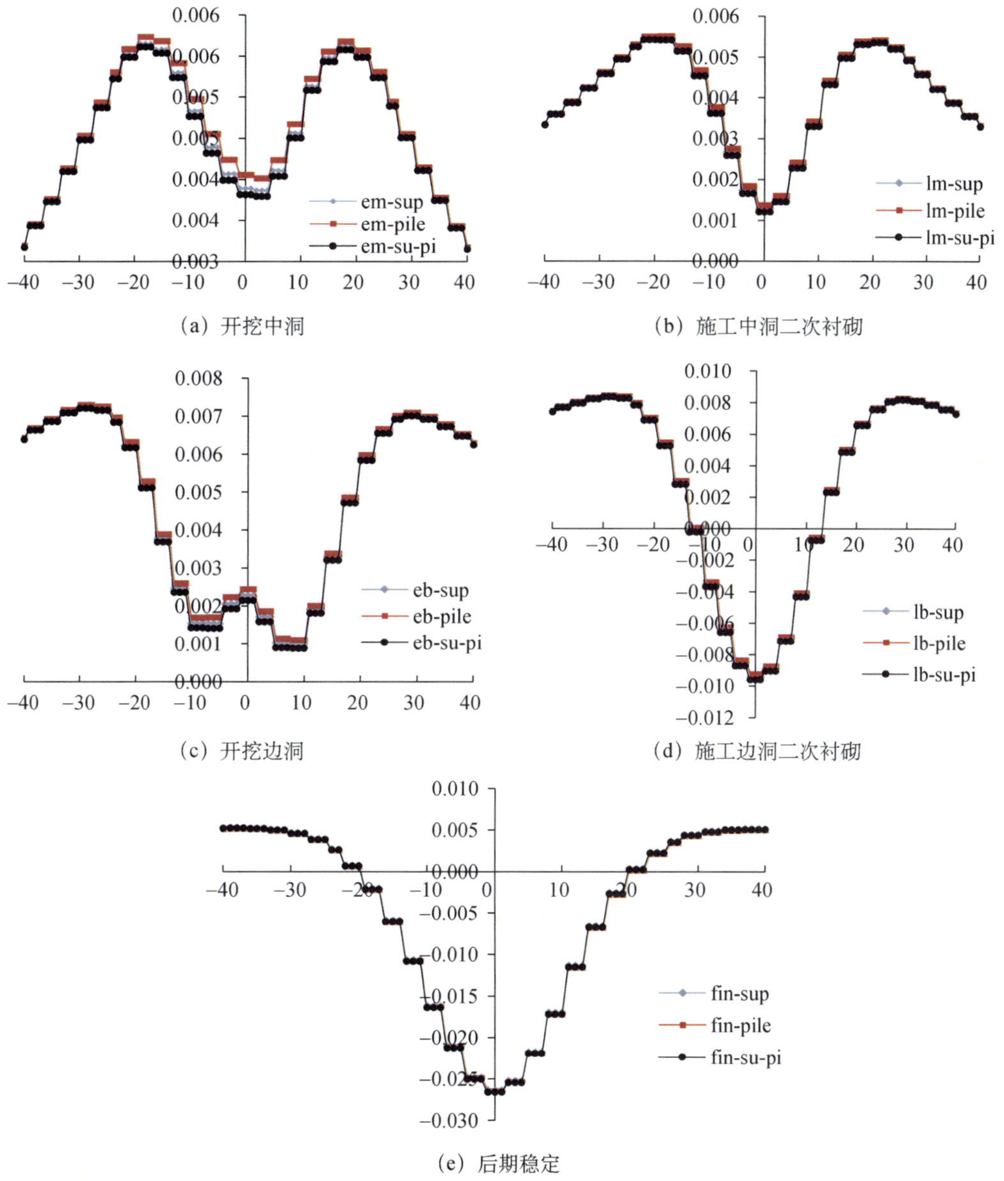

图 6.16 各阶段横向地表沉降曲线

lb 指施工边洞二衬阶段，fin 指施工完成后的运营阶段；su-pi 代表小导管＋管棚，sup 代表管棚，pile 代表小导管。

从图 6.16 中可以看出，不同超前支护条件下地表沉降的变化规律相同，即都形成以隧道中线对称的沉降槽；施工边洞二次衬砌之前，地表稍有隆起；施工边洞二次衬砌之后，以隧道中线为中心的地表一定范围内出现沉降。隆起量在隧道中线附近最小，随着远离中线位置逐渐增大，并随着施工的进行，隆起量逐渐减小。比较不同超前支护条件下的地表沉降发现，只有开挖中洞和边洞两阶段时，仅管棚支护引起的地表隆起较仅小导管支护时略有减小。在其他阶段，不同超前支护的沉降槽几乎重合，说明超前支护形式对地表沉降影响较小。从图 6.16(e)可以得出，最终在距离隧道中线 30 m 范围内受车站施工的影响形成沉降槽；最大沉降量出现在中洞拱顶正上方，管棚支护和小导管支护分别为 26.43 mm 和 26.45 mm，相差极小。

图 6.17 为不同超前支护条件下，中洞拱顶正上方、右边洞拱顶正上方和右边墙正上方地表沉降在施工各阶段的曲线图。其中，su_pi 代表小导管＋管棚，sup 代表管棚，pile 代表小导管；0，5，10 分别代表中洞拱顶正上方、边洞拱顶正上方和边墙正上方。

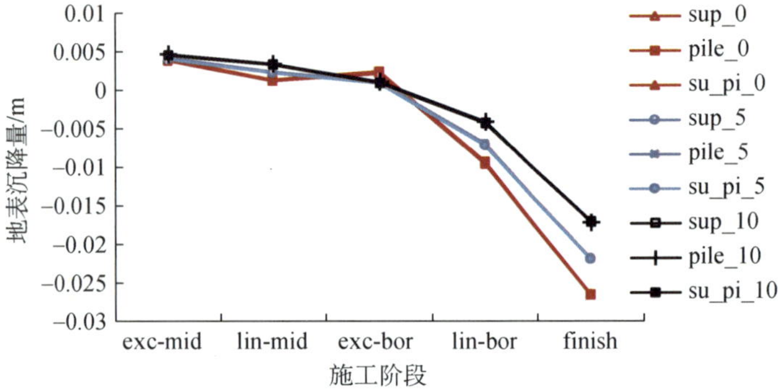

图 6.17　不同超前支护条件下各施工阶段地表沉降曲线

从图 6.17 可以看出，随着施工的进行，地表各点沉降逐渐增大。其中，中洞拱顶正上方沉降量最大，为 26.4 mm；边洞拱顶正上方沉降量次之，为 21.8 mm；边墙正上方沉降量最小，为 17.1 mm。当开挖边洞时，边洞拱顶正上方的下沉量增大，而中洞下沉量减小，说明开挖对开挖点正上方的地表下沉量作用最大。将图中中洞拱顶正上方地表沉降数据进行整理，得到各施工阶段引起地表沉降的比例，如表 6.8 所示。

表 6.8　不同超前支护条件下各施工阶段地表沉降比例

超前支护方式	开挖中洞	施工中洞二次衬砌	开挖边洞	施工边洞二次衬砌	后期稳定
管棚＋小导管	−14.37%	9.81%	−3.53%	44.14%	63.95%
仅小导管	−15.35%	10.14%	−4.04%	44.23%	65.01%
仅管棚	−14.73%	9.87%	−3.72%	44.22%	64.35%

注：表中正值代表地表下沉；负值代表地表隆起。

从表 6.8 中可以看出，不同预支护条件下各施工阶段地表沉降比例变化规律相同。在对洞室进行开挖时，地表出现隆起；在对洞室二次衬砌施工和后期稳定阶段，地表发生沉降。各施工阶段引起的地表变形从大到小依次为最终平衡阶段、施工边洞二次衬砌阶段、开挖中洞阶段、施工中洞二次衬砌阶段和开挖边洞阶段。洞室开挖阶段最易引起洞室变形失稳，从而造成地表沉降较大。因此，地表沉降占比较小说明在该施工阶段采取的初期支护措施及时，且支护强度较高，能够控制洞室开挖引起的地表变形，保证施工安全。

采用中洞法施工隧道时，控制洞室开挖阶段围岩和地表变形对隧道的安全施工极为重要，尤其是边洞开挖阶段，由于开挖断面进一步增大，很可能引起地表坍塌。由于超前支护只在开挖阶段施工，对比中边洞开挖时采用不同预支护的地表沉降占比发现，中洞开挖阶段的占比依次为－14.37％，－15.35％，－14.73％，边洞开挖阶段的占比依次为－3.53％，－4.04％，－3.72％。由此得出，对地表变形的控制效果均以小导管＋管棚最好，管棚次之，小导管最差。

2. **围岩变形**

隧道各阶段施工完成后围岩位移的数值计算结果列于表 6.9—表 6.13。计算中位移正值表示水平向右、竖直向上。

1） 中洞开挖

表 6.9　　　　不同超前支护方式下中洞开挖后围岩位移云图

支护方式	围岩竖向位移	围岩水平位移
管棚＋小导管	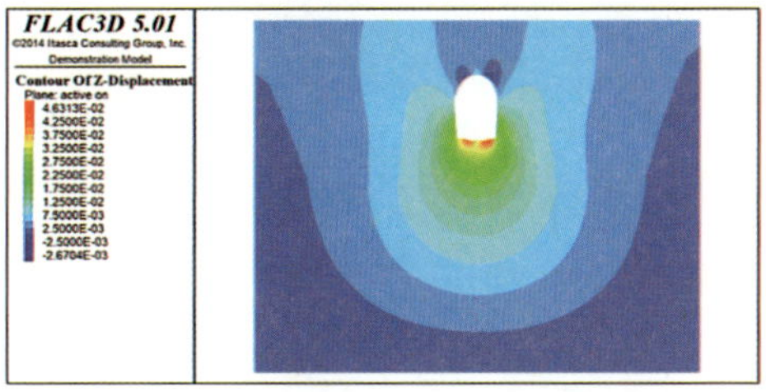	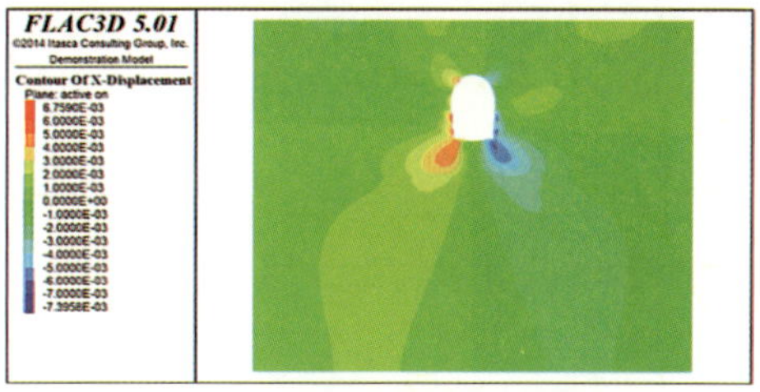
仅小导管	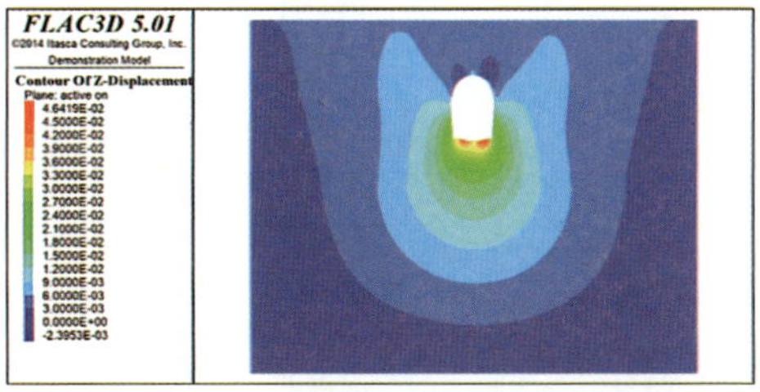	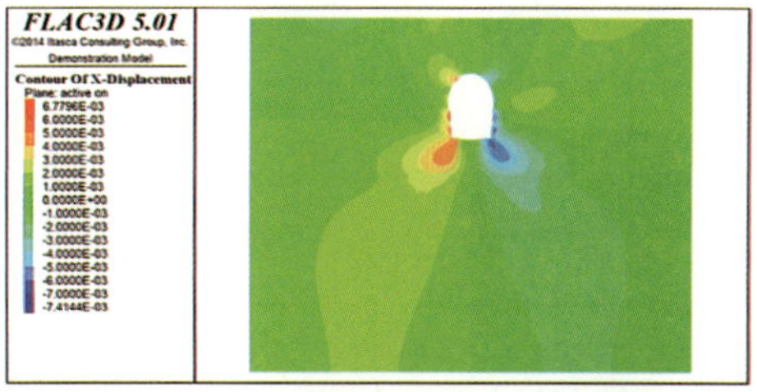
仅管棚	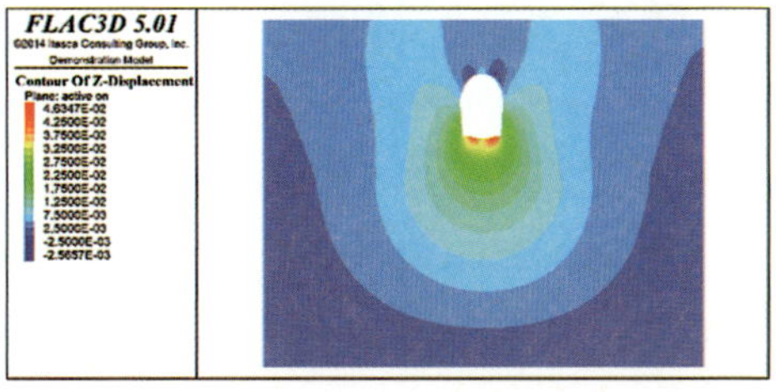	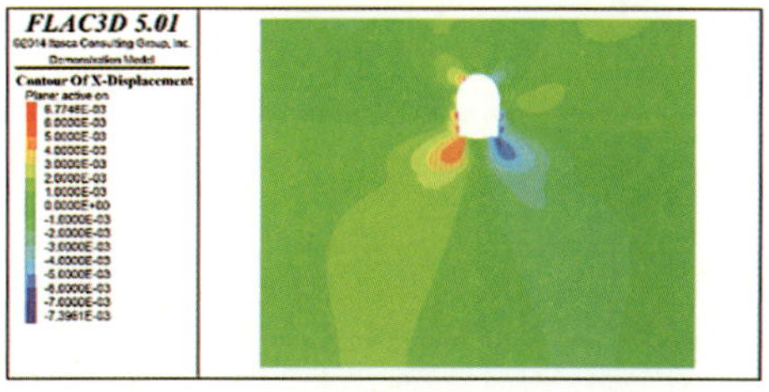

从表 6.9 中可以看出,围岩竖向位移和水平位移对称分布,中洞拱顶和底板的竖向位移最大,其中,管棚+小导管的工况下二者分别为−2.67 mm 和 46.31 mm;仅小导管的工况下二者分别为−2.40 mm 和 46.42 mm;仅管棚的工况下二者分别为−2.56 mm 和 46.35 mm。隧道的水平位移主要集中在边墙上部和底部,极值位置在边墙底部,其中,管棚+小导管的工况下最大值为 7.40 mm;仅小导管的工况下最大值为 7.41 mm;仅管棚的工况下最大值为 7.40 mm。

2) 中洞二次衬砌施工

表 6.10　不同超前支护方式下中洞二次衬砌施工后围岩位移云图

支护方式	围岩竖向位移	围岩水平位移
管棚+小导管	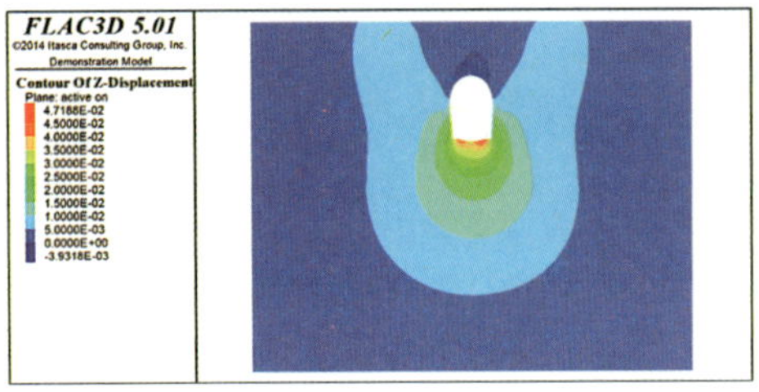	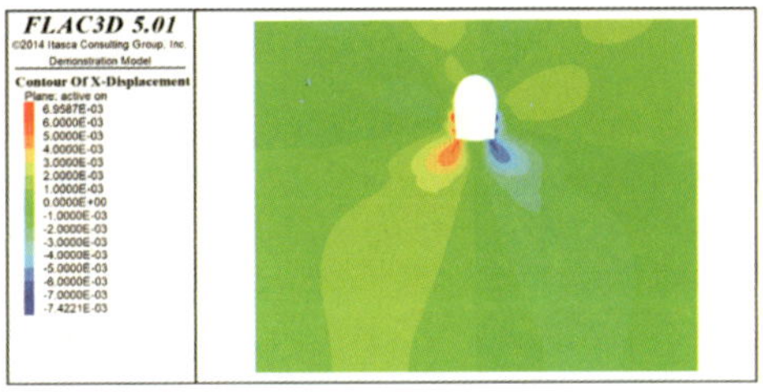
仅小导管	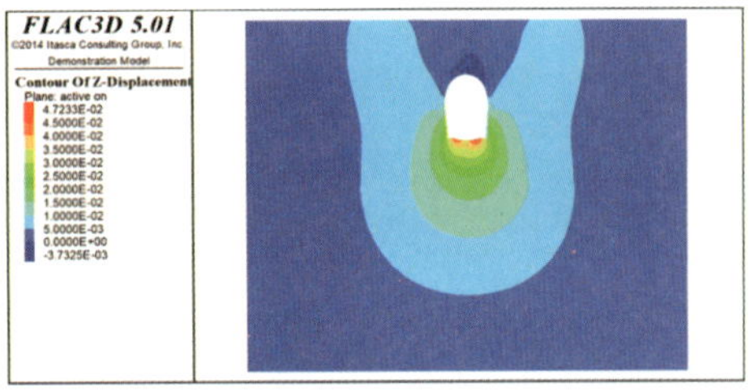	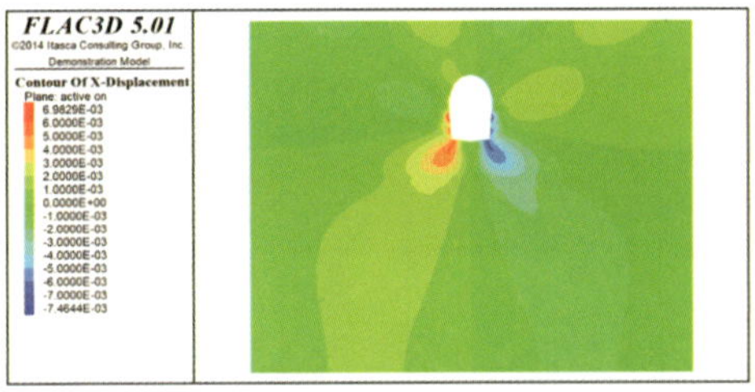
仅管棚	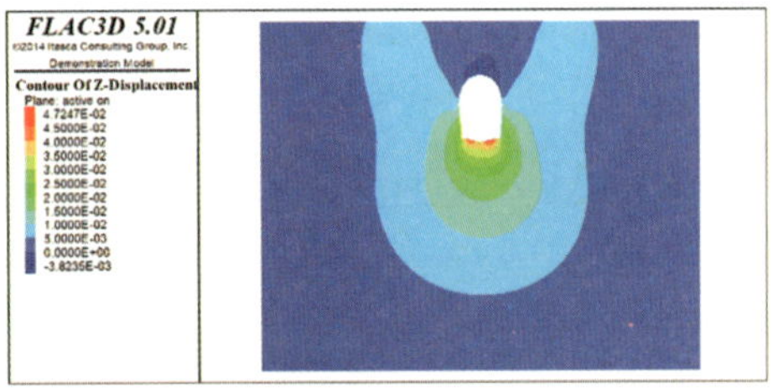	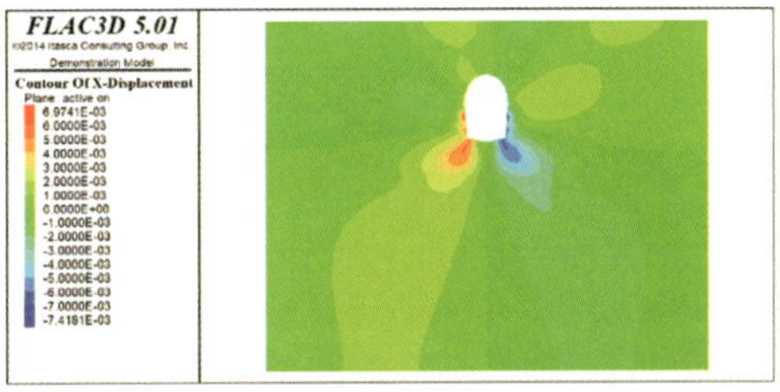

从表 6.10 中可以看出,施工中洞二次衬砌引起的围岩竖向位移和水平位移对称分布,中洞拱顶和底板的竖向位移最大,其中,小导管+管棚的工况下二者分别为−3.93 mm 和 47.19 mm;仅小导管的工况下二者分别为−3.73 mm 和 47.23 mm;仅管棚的工况下二者分别为−3.82 mm 和 47.25 mm。隧道的水平位移主要集中在边墙上部和底部,极值位于边墙底部,其中,管棚+小导管的工况下最大值为 7.42 mm;仅小导管的工况下最大值为 7.46 mm;仅管棚的工况下最大值为 7.42 mm。

3）边洞开挖

表 6.11　　不同超前支护方式下边洞开挖后围岩位移云图

支护方式	围岩竖向位移	围岩水平位移
管棚＋小导管	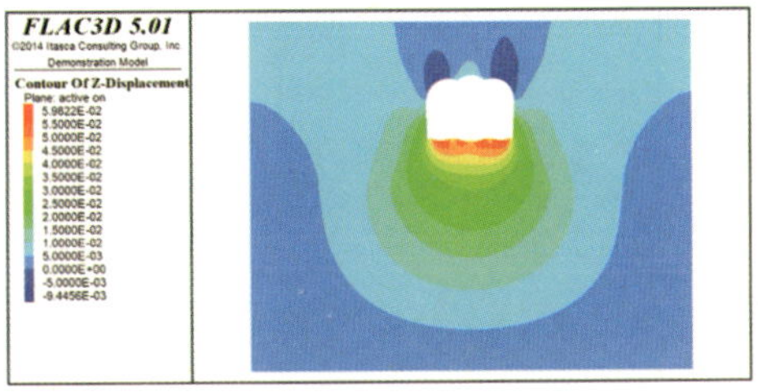	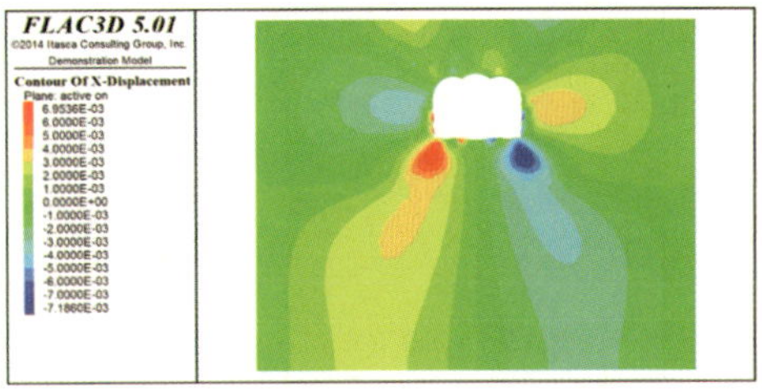
仅小导管	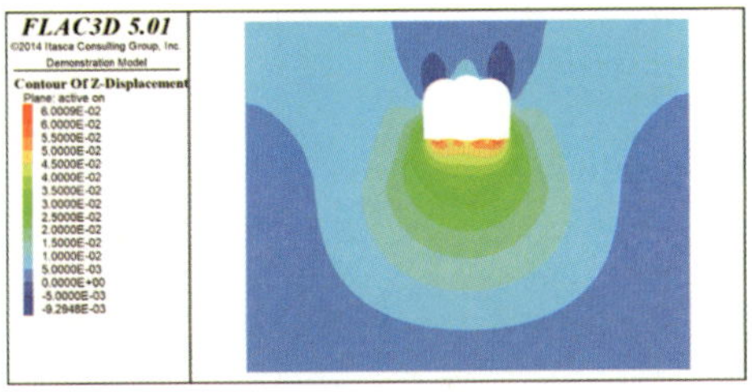	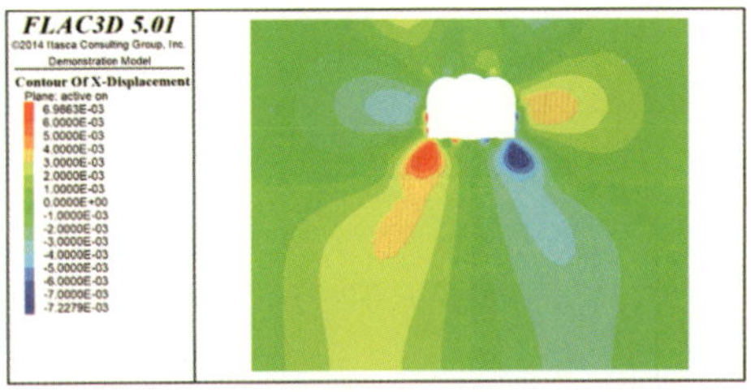
仅管棚	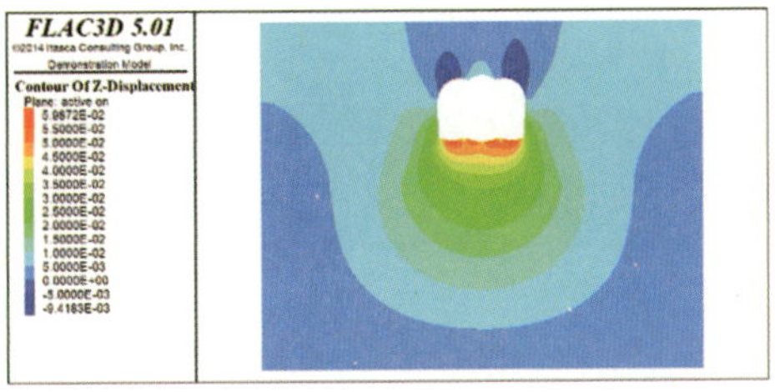	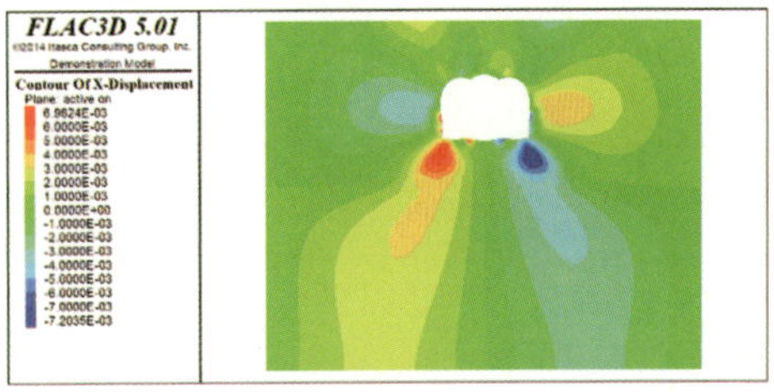

从表 6.11 中可以看出，开挖边洞使得围岩变形范围增大，引起的围岩竖向位移和水平位移对称分布，中洞拱顶和底板的竖向位移最大，其中，小导管＋管棚的工况下二者分别为－9.45 mm 和 59.82 mm；仅小导管的工况下二者分别为－9.29 mm 和 60.01 mm；仅管棚的工况下二者分别为－9.42 mm 和 59.87 mm。隧道的水平位移主要集中在边墙上部和底部，极值位于边墙底部，其中，管棚＋小导管的工况下最大值为 7.19 mm；仅小导管的工况下最大值为 7.23 mm；仅管棚的工况下最大值为 7.20 mm。

4）边洞二次衬砌施工

从表 6.12 中可以看出，施工边洞二次衬砌引起的围岩竖向位移和水平位移对称分布，中洞拱顶和底板的竖向位移最大，其中，小导管＋管棚的工况下二者分别为－16.71 mm和 74.26 mm；仅小导管的工况下二者分别为－16.34 mm 和 74.45 mm；仅管棚的工况下二者分别为－16.59 mm 和 74.35 mm。隧道的水平位移主要集中在边墙上部和底部，极值位于边墙底部，其中，管棚＋小导管的工况下最大值为 8.80 mm；仅小导管的工况下最大值为 8.84 mm；仅管棚的工况下最大值为 8.81 mm。

表 6.12　　不同超前支护方式下边洞二次衬砌施工后围岩位移云图

支护方式	围岩竖向位移	围岩水平位移
管棚＋小导管	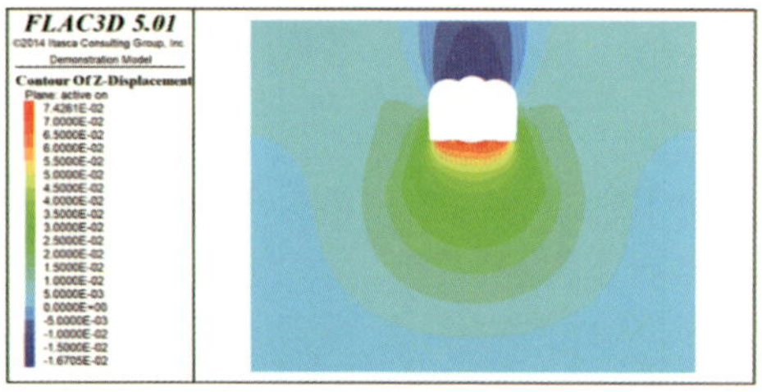	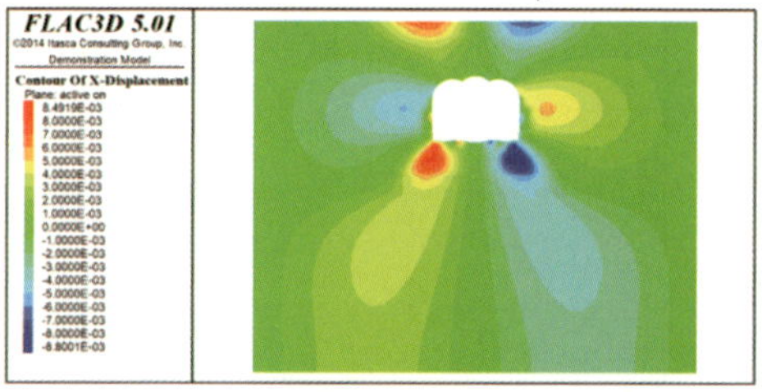
仅小导管	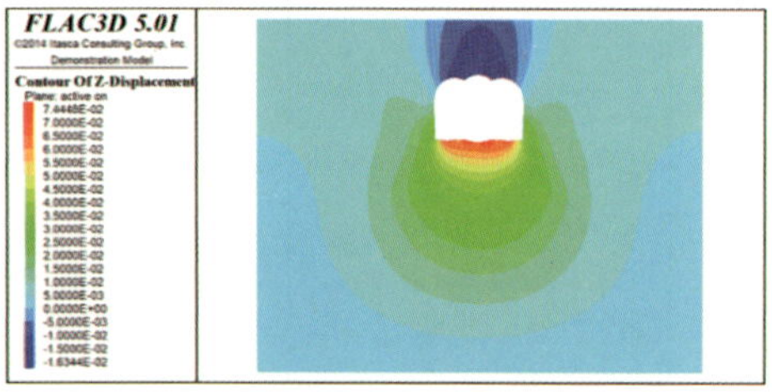	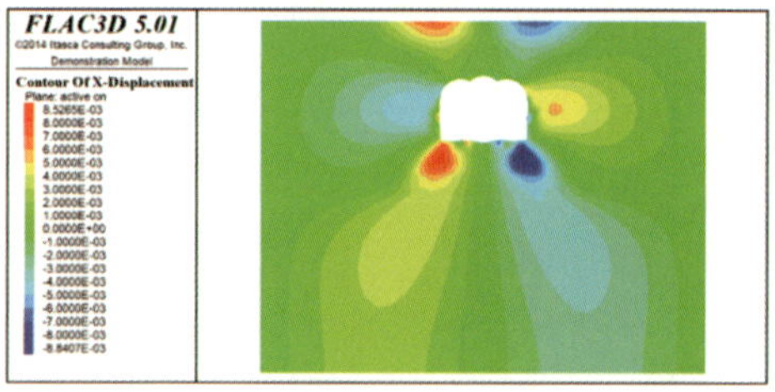
仅管棚	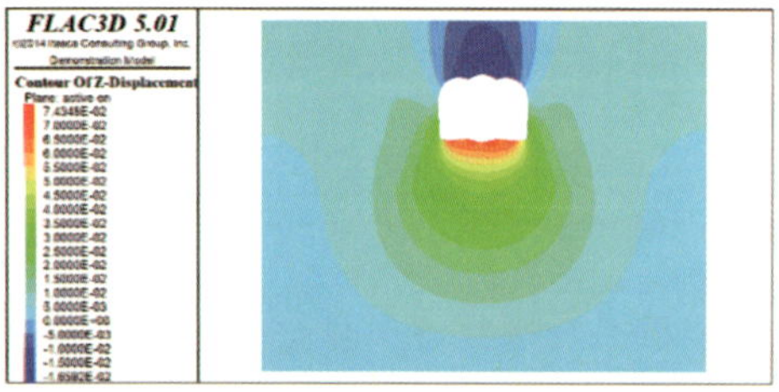	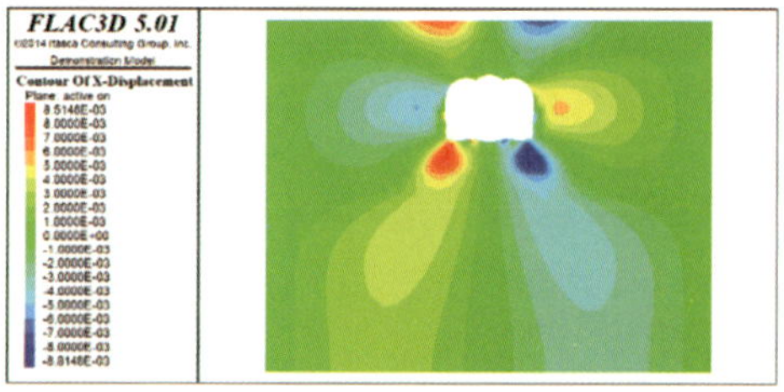

5）后期稳定阶段

从表 6.13 中可以看出，最终平衡阶段引起的围岩竖向位移和水平位移对称分布，中洞拱顶和底板的竖向位移最大，其中，小导管＋管棚的工况下二者分别为－38.55 mm 和 65.58 mm；仅小导管的工况下二者分别为－38.12 mm 和 65.31 mm；仅管棚的工况下二者分别为－38.51 mm 和 65.72 mm。隧道的水平位移主要集中在边墙上部和底部，极值位于边墙底部，其中，管棚＋小导管的工况下最大值为 12.68 mm；仅小导管的工况下最大值为 12.60 mm；仅管棚的工况下最大值为 12.72 mm。

表 6.13　　不同超前支护方式下后期稳定时围岩位移云图

支护方式	围岩竖向位移	围岩水平位移
管棚＋小导管	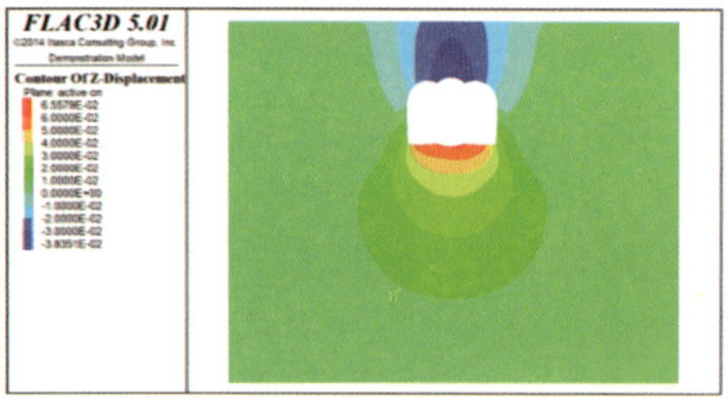	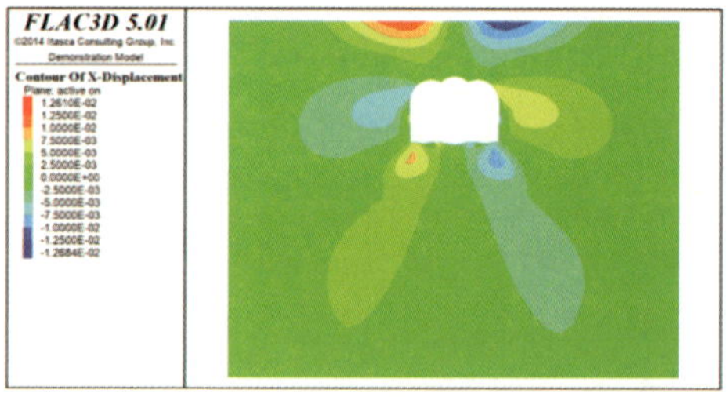

（续表）

支护方式	围岩竖向位移	围岩水平位移
仅小导管	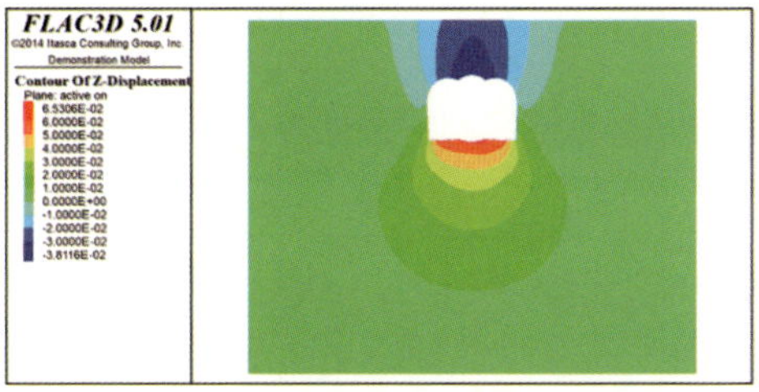	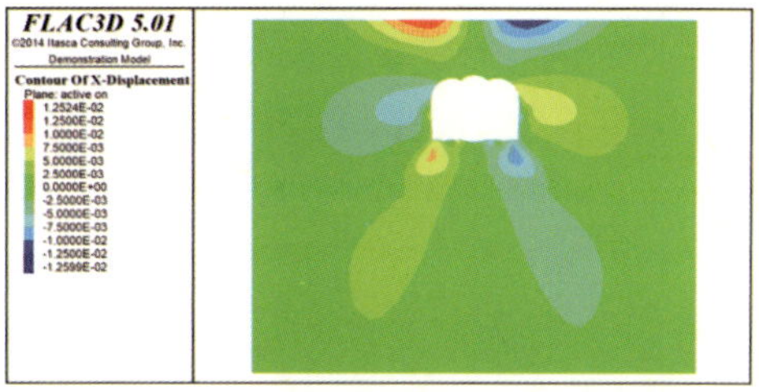
仅管棚		

6）总结

图 6.18 为不同超前支护条件下，中洞拱顶、左边墙上部、隧底左部和隧底中部围岩变形在施工各阶段的曲线图。其中，s 代表管棚，p 代表小导管，图中数值均以“m”为单位。

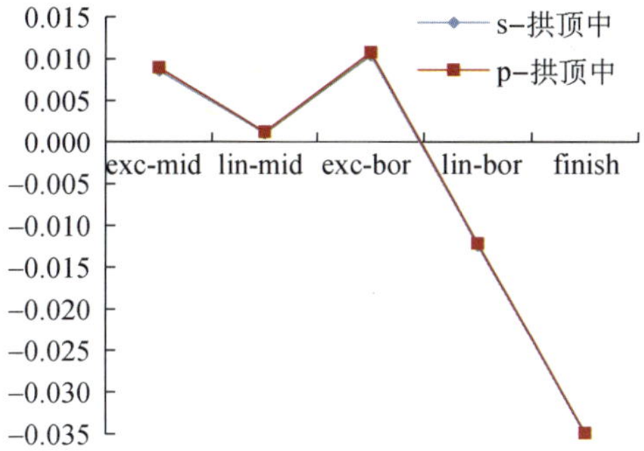

(a) 中洞拱顶

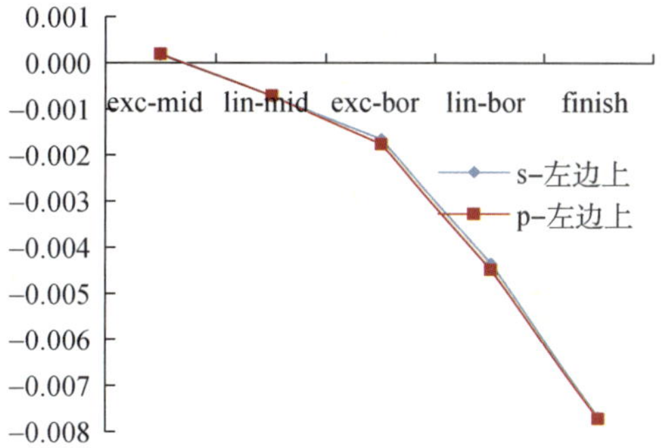

(b) 左边墙上部

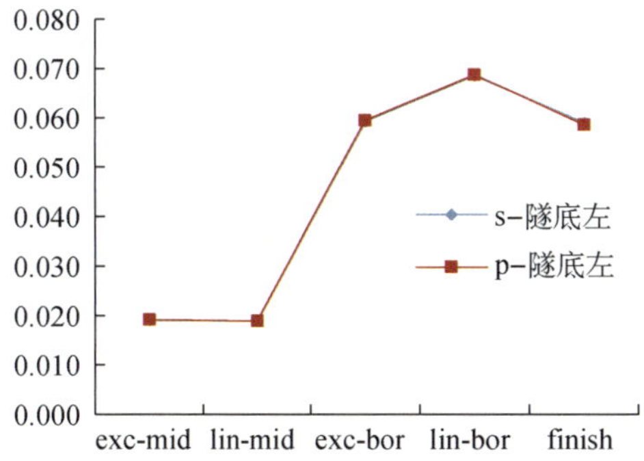

(c) 隧底左部

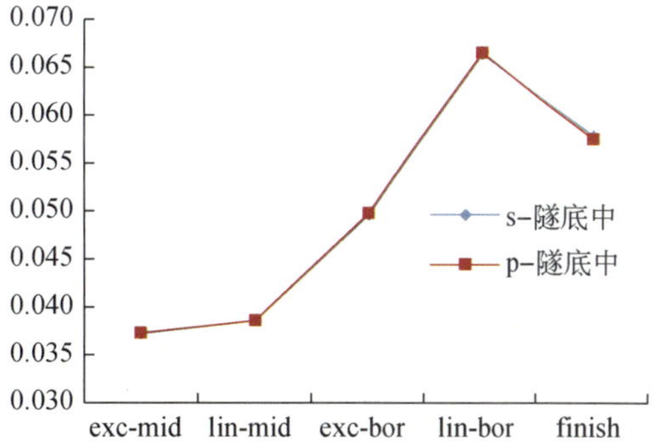

(d) 隧底中部

图 6.18 不同超前支护条件下各施工阶段围岩变形曲线图

从图 6.18(a)中可以看出，随着施工的进行，不同超前支护方式下的中洞拱顶沉降逐渐增大，其中，当开挖边洞时，中洞拱顶下沉量减小，说明边洞开挖使得中洞拱部围岩有极小的隆起。图中不同超前支护方式下的位移曲线几乎重合，说明超前支护方式对中洞拱部围岩变形影响较小。

从图 6.18(b)中可以看出，边墙上部(拱脚处)围岩变形随着施工的进行逐渐增大；在边洞施工阶段，管棚支护对围岩的变形控制较小导管支护好，但效果相差不大。

图 6.18(c)，(d)显示，边洞开挖后，隧道底部隆起量急剧增大；而施工边洞二次衬砌后，隧道底部隆起量有适当减少，说明边洞开挖引起的开挖断面增大对隧道底部的影响较大，二次衬砌的施工对底板隆起起到一定的反压作用。图中不同超前支护方式下的底板隆起变化曲线重合，说明不同超前支护形式对底板隆起变形影响不大。

综上所述，不同超前支护方式对拱腰上部(拱脚)围岩水平位移影响较大，对拱部沉降和底板隆起影响较小。将图中中洞拱顶和边墙上部数据进行整理，得到各施工阶段引起围岩变形的比例，如表 6.14 所示。

表 6.14　　不同预支护条件下各施工阶段围岩变形比例

围岩位置	预支护方式	开挖中洞	施工中洞二次衬砌	开挖边洞	施工边洞二次衬砌	后期稳定
拱顶中	管棚＋小导管	−24.38%	21.31%	−26.19%	64.77%	64.49%
	仅小导管	−25.87%	22.01%	−27.15%	65.69%	65.32%
	仅管棚	−24.68%	21.40%	−26.51%	65.08%	64.71%
左边墙上	管棚＋小导管	−2.45%	11.47%	13.14%	35.05%	42.78%
	仅小导管	−2.69%	11.75%	13.59%	35.36%	41.98%
	仅管棚	−2.50%	11.66%	12.18%	35.17%	43.49%

注：表中正值代表围岩向下、向内变形；负值代表围岩向上、向外变形。

从表 6.14 中可以看出，不同预支护方式下各施工阶段拱顶中部和边墙上部围岩变形比例变化规律相同。在对洞室进行开挖时，拱顶围岩隆起；在对洞室二次衬砌施工和平衡阶段，拱部围岩沉降；在对中洞进行开挖时，边墙上部围岩产生向隧道内部的变形，在其他阶段，边墙上部围岩产生背离隧道内部的变形。各施工阶段引起的拱部变形从大到小依次为后期稳定阶段、边洞二次衬砌施工阶段、边洞开挖阶段、中洞开挖阶段和中洞二次衬砌施工阶段。洞室开挖阶段最易引起洞室变形失稳，洞室施工阶段围岩变形占比较平衡阶段小，说明采取的初期支护措施及时，且支护强度较高，能较好地控制洞室开挖引起的围岩变形，保证施工安全。

采用中洞法施工隧道时，控制洞室开挖阶段围岩和地表变形对隧道的安全施工极为重要，尤其是边洞开挖阶段，由于开挖断面进一步增大，可能引起围岩产生较大变形。对比不同预支护方式下的各施工阶段围岩变形占比发现，对于拱顶，三种超前支护中洞开挖阶段的占比依次为−24.38%，−25.87%，−24.68%，开挖边洞阶段的占比依次为−26.19%，−27.15%，−26.51%；对于边墙上部，三种超前支护中洞开挖阶段的占比依次为－2.45%，－2.69%，－2.50%，开挖边洞阶段的占比依次为13.14%，13.59%，12.18%。对围岩变形的控制，两个阶段均以小导管＋管棚最好，管棚次之，小导管最差。

3. 支护结构受力和变形

隧道开挖支护完成后，初期支护和二次衬砌的变形和受力列于表6.15—表6.17。

1）初期支护变形分析

表6.15　　不同超前支护方式下初期支护位移云图

<table>
<tr><th>支护方式</th><th>竖向位移</th><th>水平位移</th></tr>
<tr><td>管棚＋小导管</td><td>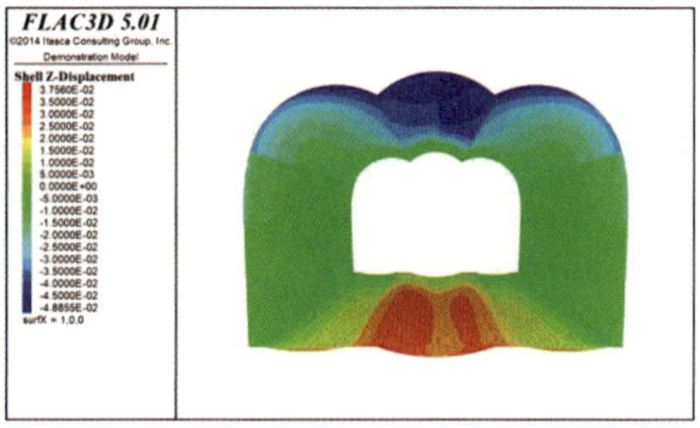
</td><td>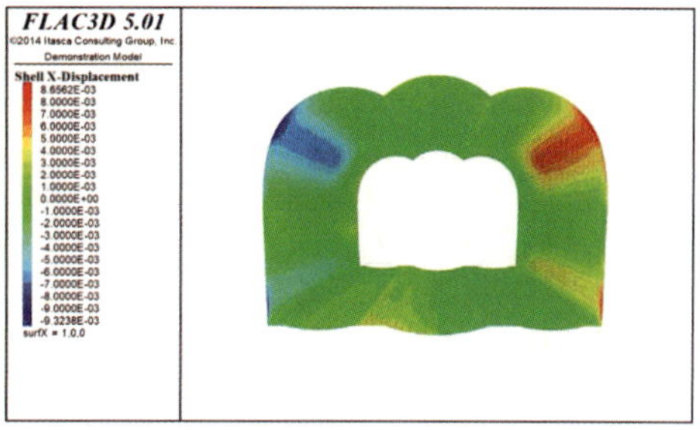
</td></tr>
<tr><td>仅小导管</td><td>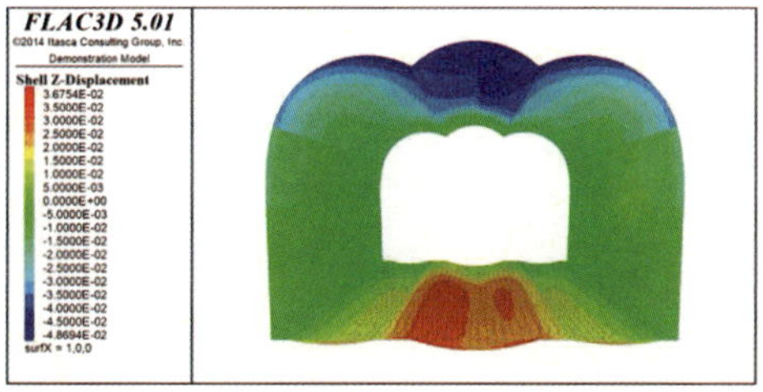
</td><td>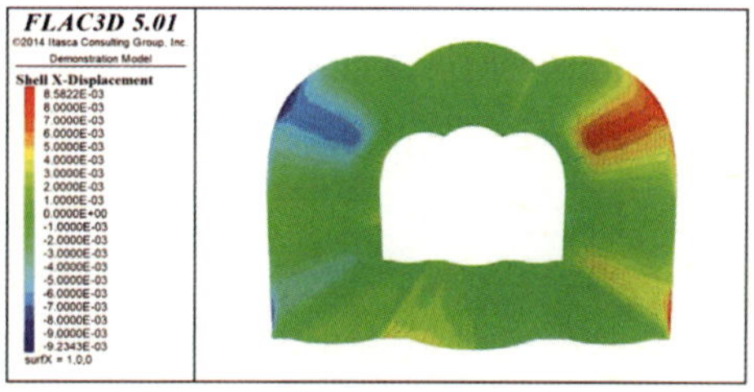
</td></tr>
<tr><td>仅管棚</td><td>
</td><td>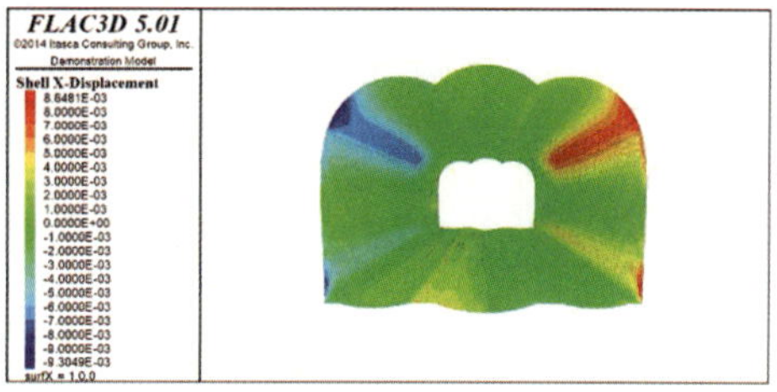
</td></tr>
</table>

由表6.15可知，不同超前支护条件下初期支护位移分布规律基本一致：竖向变形在隧道拱顶处为负值，产生沉降，极值依次为－48.9 mm，－48.7 mm，－48.5 mm；在底板下部为正值，向上隆起，最大值依次为37.6 mm，36.8 mm，37.7 mm。水平位移最大值位于拱肩和边墙底部，沿隧道纵向中轴线对称分布，绝对值依次为9.3 mm，9.2 mm，9.3 mm。

2）二次衬砌应力和变形分析

从表6.16中可以看出，不同超前支护方式下二次衬砌主应力分布规律基本一致：最大主应力在隧道拱顶、中板处边墙以及隧道底板上表面基本都为拉应力，极值依次为11.20 MPa，11.15 MPa，11.19 MPa；在边洞二次衬砌顶部、边墙下部以及底板下部为压应力，最大值依次为－2.06 MPa，－2.06 MPa，－2.06 MPa。最小主应力基本为压应力，最大值位于拱肩和边墙底部，依次为 15.36 MPa，－15.36 MPa，－15.49 MPa。

表 6.16　　　　不同超前支护方式下二次衬砌应力云图

支护方式	最大主应力	最小主应力
管棚＋小导管	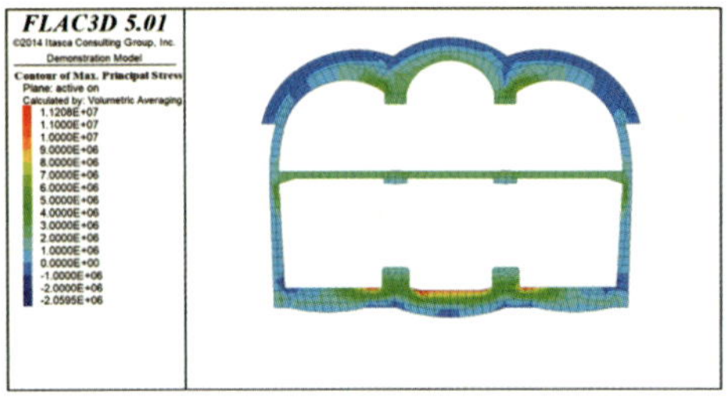	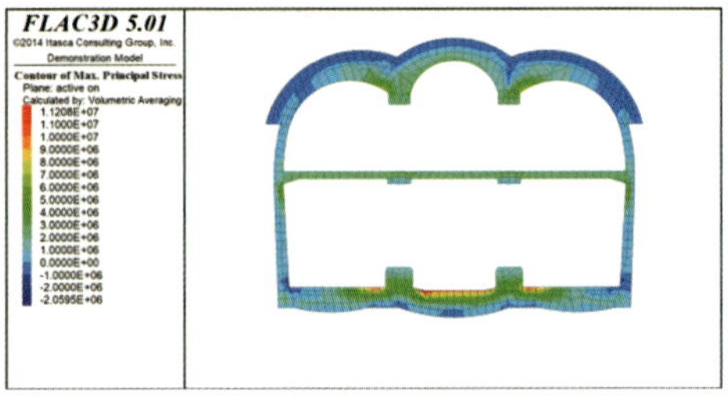
仅小导管	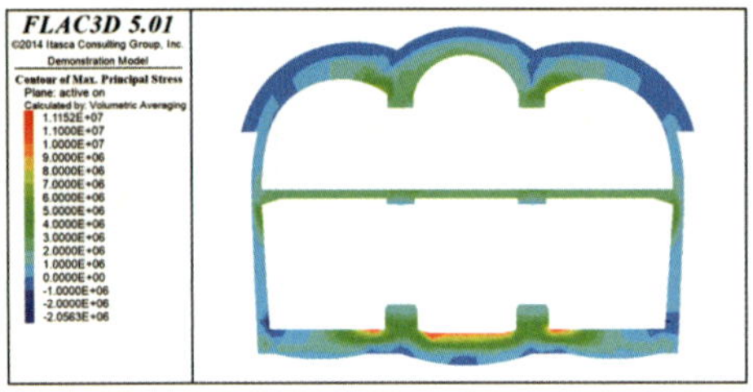	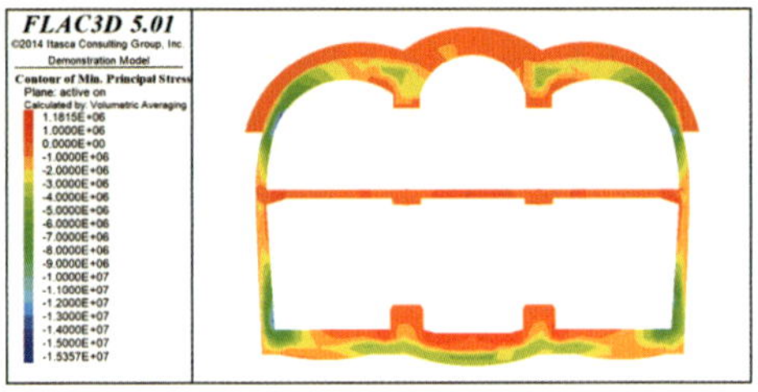
仅管棚		

由表 6.17 可知，不同超前支护方式下二次衬砌位移分布规律基本一致：竖向变形在隧道拱顶处为负值，产生沉降，极值依次为－38.6 mm，－38.5 mm，－38.5 mm；在底板下部为正值，向上隆起，最大值依次为 65.6 mm，65.3 mm，65.6 mm。水平位移最大值位于拱肩和中洞顶梁处，沿隧道纵向中轴线对称分布，绝对值依次为 8.6 mm，8.6 mm，12.6 mm。

表 6.17　　　　不同超前支护方式下二次衬砌位移云图

支护方式	竖向位移	水平位移
管棚＋小导管		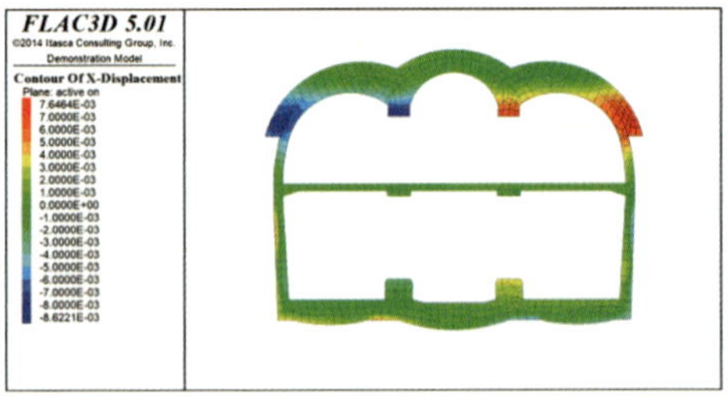

（续表）

<table>
<tr><th>支护方式</th><th>竖向位移</th><th>水平位移</th></tr>
<tr><td>仅小导管</td><td>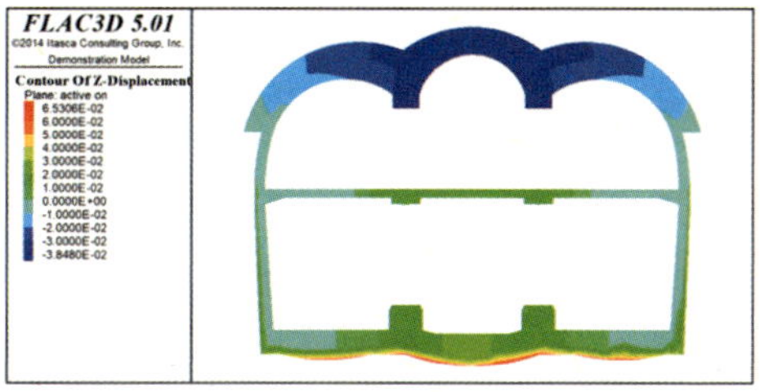
</td><td>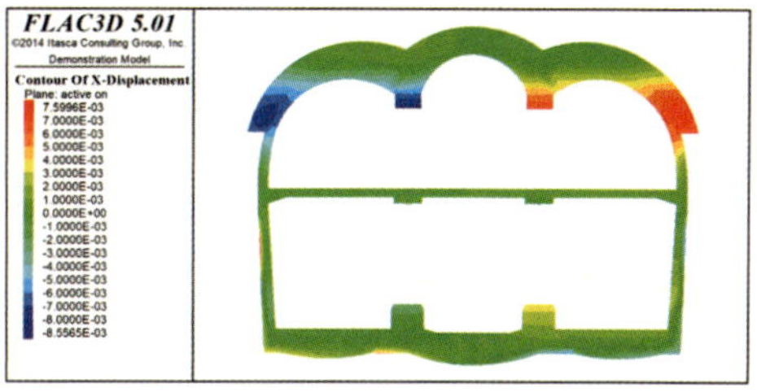
</td></tr>
<tr><td>仅管棚</td><td>
</td><td>
</td></tr>
</table>

4. **结果与建议**

将隧道在三种超前支护方式下的计算结果列于表 6.18，可进一步得到相关的结论与建议。

表 6.18 三种超前支护方式计算结果统计

位置	极值	小导管+管棚	仅小导管	仅管棚
围岩	地表沉降最大值/mm	26.57	26.45	26.43
	拱顶沉降最大值/mm	38.55	38.12	38.51
	水平位移最大值/mm	12.68	12.60	12.72
	隧底拱起最大值/mm	65.59	65.31	65.72
初期支护	拱顶沉降最大值/mm	48.86	48.69	48.46
	隧底拱起最大值/mm	37.56	36.75	37.70
	水平位移最大值/mm	9.32	9.23	9.30
二次衬砌	拱顶沉降最大值/mm	38.56	38.48	38.51
	隧底隆起最大值/mm	65.58	65.31	65.64
	水平位移最大值/mm	8.62	8.56	12.64
	最大主应力/MPa	11.20	11.15	11.19
	最小主应力/MPa	−15.36	−15.36	−15.49

(1) 三种超前支护方式下地表沉降、拱顶沉降、底板隆起规律基本相同,地表沉降最大值均小于 30 mm,满足规范要求;拱顶沉降最大点都发生在隧道拱顶正上方;底板隆起最大点都出现在中洞底板中部。以上三种围岩变形在不同超前支护方式下的极值相差较小,均在 1%以内。三种超前支护方式下的围岩水平位移极值相差较小,在 1%以内。

(2) 不同超前支护方式对支护结构的应力和变形分布及相应极值的位置与量值的影响较小。以二次衬砌的最大主应力和最小主应力为例,其应力分布特征与极值位置基本一致,量值的差距亦均在 1%以内。

(3) 开挖掌子面时应预留核心土或对掌子面进行预加固。模拟计算中,因未对掌子面进行处理,造成底板隆起量较大,实际施工时,若掌子面不稳定,很有可能使围岩变形加大,从而发生施工安全事故。

(4) 通过以上模拟计算分析可以得出,在 C 类良好地层组合中对该种断面形式的车站进行浅埋暗挖法施工,超前支护方式对围岩应力影响较大,从安全性和经济性角度考虑,选用小导管+管棚作为超前支护方式。

6.4.3 开挖进尺比选

根据施工工法比选,成都路站可以采用浅埋暗挖中洞法施工。接下来对施工开挖进尺进行比选,拟比选开挖进尺分别为 0.5 m(工况 1)和 0.75 m(工况 4)。通过对地表沉降、围岩变形、围岩应力以及支护结构受力和变形的分析得到暗挖车站的合理开挖进尺,图中数值均以“m”为单位。

1. **地表沉降**

图 6.19 为不同施工阶段的地表沉降曲线。其中,em 指中洞开挖阶段,lm 指施工中洞二衬阶段,eb 指边洞开挖阶段,lb 指施工边洞二衬阶段,fin 指施工完成后的运营阶段;0.5 和 0.75 分别对应开挖进尺为 0.5 m 和 0.75 m。从图中可以看出,不同开挖进尺条件下地表沉降的变化规律相同,即都形成以隧道中线对称的沉降槽;施工边洞二次衬砌之前,地表稍有隆起;施工边洞二次衬砌之后,以隧道中线为中心的地表一定范围内出现沉降。隆起量在隧道中线附近最小,随着远离中线位置逐渐增大,并随着施工的进行,隆起量逐渐减小。比较不同开挖进尺条件下的沉降槽发现,进尺 0.5 m 引起的地表隆起较进尺 0.75 m 小;在之后的阶段,不同开挖进尺的沉降槽几乎重合,说明开挖进尺对地表沉降影响较小。从图 6.19(e)可以得出,最终在距离隧道中线 30 m 范围内受车站施工的影响形成沉降槽;最大沉降量出现在中洞拱顶正上方地表,分别为 26.57 mm 和 25.87 mm,相差 0.7 mm。

图 6.20 为开挖进尺分别为 0.5 m 和 0.75 m 时中洞拱顶正上方地表沉降在各施工阶段的曲线图。

从图 6.20 中可以看出,随着施工的进行,地表沉降逐渐增大;开挖中洞阶段和边洞阶段引起中洞拱顶正上方地表向上隆起,其他阶段地表下沉。这说明,隧道施工的开挖扰动瞬间,主要引起围岩卸荷回弹,但在自重应力作用下,隧道顶部围岩随时间最终表现为下沉。将图中中洞拱顶正上方地表数据进行整理,得到各施工阶段引起地表沉降的比例,如表 6.19 所示。

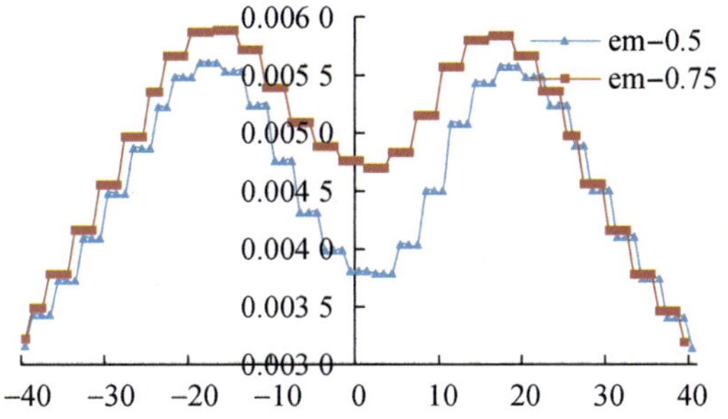

(a) 开挖中洞

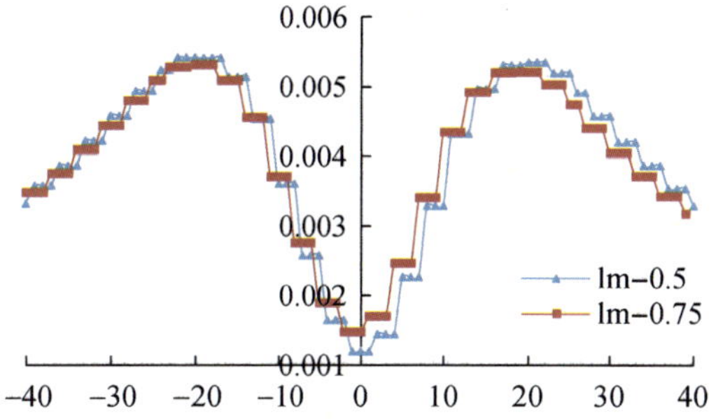

(b) 施工中洞二次衬砌

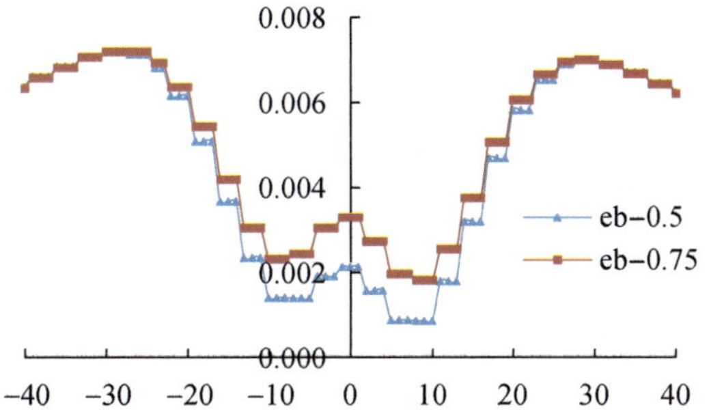

(c) 开挖边洞

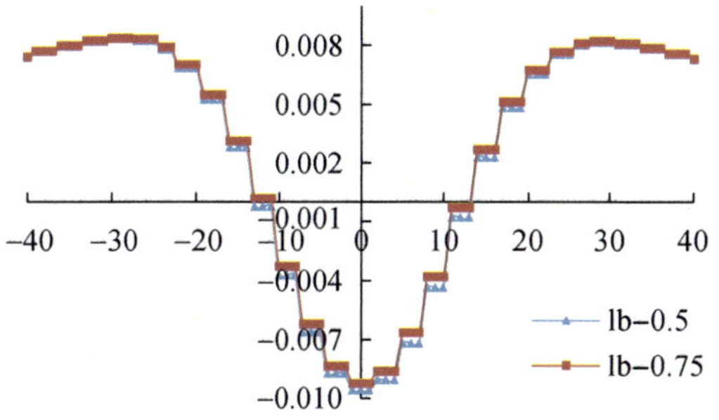

(d) 施工边洞二次衬砌

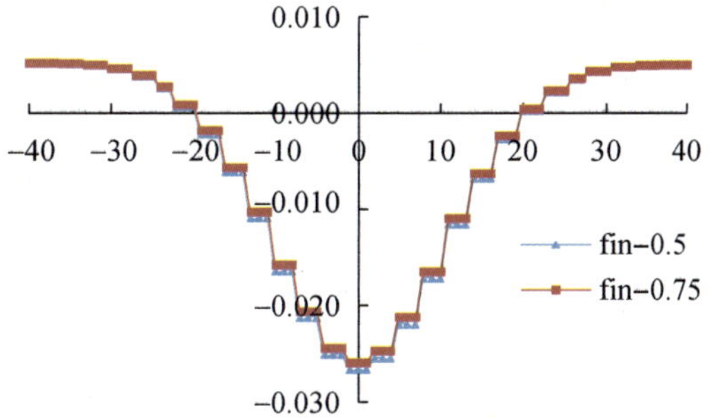

(e) 后期稳定

图 6.19　各阶段横向地表沉降曲线

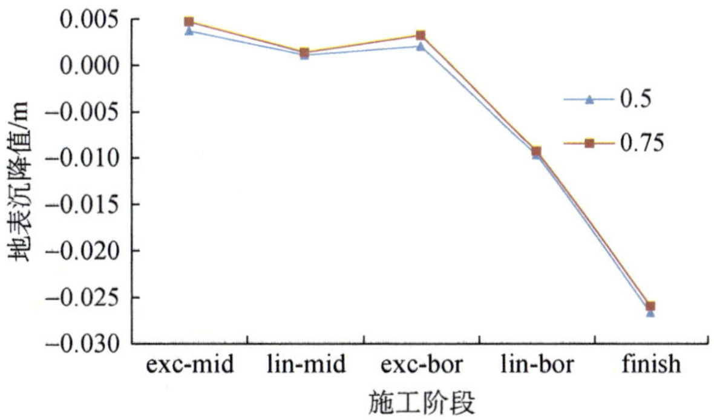

图 6.20　不同开挖进尺下各施工阶段地表沉降曲线

表 6.19　　不同开挖进尺下各施工阶段地表沉降比例

进尺	开挖中洞	施工中洞二次衬砌	开挖边洞	施工边洞二次衬砌	后期稳定
0.5 m	−14.37%	9.81%	−3.53%	44.14%	63.95%
0.75 m	−18.42%	12.68%	−7.09%	48.44%	64.40%

注：表中正值代表地表下沉；负值代表地表隆起。

从表 6.19 中可以看出，不同开挖进尺条件下各施工阶段地表沉降比例变化规律相同。在洞室开挖阶段，地表出现隆起；在洞室二次衬砌施工和平衡阶段，地表发生沉降。各施工阶段引起的地表变形从大到小依次为后期稳定阶段、边洞二次衬砌施工阶段、中洞开挖阶段、中洞二次衬砌施工阶段和边洞开挖阶段。洞室开挖阶段引起洞室变形，从而造成地表沉降较大。因此，洞室开挖阶段地表沉降占比较小，说明在开挖施工阶段采取的初期支护措施及时，且支护强度较高，能有效控制洞室开挖引起的地表变形，保证施工安全。

采用中洞法施工隧道时，控制洞室开挖阶段围岩和地表变形对隧道的安全施工极为重要，尤其是边洞开挖阶段，由于开挖断面进一步增大，很可能引起地表坍塌。对比不同开挖进尺条件下各施工阶段地表沉降占比发现，不同开挖进尺条件下中洞开挖阶段的占比分别为 14.37%和−18.42%，边洞开挖阶段的占比分别为−3.53%和−7.09%。从控制地表沉降方面来看，开挖进尺 0.5 m 较开挖进尺 0.75 m 好。

2. **围岩变形**

隧道各阶段施工完成后围岩位移的数值计算结果列于表 6.20—表 6.24。计算中位移正值表示水平向右、竖直向上。

1）中洞开挖

表 6.20　　不同开挖进尺下中洞开挖后围岩位移云图

进尺	围岩竖向位移	围岩水平位移
0.5 m	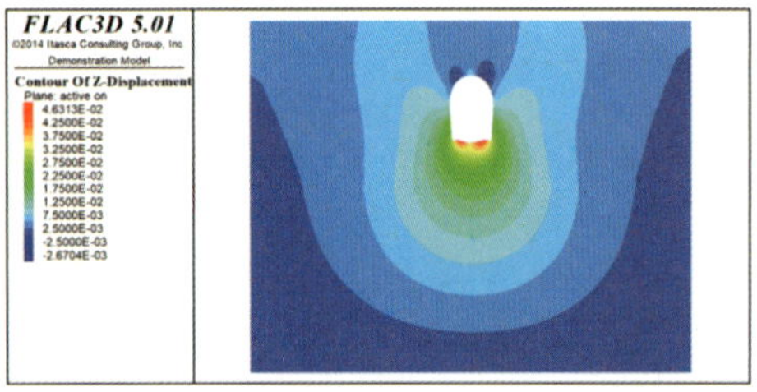	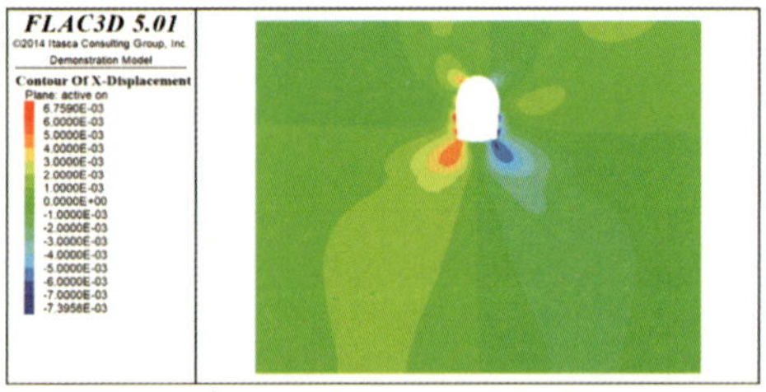
0.75 m	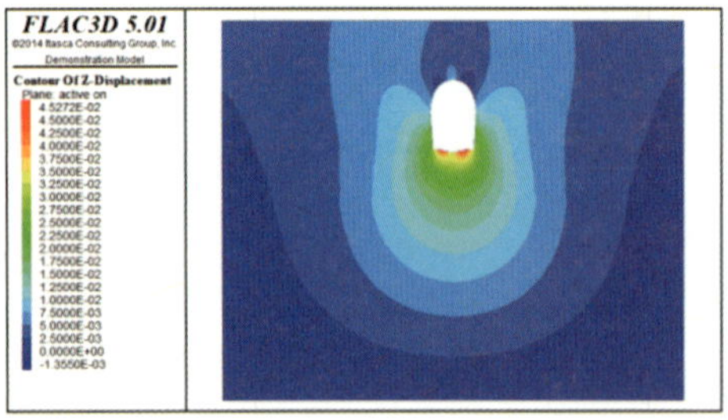	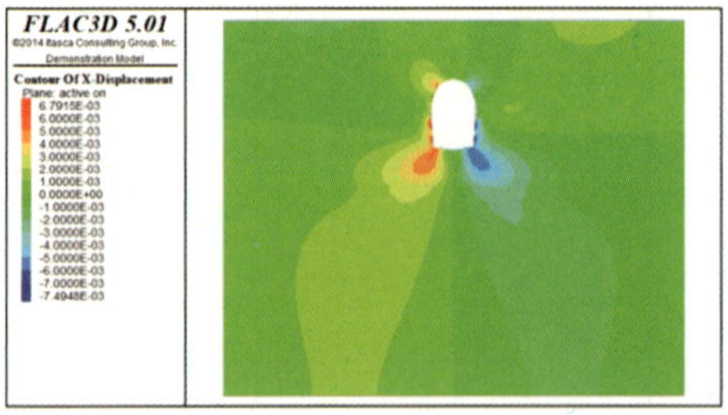

从表 6.20 中可以看出，围岩竖向位移和水平位移对称分布，中洞拱顶和底板的竖向位移最大，其中，进尺 0.5 m 的工况下二者分别为−2.67 mm 和 46.31 mm，进尺 0.75 m 的工况下二者分别为−1.36 mm 和 45.30 mm。隧道的水平位移主要集中在边墙、墙脚和拱部，极值位于边墙底部，其中，进尺 0.5 m 的工况下最大值为 7.39 mm，进尺 0.75 m 的工况下最大值为 7.49 mm。

2）中洞二次衬砌施工

表 6.21　不同开挖进尺下中洞二次衬砌施工后围岩位移云图

进尺	围岩竖向位移	围岩水平位移
0.5 m	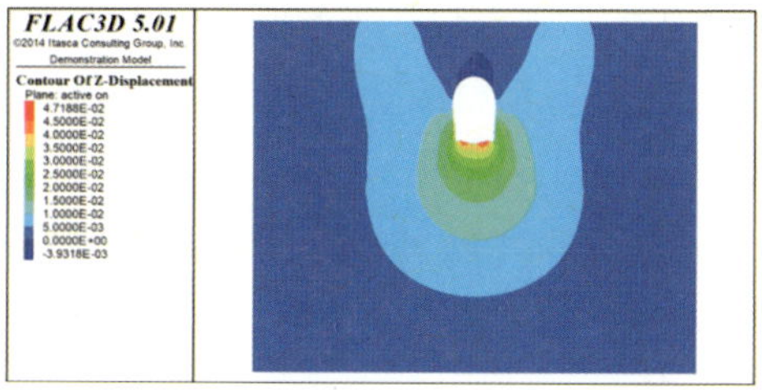	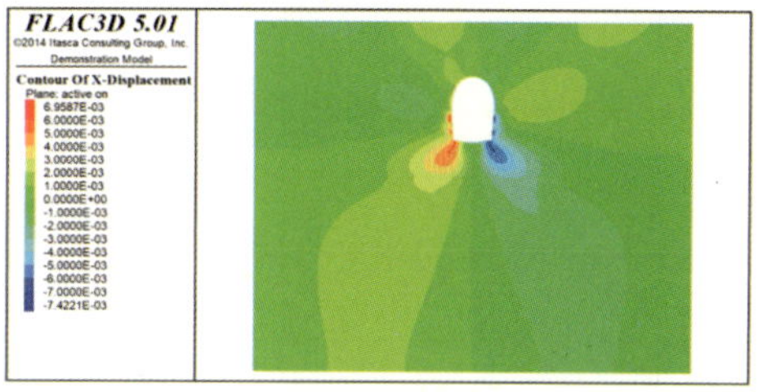
0.75 m	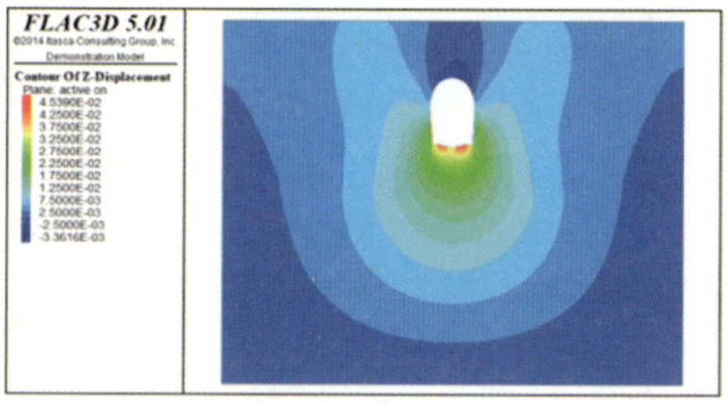	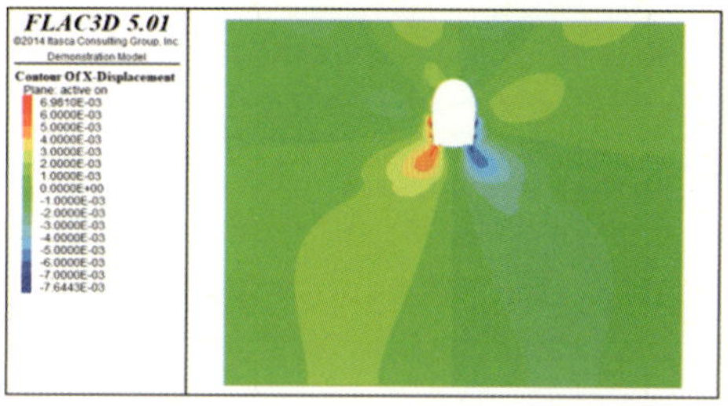

从表 6.21 中可以看出，施工中洞二次衬砌引起的围岩竖向位移和水平位移对称分布，中洞拱顶和底板的竖向位移最大，其中，进尺 0.5 m 的工况下二者分别为−3.93 mm 和 47.19 mm，进尺 0.75 m 的工况下二者分别为−3.36 mm 和 45.4 mm。隧道的水平位移主要集中在边墙和底板，极值位于边隧道底部，其中，进尺 0.5 m 的工况下最大值为 7.42 mm，进尺 0.75 m 的工况下最大值为 7.64 mm。

3）边洞开挖

表 6.22　不同开挖进尺下边洞开挖后围岩位移云图

进尺	围岩竖向位移	围岩水平位移
0.5 m	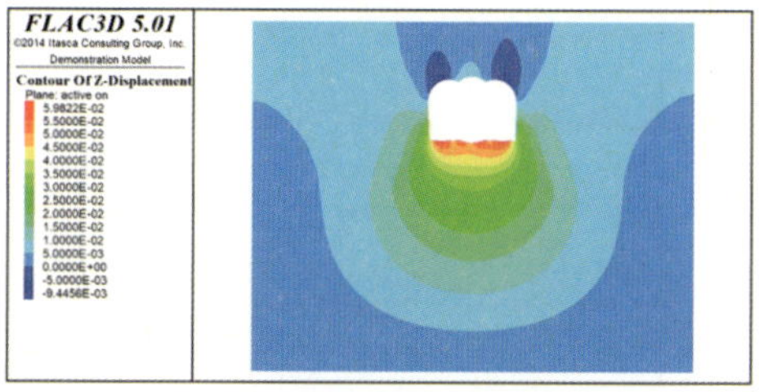	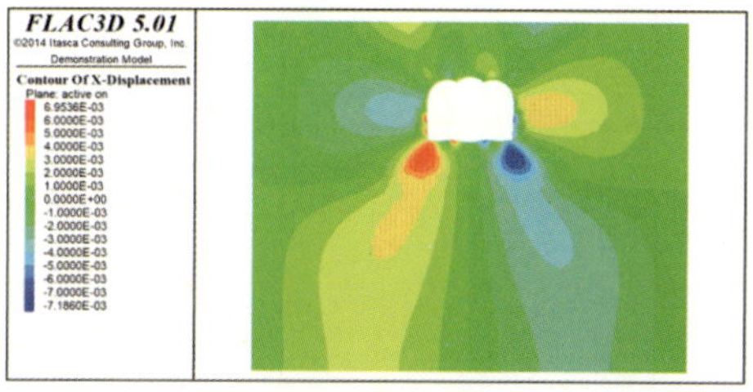

（续表）

进尺	围岩竖向位移	围岩水平位移
0.75 m	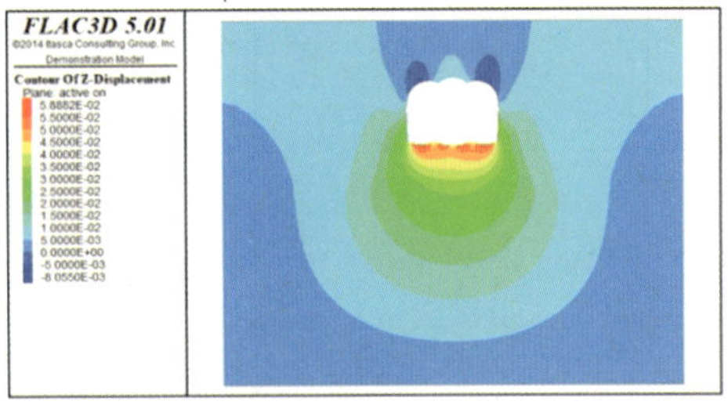	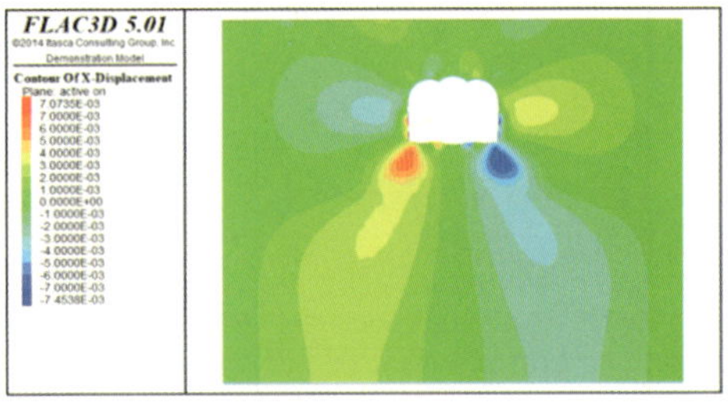

从表 6.22 中可以看出，开挖边洞使围岩变形范围增大，引起的围岩竖向位移和水平位移对称分布，边洞拱顶和隧道底部的竖向位移最大，其中，进尺 0.5 m 的工况下二者分别为－9.45 mm 和 59.80 mm，进尺 0.75 m 的工况下二者分别为－8.06 mm 和 58.9 mm。隧道的水平位移主要集中在边墙上部和底部，极值位于边墙底部，其中，进尺 0.5 m 的工况下最大值为 7.19 mm，进尺 0.75 m 的工况下最大值为 7.45 mm。

4）边洞二次衬砌施工

表 6.23　不同开挖进尺下边洞二次衬砌施工后围岩位移云图

进尺	围岩竖向位移	围岩水平位移
0.5 m	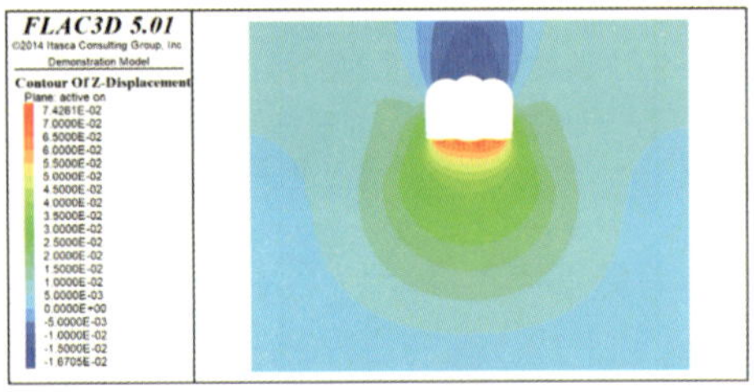	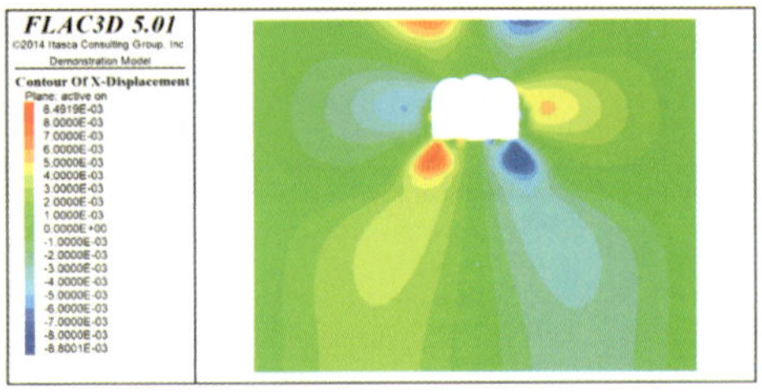
0.75 m	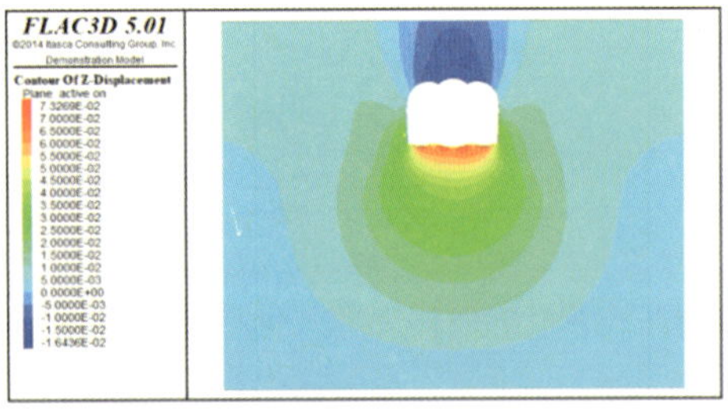	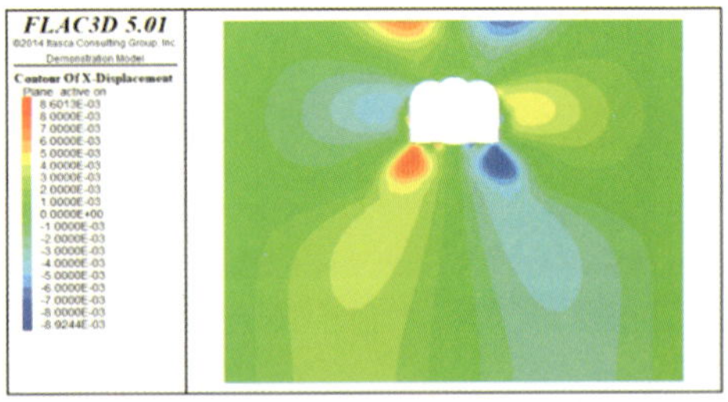

从表 6.23 中可以看出，施工边洞二次衬砌引起的围岩竖向位移和水平位移对称分布，中洞拱顶和底板的竖向位移最大，其中，0.5 m 的工况下二者分别为－16.70 mm 和 74.26 mm，进尺 0.75 m 的工况下二者分别为－16.4 mm 和 73.3 mm。隧道的水平位移主要集中在边墙上部和底部，极值位于边墙底部，其中，进尺 0.5 m 的工况下最大值为 8.80 mm，进尺 0.75 m 的工况下最大值为 8.92 mm。

5）后期稳定阶段

表 6.24　　不同开挖进尺下后期稳定时围岩位移云图

进尺	围岩竖向位移	围岩水平位移
0.5 m	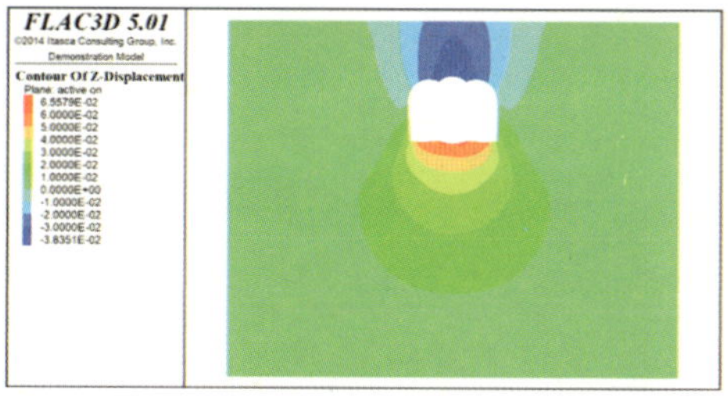	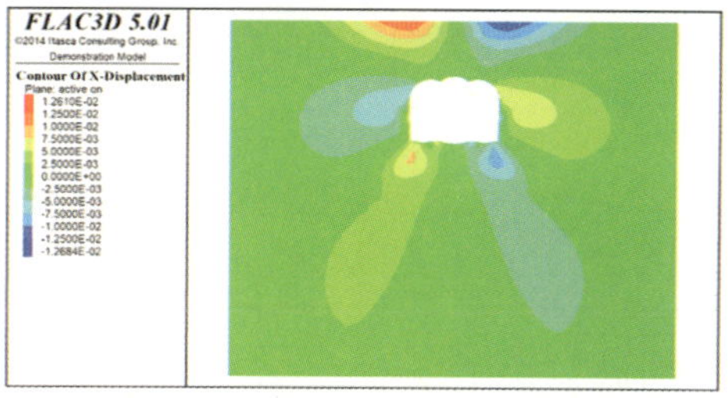
0.75 m	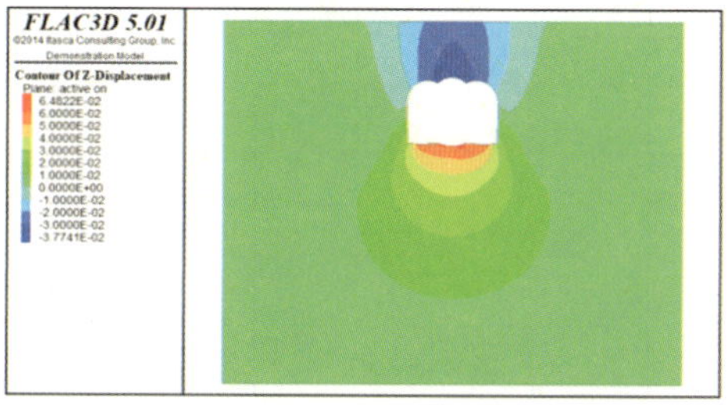	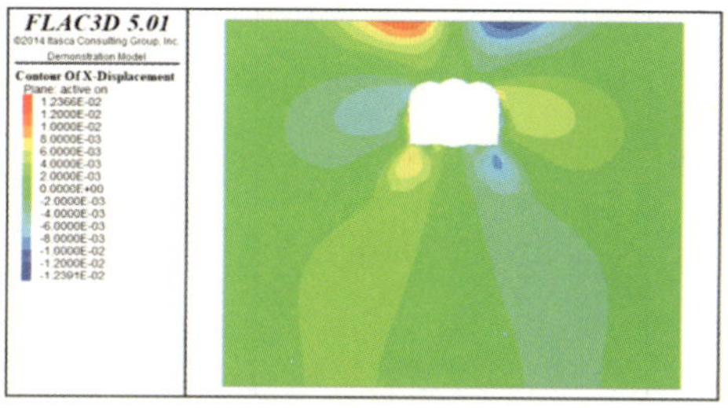

从表 6.24 中可以看出，后期稳定阶段引起的围岩竖向位移和水平位移对称分布，中洞拱顶和底板的竖向位移最大，其中，进尺 0.5 m 的工况下二者分别为－38.4 mm 和 65.58 mm，进尺 0.75 m 的工况下二者分别为－37.7 mm 和 64.8 mm。隧道的水平位移主要集中在边墙上部和底部，极值位于边墙底部，进尺 0.5 m 的工况下最大值为 12.68 mm，进尺 0.75 m 的工况下最大值为 12.40 mm。

3. **支护结构受力**

隧道开挖支护完成后，初期支护和二次衬砌的变形和受力如表 6.25—表 6.27 所示。

1）初期支护变形分析

从表 6.25 中可以看出，不同开挖进尺条件下初期支护位移分布规律基本一致：竖向变形在隧道拱顶处为负值，产生沉降，极值分别为－4.89 cm 和－4.85 cm；在底板下部为

表 6.25　　不同开挖进尺下初期支护位移云图

进尺	竖向位移	水平位移
0.5 m	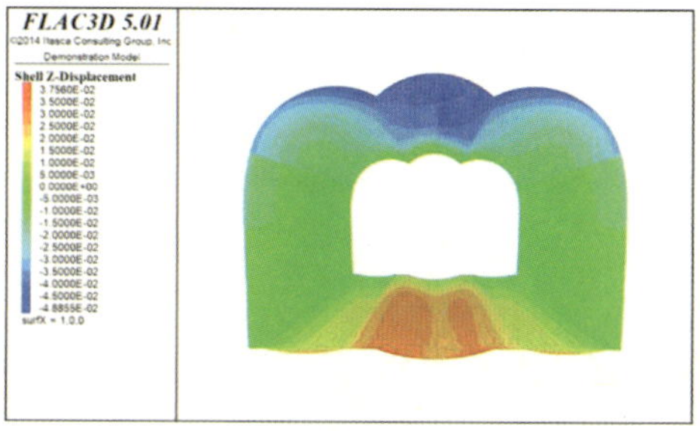	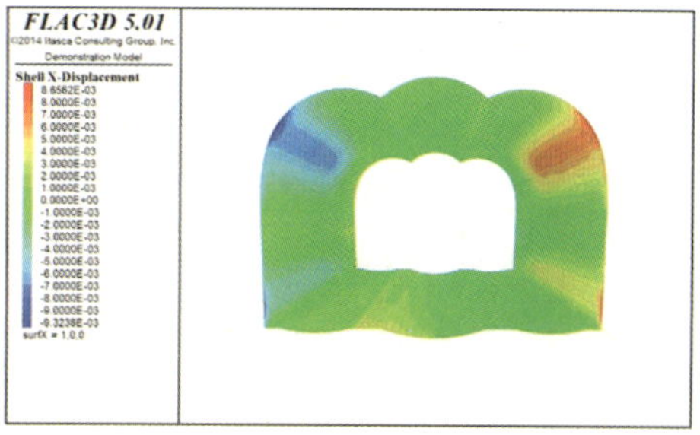

（续表）

进尺	竖向位移	水平位移
0.75 m	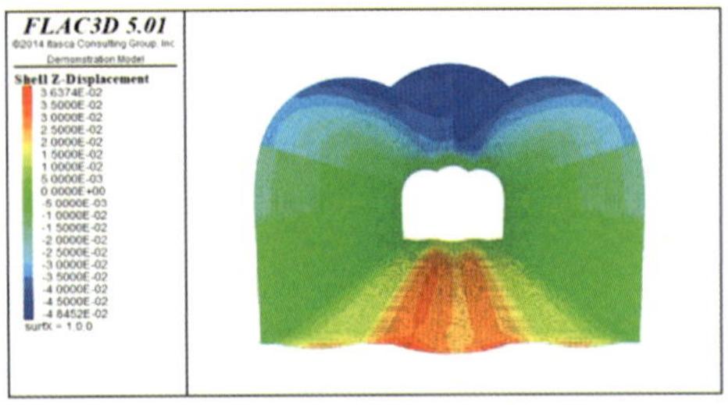	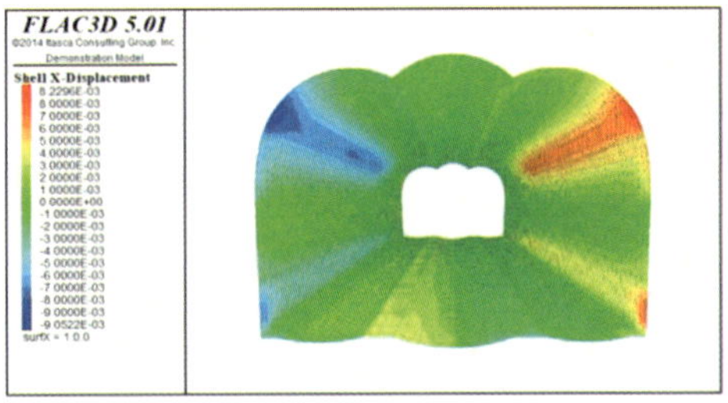

正值，向上隆起，最大值分别为 3.76 cm 和 3.64 cm。水平位移最大值位于拱肩和边墙底部，沿隧道纵向中轴线对称分布，绝对值分别为 0.93 cm 和 0.91 cm。

2）二次衬砌应力和变形分析

表 6.26　　不同开挖进尺下二次衬砌应力云图

进尺	最大主应力	最小主应力
0.5 m	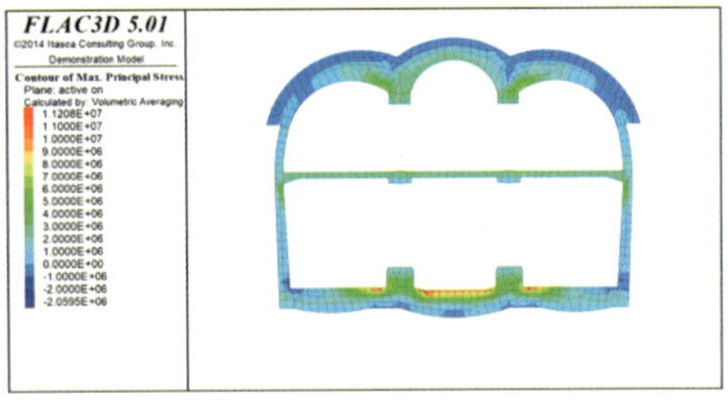	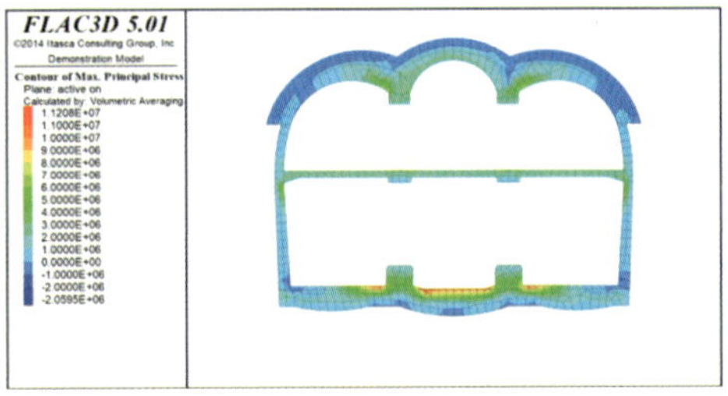
0.75 m	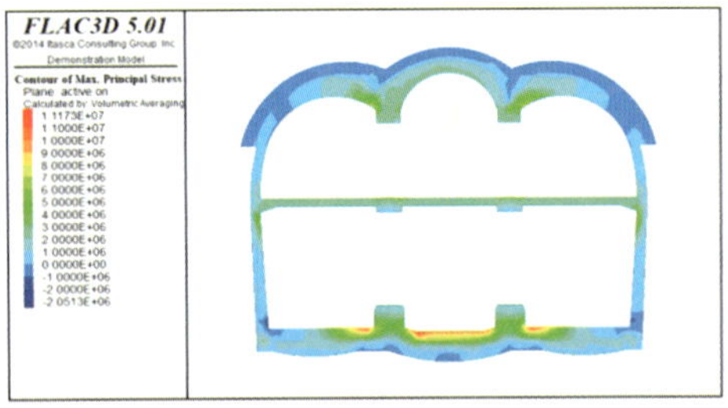	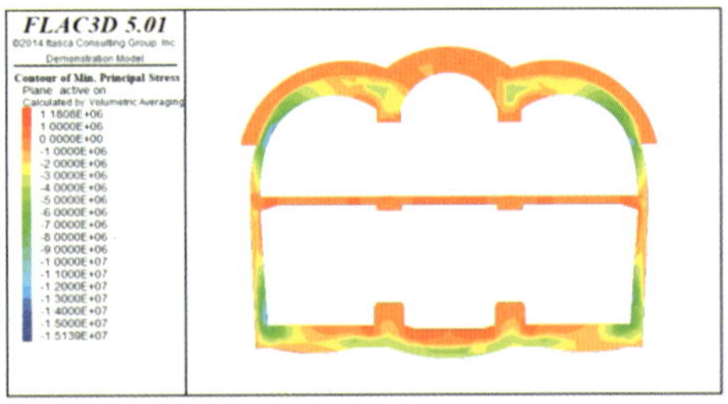

从表 6.26 中可以看出，不同开挖进尺条件下二次衬砌主应力分布规律基本一致：最大主应力在隧道拱顶、中板边墙处以及隧道底板上表面，基本都为拉应力，极值分别为 11.20 MPa 和 11.17 MPa；在边洞二次衬砌顶部、边墙下部以及底板下部为压应力，最大值分别为−2.06 MPa 和−2.05 MPa；最小主应力基本为压应力，最大值位于拱肩和边墙底部，分别为 15.36 MPa 和−15.14 MPa。

从表 6.27 可以看出，不同开挖进尺条件下二次衬砌位移分布规律基本一致：竖向变形在隧道拱顶处为负值，产生沉降，极值分别为−3.86 cm 和−3.91 cm；在底板下部为正值，向上隆起，最大值分别为 6.56 cm 和 6.48 cm。水平位移最大值位于拱肩和中洞顶梁处，沿隧道纵向中轴线对称分布，绝对值分别为 0.86 cm 和 1.24 cm。

表 6.27　　不同开挖进尺下二次衬砌位移云图

进尺	竖向位移	水平位移
0.5 m	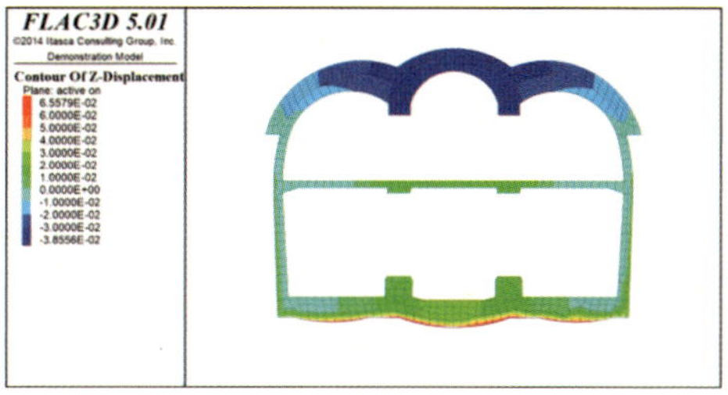	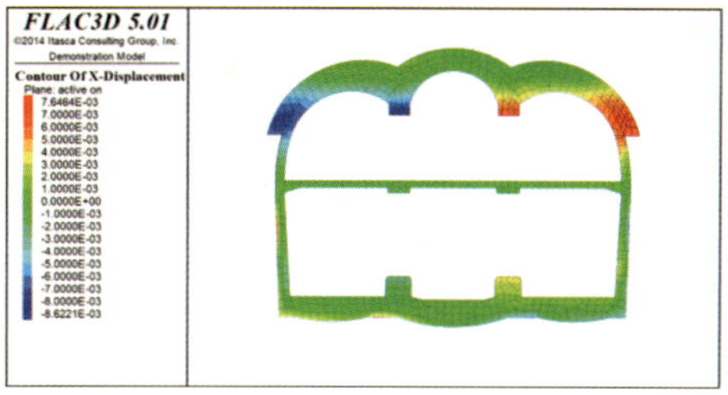
0.75 m	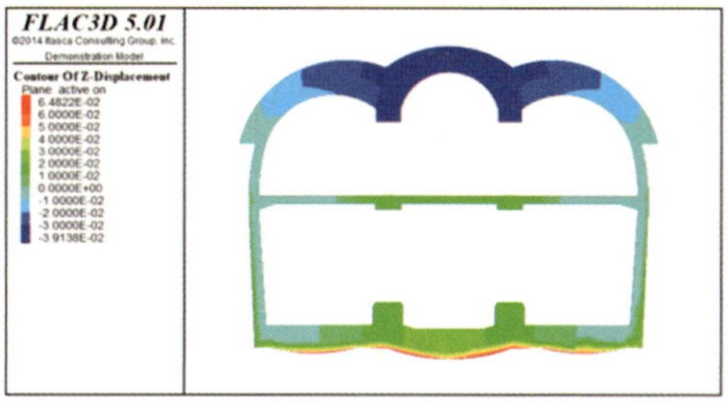	

4. **结果与建议**

将隧道在开挖进尺分别为 0.5 m 和 0.75 m 两种情况下的计算结果列于表 6.28，可进一步得到相关的结论与建议。

表 6.28　　两种开挖进尺计算结果统计

位置	极值	进尺 0.5 m	进尺 0.75 m
围岩	地表沉降最大值/mm	26.57	25.87
	拱顶沉降最大值/mm	38.55	37.7
	水平位移最大值/mm	12.68	12.40
	隧底拱起最大值/mm	65.59	64.8
初期支护	拱顶沉降最大值/mm	48.86	48.45
	隧底拱起最大值/mm	37.56	36.37
	水平位移最大值/mm	9.32	9.05
二次衬砌	拱顶沉降最大值/mm	38.56	39.13
	隧底隆起最大值/mm	65.58	64.82
	水平位移最大值/mm	8.62	12.39
	最大主应力/MPa	112.0	111.7
	最小主应力/MPa	−153.6	−151.4

(1) 两种开挖进尺条件下地表沉降、拱顶沉降、底板隆起规律基本相同，地表沉降最大值均小于 30 mm，满足规范要求；拱顶沉降最大点都发生在隧道拱顶正上方；底板隆起

最大点都出现在中洞底板中部。以上三种围岩变形在不同开挖进尺条件下的极值相差较小，均在 1%以内。三种超前支护方式下的围岩水平位移极值相差较小，在 1%以内。

(2) 不同开挖进尺条件对支护结构的应力和变形分布及相应极值位置的影响较小，但对二次衬砌水平位移影响较大。进尺 0.5 m 时二次衬砌的水平位移极值为 0.862 cm，进尺 0.75 m 时二次衬砌的水平位移极值为 1.239 cm，较进尺 0.5 m 时增加 43.75%，在考虑开挖进尺时，该因素不容忽略。

(3) 开挖掌子面时应预留核心土或对掌子面进行预加固。模拟计算中，因未对掌子面进行处理，造成底板隆起量较大，实际施工时，若掌子面不稳定，很有可能使围岩变形加大，从而发生施工安全事故。

(4) 通过以上模拟计算分析可以得出，在 A 类良好地层组合中，对该种断面形式的车站进行浅埋暗挖法施工，开挖进尺对二次衬砌水平位移和围岩应力影响较大，从安全性和经济性角度考虑，建议开挖进尺选用 0.5 m。

7 合肥城市其他暗挖隧道工程施工

合肥市除在城市地铁领域采用暗挖法施工外，在20世纪六七十年代的人防洞室以及21世纪初的市政隧道、输水涵洞等工程中也采用了暗挖施工技术。本章结合合肥城市其他类型暗挖隧道工程案例，对暗挖隧道设计、施工进行补充，以期为后续工程提供参考经验。

7.1 市政暗挖隧道工程

市政暗挖隧道工程一般为交通干道交叉口地下通道。这类地下通道一般位于城区中心，人流量较大，暗挖隧道断面尺寸大、埋深浅，且暗挖施工时上部车流量较大，车辆荷载对隧道施工安全有较大影响。合肥市政隧道暗挖工程对应的典型案例为合肥市府广场地下通道与长江路地下四牌楼过街通道。

7.1.1 市府广场地下通道

1. 工程概况

合肥市府广场地下通道总长59.5 m，净宽6 m，其中能够明开挖段的长度为17.5 m，设计为框架结构，位于徽州大道及市府广场下面。其余区段由于受车辆及行人交通限制，不能采取明挖法，只能采取浅埋暗挖法施工。暗挖长度为42 m，隧道埋深极浅，隧道顶部距地面仅3 m。

隧道所处的地质条件极差，上层为杂填土，地面以下3～8 m处为原金斗河多年淤积的饱和状淤黏土，8～16 m为饱和砂性土，土体自稳性极差，在施工过程中易发生冒顶或变形过大等问题。这种地层在合肥市区也极为少见，不是典型的合肥浅部地层。因此，该暗挖隧道的施工与变形控制的难度相当大。

2. 地质与水文条件

根据野外钻探、测试，并结合室内土工试验综合分析，该场地土层自上而下划分如下：

(1) 杂填土。层厚3.6～5.0 m，层底标高9.08～10.05 m，为灰黑、杂色。表层为厚约0.3 m的混凝土、道路面板，其下为素回填土，含煤渣、较多碎石和少量灰土等，含较多淤泥质土。

(2) 淤泥质杂填土。层厚3.2～6.5 m，层底标高2.58～6.58 m，为灰黑色，松散(软塑～流塑性)，含水量高，呈饱和状态。含腐殖质，具有腥臭味，夹有碎石、腐木等。

(3) 亚砂土夹粉细砂。场地南部地道处分布明显，层厚3.8～3.2 m，层底标高2.65～3.30 m，灰白色，稍密～中密状态，含水量高，呈饱和状态。含少量氧化铁、粉细砂。

(4) 粉细砂与亚砂土互层。场地普遍分布,层厚 7.0～8.7 m,层底标高 −5.70～−4.42 m,褐灰、灰绿色,中密～密实状态,饱和,局部夹有粉土薄层,含少量灰绿、紫红硬状颗粒。矿物成分主要为石英、长石和云母等。

该场地地下水类型分为两类:一类为上层滞水,分布在杂填土层和淤泥土层中,因填土厚度大,状态松散,故水量较大,主要受大气降水、周边地下雨水管线和污水管线渗漏补给。整个场地一般有统一地下水位,排泄方式为蒸发和渗入低洼处。另一类为地下水,分布在亚砂土夹粉细砂层和粉细砂与亚砂土互层中的潜水,水量丰富,主要受雨水、地表水下渗及地下径流补给。勘察期间测得该场地地下水混合静水位埋深为 0.8～2.0 m,静水面标高 11.7～12.9 m,水位变化幅度在 2 m 左右。

3. 隧道设计

地下通道暗挖段设计为圆弧拱衬砌,挡墙式洞口。通道净宽 6 m,净高 2.5 m,其中开挖宽度 8.48 m,开挖高度 5.6 m,如图 7.1 所示。

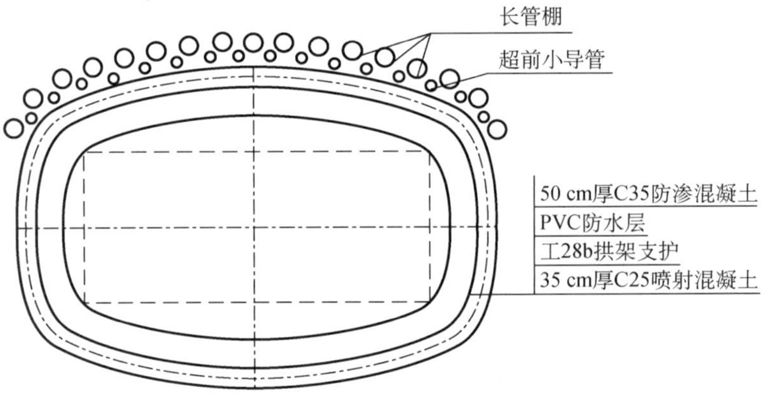

图 7.1 地下通道断面设计图

4. 技术难点与特点

(1) 地质条件极差。隧道土质上层为杂填土,3～8 m 处为原金斗河多年淤积的饱和状淤黏土,8～16 m 为饱和砂性土,土体自稳性极差,在施工过程中易发生冒顶或变形过大等问题。

(2) 隧道埋深极浅。隧道顶部距地面仅 3 m。

(3) 管线多。隧道顶部有燃气、电力、排水、电信、路灯等各种管线穿过。尤其是燃气管道距隧道开挖顶面仅几十厘米,且燃气管道为铸铁管道,对隧道沉降变形极为敏感。

(4) 地下水丰富。勘察资料表明,该处地下水极为丰富,水位高。一方面既有管线的管道中往往存留大量积水,在施工过程中可能使存水外泄,对施工安全造成隐患;另一方面,隧道开挖使得水位下降,淤黏土固结变形较大,对控制隧道沉降变形极为不利。

(5) 工程环境复杂。该处为合肥市中心地带,周围环境复杂,人流、车流量大,车辆通行时动荷载对隧道的开挖影响较大,对隧道的支护要求较高。

5. **隧道施工**

1) 超前支护

由于地下通道在淤泥质黏土地层中开挖，淤泥质黏土具有高压缩性、高灵敏度、强度低等特点，易产生蠕动现象，开挖后自稳能力极差，易产生塌方，地面沉降难以控制，必须对土体进行预加固，采用大管棚和超前小导管注浆超前支护来控制地表沉降。

注浆材料选用水泥水玻璃浆液。水泥浆水灰比为 1∶1；水玻璃的掺量为 3%，水玻璃为非碱性水玻璃，浓度为 25° Be′～35° Be′，模数为 2.5～3.0。采用的注浆压力初压为 0.5～1.0 MPa，终压为 2.0 MPa，大于计算的劈裂注浆的极限压力。

试验后对加固土体进行开挖，测量注浆加固范围，从掌子面开挖效果看，浆脉分布较为明显，注浆孔周围有明显的挤密土体。对加固土体进行取样，测试物理力学指标，达到了加固土体的效果。

2) 开挖方法与施工工艺

地下通道开挖选用 CRD 法(图 7.2)，严格控制每个循环的掘进深度，每次开挖进尺为 50 cm。开挖后应立即施作初期支护，适时施作二次衬砌，及时封闭仰拱，并且在开挖过程中，实时动态监测以掌握围岩动态，了解支护结构在不同工况时的受力状态和应力分布，并进行信息反馈及预测预报。

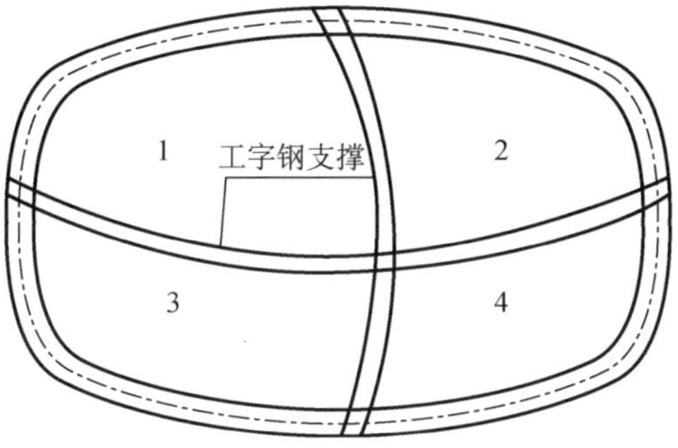

图 7.2 CRD 开挖方法示意图

(1) 初期支护

地下通道初期支护包括：挂钢筋网、安装钢架、锁脚锚杆和喷射混凝土。隧道开挖后，支护紧跟开挖面及时施作，以减少围岩暴露时间，抑制围岩变形，防止围岩在短期内松弛剥落。

(2) 二次衬砌

地下通道二次衬砌为 C30 钢筋混凝土，混凝土内掺加 HEA 抗裂型防水剂。二次衬砌按先墙后拱法施工程序分次浇筑。在初期支护结束后需及时施作二次衬砌，与初期支护共同发挥支护作用，减小地表沉降变形。

二次衬砌采用自制衬砌台车配合混凝土输送泵完成，每个工作面配备一台 6 m 的衬砌台车，混凝土搅拌站集中供应，由混凝土输送车运入洞内，利用混凝土输送泵，通过导管压入已定位的模板台车内。施工程序如下：铺设防水层等防水设施→(钢筋绑扎)→预埋物设置→移动衬砌台架→测量放线→台架定位→隐蔽检查→立端模→灌筑混凝土→脱模→养护。

(3) 其他措施

为控制隧道整体沉降，对隧道底部进行注浆，加强隧道底部强度；为保护地面环境，在开挖及一次支护完成后，即初期支护封闭成环后，在其背后及时进行回填和固结注浆。淤泥质黏土具有含水量大、透水性差等特点，普通注浆不能解决问题，须采用压力注浆，因此采用了劈裂注浆。

6. **监测与结果分析**

1）地表沉降

对桩号1＋30.827～1＋72.827段42 m长的暗挖段隧道共设置了10个监测断面，每个监测断面相距约4 m，其中在路面段设置了5个断面。在地下通道施工期间，对各个监测断面进行了详细的沉降变形监测。由监测结果可见，监测断面的最大沉降基本相同，在80～90 mm之间。

图7.3为道路段1＋38.8监测断面各个测点最终累计沉降变形量，从图中可见，沉降槽曲线近似为正态曲线，最大沉降量基本位于隧道轴线位置，且最大沉降量为9 cm左右。

监测值反映了实际情况，在这种软弱淤泥质地层和超浅埋条件下，虽然有超前管棚与超前小导管预加固，也采用了CRD开挖工法和短进尺开挖等技术措施，但仍然发生了超限的地表沉降量。

2）隧道洞内变形

图7.4为隧道洞内拱顶沉降实测曲线。从图中可以看出，同一断面地表沉降量约为拱顶沉降量的1.3倍。拱顶沉降在工作面开挖7 d内的沉降速率为2～4 mm/d，施工仰拱后，拱顶沉降处于稳定状态。由于该隧道所在地层为古河道的淤泥质地层，因此其最终的累积变形量远大于合肥典型的二级阶地A类地层隧道的累积变形量。

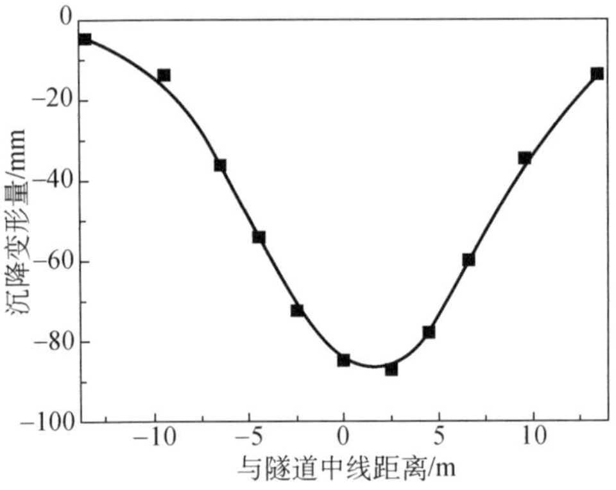

图7.3　1＋38.8监测断面累积沉降图

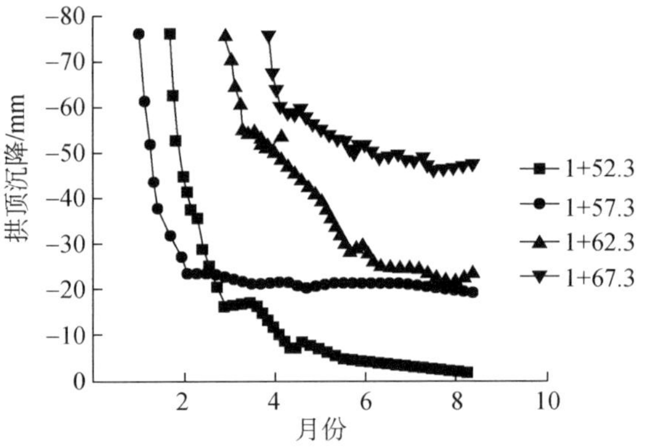

图7.4　隧道洞内拱顶沉降实测曲线

7. **小结**

（1）合肥市府广场地下通道处在软弱淤泥质地层，加之超浅埋、周围管线多，施工环境十分复杂，虽然采用了超前管棚与超前小导管预加固，也采用了CRD开挖工法和短进尺开挖等技术措施，但仍然发生了超限的地表沉降量，最大沉降量达90 mm。

（2）像合肥市府广场地下通道所处的软弱淤泥质地层，在合肥市区是较为少见的，不属于典型的合肥浅部地层，暗挖隧道若布置在这类地层中，其施工难度和变形控制将十分困难。因此，在城市轨道交通勘察中应综合以往勘察成果，并收集其他工程勘察资料，逐步查明这种地层在合肥市区的分布范围，以供未来的设计参考。这类地层原则上不适合暗挖。

7.1.2 长江路地下过街通道

1. **工程简介**

合肥市长江中路地下人行通道为合肥市长江中路综合改造工程的配套工程，工程主体包括三处地下人行过街通道：大西门通道、飞凤街通道以及四牌楼通道。这里主要介绍四牌楼地下通道。

四牌楼通道位于长江中路与徽州大道十字路口。通体主体为工字形，在长江中路路中及路口四个象限分别设置出入口。通道主体采用暗挖法施工，在路口西北及东南象限分别设置 7.5 m×9 m 的施工竖井，竖井深度约为 12 m，采用倒挂井壁法施工。通道主体采用两种形式：东西向通道（长江中路南北两侧）断面形式为平顶直墙，采用暗挖法施工，开挖跨度为 6.54 m，开挖高度为 6.2～7.7 m，通道长约 31 m（北侧）和 42 m（南侧），结构覆土厚度为 4 m；南北向通道断面形式为平顶直墙，采用双侧壁导坑法开挖，开挖跨度为 10.24 m，开挖高度为 5.25 m，通道长约 55 m，结构覆土厚度约为 5.2 m。通道装修后净宽为 5 m 和 8 m，净高为 2.7 m，通道内设置保安室及保洁室等用房，通道提升高度约为 8.5 m。

2. **工程水文地质情况**

根据地质勘察报告的野外钻探、测试结果，结合室内土工试验综合分析，长江中路地下通道的土（岩）层自上而下划分如下：

①层杂填土（Q_4^{ml}）：层厚 1.6～5 m，层底标高 14.5～17.8 m，表层 0.3～0.5 m 为混凝土路面及其垫层，褐～褐灰色，稍密，湿，以黏性填土为主，含较多碎石、素土、有机质等。

①$_1$ 层淤泥质填土（Q_4^{ml}）：层厚 0～1.6 m，层底标高 15.7～17.2 m，灰、黑灰色，湿～饱和，含碎砖、瓦片、有机质等。

②$_1$ 层黏土（Q_4^{al}）：层厚 4.8～6.6 m，层底标高 10.8～11.1 m，灰褐、褐黄色，硬塑，湿，含铁锰结核、高岭土、粉质土等。

②$_2$ 层粉质黏土（Q_4^{al}）：层厚 2.6～3.6 m，层底标高 7.2～8.4 m，主要呈现褐黄、灰夹白色，土体基本处于可塑～硬塑状态，土体含有铁锰结核及少量的高岭土，网状裂隙亦较发育，切面较粗糙，干强度及韧性中等～高。该层土底部夹粉土成分。

②$_4$ 层粉细砂夹粉土（Q_4^{al}）：层厚 3.4～4.5 m，层底标高 1.6～2.7 m，灰黄、灰夹白色，中密，饱和，土层含粉砂、细砂夹层，具摇振反应，光泽差。

③层黏土（Q_3^{al}～Q_3^{pl}）：层厚 4.8～6.6 m，灰褐、褐黄色，硬塑，湿，含铁猛结核、高岭土、粉质土等，局部夹有粉质黏土。该层土裂隙较发育。

④$_1$ 层强风化泥质岩（K）：层厚 2.1～2.4 m，层底标高 0.4～1.3 m，暗红、紫红夹灰白色，中密～密实。部分破坏的泥质结构，属构造层理不甚清晰的层状结构，较不致密，易捏碎无完整岩芯，含有云母等矿物成分。其间夹有未完全风化的层状岩。

④$_2$ 层中风化泥质砂岩（K）：此地层未钻穿，可确定最大揭示度为 8.7 m，颜色多为暗红、紫红、灰红色，硬，厚层状泥质构造，其中泥岩与砂岩成互层分布，胶结较致密，岩芯较完整，岩芯钻可钻进，岩石质量较好，其中含有石英、云母等矿物成分。岩芯钻头在钻进过程中有局部软硬不均现象。

四牌楼通道下部位于粉质黏土、粉土中，并且局部含粉细砂。其中砂土含水系数较大，在含水的条件下，地层易发生流砂现象，对施工非常不利。地质报告显示，结构范围内已含有地下水，且含水量较为丰富，同时受径流补给，按设计图纸要求要做好地层降水工作，并应根据抽水试验确定的水文参数及时进行封堵止水。

3. **设计与施工**

隧道主体断面形式为直墙拱形，通道采用暗挖法双侧壁导坑法施工，设计初期支护采用型钢拱架，二次衬砌采用模筑混凝土的方式，如图 7.4 所示。此外，在地面广场设置一处 6.5 m×9 m 的施工竖井，竖井深度约为 11 m，采用倒挂井壁法施工。

(a) 现场施作初期支护　　(b) 现场浇筑二次衬砌混凝土

图 7.4　现场支护结构施工

4. **现场监测**

根据监测方案要求，施工过程中监测的内容包括：通道地表沉降监测，施工竖井沉降监测，周围建筑物沉降监测，通道基坑边坡监测，围岩应力和支护结构内力监测，初期支护钢拱架应力监测及二次衬砌应力监测等。

现场监测数据表明，城市过街通道浅埋暗挖时，由于隧道整体埋深较浅，最大沉降往往会超过 30 mm，传统浅埋暗挖施工的经验在此已不太适用。沉降基本可随开挖的进行平均分为四个阶段，沉降的发生主要集中在二、三两个阶段，一、四两个阶段的沉降量相对较小。

7.2　引水暗挖隧道工程

我国是一个水资源分配极不平衡的国家，随着城市工业、生活用水的不断增加，对水资源的调配需求不断上升。而水工隧道具有不占用地面空间、引水量大、稳定性好等优点，在越来越多的城市修建。水工隧洞可用于灌溉、发电、供水、泄水、输水、施工导流和通航，分为无压隧洞、有压隧洞。水流在洞内具有自由水面的，称为无压隧洞；充满整个断面，使洞壁承受一定水压力的，称为有压隧洞。

7.2.1　引水暗挖隧道断面设计

不同类型引水隧洞的断面形式有所不同。无压隧洞断面一般采用直墙拱形，有压隧洞由于衬砌结构受较大水压力，断面一般为圆形或马蹄形，如图 7.5 所示。

引水隧道一般断面面积较小，对于无压引水隧道，其断面大小规定：

$$H=(1-1.5)B \tag{7.1}$$

式中，H 为引水隧道高度；B 为隧道跨度。

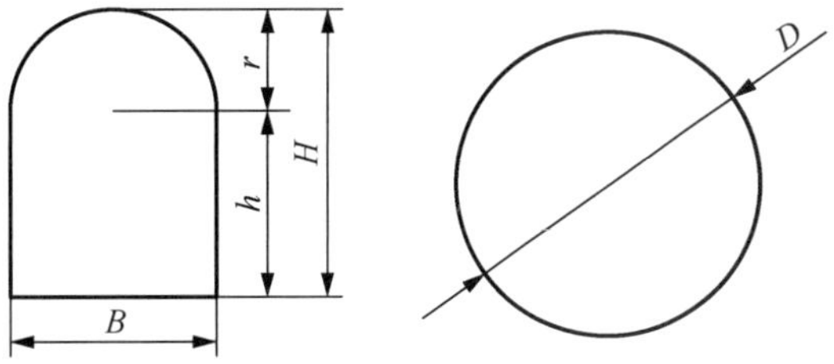

图 7.5 常用的引水隧道断面形式

隧道断面最小尺寸为 $B\times H\geqslant 1.5\ \text{m}\times 1.8\ \text{m}$，$D\geqslant 1.8\ \text{m}$，同时要求断面净空面积占 15%～25%；断面的净空高度应大于 0.4 m。

对于有压引水隧道，其断面大小主要根据流量 Q 计算：

$$Q=\mu A\sqrt{2gH} \tag{7.2}$$

式中，Q 为流量；μ 为流量系数；A 为隧道断面面积；H 为作用水头高度。

7.2.2 合肥城市暗挖引水隧道

随着经济的不断发展，合肥城市对水的需求越来越大，近一二十年来修建了一些典型的水工隧道工程。

1. 工程概况

为了改善南淝河当涂路桥至董铺水库泄洪洞出口之间河段的水质，给市民提供一个良好的滨水环境，适时抬高董铺水库的汛限水位而增加蓄水量，为南淝河补水提供水源条件，同时，扩大董铺水库正常溢洪道泄流能力，打开下游泄流通道并兼顾向南淝河生态补水，合肥市实施了董铺水库溢洪道扩建及南淝河生态补水工程。

工程总体布置如下：从董铺水库正常溢洪道西侧库边起，利用原董铺水库溢洪道自西向东开挖底高程 26.0 m、底宽 10 m、边坡 1∶3 的深槽，穿越合淮公路，经溢洪道控制段与大房郢水库非常溢洪道汇合后，依次穿越电厂路、北二环路后，最终穿过沿河路汇入南淝河，河道总长约 3.5 km。其中，穿越北二环路设计采用长距离大断面钢筋混凝土输水涵洞，设计采用暗挖施工。

2. 工程地质

北二环路除表层的路面及路基结构层外，下卧主要为 4-2 层和 4-3 层土。4-2 层为重粉质壤土、粉质黏土层，硬可塑状，层下部夹薄层软可塑状，属中等压缩性土。4-3 层为重粉质壤土夹沙壤土，硬可塑状，局部夹少量细砂，属中等压缩性土，厚度不一。工程区地下水类型主要为孔隙承压水和上层滞水。上层滞水分布于重粉质壤土、粉质黏土中，具有微透水性，主要受大气降水补给。孔隙承压水主要分布于南淝河侧附近细砂层中，具有弱～中等透水性，承压水位高程约为 15.0 m。

3. 施工方法

根据工程特点和施工限制条件，选择新奥法浅埋暗挖进行施工，即暗挖前对隧洞进行大管棚及注浆小导管超前支护，然后分段小断面暗挖土方，随挖随用钢桁架临时支撑，再分段进行混凝土的衬砌施工。

4. **浅埋暗挖施工工艺设计**

1) 大管棚和小导管支护

大管棚布置在洞顶及洞两侧侧墙一定范围内，为保证大管棚的施工效果，大管棚从两侧打入，每侧打入长度为 50 m，搭接 6.4 m；在隧洞开挖至接近搭接段时，加大超前小导管的注浆量以保证搭接部位的土体稳定。管棚中心线与开挖轮廓线距离为 0.2 m。考虑管棚搭接，一侧与隧洞开挖轮廓线平行，另一侧向上倾斜，在隧洞中部时与下层管棚中心距离为 0.3 m。单根管棚施工完成后，及时跟进注浆。大管棚选用 ϕ108，δ=8 mm 的无缝钢管，内外注水泥浆，水灰比为 1∶1，注浆压力 0.6～1 MPa，环向间距 0.3 m，每个双洞洞顶布置 52 根。超前小导管布设在隧洞顶、侧面范围内。小导管采用 DN32 无缝钢管，其头部加工成尖锥状，尾部焊箍，管壁上钻注浆孔，梅花形布置。小导管壁厚 3.5 mm，长 L=2.5 m，外插角 10°～15°，环向间距 0.3 m，纵向每榀钢架设置一环。从大管棚内侧打入，每环 52 根。

2) 开挖中临时支撑设计

由于开挖洞面较大，为防止土体崩塌，采用型钢钢架作为临时支撑。型钢钢架沿洞轴线向间距设计为 0.5 m，设 ϕ22 连接筋。全部采用 I 22a 的型钢制作。在喷射混凝土前，沿每个型钢钢架拱脚部位各打入 2 根 ϕ32、长 3.5 m 的锁脚锚管固定，外插角 10°～15°。型钢钢架安设完成后对其喷射混凝土覆盖。

3) 开挖工艺设计

采用预留中隔墙的 CD 工法施工。暗挖前对隧洞进行大管棚及注浆小导管超前支护，然后分段暗挖土方；各暗挖施工段施工前首先对拟开挖上半断面进行超前小导管支护及注浆加固，然后开挖上半断面土方；暗挖隧洞横断面的土方开挖分左右两部分进行，中间用型钢钢架并喷射混凝土，左右开挖错开一倍通道宽度；隧洞的土体开挖在超前支护完成后再进行，采用小断面开挖方式，胶轮斗车运土至洞外工作面，通过挖掘机装车运至指定弃土地点堆放，超前支护及开挖完成后再进行二次衬砌混凝土的施工。具体施工流程如图 7.6 和图 7.7 所示。

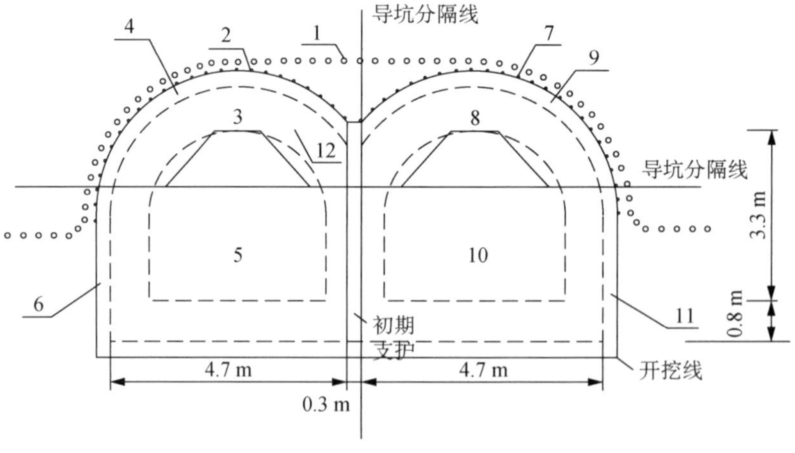

图 7.6 CD 法横向施工示意图

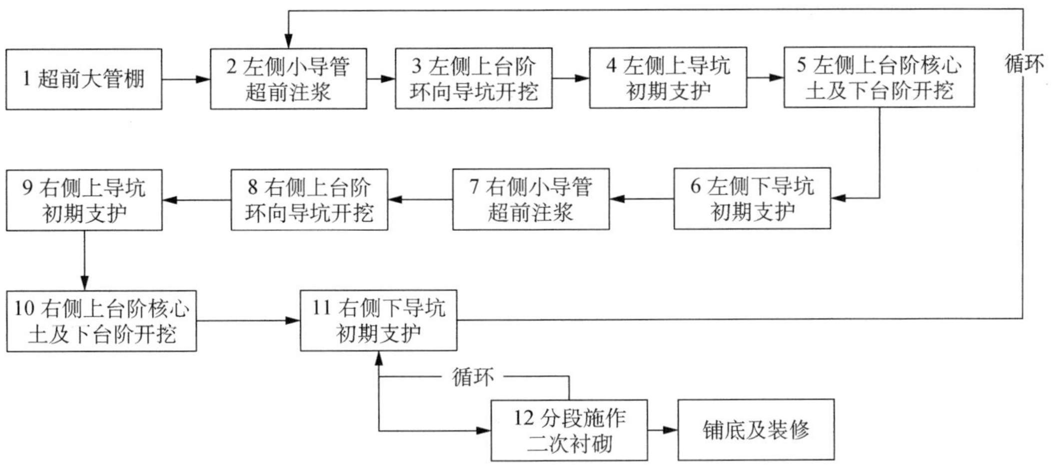

图 7.7　施工作业流程图

5. **施工过程中存在的问题及解决办法**

按照设计提供的施工工艺，下穿北二环路涵洞工程施工基本顺利，出现的主要问题及解决办法如下：

(1) 基坑排水问题。本工程地下水比较丰富，施工过程中出现了地下水一度难以控制、大管棚灌浆时从洞口坡面喷浆等情况，通过采用管井降水、减小灌浆压力等措施解决了上述问题。

(2) 地面道路沉降的监控。施工过程中道路沉降值多次达到或接近预警值，通过对监测数据分析，对沉降值较大位置采取加大压力灌浆的方式进行补强，使道路沉降值控制在合理范围内。

(3) 衬砌混凝土浇筑困难的解决。本工程洞形尺寸较大，模板架立比较困难，施工中选择定型台车作为模板，保证了涵洞混凝土的浇筑质量。

6. **结论**

董铺水库溢洪道扩建及南淝河生态补水下穿北二环路涵洞工程于 2010 年 10 月开工，2011 年 5 月完工，总工期 8 个月，经过一年多的运行，北二环路的沉降没有增加，已通过竣工验收。探索本工程的设计和施工过程中遇到的问题及解决方案，可得到以下结论：

(1) 采用暗挖施工穿越城市道路，可以做到不损坏地下埋设的各种管线，不影响路面交通，社会效益和经济效益十分明显。

(2) 城区中的地下工程施工，除受周边建筑物、构筑物等制约外，地下管线密布，也给工程的正常施工带来极大的困难，在施工前对各种地下管线进行准确调查显得尤为重要，同时要提出各种管线在施工过程中的保护措施。

(3) 暗挖施工对洞室拱顶及地表下沉量有严格的限制要求，本工程通过对沉降值的监测和有效的临时支护工艺，确保了地面建筑物和地下管线的安全。

(4) 本工程的施工工艺对下穿城市道路涵洞等类似工程施工具有参考价值。

8 合肥城市暗挖隧道工程信息化施工

隧道工程信息化施工主要是指施工中产生的相关数据的系统化与可视化。在城市轨道交通施工中，由于复杂的施工环境与严苛的施工质量要求，因此，城市暗挖隧道施工中，如何制订科学合理且较为完善的监测体系，并科学、合理、高效地利用收集到的海量监测数据以反馈及指导隧道设计与施工，成为城市轨道交通隧道建设中较为重要的环节。

本章以合肥轨道交通为载体，先对城市轨道交通中浅埋暗挖隧道监测中涉及的监测项目、监测方法、监测内容和监测频率等监控方案进行阐述，然后结合合肥轨道交通监测数据信息化处理系统，介绍其主要功能，为类似工程提供参考。

8.1 暗挖隧道施工监测方案

8.1.1 监测项目和重点

隧道施工中监测的目的是通过及时收集可以反映隧道施工过程中围岩和支护的动态信息，以便及时判断隧道围岩的稳定状态、采用的支护结构参数和施工方法的合理性。这就要求监测的方法操作简单、经济效益好、监测结果稳定可靠、形象直观，同时根据合肥城市暗挖隧道地层的特性、暗挖隧道围岩变形特点、隧道开挖方法、开挖断面大小，可将隧道洞室内外观察、拱顶下沉、底板隆起、边墙水平收敛、地表沉降等项目作为监测的重点。必要时可以选择上述具有特殊意义和代表性的监测断面，对地层内部位移、支撑轴力、围岩压力、围岩与初期支护接触压力和钢架应力等项目进行监测，以掌握支护结构的变形、围岩和支护体系的力学动态关系，以求更加深入地了解围岩的松动范围、稳定状态和支护结构效果。

8.1.2 监测方法

1. **洞内外观察**

隧道施工过程中应当进行洞内外状态观察，这是判断围岩动态、支护效果和预测前方地质条件最为直接的方法，将洞内外观察结果结合仪器监测结果进行分析，对隧道施工作出正确的决策是十分重要的。

洞内观察可以分为开挖掌子面观察和已施工部分观察两种。掌子面的观察主要包括观察前方土性的变化、是否存在节理、掌子面的稳定情况以及地下水情况等。对于已经完成施工部分的观察主要是观察初期支护有无环向、斜向和纵向裂缝，初期支护喷射混凝土是否有压碎或者掉块，钢架有无变形，临时支撑有无变形、连接处有无拉裂纹，二次衬砌施工缝有无开裂等。

洞外观察重点应当放在洞身埋深较浅的地段，其观察内容应当包括地表开裂、地表沉陷、陷穴、地表水渗漏、地表建(构)筑物的变形与开裂情况等。

2. **隧道洞内位移量测**

围岩的变形是围岩形态变化最直观的表现，围岩的坍塌和支护系统的破坏都是变形发展到一定程度的结果。因此，隧道洞内位移测量是判断隧道围岩稳定、调整初期支护参数、安排施工工序、选择应急措施、确定仰拱封闭和二次衬砌施作时间的重要依据。隧道洞内变形监测主要包括拱顶下沉、底板隆起和水平收敛三项。

拱顶下沉监测点应当设置在拱顶轴线附近，每组边墙收敛的两个监测布点应当处在同一断面的同一水平线上，合肥轨道交通暗挖联络通道采用的几种工法对应的监测布点如图 8.1 所示。

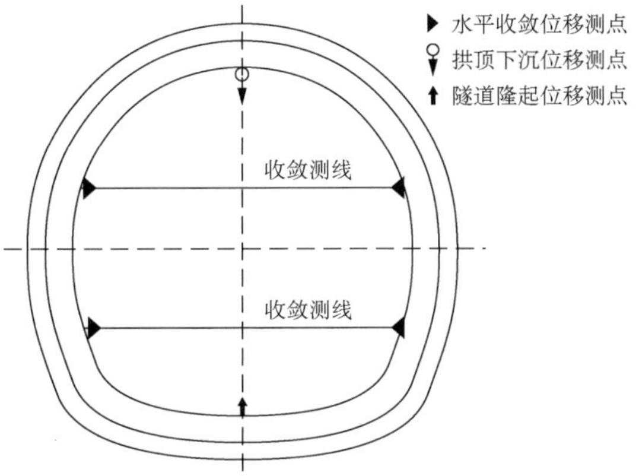

(a) 台阶法测点布置示意图

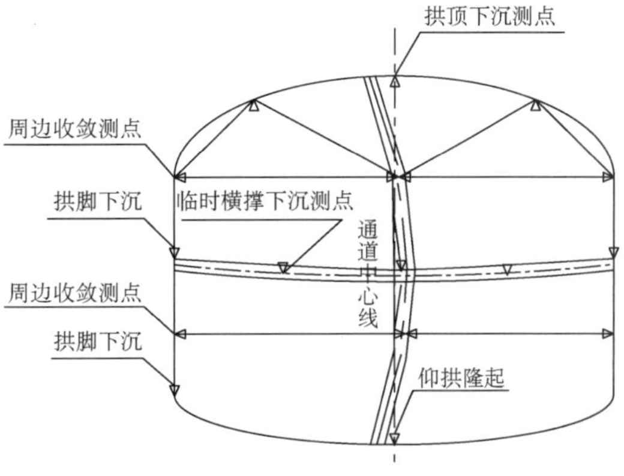

(b) CRD法测点布置示意图

图 8.1 洞内变形监测点布置

拱顶下沉和边墙水平收敛的监测布点应当紧靠掌子面，其初读数应当在开挖完成后的 3～6 h 之内完成，且在下一循环进尺开挖之前必须完成。拱顶下沉与边墙收敛的监测布点沿着隧道掘进方向每隔 10 m 一个断面进行布置。

合肥轨道交通隧道洞内围岩变形测量采用非接触式监测方法，主要采用全站仪自由设站，以极坐标法进行非接触三维位移观测。在现场施工中，主要采用 Trimble Dini03 电子水准仪和 Leica 测距仪分别测量隧道的拱顶沉降和边墙收敛。其中，Trimble Dini03 电子水准仪的仪器测量精度为 0.3 mm/km，Leica 测距仪的仪器测量精度为 0.1 mm。

对于台阶法而言，上台阶位的位移监测布点宜埋设在距离掌子面第二榀钢架上(第一榀钢架容易被施工器械碰掉)，以后该断面的各台阶位移测点均埋设在该榀钢架上，埋设后在该处设置醒目标示。

3. **地表沉降测量**

由于合肥轨道交通暗挖联络通道多属于浅埋隧道，且上覆土层多为黏土、粉质黏土，因此，隧道施工一般会产生较大的地表沉降。为了评价隧道围岩的稳定性和支护效果，地表沉降的监测十分重要。地表沉降监测在隧道开挖之前就可以进行，由此可以获得开挖全过程的地表沉降值，而洞内量测仅能获得全部位移的一部分，开挖前至观测之间所发生的洞内位移是无法获得的。从这一角度而言，浅埋暗挖隧道施工中地表沉降量的监测具有十分重要的意义。

地表沉降横向两侧范围可按下式计算：

$$D = B + 2 \times (H + H_0) \times \tan\left(45^\circ - \frac{\varphi}{2}\right) \tag{8.1}$$

式中 D——开挖影响范围；

B——隧道开挖宽度；

H——隧道开挖高度；

H_0——隧道覆土深度；

φ——围岩内摩擦角。

监测端面横断面方向应当在隧道中线两侧每隔 3～5 m 布设地表下沉监测点，每个监测断面布置不少于 11 个监测点，监测范围应当包括隧道开挖影响范围，并在沉降影响范围外布置基准点，如图 8.2 所示。

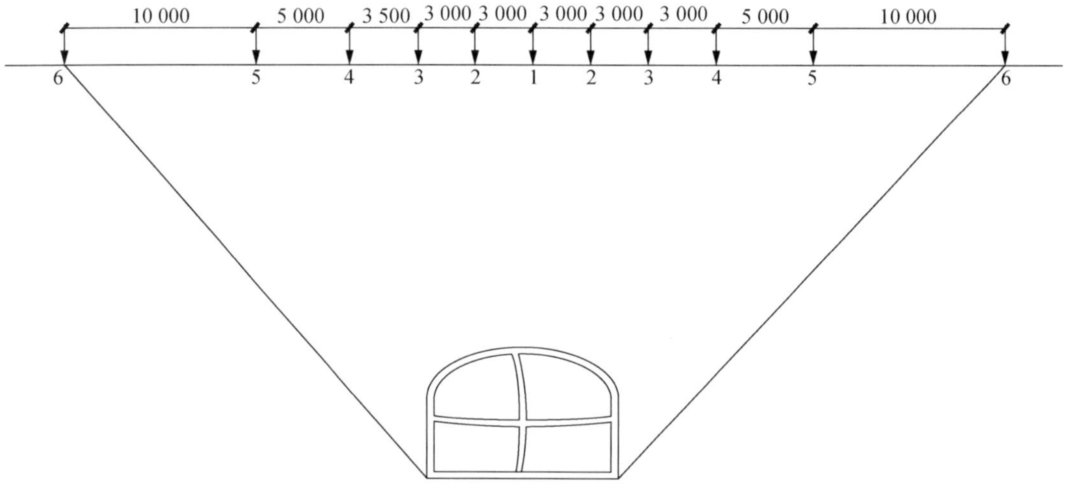

图 8.2 地表沉降监测点布置(单位:mm)

纵向断面测点超前掌子面距离按照下式计算：

$$L = (H + H_0) \times \tan\left(45^\circ - \frac{\varphi}{2}\right) \tag{8.2}$$

式中 L——布置测点超前距离；

其余符号意义同式(8.1)。

地表沉降监测过程中，主要采用 Trimble Dini03 电子水准仪。为了保证监测数据的可靠性，对基准点应当进行定期复核观测，一般可一个月左右进行一次基准点复核观测。若受到现场环境的限制，仪器前后视距差不能满足《建筑变形测量规范》(JGJ 8—2016)的技术要求时，为了消除仪器 i 角误差带来的观测精度影响，测站应当固定。

4. **地下管线沉降测量**

合肥轨道交通暗挖隧道下穿城市内部多种管线，浅埋隧道下穿城市内部管线区间施工时会使周边围岩产生下沉，进而导致上覆管线产生差异性沉降。为了评价隧道围岩的稳定性和支护效果，地下管线的监测也十分重要。

在暗挖通道开挖影响范围内的主要地下管线上方地表沿管线轴线按 20 m 间距布设地下管线沉降监测点。地表及地下管线沉降监测布点应使测点桩顶部凸出地面 5 mm，采用 DSZ2 精密水准仪和钢尺等高精度仪器进行地表和地下管线沉降监测。不同种类地下管线的监测点布设如图 8.3 所示。

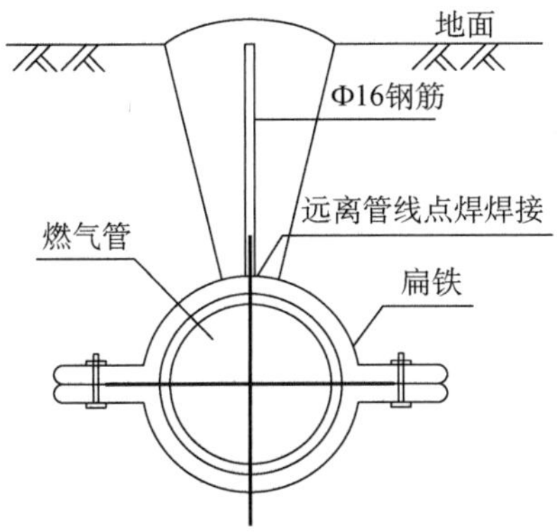

(a) 抱箍式管线测点示意图

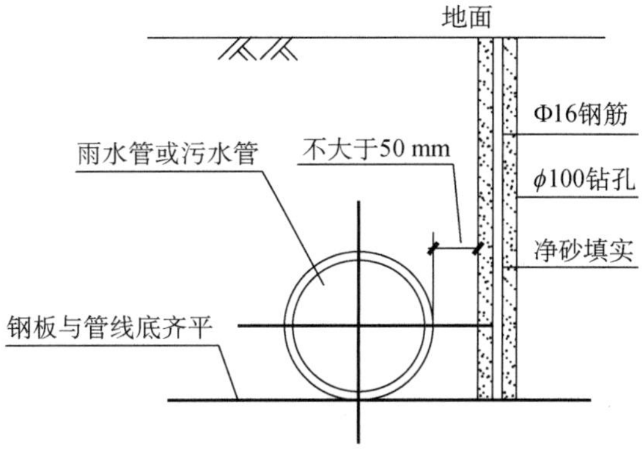

(b) 模拟式管线测点示意图

图 8.3 地下管线监测点布置

5. **地面建(构)筑物变形测量**

合肥轨道交通暗挖隧道由于施工现场周边地区高层建筑较多，因此要加强对周边建筑物的变形监测，主要监测建筑物的不均匀沉降、水平位移。采用精密水准仪进行测量，根据测量结果判断建筑物的倾斜和沉降情况。

合肥轨道交通暗挖隧道施工过程中可能下穿高架桥梁桩基、高层建筑、河道等重要建(构)筑物，因此对于这些需要重点保护的建(构)筑物，其变形监测布点的主要原则是在建(构)筑物的墙角、边柱、出入口通道边和建(构)筑物周边地面等处，按照每隔 20 m 布设一个监测点的原则进行布置。在建(构)筑物变形监测过程中，当监测对象的变形超过警戒值时，应当及时采取加强开挖部的支撑、加固地层等措施，必要时对既有建(构)筑物的基础采取加固措施。

6. **支护内力测量**

由于合肥轨道交通暗挖工程处于城市中心，对围岩和地表变形控制要求较高，而支护结构作为承受围岩压力、限制围岩变形的主要部分，对支护内力进行测量能够较为直观地了解支护效果，以便对支护结构进行合理加固与优化。

根据合肥轨道暗挖隧道工程的结构受力特点，结合现场条件，主要测量围岩与初期支护接触压力、格栅钢架内力和初期支护应变三项。其中，围岩与初期支护间接触应力监测使用压力盒，钢架内力监测使用钢筋计，初期支护应变监测使用混凝土应变计。围岩与初期支护间的接触压力、格栅钢架内力、初期支护应变沿隧道轮廓从拱顶两侧共设 8 个测点，分别位于拱顶、左右拱腰、左右边墙、左右拱脚和仰拱底部，每个测点埋设土压力盒、钢架表面应变计和混凝土应变计各 1 个，监测布点如图 8.4 所示。

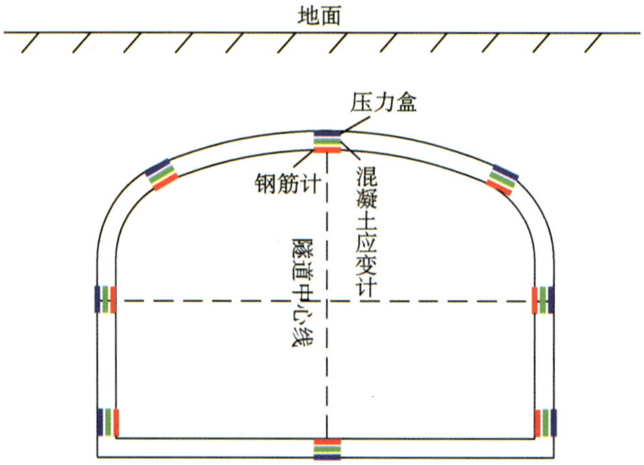

图 8.4　监测断面土压力盒、钢架表面应变计和混凝土应变计布置图

8.1.3　监控量测频率

1. 洞内外观察频率

隧道开挖工作面的观察每开挖一个循环进尺观察 1 次，对已完成施工地段的观察每天进行 1 次。

2. 洞内位移监测频率

洞内位移的监测频率根据位移速率和监测断面与开挖面的距离两方面因素确定。如表 8.1 所示，在选择两侧频率时，如果位移速率和与开挖面距离两者存在差异时，为了保障施工安全，原则上选择监测频率高的作为实际测量频率，同时当各分部开挖面通过测量断面时应当增加观测频率。

表 8.1　洞内位移监测频率

位移速率 $S/(\mathrm{mm}\cdot\mathrm{d}^{-1})$	监测断面距开挖面距离 L/m	监测频率
$S>2$	$L\leqslant B$	1～2 次/d
$0.5<S\leqslant 2$	$B<L\leqslant 2B$	1 次/d
$0.1\leqslant S\leqslant 0.5$	$2B<L\leqslant 5B$	1 次/2 d
$S<0.1$	$L>5B$	1 次/7 d
基本稳定后		1 次/30 d

注：B 为隧道开挖宽度。

3. 地表沉降监测频率

地表沉降监测在上述要求超前掌子面规定距离进行初测之外，其余两侧频率应当与隧道洞内位移监测频率相同。地表沉降监测断面应当与隧道净空测量断面设置在同一断面里程。

4. **支护内力监测频率**

在合肥轨道交通工程中，对于支护结构内力的监测频率主要根据隧道开挖工作面通过后的时间所确定，不同支护内力的监测项目及对应的监测仪器和监测频率如表 8.2 所示。

表 8.2　支护内力监测仪器与监测频率

编号	监测项目	监测仪器	监测频率
1	土压力	压力盒	1～15 天:1 次/天; 16 天～1 个月:1～2 次/周; 1 个月以后:1～3 次/月
2	土层位移	多点位移计	
3	围岩与初期支护间接触压力	压力盒	
4	钢架内力	钢筋计	
5	初期支护内力	混凝土应变计	

以合肥轨道交通新蚌埠路站为例，根据《城市轨道交通工程监测技术规范》(GB 50911—2013)及区间施工设计图纸制定的工程监测项目、控制标准和监测频率等监测方案如表 8.3 所示。

表 8.3　监测项目及精度统计

序号	类别	监测对象	监测项目	监测仪器	仪器精度	控制标准	监测频率
1	洞内外巡视	拱架支护状态及周边环境	日常巡视	—	—	—	—
2	暗挖段隧道支护结构监测	初期支护结构	拱顶竖向位移	电子水准仪 Trimble Dini03	0.3 mm/km	30 mm,2 mm/d	$S>2$ mm/d 或 $L\leqslant B$, 1～2 次/d; 0.5 mm/d$<S\leqslant$2 mm/d 或 $B<L\leqslant 2B$,1 次/d; 0.1 mm/d$\leqslant S\leqslant$0.5 mm/d 或 $2B<L\leqslant 5B$, 1 次/2 d; $S<$0.1 mm/d 或 $L>5B$, 1 次/7 d; 基本稳定后，1 次/月
3			仰拱竖向位移	电子水准仪 Trimble Dini03	0.3 mm/km	30 mm,2 mm/d	
4			净空收敛	Leica 测距仪、收敛计	0.1 mm	20 mm,1 mm/d	
5	周边环境监测	道路地表	地表竖向位移	电子水准仪 Trimble Dini03	0.3 mm/km	30 mm,2 mm/d	
6		管线	管线竖向位移	电子水准仪 Trimble Dini03	0.3 mm/km	30 mm	
7		建(构)筑物	建(构)筑物竖向位移	电子水准仪 Trimble Dini03	0.3 mm/km	30 mm	
8			建筑物差异沉降	电子水准仪 Trimble Dini03	0.3 mm/km	30 mm	
9		地下水	水位监测	水位计	±0.1%F.S		

注:L 为开挖面与测量断面的距离,B 为开挖跨度,S 为沉降或收敛速率。

8.2 监测数据信息化处理系统

8.2.1 系统总体框架

根据合肥轨道交通3号线暗挖通道和车站工程试验的相关信息，以此为基础建立了合肥轨道交通施工信息管理系统。系统主要由两大子系统组成：第一个子系统为数据采集子系统，即信息录入与采集子系统，其中主要包括地质录入与查询模块以及监测数据录入模块；第二个子系统为数据分析子系统，即数据处理子系统，包括监测数据查询模块、变形预警查询模块、变形预测模块、监测报表生成模块。合肥轨道交通施工信息管理系统结构如图8.5所示，合肥轨道交通施工信息管理系统应用平台如图8.6所示。

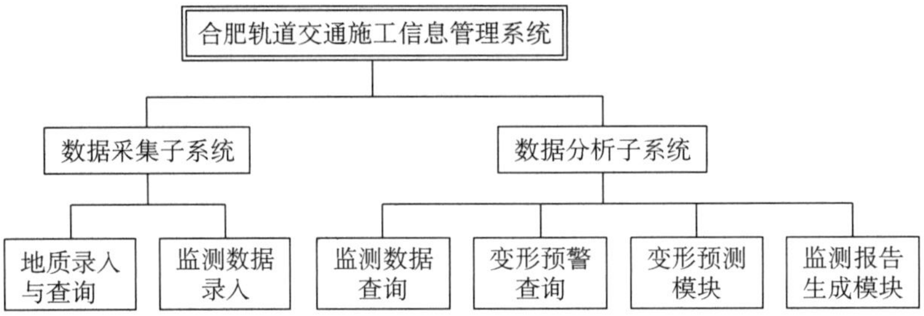

图8.5 合肥轨道交通施工信息管理系统结构框图

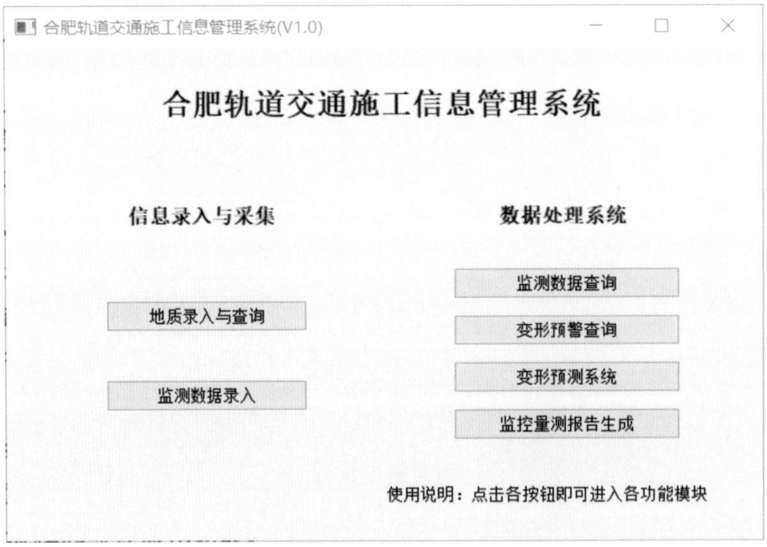

图8.6 合肥轨道交通施工信息管理系统应用平台

8.2.2 系统功能模块

合肥轨道交通施工信息管理系统功能模块如表8.4所示。

表 8.4　　系统功能模块

子系统	功能模块	模块作用概述
数据采集子系统	地质录入与查询模块	隧道各区间、各断面的地质条件的数据采集、数据存储以及地层组合的可视化显示，隧道所处地质条件的查询
	监测数据录入模块	隧道各个区间、各个测量点的隧道变形特征的监测结果的采集与存储
数据处理子系统	监测数据查询模块	提供不同监测区间、监测点以及监测对象的数据交互，可以查询所有历史数据，并生成数据变化曲线，用于分析
	变形预警查询模块	异常数据管理，根据内置判断方法，自动判断监测数据异常情况，并生成异常数据汇总表，便于查询与防治
	变形预测模块	建立专业分析模型，根据隧道的施工信息可以进行不同位置隧道上方地面沉降量的预测
	监测报告生成模块	按照既定的格式以及文档模板，根据数据处理的结果，自动快速生成相应的监测报告

1. **地质录入与查询**

地质录入与查询模块交互界面主要包括区间名称、断面编号、隧道所处地层名称以及土层厚度、隧道埋深、地层组合评级等子项目。在隧道埋深子项目中，具体是指隧道固定区间某一断面的埋深，即该隧道开挖断面的顶部至自然地面的垂直距离。另外，在信息录入完成后，还可以显示隧道某区段的地层组合示意图，提供可视化图像以供分析。地质信息录入与查询模块的交互界面如图 8.7 所示。

2. **监测数据录入**

监测数据录入模块交互界面主要包括隧道区间、监测对象、测点编号及相对应的监测日期和结果的采集，并把收集到的数据标准化，便于之后数据处理系统的使用。带有数据存储功能的采集设备，如位移监测中的电子水准仪、收敛测量中的 Leica 测距仪、收敛计，可将采集的数据存储在机器中，然后传输到计算机。监测数据录入模块的交互界面如图 8.8 所示。

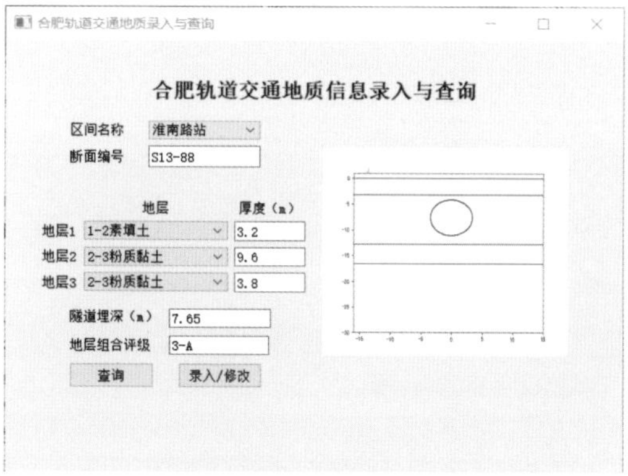

图 8.7　地质信息录入与查询模块交互界面

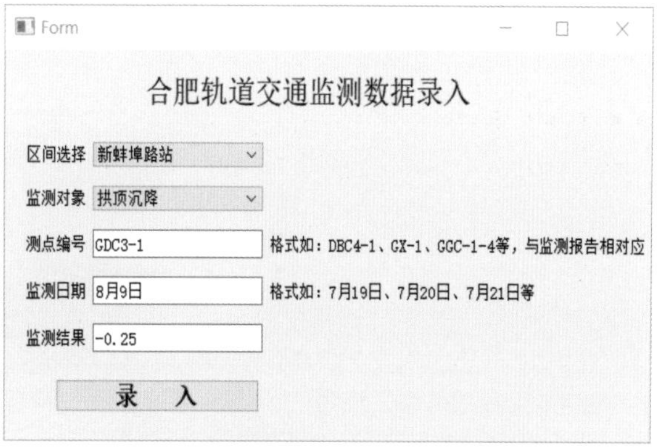

图 8.8　监测数据录入模块交互界面

3. **监测数据查询**

监测数据查询模块是监测数据处理子系统中的主要功能模块。根据不同监测项目的数据处理业务逻辑，会有不同的数据处理程序，实现对监测数据的自动计算、统计分析以及曲线图表（如拱顶沉降-时间曲线图表）的生成。

整个监测数据查询模块根据监测对象可分为“拱顶沉降数据处理程序”“收敛数据处理程序”“管线沉降数据处理程序”和“地表沉降数据处理程序”四大处理程序，每一处理程序实际上又包括“数据统计”和“数据图表生成”两个组成部分。监测数据查询模块交互界面主要包括区间名称、测量项目、测点编号等索引项目，还有操作工具“监测数据查询”，可以显示项目监测数据统计，以及监测数据折线图生成。淮南路站拱顶下沉和管线沉降的监测数据查询结果如图 8.9 所示。

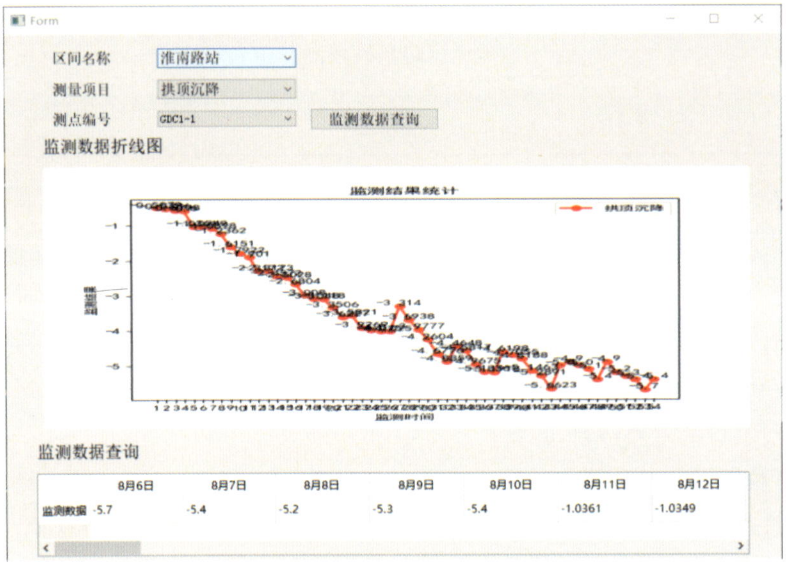

(a) 拱顶下沉 1-1 测点监测统计

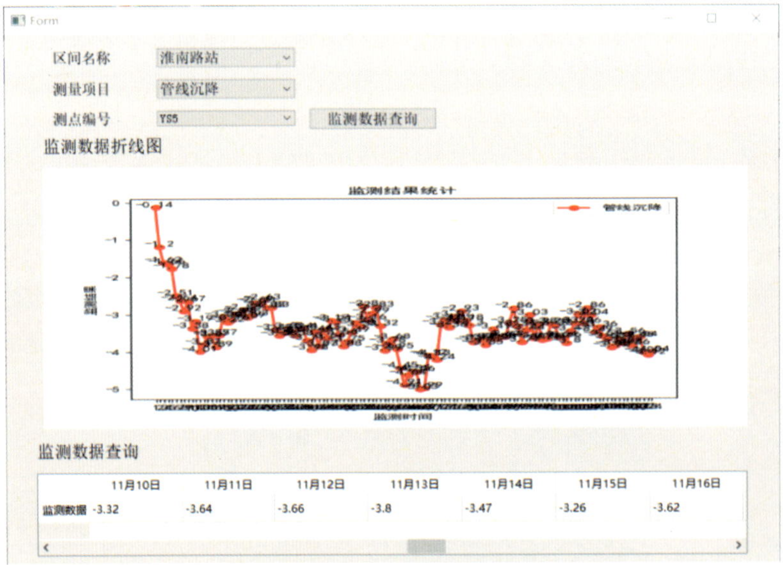

(b) 管线沉降 YS5 测点监测统计

图 8.9 淮南路隧道监测数据统计及折线图

4. **变形预警查询与报警**

变形预警查询模块是异常数据管理模块，对异常数据进行管理与汇总，是基于监测数据录入模块的功能模块。

当施工方监测上传的数据超过设定的控制值时，系统会自动发送手机短信通知相关人员，并将超过限值的异常数据汇总到以“预警信息汇总”为文件名的Excel表格中。用户可以通过变形预警查询模块，即时查询到与短信预警相对应的异常监测数据，并且可以实现历史异常数据的重现。变形预警查询交互界面主要包括查询数量选项、操作按钮以及预警信息显示窗口，预警信息主要包括监测区间、测点编号、监测时间以及监测结果。通过这个模块可以清楚地得到超过限制值变形的具体信息，包括所在地点、发生时间以及具体监测变形量，由此可以进行后续的防治，减少事故的发生。变形预警查询模块的交互界面如图8.10所示。

图8.10 变形预警查询模块功能界面

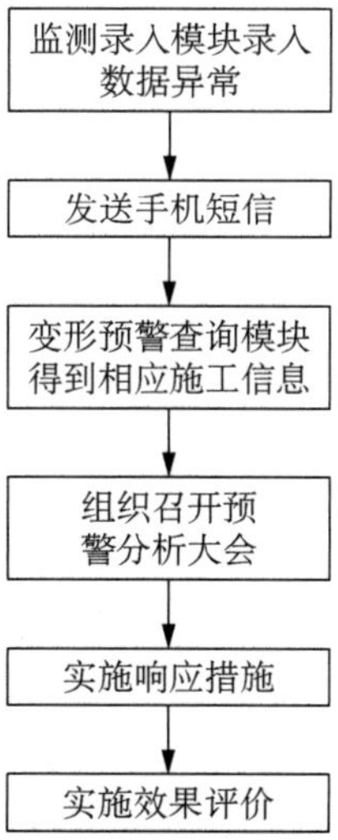

图8.11 风险预报警体系总体结构

风险预报警体系主要是基于合肥轨道交通施工信息管理系统中的监测录入模块，根据设计图纸及相关规范文件在系统平台中设定相应测点累计值的控制值，当施工方上传的数据超过设定的控制值时，系统会自动发送手机短信通知相关人员，并将超过限值的异常数据汇总，用户可以通过变形预警查询模块对施工中产生的异常监测结果进行查询，然后施工单位和监理单位根据近期的监测数据、施工状况等信息综合分析，组织召开预警会，制订相应的防治措施，指导施工，避免事故的发生，事后要进行实施效果的评价，分析防治措施的效果。可以说，风险预报警体系主要是由信息管理系统中的监测录入模块、变形预警查询模块以及移动短信服务组成的。风险预报警体系结构如图8.11所示。

移动短信服务是在监测录入信息异常时，通过短信的方式将报警信息通知到相关的负责人。移动短信服务包括短信的发送以及短信服务管理，手机接收到的合肥轨道交通淮南路站的变形预警短信如图 8.12 所示。

图 8.12　监测数据短信预警

5.　**变形预测**

变形预测模块是数据处理子系统较为重要的功能模块。本模块的主要功能是对不同埋深、不同直径的隧道上方不同位置处的地表沉降进行预测。

在交互界面，需要用户提供的项目有隧道中心线埋深、隧道直径、预测位置三个前提条件。其中，隧道中心线埋深是指隧道拱部圆弧圆心所连成的直线至自然地面的垂直距离。隧道开挖对其影响范围内地表沉降的影响是不同的，沉降量与地表、隧道之间的相对位置有关系。预测位置是指所预测地表的位置与隧道的相对位置，其中，“0”是指隧道正上方的地表。变形预测模块的功能界面如图 8.13 所示。

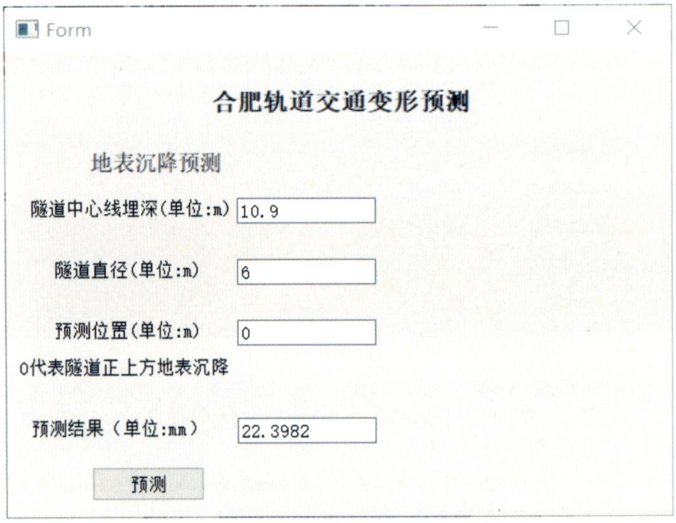

图 8.13　地表沉降变形预测

变形预测功能的实现是根据采集到的不同埋深、不同直径的隧道上方地面沉降量的数据，选择合适的经验公式对地表沉降量进行预测，进而对合肥地区轨道交通施工进行指导，并为险情的提前防范提供了条件。基于原有的 Peck 地表沉降经验公式，对海量合肥轨道交通施工监测数据进行统计分类，并进行反演分析，结合现场所取土样的室内试验，选取适用于合肥轨道交通地表沉降预测的经验公式。

预测所采用的经验公式如下：

$$s=\frac{0.313\times 0.013\times r^{2}\times e^{\frac{-p^{2}}{2\times(0.6h)^{2}}}}{0.6h}\times 10^{3} \tag{8.3}$$

式中，s 为地表沉降量，mm；r 为隧道直径，m；p 为预测位置，m；h 为隧道中心线埋深，m。

将大量现场监测结果与变形预测系统预测结果进行比对，发现两者的吻合性较好，绝大部分地表沉降测点的变形结果与系统预测结果误差不超过15%，验证了变形预测系统的合理性。

6. 监测报告生成

合肥轨道交通信息化系统可以根据需求，按照预先设定好的指定格式，结合系统中已有的数据收集系统和数据处理系统，自动生成某一车站区间所有现场监测项目的监测分析报告。

该模块可以根据用户指定的车站区间隧道名称，提取该车站区间隧道内所有监测项目的监测数据，自动绘制监测时间-监测结果的测点变形曲线，并可自动计算监测时间段内的测点最大变形与最大变形速率，还可自动生成标题和监测分析文本，一并组合形成某一测点的监测分析成果。模块可以自动遍历所有该隧道区间内的拱顶沉降、边墙收敛、地表沉降和管线沉降等监测项目，可对监测项目进行分类，并按照一定顺序对不同监测项目的不同测点均执行上述流程，最终将所有监测数据的分析文本和监测图像结合区间隧道的监测布置方案，一并形成一套完整的监测报告。

淮南路站隧道监测分析报告

1. 监测内容

1.1 监测的目的

(1) 验证支护结构设计，指导暗挖通道结构施工。由于设计采用经典的土压力公式计算土压力，与现场实测值相比会有一定的差异，因此在施工过程中迫切需要知道现场实际的应力和变形情况，与设计时采用的值进行比较，必要时对设计方案或施工过程进行修正，从而实现动态设计及信息化施工。

(2) 保证暗挖通道支护结构的安全。

(3) 总结工程经验，为完善设计和施工提供依据。

(4) 为了实施对暗挖通道施工过程的动态控制，掌握地层、地下水、支撑体系的状态及施工对既有建(构)筑物的影响，必须进行现场监测。通过对监测数据的整理和分析，及时确定相应的施工措施，确保施工工期和既有建筑物的安全。

(5) 暗挖通道工程竣工后，对既有建(构)筑物继续进行监测，直至其变形稳定为止，并以此作为对既有建筑物影响的评价依据。

1.2 监测的对象

根据本工程监测技术要求和现场施工具体情况，以该工程施工区域影响范围内的周边地表、建筑物、地下管线、市政道路作为监测及保护的对象。本工程拟对以下内容进行监测：

(1) 地表沉降监测；

(2) 地下管线沉降监测；

(3) 建(构)筑物沉降监测；

(4) 水位监测；

(5) 暗挖段仰拱、拱顶沉降监测；

(6) 净空收敛监测。

1.3 监测项目及监测精度

根据《城市轨道交通工程监测技术规范》(GB 50911—2013)规范及区间施工设计图纸，本标段监测项目如表1所示。

表1 监测项目及精度统计表

序号	类别	监测对象	监测项目	监测仪器	仪器精度	控制标准	监测频率
1	洞内外巡视	拱架支护状态及周边环境	日常巡视	—	—	—	—
2	暗挖段隧道支护结构监测	初期支护结构	拱顶竖向位移	电子水准仪 Trimble Dini03	0.3 mm/km	30 mm，2 mm/d	$S>2$ mm/d 或 $L\leqslant B$，1～2次/d； 0.5 mm/d$<S\leqslant$2 mm/d 或 $B<L\leqslant 2B$，1次/d； 0.1 mm/d$\leqslant S\leqslant$0.5 mm/d 或 $2B<L\leqslant 5B$，1次/2 d； $S<$0.1 mm/d 或 $L>5B$，1次/7 d； 基本稳定后，1次/月
3			仰拱竖向位移	电子水准仪 Trimble Dini03	0.3 mm/km	30 mm，2 mm/d	
4			净空收敛	Leica 测距仪、收敛计	0.1 mm	20 mm，1 mm/d	
5	周边环境监测	道路地表	地表竖向位移	电子水准仪 Trimble Dini03	0.3 mm/km	30 mm，2 mm/d	
6		管线	管线竖向位移	电子水准仪 Trimble Dini03	0.3 mm/km	30 mm	
7		建(构)筑物	建(构)筑物竖向位移	电子水准仪 Trimble Dini03	0.3 mm/km	30 mm	
8			建筑物差异沉降	电子水准仪 Trimble Dini03	0.3 mm/km	30 mm	
9		地下水	水位监测	水位计	±0.1%F.S		

注：L 为开挖面与测量断面的距离，B 为开挖跨度，S 为沉降或收敛速率。

1.4 监测点的布设

1.4.1 地表沉降点布设

根据规范和设计要求，暗挖段地表沉降点每20 m设一个断面，且隧道中心轴线正上方加密至10 m一个断面。暗挖段隧道主断面地表隆沉测点布置如图1所示。

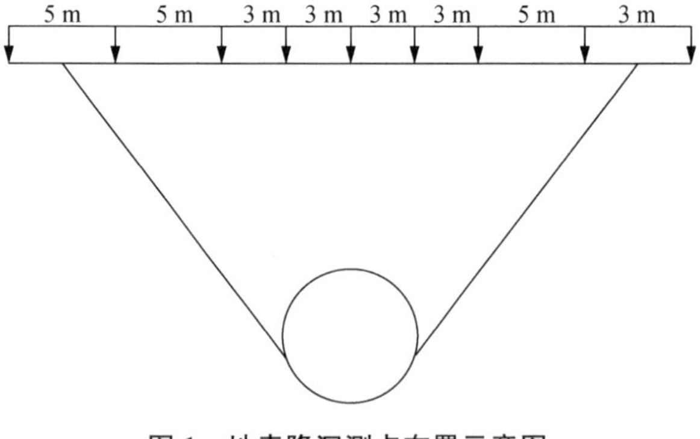

图1 地表隆沉测点布置示意图

1.4.2 地下管线测点布设

本工程隧道沿潜山路敷设，地处交通主干道，车流量大、开挖风险大，故本标段管线监测应采取间接模拟式埋设方法。地下管线测点布设如图2所示。

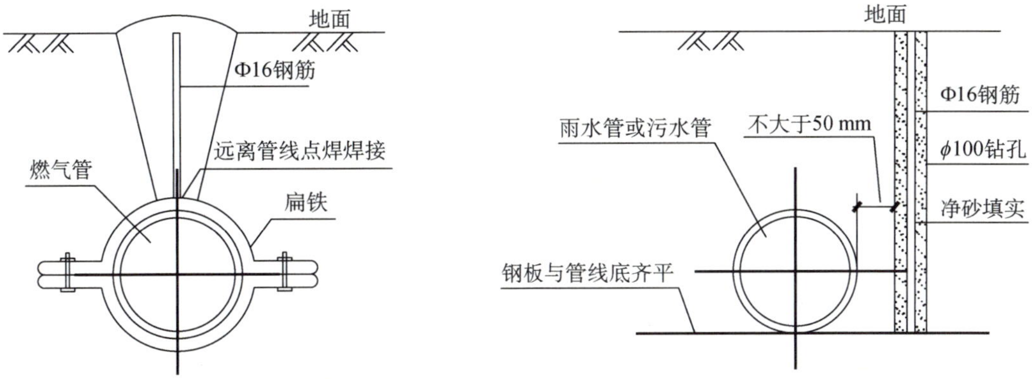

(a) 抱箍式管线测点示意图　　(b) 模拟式管线测点示意图

图 2　地下管线测点布设示意图

2. 洞身段监测数据分析

观测资料经整理校核后，绘制有关过程曲线和关系曲线，在此基础上，对各观测资料进行综合分析，以说明围护结构、支撑体系和建筑（构）物在观测期间的工作状态及其变化规律和发展趋势，判断其工作状态是否正常或找出问题的原因，并提出处理措施的建议。以下给出拱顶沉降、边墙收敛、管线沉降和地表沉降的部分监测曲线。

2.1　拱顶沉降监测曲线

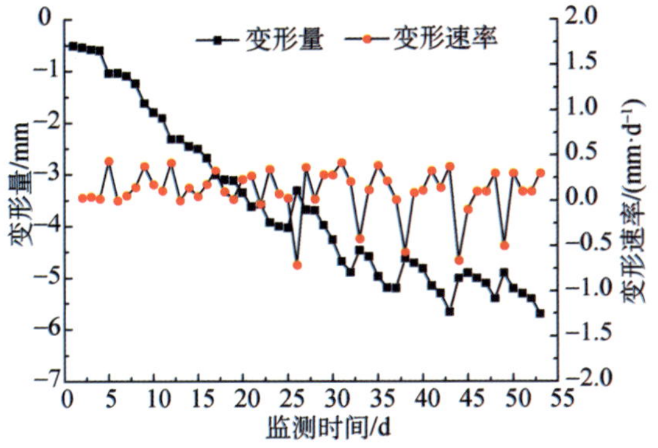

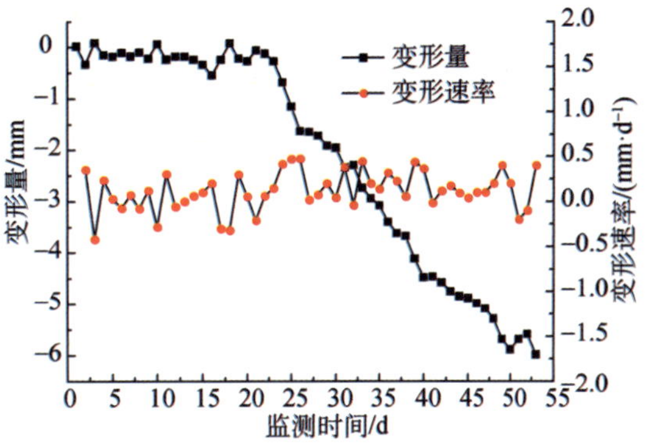

(1) GDC1-1。拱顶沉降最大速率为 0.711 mm/d，发生在开挖后的第 26 天。在开挖 1 天后变形速率趋于稳定，在开挖后 54 天拱顶沉降总量为－5.340 mm。

(2) GDC1-2。拱顶沉降最大速率为 0.418 mm/d，发生在开挖后的第 3 天。在开挖 1 天后变形速率趋于稳定，在开挖后 54 天拱顶沉降总量为－5.682 mm。

2.2　边墙收敛监测曲线

(1) JKJ1-1。边墙收敛最大速率为 2.646 mm/d，发生在开挖后的第 14 天。在开挖 1 天后变形速率趋于稳定，在开挖后 58 天收敛总量为－5.799 mm。

(2) JKJ1-2。边墙收敛最大速率为 2.001 mm/d，发生在开挖后的第 11 天。在开挖 1 天后变形速率趋于稳定，在开挖后 55 天收敛总量为－6.099 mm。

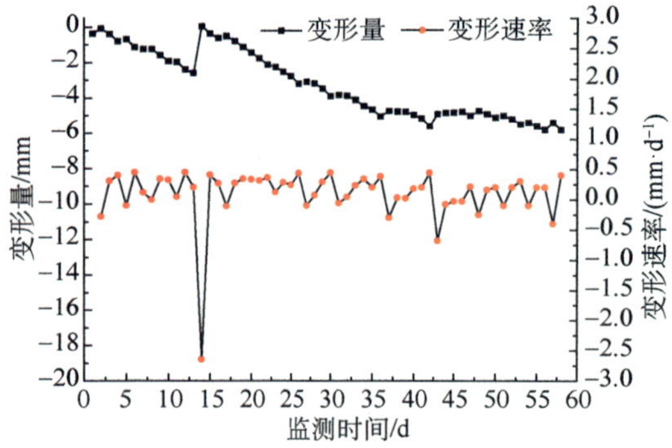

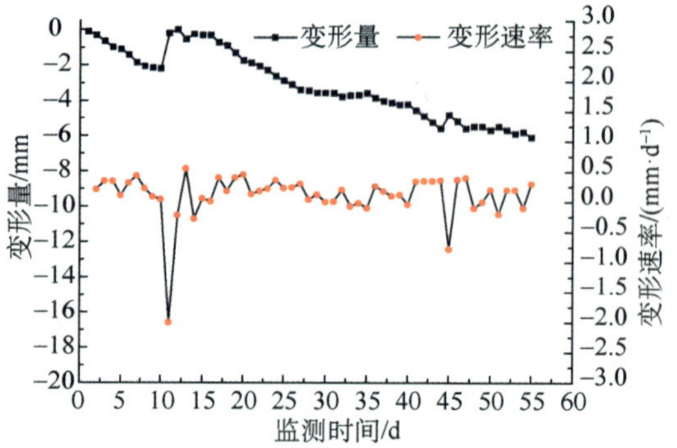

2.3　管线收敛监测曲线

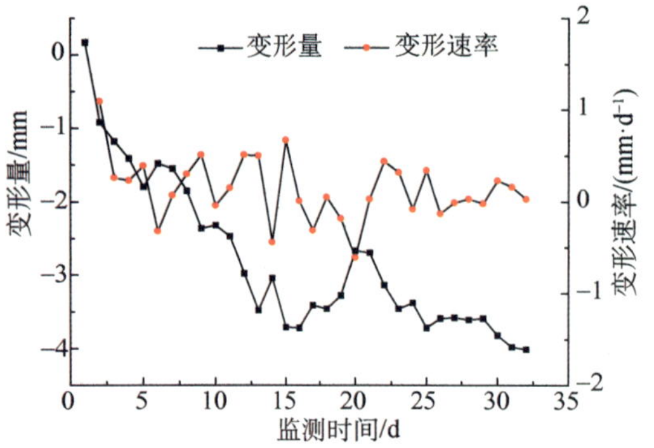

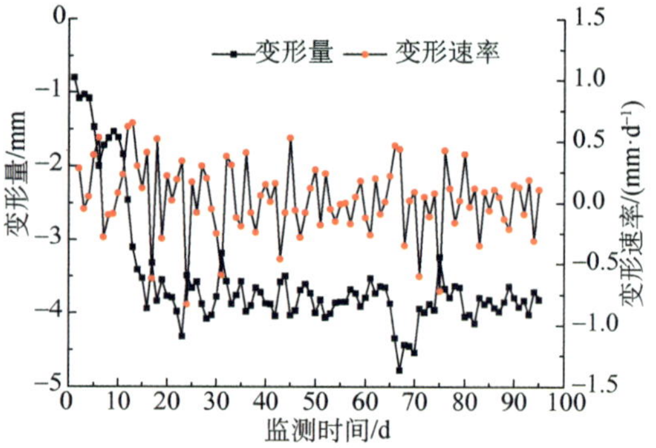

(1) YS1。管线沉降最大速率为 0.520 mm/d，发生在开挖后的第 8 天。在开挖 1 天后变形速率趋于稳定，在开挖后 28 天管线沉降总量为－2.97 mm。

(2) YS2。管线沉降最大速率为 0.679 mm/d，发生在开挖后的第 33 天。在开挖 1 天后变形速率趋于稳定，在开挖后 109 天管线沉降总量为－3.56 mm。

2.4　地表沉降监测曲线

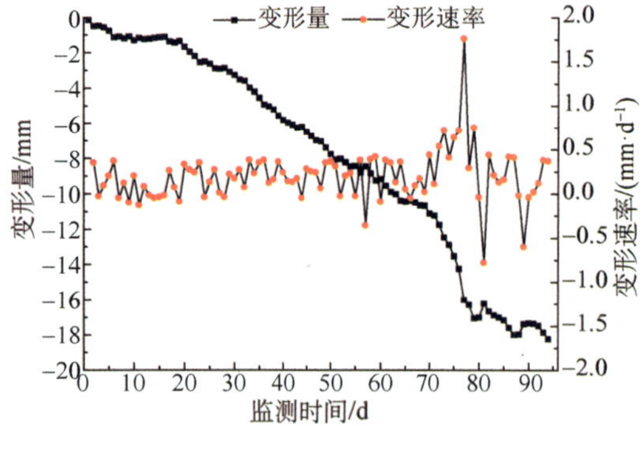

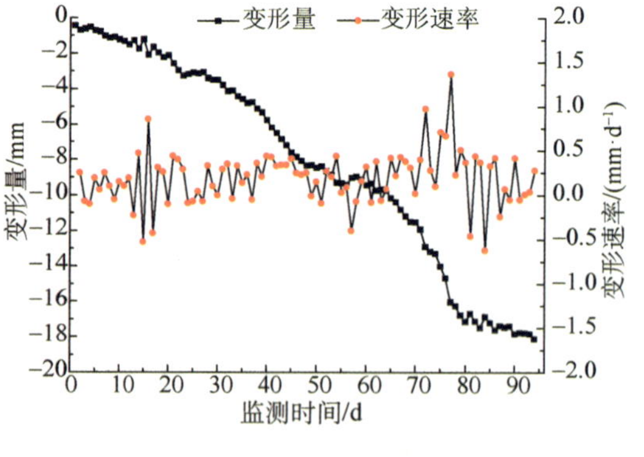

(1) DBC1-1。地表沉降最大速率为 0.78 mm/d，发生在开挖后的第 81 天。在开挖 1 天后变形速率趋于稳定，在开挖后 94 天地表沉降总量为－18.23 mm。

(2) DBC1-3。地表沉降最大速率为 0.38 mm/d，发生在开挖后的第 4 天。在开挖 1 天后变形速率趋于稳定，在开挖后 94 天地表沉降总量为－17.67 mm。

参考文献

REFERENCE

[1] LI R, WAN Y, CHENG Z, et al. Provenance of Jurassic sediments in the Hefei Basin, east-central China and the contribution of high-pressure and ultrahigh-pressure metamorphic rocks from the Dabie Shan[J]. Earth & Planetary Science Letters, 2005, 231(3-4):0-294.

[2] SHI L P, JIANG B S, ZHAO Y Q. The Comparative Study on the Impact of Tunnel Excavation with Footage Different CRD to Testability of Surrounding Rock[J]. Advanced Materials Research, 2011, 1269(492):3417-3422.

[3] 安徽省地质矿产局.安徽省区域地质志[M].北京:地质出版社,1987.

[4] 北京城建集团有限责任公司.地下铁道工程施工质量验收标准:GB 50299—2018[S].北京:中国计划出版社,2018.

[5] 北京市规划委员会.地铁设计规范:GB 50157—2013[S].北京:中国计划出版社,2014.

[6] 北京市基础设施投资有限公司,北京市地铁运营有限公司,北京京港地铁有限公司,等.城市轨道交通设施养护维修技术规范:DB11/T 718—2016[S].北京:2016.

[7] 陈汝先,刘天亮.地表面交通荷载对浅埋隧道施工影响的研究[J].河南科技,2010(12):10-11.

[8] 陈炜韬,王明年,张磊,等.预加固措施对隧道开挖稳定性的影响研究[J].岩石力学与工程学报,2009, 28(8):1640-1645.

[9] 陈翔,周仕波,杨新安,等.合肥轨道交通沿线新老黏土特性比较分析[J].华东交通大学学报,2019, 36(3):24-31.

[10] 陈雄风,李再新.信息化技术在隧道安全管理中的应用[J].中国安全生产,2018, 13(7):54-55.

[11] 崔玖江,崔晓青.隧道与地下工程注浆技术[M].北京:中国建筑工业出版社,2011.

[12] 戴张俊,陈善雄,罗红明,等.南水北调中线膨胀土/岩微观特征及其性质研究[J].岩土工程学报,2013, 35(5):948-954.

[13] 苟德明,阳军生,张戈.浅埋暗挖隧道管棚变形监测及受力机制分析[J].岩石力学与工程学报,2007, 26(6):1258-1264.

[14] 谷拴成,王兵强.西安地铁区间隧道交叉中隔墙(CRD)工法施工变形监测与分析[J].城市轨道交通研究,2014, 17(8):83-86, 94.

[15] 顾永贵.低渗透膨胀性黏土层浅埋暗挖隧道超前支护方法研究[J].铁道建筑技术,2016(10):43-46, 51.

[16] 桂国强,许波.地下通道超浅埋暗挖隧道监控分析[J].山西建筑,2013, 39(7):188-190.

[17] 郭小红,姚再峰,晁峰.浅埋暗挖地铁车站临时中隔柱法施工技术研究[J].施工技术,2019, 48(7):57-60.

[18] 郭兆清，刘毅.合肥轨道交通 1 号线沿线的工程地质特性分析[J].工程与建设，2014，28(2)：173-175.
[19] 郭兆清.合肥滨湖新区工程地质类型与特性分析[J].工程与建设，2015，29(2)：236-238.
[20] 国家人民防空办公室.地下工程防水技术规范：GB 50108—2008[S].北京：中国计划出版社，2009.
[21] 胡晗. 浅埋大跨地铁车站中洞法施工力学效应研究[D].重庆：重庆大学，2015.
[22] 胡众，邵迅，吴军军.合肥地铁膨胀土膨胀及抗剪特性试验研究[J].工程与建设，2014，28(5)：655-657.
[23] 华东建筑设计研究院有限公司，上海建工集团股份有限公司.基坑工程技术标准：DG/TJ 08—61—2018[S].上海：2018.
[24] 华东建筑设计研究院有限公司.地基基础设计标准：DGJ 08—11—2018[S].上海：2010.
[25] 黄红元，张鸿，黎剑华，等.CRD 工法拆除临时支撑时隧道衬砌受力分析[J].南昌工程学院学报，2010，29(3)：17-19，59.
[26] 黄俊，黄彬.合肥轨道交通 2 号线科学大道站暗挖通道施工技术[J].城市轨道交通研究，2019，22(11)：9-13.
[27] 贾维瑞. 合肥软岩风化层划分及评价研究[C]//中国地质学会.第六届全国工程地质大会论文集，2000：359-361.
[28] 建设综合勘察研究设计院有限公司，安徽同济建设集团有限责任公司.建筑变形测量规范：JGJ 8—2016[S].北京：中国建筑工业出版社，2016.
[29] 雷震宇，郭庆海，周顺华.大跨度浅埋暗挖隧道拆撑的数值模拟[J].地下空间与工程学报，2005(2)：237-241.
[30] 李阿康，曹广勇，郝英奇.膨胀土地层浅埋暗挖法施工方案比选分析[J].安徽建筑大学学报，2017，25(3)：16-20.
[31] 李波，吴立，左清军，等.复杂地质条件下特大断面隧道施工工法及其循环进尺参数的优化研究[J].安全与环境工程，2014，21(4)：159-164.
[32] 李德章.复杂环境下超浅埋地下通道施工技术研究[J].安徽建筑工业学院学报(自然科学版)，2009，17(2)：1-3，13.
[33] 李冠奇.致密土体劈裂注浆的力学机理及试验研究[D].北京：铁道部科学研究院，2006.
[34] 李广信.高等土力学[M].北京：清华大学出版社，2004：32-113.
[35] 李凯，周仕波，黄彬，等.合肥地铁 2 号线潜山路站暗挖隧道施工技术研究[J].山西建筑，2019，45(1)：134-136.
[36] 李闻影. 合肥地区浅埋暗挖临时支护结构受力规律及拆除方法研究[D].合肥：安徽建筑大学，2017.
[37] 李晓昭，罗国煜，龚洪祥，等.土体工程地质层组的划分[J].岩土力学，2004(5)：759-763.
[38] 梁波，洪开荣.城市地铁工程施工技术评价及工程应用[M].北京：中国铁道出版社，2011.
[39] 廖振修，汪东林.数据自动化处理技术在市政隧道工程变形监测中的应用[J].安徽建筑工业学院学报(自然科学版)，2011，19(4)：43-46.
[40] 陆发春.合肥地域南淝河史事考述[J].合肥学院学报，2009，26(6)：27-29.
[41] 吕娉霏. 北京地铁 7 号线双井站 PBA 工法施工过程有限元模拟[D].西安：长安大学，2011.
[42] 马超，汪东林.超浅埋地下通道暗挖法施工地表沉降监测分析[J].安徽建筑工业学院学报(自然科学版)，2009，17(3)：11-13.
[43] 裴子钰，杨新安，邱龚，等.砂-黏复合地层盾构地表沉降分析及沉降槽宽度系数修正[J].铁道标准

设计,2017, 61(9):111-115.
[44] 裴子钰,周仕波,杨新安,等.合肥地铁隧道地层组合分类及暗挖适用性研究[J].华东交通大学学报,2018, 35(6):13-22.
[45] 屈若枫,徐光黎,王金峰,等.武汉地区典型软土物理力学指标间的相关性研究[J].岩土工程学报,2014, 36(S2):113-119.
[46] 上海市隧道工程轨道交通设计研究院,上海轨道交通学科(专项技术)研究发展中心.城市轨道交通设计规范:DGJ 08—109—2004[S].上海:2004.
[47] 舒东利,晁峰,王明年,等.合肥地铁单线膨胀土浅埋暗挖隧道施工工法研究[J].地下空间与工程学报,2017, 13(S2):726-731.
[48] 孙国华,程桦,汪东林.浅埋城市隧道开挖方案比选分析与应用[J].安徽建筑工业学院学报(自然科学版),2010, 18(4):42-46.
[49] 孙克国,龚彦峰,许炜萍,等.暗挖大跨地铁车站临时支撑拆除效应研究[J].铁道工程学报,2016, 33(7):94-100.
[50] 孙益朋. 北京某地铁车站 PBA 工法沉降特性研究及方案优化[D].北京:中国地质大学,2018.
[51] 汤明玉.合肥市开发区工程地质条件综合评述[J].上海地质,1999(2):34-36.
[52] 陶龙光,刘波,候公羽.城市地下工程[M].北京:科学出版社,2011.
[53] 陶治来.合肥轨道交通 2 号线盾构下穿高铁施工技术[J].施工技术,2018, 47(4):103-106.
[54] 陶治来.合肥轨道交通 2 号线富水粉细砂地层盾构施工技术[J].施工技术,2018, 47(1):122-125.
[55] 汪东林. 注浆加固技术在浅埋暗挖隧道中的应用[J].安徽建筑工业学院学报(自然科学版),2010, 18(6):5-7.
[56] 汪淼周. 合肥城市轨道交通 2 号线安全风险管控信息技术应用研究[D].兰州:兰州交通大学,2018.
[57] 王国强.安徽省江淮地区膨胀土的工程性质研究[J].岩土工程学报,1999(1):122-124.
[58] 王国强.合肥市岩土体工程特征及地基划分[J].岩石力学与工程学报,1999(6):694-698.
[59] 王明年,舒东利,于丽,等.膨胀力对合肥市轨道交通浅埋暗挖隧道的影响研究[J].路基工程,2017(1):204-207.
[60] 王明胜.复杂环境下洞桩法地铁车站设计关键技术研究[J].铁道工程学报,2017, 34(3):87-91.
[61] 王天彪. 富水地区 PBA 法地表沉降规律及关键部位施工顺序研究[D].北京:中国地质大学,2018.
[62] 韦京. 复杂环境条件下 PBA 工法地铁车站结构和施工方案优化研究[D].北京:北京交通大学,2013.
[63] 巫克霖. 浅埋暗挖隧道施工对邻近建筑物的影响规律研究[D].福州:福州大学,2014.
[64] 吴四二,黄彬.合肥轨道交通 2 号线怀宁路站暗挖通道施工技术研究[J].施工技术,2019, 48(S1):811-814.
[65] 肖峰,李明.基于信息化技术在隧道施工管理中的应用[J].交通世界,2018(36):102-103.
[66] 徐凌,张瑜,侯伟.地铁工程附属结构暗挖施工地表铺设钢板的选型研究[J].铁道标准设计,2014, 58(4):69-73.
[67] 徐小马,朱大勇,卢坤林.Peck 公式在合肥地铁盾构施工地面变形监测中的适用性分析[J].合肥工业大学学报(自然科学版),2017, 40(2):210-214.
[68] 许榕,程桦,王恒.浅析合肥市四牌楼地下通道沉降规律[J].安徽建筑,2012, 19(3):112-114.
[69] 杨新安,丁春林,徐前卫.城市隧道工程[M].上海:同济大学出版社,2015.
[70] 杨新安,姚永勤,喻渝.铁路隧道[M].北京:中国铁道出版社,2011.

[71] 叶飞，苟长飞，毛家骅，等.黏土地层盾构隧道临界注浆压力计算及影响因素分析[J].岩土力学，2015，36(4)：937-945.

[72] 袁扬，刘维宁，丁德云，等.洞桩法施工地铁车站导洞开挖方案优化分析[J].地下空间与工程学报，2011，7(S2)：1692-1696.

[73] 张丰产，傅代兵，骆克斌.长距离大断面地下涵洞暗挖施工技术研究[J].江淮水利科技，2013(6)：40-42.

[74] 张锋春，沙城满，梁力，等.既有建筑对地铁车站中洞法施工中支护结构内力影响的有限元分析[J].现代隧道技术，2012，49(5)：73-78.

[75] 张亮.水系变迁与合肥城市发展关系研究[J].地域研究与开发，2014，33(3)：166-171.

[76] 张万涛.合肥地区黏性土及白垩纪砂岩工程特性分析[J].山西建筑，2013，39(22)：57-58.

[77] 赵菁菁.超前小导管注浆等效模拟及参数设计研究[D].广州：华南理工大学，2015.

[78] 郑伟. 超浅埋暗挖地下工程铺盖结构的分析与设计[D].北京：北京工业大学，2012.

[79] 中国建筑科学研究院.建筑基坑支护技术规程：JGJ 120—2012[S].北京：中国建筑工业出版社，2012.

[80] 中国有色金属工业协会.工程测量规范：GB 50026—2007[S].北京：中国计划出版社，2007.

[81] 中华人民共和国住房和城乡建设部.混凝土结构设计规范：GB 50010—2010[S].北京：中国建筑工业出版社，2010.

[82] 中华人民共和国住房和城乡建设部.建筑地基基础设计规范：GB 50007—2011[S].北京：中国建筑工业出版社，2011.

[83] 中交公路第二勘察设计研究院有限公司.公路隧道设计细则：JTG/T D70—2010[S].北京：人民交通出版社，2010.

[84] 中铁二院工程集团有限责任公司.铁路隧道设计规范：TB 10003—2016[S].北京：中国铁道出版社，2017.

[85] 周顺华.软弱地层浅埋暗挖施工中管棚法的棚架原理[J].岩石力学与工程学报，2005(14)：2565-2570.

[86] 周兴国，高永涛，卢宏建，等.超前注浆小导管支护机理与效果分析[J].西安建筑科技大学学报(自然科学版)，2010，42(4)：545-549.